中华之源与嵩山文明研究系列丛书

郑州商城与早商文明

郑杰祥　著

科学出版社

北　京

内 容 简 介

本书根据现有考古资料、参考文献记载和古文字资料，在前人研究的基础上，对郑州商城作为商代王都亳邑的性质作了进一步的论述。认为以郑州商城为中心的二里冈文化，其文化内涵是以商族文化为主体，融合当时各族文化特别是夏文化的精华，不断创新发展，从而形成了初步繁荣的早商文明，推动着我国早期文明进入一个新的历史阶段。

本书适合考古学、历史学及相关学科的研究者、爱好者参考、阅读。

图书在版编目（CIP）数据

郑州商城与早商文明 / 郑杰祥著. —北京：科学出版社，2014.8
（中华之源与嵩山文明研究系列丛书）
ISBN 978-7-03-041794-7

Ⅰ. ①郑…　Ⅱ. ①郑…　Ⅲ. ①古城遗址（考古）–研究–郑州市–商代
Ⅳ. ①K878.04

中国版本图书馆CIP数据核字（2014）第203889号

责任编辑：郝莎莎 / 责任校对：包志虹
责任印制：赵德静 / 封面设计：北京美光制版有限公司

科学出版社 出版
北京东黄城根北街 16 号
邮政编码：100717
http://www.sciencep.com

北京凌奇印刷有限责任公司 印刷
科学出版社发行　各地新华书店经销

*

2015 年 6 月第 一 版　开本：787×1092　1/16
2015 年 6 月第一次印刷　印张：19 1/2　插页：2
字数：459 000

POD定价：138.00元
（如有印装质量问题，我社负责调换）

《郑州商城与早商文明》

作　者：郑杰祥

前　言

早在远古时代，当波涛汹涌的黄河跨过黄土高原，携带大量泥沙，穿越龙门峡谷和三门峡谷，滚滚东去，到达今河南省荥阳市区桃花峪一带之后，就开始进入广阔的华北浅海。久而久之，由于黄河所携带的这些泥沙不断积垫，于是部分的浅海，逐渐变为大片的“桑田”，其中最早的一片“桑田”，就是现在的豫东平原。这片平原又称之为“黄河冲积扇平原”，西侧的黄河就像这把扇子的扇柄，东侧的豫东平原就像扇面，在扇面和扇柄之间镶嵌着一颗璀璨的明珠，这颗明珠，就是闻名于世的现今河南省省会郑州市（图0.1），我国八大古都中最早的一座都邑“郑州商城”，就坐落在今郑州市区中间。

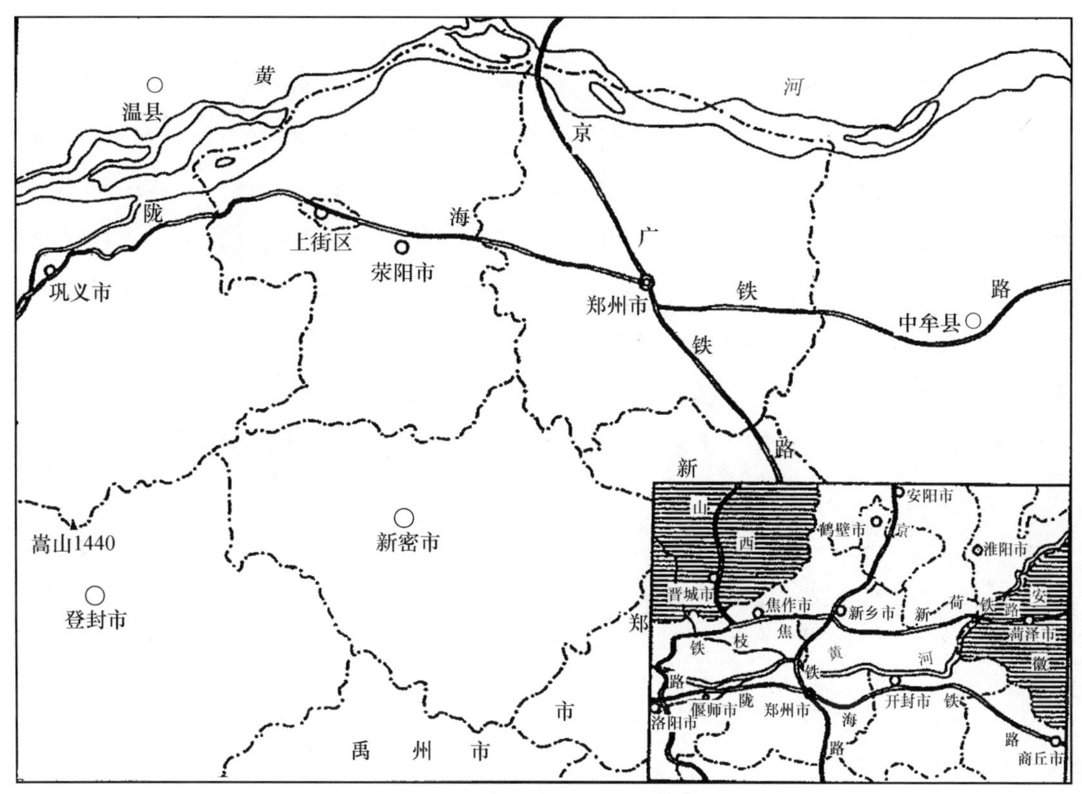

图0.1　郑州市地理位置示意图

郑州市位于东经113° 50′、北纬34°46′，属于暖温带气候区，春、夏、秋、冬四季分明。京广铁路和陇海铁路交会于此，是我国陆路交通的一大枢纽。市区面积约1100平方千米，地处我国第二阶梯与第三阶梯之间和我省的豫西台地与豫东沉降区的过渡地带，背倚黄河，南望江淮，西傍嵩山余脉，东邻黄淮平原，“雄峙中枢，控御险要”（《读史方舆纪要》），历来都是我国的一处战略要地。市境以内岗丘起伏，自西向东有碧沙岗、老城西南岗（《县志》称作野鸡岗）、东南二里冈、西北杜岭岗、东北紫荆山等；岗间河流纵横，老城南郊有七里河、熊儿河，西郊有须水河、贾鲁河（即古汴水）、金水河，这些河流皆发源于西南低山岗地之间，横贯郑州市区向东流去。这种温暖的气候、复杂的地形和优越的地理位置，可以为人们提供出多种不同而且丰富的生活资料，极适宜于人们的劳动生息。现有的考古资料表明，约在距今10万年的旧石器时代，原始人类已活动于以今荥阳织机洞和蝙蝠洞为中心的地区，他们穿行于山林沼泽之间，过着穴居野外的采集和渔猎生活[①]。约在距今4万年，这里的原始人在长期游猎的基础上，开始在今郑州西南部贾鲁河上游老奶奶庙一带，建立中心营地，他们在此地经常聚会，制作石器，处理猎物，共同食宿，烧火取暖，并且互相交流着各方面的信息[②]，从而打造出最早的聚落雏形。这种聚会交流，不断扩大着人们认识客观世界的视野，对于提高人们的文化素质具有重大意义。约在距今1万年，这里的人们开始进入早期新石器时代，他们居住于今新密市李家沟一带，制造出原始陶器，过着以渔猎和采集野生植物为主的经济生活[③]。到了裴李岗文化时期，人们已经走出山林洞穴，向东迁至郑州老城西郊的宋庄[④]、岳寨[⑤]、南阳寨地区[⑥]，从事农业生产活动，过着定居的农业经济生活，并在这里建立起郑州市区最早的聚落。进入仰韶文化时期，随着人口的增多，人们在前辈的基础上扩大了生活范围，已在今郑州老城西郊的老坟岗[⑦]、陈庄、白庄、林山寨、人民公园，南郊的齐礼阎、黄岗寺、尚岗，北

① 张松林等：《织机洞旧石器时代遗址发掘报告》，《人类学报》2003年第1期。

② 郑州市文物考古研究院等：《郑州老奶奶庙遗址及嵩山南麓旧石器地点群》，《中国文物报》2012年1月13日第4版。

③ 北京大学考古文博学院等：《中原地区旧、新石器时代过渡的重要发现》，《中国文物报》2010年1月22日第6版。

④ 赵青：《郑州宋庄出土的石磨盘》，《考古》1982年第3期。

⑤ 国家文物局：《中国文物地图集·河南分册》，中国地图出版社，1991年，第1页。

⑥ 安志敏：《裴李岗、磁山和仰韶——试论中原新石器文化的渊源和发展》，《考古》1979年第4期。

⑦ 姜楠等：《郑州市老坟岗商代遗址发掘简报》，《中原文物》2009年第4期。

郊的胜岗和老城的东城墙附近等许多地方建立起原始的聚落[①]，开始形成比较大的聚落群体；特别是在市区西北部的西山一带，更建立起面积约 3 万平方米的城堡[②]，这是迄今为止在黄河流域发现的一座最早的城堡基址。城堡是原始聚落形态的一个巨大变革和发展，是古代文明形成的一个重要因素。城堡的建造需要一定的规划，并需要组织大规模的人力物力来实施这个规划，它标志着在一定地区范围内，经济、文化和权力的中心正在形成，西山城址的出现，说明郑州市在五千年以前的黄河流域，已经成为向着文明时代过渡的一个先进地区。龙山文化时期这里的人们大多继承着先人的故居，聚落仍建立在仰韶文化遗址之上，但已开始发展到今郑州市区以内，在现今的火车站、二七纪念塔和紫荆山的南侧，都发现有龙山文化的遗存[③]。值得注意的是在老城西郊牛砦龙山文化遗址中，发现了冶炼青铜器的遗物[④]，这是中原地区上千处龙山文化遗存中，少有的几个出土炼铜遗物的一处遗址。制造青铜器，需要采矿、选矿、配料、冶炼、制范、铸造等多道工序，是一个复杂的工艺过程，从而需要有一支脱离农业生产的专职手工业队伍和专职管理人员，来从事这项工作。因此，冶炼青铜技术的产生，标志着当时的原始农业生产有了剩余，与手工业已经有了明确的社会大分工，它促进了当时社会经济的发展，是古代文明形成的又一个重要因素，牛砦遗址冶炼青铜遗物的发现，表明当时的郑州市区，无疑应是中原开始迈向青铜器时代的先进地区之一。进入二里头文化时代，随着夏王朝的建立，这里成为夏朝王畿的东部门户，也是夏王朝经略东方和北方的交通要道，文献记载被夏王朝所征服的有扈氏[⑤]，就位于郑州市东北今原阳县境。“有扈氏请服”之后，这里又成为夏王朝的一处军事要地，现在郑州西北郊区今大师姑村和郑州南郊望京楼发现的两座二里头文化时期城址[⑥]，应当就是夏人在这里建立的两座军事重镇，充分表明郑州市区在夏王朝时期有着重要的战略地位。

大约在夏王朝的后期，兴起于北方的商族，开始南下来到现今郑州地区北侧的黄

---

① 国家文物局：《中国文物地图集·河南分册》，中国地图出版社，1991年，第1页。

② 杨肇清：《谈郑州西山仰韶文化古城——看黄河文化源远流长》，《中原文物考古研究》，大象出版社，2003年。

③ 袁广阔等：《论郑州商城内城和外城的关系》，《考古》2004年第3期。

④ 河南省文物工作队：《郑州牛砦龙山文化遗址发掘报告》，《考古学报》1958年第4期。

⑤ 郑杰祥：《“甘”地辨》，《中国史研究》1982年第2期。

⑥ 郑州市文物考古研究所：《郑州大师姑》，科学出版社，2004年；张松林等：《望京楼遗址考古新发现》，《炎黄天地》2011年第3期。

河两岸，商族的祖先"冥"，曾是夏王朝负责治理水利的职官，后来因"勤其官而水死"（《国语·鲁语》上），是一位因治理黄河而以身殉职的治水英雄。商族到达今郑州地区以后，修筑聚落，建造城堡，团结定居于这个地区的各族群众，稳定社会秩序，发展社会经济，在前人开发的基础上，开拓创新，继续前进，至商王成汤之时，力量迅速强大起来。当时的夏王朝却是政治腐败，民怨沸腾，成汤于是因天时，顺民意，以现今所称作的郑州商城为基地，北伐韦、顾，南征昆吾，继而西向一举推翻夏王朝，建立起以王都亳邑即郑州商城为中心的商王朝政权，郑州地区与我国古代文明从此进入到一个新的历史阶段。

郑州市区在商代称之为"亳"，春秋时期称之为"亳城"，《左氏春秋经·襄公十一年》："公会晋侯，……小邾子伐郑，秋七月己未，同盟于亳城北。"杜预注："亳城，郑地。"吴静安《〈春秋左氏传〉旧注疏证续》云："邹衡有《郑州商城即汤都亳说》，见《文物》1978年2期。"[①]邹先生此文认为考古工作者在今郑州市发现的郑州商城当即商初亳都遗址，春秋时期属于郑国，城址尚存，故当时人们称此地为亳城。今按邹说甚是。战国时期这里属于韩国，称之为"管"，《韩非子·有度》：魏安厘王"攻韩拔'管'"，《战国策·魏策》："秦攻韩之'管'"，张琦《〈战国策〉释地》："管，今郑州治，故管城也。"清代管城即今郑州市管城区。两汉时期这里沿袭着战国名称，《汉书·地理志》和《续汉书·郡国志》皆称此地为"莞（管）叔邑"和"管城"。值得注意的是考古工作者在今管城区内外出土的战国和秦汉时期陶器上，还发现有众多印有"亳"字和"亳丘""亳聚"二字的陶文[②]，说明晚至战国、秦汉时期，这里虽已称作为"管"，但在管城的部分地区，还保留有"亳丘""亳聚"的地名（图0.2），这些地名也和现今郑州市区有一条被命名为"商城路"的地名一样，都是以古代这里有座商城和亳邑而得名，它反映着当地人们对郑州商城曾经作为王都亳邑的深刻记忆。到了隋代，这里始置管城县，《元和郡县图志·河南道》云："隋开皇十六年（公元596年），于此置管城县"，并在此置管州；又云："大业二年（公元606年），改管州为郑州。"自此这里以春秋时期曾属于郑国而开始称作为郑州。1913年称作郑县。1928年始置郑州市，后又改称郑县。1948年，郑县复置郑州市。1954年，河南省会搬迁于此，于是郑州成为全省政治、经济、文化和交通中心。

---

① 吴静安：《〈春秋左氏传〉旧注疏证续》，东北师范大学出版社，2005年，第109页。

② 河南省文物研究所：《1992年度郑州商城宫殿区发掘收获》，《郑州商城考古新发现与研究》，中州古籍出版社，1993年；张松林：《郑州市西北郊区考古调查简报》，《中原文物》1986年第4期。

图0.2　郑州市区出土的战国、秦汉时期“亳”“亳丘”“亳聚”陶文

都邑作为王都伴随着国家政权的产生而产生，是国家政治、经济和文化的中心，也是古代聚落发展的最高形态。众所周知，在任何历史时期，正确地选建都邑位置、特别是新建王朝初期的都邑位置，关系着政权的稳定，国家的安危，因而是最高统治集团必须慎重处理的重大问题。那么商人为什么要在现今的郑州地区选建王都亳邑？我们认为古人选建都邑必须优先考虑两个因素，即社会环境因素和自然环境因素，商人对此也不能例外。所谓“社会环境因素”，就是都邑特别是新建王朝初期的都邑，必须选建在本部族兴起、发展并形成强大势力范围的中心地区，因为这里经过长期经营，有着广泛的群众基础，从而能够成为维护国家政权稳定的坚强后盾。《吕氏春秋·慎势》云：“汤其无郼，武其无岐，贤虽十全，不能成功。”高诱注：“郼、岐，汤、武之本国，假令无之，贤虽十倍，不能以成功业。”又云：“郼，汤所居也；岐，武王所居也。”（《吕氏春秋·高义》注）意思是说郼、岐这两个地区是商族和周族长期聚居、兴起、最早建都于此的中心地区，如果没有这两个地方人力、物力的全力支持，商王成汤和西周武王二人即使十分贤明，也不可能完成在此建立商、周王朝的大计。“岐”即岐山，在今陕西省岐山县境，《诗经·大雅·绵》云：“古公亶父，来朝走马，率西水浒，至于岐下。”《史记·周本纪》：古公亶父率其族众“踰梁山，止于岐下”。《集解》：“徐广曰：（岐）‘山在扶风美阳西北，其南有周原’。骃按皇甫谧云：‘邑于周地，故始改国曰周。’”《孟子·离娄》下：“文王生于岐周，卒于毕郢。”赵岐注：岐周，“岐山下周之旧邑”。《诗经·鲁颂·閟宫》又云：“后稷之孙，实惟太王，居岐之阳，实始翦商。至于文、武，缵大（太）王之绪，……敦商之旅，克咸厥功。”可见周族正是在这里兴起发展，并且建立起方国政权，为推翻商王朝、建立周王朝奠定了坚实的基础。后来文王、武王虽然自此沿渭水东进迁都于丰、镐，但距岐周不远，即所谓“居岐之阳，在渭之将”（《诗经·大雅·皇矣》），仍属周族势力范围的中心区域，因此到了战国时期，人们依然认为如果“武其无岐”，即离开“岐周”族众的支持，武王是不可能有所作为的。“郼”是商王朝建立前后商族势力范围，《吕氏春秋·慎大览》：夏民“亲郼如夏”，高诱注：“‘郼’读如‘衣’，今兖州人谓‘殷’氏皆曰‘衣’，言桀民亲殷

如夏氏也。”鄗、衣、殷，音近通假，“鄗”地就是“殷”地。“鄗”，他书又称作“鄗亳”，《吕氏春秋·具备》云：“汤尝约于鄗薄（亳）矣，武王尝穷于毕裎矣。”陈其猷先生《〈吕氏春秋〉校释》云：“裎、郢、程皆从呈声，当系同音通假。考《逸周书·史记解》云：‘昔有毕程氏，损禄增爵，……毕程氏以亡。’则‘毕程’原为一国名，其故地因谓之‘毕程’。”[①]“毕程”又简称作“程”，《逸周书·大匡》：“惟周王宅程三年”，朱右曾《〈逸周书〉集训校释》云：“程，古毕程氏之墟。”也有学者认为“程”所以称为“毕程”，应是“程”为“毕”地大范围内的一个具体地名，《孟子·离娄》下：“文王生于岐周，卒于畢郢。”杨伯峻先生《〈孟子〉译注》云：“‘毕郢’即《吕氏春秋·具备》篇‘武王尝穷于毕裎矣’之‘毕裎’，刘台拱《经传小记·释毕郢》云：‘毕者程之大地名；程者毕中之小号也’。”[②]与“毕裎”地名相对应，成汤所居的“鄗亳”，也可简称作“亳”，即鄗（殷）地范围之内的“亳”邑。“鄗”既为汤之“本国”，就是指的成汤建国前夕殷商部族的势力范围，“亳”则为其势力范围之内的具体地名。《尚书序》：“汤始居亳，从先王居。”根据考古发掘，结合文献记载，商地亳邑就是现今学术界所称作的郑州商城[③]。商人至迟从先公王亥、上甲微时代起，已经活动于黄河南岸（说详下章），逐次到达今郑州市区以后，经过世代经营，发展崛起，建城立邑，迅速成为商族势力范围的中心，因此而成为商王成汤作为王都亳邑的理想地区。

古人选建都邑所依据的自然环境也是非常重要的。《国语·周语》上云：“国必依山川”，这里所说的“国”就是指的国都，国都位于山川附近，是古人对于选建都邑又一正确经验的总结。首先，“山河之固”，形胜险阻，可藉以保卫王都的安全，战国时期军事家吴起论夏商末期都邑形势时说：“夏桀之居，左河济，右泰华，伊阙在其南，羊肠在其北。……殷纣之国，左孟门，右太行，常山在其北，大河经其南。”（《史记·孙子吴起列传》）意即夏末的王畿左有黄河、济水，右有华山屹立，南有伊阙山口，北有羊肠险道；商末的王畿也是左有孟门山，右有太行山，常山位于北，黄河横其南。从军事学的角度来看，这些山河构成的险要形势，有利于保卫王畿的安全。其次，山里还有矿业、林业和动物资源，河川沼泽又有丰富的水利和鱼类资源，《太平御览·山部》引《尚书大传》云：“孔子曰：‘夫山者嵬嵬然草木生焉，鸟兽蕃焉，财用殖焉，四方皆无私与焉。出云雨以通乎天地之间，雨露之泽，

① 陈其猷：《〈吕氏春秋〉校释》，学林出版社，1984年，第1228页。

② 杨伯峻：《〈孟子〉译注》，中华书局，1981年。

③ 邹衡：《郑州商城即汤都亳说》，《文物》1978年第2期。

万物以成，百姓以享，……’”应劭《风俗通》云：“《尔雅》：‘薮者，泽也。’薮之为言厚也，草木鱼鳖，所以厚养人君与百姓也。”水更是人类赖以生存的基本保障，任何时候、任何地方的人群离开了水就无法立足，就是说山川不仅为人类提供出优越的生态环境，还可为人们提供出丰富的生活必需用品。因此古人论述选建都邑环境总是与山川联系起来，如上所述，周人的祖先古公亶父寻找新的居地就是“率西水浒，至于岐下”。意即沿水而行，到达岐山之下。春秋郑人之所以把都邑选建在今河南新郑市区，也是因为这里能“主芣騩而食溱、洧”，即这里依傍大騩山，可以祭祀，又有溱、洧二水相围绕，可以灌溉农田。《管子·度地》篇云：“故圣人之处国者，必于不倾之地，向山左右，经水若泽；内为落渠之泄，因大川而注焉。乃以其天材，地之所生利，养其人，以育六畜。”意即贤明的国王所立都邑，当选建在坚固宽敞的岗原之上，周围有山川湖沼相围绕，城内有小河流水贯穿其间。这样就可以拥有丰富的自然资源，以供应王都人们的生活需要，并能饲养家畜。商人选建王都亳邑的自然环境显然也是遵循着“国必依山川”的原则，如上文所述，郑州商城背倚黄河，南望江淮，西傍嵩山余脉，东临圃田古泽，特别是周围川流纵横，既有着优越的生态环境，更为商初这里面临旱灾的人们提供出丰富的用水和水产资源。

当然，人们的基本生活必需用品首先应是食品，正如《墨子·七患》所说：“食者，国之宝也。”《史记·郦生列传》也说：“民人以食为天。”古“天”与“大”相通，此文意即人们皆以温饱为生活中的头等大事。而作为以农业为经济基础的人们的食品则主要是粮食，因此在古代王都的周围，还必须分布有种植粮食的农田，而且这片农田的广狭肥瘠，在一定程度上决定着选建王都的大小以及王都人口的多少，《礼记·王制》云：“凡居民，量地以制邑，度地以居民，地、邑、民居，必参相得也。”郑玄注：“得，犹足也。”孙希旦《集解》：“‘量地以制邑’者，地之形势，广狭不同，地广者，制其邑居宜大；地狭者，制其邑居宜小也。‘度地以居民’者，地广则可耕之田多，其居民宜多；地狭则可耕之田少，其居民宜寡也。民多则邑宜大，民少则邑宜小，地也，邑也，民居也，三者大小众寡必皆相称，……”《尉缭子·兵谈》又说：“量土地肥硗而立邑。”郑州商城作为王都亳邑，是迄今所发现的商王朝前期最大的一座王都遗迹，当时也必然聚居着众多的人口，因此在它的附近也必然分布有大片的农田以供应王都亳邑众多人口的需要，这片农田就是豫西台地和众所周知的豫东黄淮平原。这是古代一处广阔而且肥沃的平原，《史记·李斯列传》云：“东据成皋之险，割膏腴之地。”“成皋”即位于今郑州西侧的成皋关，“膏腴之地”即指今郑州周围特别是东侧的豫东平原。这里在春秋时期属于郑国，清人陈立

《〈白虎通〉疏证》卷三论述春秋郑国环境时又云："郑居华夏之中，左华右河，芣、隗、溱、洧，九州上腴。"《说文·肉部》："膏，肥也。"《汉书·叙传》："味道之腴"，颜师古注："腴，肥也。""膏腴之地""九州上腴"皆指肥沃的农田。这里在古代又属于豫州，《尔雅·释地》："河南曰豫州。"《尚书·禹贡》云："荆、河惟豫州，……厥土惟壤，下土坟垆。厥田惟中上，厥赋错上中。"孔传曰："高者壤，下者垆，垆，疏。"《说文·土部》："壤，柔土也。"又云："垆，黑刚土也。"《汉书·地理志》颜师古注："柔土曰壤。"可知"壤"是一种疏松易碎的土壤，"垆"则是一种黏性较大的土壤。刘起釪先生《〈尚书〉校释译论》云："按'垆'从'卢'，其义为黑。'坟'，'有膏肥也'（《禹贡》兖州章'厥土黑坟'马融注）。则'坟垆'是肥的黑色土。"[①]顾颉刚先生《〈禹贡〉注释》云："壤土是由黏土与细沙、氧化铁、云母等所构成的，色黄和褐，土质不黏不燥，最宜农作物的生长。"因此"田"虽为第四等，但上交的贡赋是"错上中"，即"第二等，又杂出第一等"[②]。贡赋的多少，一般是根据粮食产量的多少来制定的，可知这里的土地经过世代人们的耕作和管理，农用土地广，熟化程度高，已经变成高产作物区。《管子·治国》又云："嵩（原文讹作'常'，从郭沫若《〈管子〉集校》改）山之东，河、汝之间，早生而晚杀，五谷之所蕃熟也，四种而五获。"意即在嵩山以东的黄河、汝水之间，作物播种时间早，成熟季节晚，因而生长时间长，庄稼茂盛，籽粒饱满，播种四次可以有着相当于其他地方五次的收获。这片广阔而肥沃的土地，就是位于郑州商城以东和以南的黄淮平原。肥沃的黄淮平原，为商人建都立邑提供了雄厚的物质基础，这里就成为供应王都亳邑人们日益增长的基本生活资料需要的可靠来源。

古人选建都邑还需要便利的交通条件以利于加强与各个地区的联系，如上所述，郑州现今是我国陆路交通的枢纽，而在古代，这里的交通同样是比较便利的。郑州商城以东是广阔平原地带，商族早已是"肇牵车牛远服贾"，往来于这个地区。屈原《天问》云："成汤东巡，有莘爰极。"成汤正是利用着这里便利的交通不断加强着与东夷各族的联系。在今郑州市以南，面临着纵贯南北的京广铁路，这条铁路所经过的地段也是古代的交通要道，《史记·殷本纪》："汤自把钺以伐昆吾。"《左传·昭公十二年》："昔我皇祖伯父昆吾，旧许是宅。"杨守敬《水经·洧水注疏》引《地形志》云：旧许在今许昌市"东北四十里"。商王成汤应是沿着这条古代交通要道南征昆吾的。从"旧许"通向西南进入南阳盆地和江汉平原古代也有一条交通要

① 顾颉刚、刘起釪：《〈尚书〉校释译论》，中华书局，2006年，第678页。

② 中国科学院地理研究所：《中国古代地理名著选读》第一辑，科学出版社，1959年，第24页。

道，后世文献称之为“夏路”（《史记·越王勾践世家》），《越绝书·吴内传》记载生活于江汉平原的“荆州之君”愿向成汤“委其诚心”，应是沿着这条交通路线前来臣服商王朝的。在郑州商城以西虽然是山地丘陵起伏，但是穿过成皋关口，就可西向进入河洛盆地并可前往关中平原。成皋又称虎牢，在今郑州西侧荥阳汜水镇境，是古代一座重要的关口，也是中原地区由此通往关中平原的交通要道，《史记·淮南衡山列传》云：“绝成皋之口，天下不通。”意即堵塞成皋关口，天下道路就不能相通。《荀子·儒效》说：周武王伐纣曾“至汜而汎，至怀而坏”。就是从关中平原出发，向东通过成皋关口，并从这里北渡黄河而到达怀（今武陟县境）地的。北方是商族的故地，商人通过汜水渡口及其以东的“河嚣氏之隧”（见《穆天子传》）等黄河渡口皆可与北方保持密切的联系。另外，古代这里也可通过水运交通联系各地，《尚书·禹贡》记载黄河下游地区的兖州、徐州等地献纳的贡赋，皆须通过郑州地区的黄河故道运往冀州,可见先秦时期黄河的水利运输还是比较通畅的。总之，商王朝正是根据当时形势的需要，利用着郑州地区优越的人文和自然环境条件在这里建立起王都亳邑，从而推动了这里经济、文化迅速发展，人口也迅速增多起来，多年的考古发掘表明郑州商城规模宏大，文化内涵丰富，所有这些都反映着初期商王朝繁荣昌盛的面貌，这种繁荣昌盛局面的形成，既有着深厚的历史文化背景作为基础，同时也是以劳动者为主体的商代人们善于吸收周边地区文化的精华、富于开拓创新、辛勤劳动的结果。本书的主要内容就是在论述商王朝建立的过程中，深入探讨郑州商城作为王都亳邑所处的历史地位及其演变与发展。

目　　录

第一章　商族的起源和变迁

第一节　商族的起源

一、关于商族起源的讨论

商部族是生活于古代中原地区的著名部族之一，根据文献记载，它应是帝喾族的分支，姜戎族的后裔。《诗经·商颂·长发》：“有娀方将，帝立子生商。”《吕氏春秋·音初》高诱注又引《诗》曰：“有娀方将，立子生商。”高亨先生《诗经今注》云：“‘有娀’即‘有戎’，部族名，也是国名，此指有戎氏之女。”[①]殷墟卜辞记有“[illegible]”字，于省吾先生释为“娀”，认为“有娀氏即有戎氏，晚期商王娶戎女为妇，因而加女旁称之为娀，……由此可见，商代从先世契母简狄一直到乙、辛时期，还与有娀氏保持婚媾关系”[②]。《国语·周语》引《太誓》云：“戎商必克。”唐兰先生以为“戎商就是戎殷，商代的始祖是契，据传说有娀氏之女简狄吞燕卵而生契。《淮南子·地形训》说：‘有娀在不周之北，长女简翟（狄），次女建疵。’是在西北地区，那么，有娀应该就是戎”[③]。此说甚是。古戎族文献多称作“姜戎”，《左氏春秋经·僖公三十三年》：“夏四月辛巳，晋人及姜戎败秦师于崤。”杜预注：“姜戎，姜姓之戎，居晋南鄙。”“有娀”当即姜戎部族之女，是商族的女性始祖，商族认为本族就是这位女性始祖的后裔。商族在有娀氏时代，尚处于母系氏族制阶段，知其母而不知其父，俗行图腾崇拜，认为本族名叫“契”的祖先就是有娀氏女吞下所崇拜的玄鸟图腾的卵怀孕而生，也就是与玄鸟图腾相结合而生，因此后世保留着许多这方面的神话传说。《诗经·商颂·玄鸟》云：“天命玄鸟，降而生商。”毛传曰：“玄鸟，鳦也。”郑玄笺：“降，下也。天使鳦下而生商者，谓鸟遗卵，娀氏之女简狄吞之而生契。”《太平御览》卷八十三引《尚书·中候》云：“玄鸟翔水，遗卵于

---

① 高亨：《〈诗经〉今注》，上海古籍出版社，1980年，第531页。

② 于省吾：《略论图腾与宗教起源和夏商图腾》，《历史研究》1959年第11期。

③ 唐兰：《用青铜器铭文来研究西周史》注14，《文物》1976年第6期。

流，娀简拾吞，生契封商。”殷墟卜辞也记有商人祭祀玄鸟的活动，卜辞云：“辛卜贞：往玄鸟，疾，不死？”（《花东》3）刘一曼、曹定云先生释云：“‘’或为‘䲦’合文”，即“玄鸟”二字合文，此字“可作两种解释：其一，地名；其二，‘往’作祭名，‘玄鸟’是被祭祀的对象。殷人以玄鸟为图腾，将之视为神灵，我们认为后一种解释较合理”①。其说可从。商代铜器《玄鸟妇壶》（《三代》12·2·1）铸有“玄鸟妇”图形铭文，于省吾先生认为“壶铭既为‘玄鸟妇’三字合文，它的含义，是作壶者系以玄鸟为图腾的妇人。再就壶的形制环玮和纹饰精美考之，可以判定此妇既为简狄的后裔，又属商代的贵族。”又说：“‘玄鸟妇’三字合文，宛然是一幅具体的图绘文字，它象征着作壶的贵族妇人系玄鸟图腾的后裔是很明显的。”②“玄鸟”在卜辞中或又称作“祥鸟”，其辞云：“庚申卜，扶，令小臣取□（报）羊（祥）鸟？”（《合集》20354）胡厚宣先生释云：此“卜辞大意是说：庚申日占卜，贞人扶问卦，问命令小臣名字叫‘取’的报祭祥鸟好不好？也是把祥鸟当作了神，所以才祭它”③，这种“祥鸟”，可能就是指的“玄鸟”。殷墟卜辞记有商族先公王亥的“亥”字顶上加有鸟形（详见下节），可知玄鸟确是商族所崇拜的图腾应是没有疑义的。

至于“玄鸟”是指自然界的哪一种鸟类，历代说法多有不同。文献有记玄鸟为燕者，《说文·燕部》：“燕，玄鸟也。”《吕氏春秋·音初》：“有娀氏有二佚女，为之九成之台，饮食必以鼓，帝令燕往视之，鸣若谥隘，二女爱而争搏之，覆以玉筐。少选发而视之，燕遗二卵北飞，遂不返。”高诱注：“天令燕降卵于有娀氏女，吞之生契。《诗》云：‘天命玄鸟，降而生商’，又曰：‘有娀方将，立子生商’，此之谓也。”褚少孙补《史记·三代世表》引《诗传》曰：“汤之先为契，无父而生。契母与姊妹浴于玄丘水，有燕衔卵堕之，契母得，故含之，误吞之，即生契。”近世有些学者又认为“玄鸟”应是指的凤凰，《楚辞·离骚》：“凤凰既受诒兮，恐高辛之先我。”郭沫若先生释云：“‘凤凰既受诒’，以上下文按之，实即玄鸟传说。《天问》篇：‘简狄在台喾何宜？玄鸟致贻女何嘉？’……‘玄鸟致贻’即‘凤凰受诒’，受，授省，诒、贻通，知古代传说中之玄鸟实是凤凰也。《商颂》：‘天命玄鸟，降而生商’，注家以玄鸟为燕，乃后来之转变。”④《礼记·月令》：“仲

① 中国社会科学院考古研究所：《殷墟花园庄东地甲骨》，云南人民出版社，2003年，第3片第10辞释文。

② 于省吾：《略论图腾与宗教起源和夏商图腾》，《历史研究》1959年第11期。

③ 胡厚宣：《甲骨文商族鸟图腾的遗迹》，《历史论丛》第一辑，中华书局，1964年。

④ 郭沫若：《〈屈原赋〉今译》，人民文学出版社，1953年，第112页。

春之月……是月也，玄鸟至，至之日，以太牢祠于高禖。”孔颖达疏引“郑志焦乔答王权曰：‘娀简狄吞凤子之后，后王为媒官嘉祥祀之以配帝，谓之高禖’”。闻一多先生《〈离骚〉解诂》据此以为“玄鸟即凤凰，故郑称玄鸟卵为凤子”①。也有学者认为古代凤凰与燕同类，《楚辞·离骚》：“凤凰既受诒兮，恐高辛之先我。”姜亮夫先生校注云：“按《诗》、《天问》言‘玄鸟’，《吕览》言‘燕’，此处言‘凤凰’，其实一也。燕国‘燕’字，金文多作‘匽’，若‘郾’，《尔雅·释鸟》：‘鶠凤，其雌皇’。”姜氏据此认为古人所说的凤凰与燕实际指的是同一种鸟类②，因而都可称作为玄鸟。但是卜辞所记神鸟与所记燕子的形象迥然有别，《说文·玄部》：“黑而有赤色者谓玄”，与凤鸟颜色也不同，故商族图腾玄鸟不应是燕与凤③。胡厚宣先生认为殷墟卜辞所记的“祥鸟犹《史记·殷本纪》‘祖己嘉武丁之以祥雉为德’之祥雉”④。尤仁德先生根据文献记载，详细地论述了古代凤与鸡、雉有着密切的关系，最后结论说：“凤可能是鸡的神化”，“雉是家鸡的原种”，“可以设想，凤可能是鸡或雉的神化”⑤。殷墟卜辞记有商人祭祀雉鸟的活动，其辞云：

贞：方帝？七月。

贞：帝雉，一羊？一豕？一犬？

贞：帝雉，三羊？三豕？三犬？

丁巳卜，贞：帝雉？（《合集》14360+《英藏》1225）⑥。

“帝”，罗振玉《增订殷虚书契考释》云：“卜辞中‘帝’字亦用为禘祭之‘禘’。”《尔雅·释天》：“禘，大祭也。”卜辞“ ”字从鸟、鸟颈上又加一横画之形，王襄先生释作“雉”⑦，胡厚宣先生也说：“鸟和隹为一字，从‘一’者象矢形”⑧，甚是。由于雉被商人视为神鸟，因而对之进行隆重的祭祀。文献也记商人对雉鸟甚为崇敬，《尚书·高宗肜日》云：“高宗肜日，越有雊雉。”《史记·殷本纪》也说：“帝武丁祭成汤，明日有飞雉登鼎耳而呴。”意即商王高宗武丁祭祀成汤之第二天，忽有雉鸡飞于祭器鼎耳之上鸣叫不已。对于此事前人有不同的理解，唐人孔颖

① 闻一多：《〈离骚〉解诂》，上海古籍出版社，1985年，第50页。

② 姜亮夫：《〈屈原赋〉校注》，人民文学出版社，1958年，第101页。

③ 常玉芝：《商代宗教祭祀》，中国社会科学出版社，2010年，第23、24页。

④ 胡厚宣：《甲骨文商族鸟图腾的遗迹》，《历史论丛》第一辑，中华书局，1964年。

⑤ 尤仁德：《商代玉鸟与商代社会》，《考古与文物》1986年第2期。

⑥ 常玉芝：《商代宗教祭祀》引蔡哲茂《甲骨缀合集》，中国社会科学出版社，2010年，第20页。

⑦ 王襄：《簠室殷契类纂》卷四，1920年，第18页。

⑧ 胡厚宣：《甲骨文商族鸟图腾的遗迹》，《历史论丛》第一辑，中华书局，1964年。

达注疏此文云："此乃怪异之事"，是上天对商王不行正道的"谴告"。而《太平御览·羽族部》引《尚书大传》曰：此事预示着"远方将有来朝者"，是一种吉祥的征兆。殷墟卜辞也记有商王关心雉鸣的行动，其辞云："之日夕有鸣雉。"（《合集》17366）可见不论吉凶如何，都说明商人对雉鸟鸣叫极其重视，则是一个客观存在的事实。商人对雉鸟的鸣叫如此重视，显然也是由于将其视为神鸟，"是基于商族祖先鸟图腾崇拜所遗下的一种特殊心理状态，对作为神鸟的雉怀着特殊的敬意"[①]。当然，殷墟卜辞也记有商王猎雉的活动，如卜辞云：

……京……王田至……臣获豕五、雉二，在四月。（《合集》24446）

乙亥王卜贞：田丧，往来无灾？王占曰：吉。获象七、雉三十。（《合集》37365）

戊申王……无灾？王占……兹御……获雉一。（《合集》37378）

商人猎杀图腾的习俗，在现代一些少数民族中仍然存在着，如生活于我国东北的"鄂伦春族、鄂温克族和赫哲族共同信仰熊图腾"，"最初他们禁食熊肉，后来为生活所迫，只好以熊肉充饥"。"当他们打死熊时，不说打死了，而说'可怜我了'，说熊死是'睡着了'。猎熊之后把头取下来，实行风葬，并且向熊叩头，求其保佑。在托运熊皮、熊肉时，要边走边哭泣。肉由乌力楞（狩猎公社）共食。"[②]殷墟卜辞某些"帝雉"的记录，可能类似于鄂伦春等族处理猎熊的活动。

雉在后世又称作为"原禽"，潘安《射雉赋》云："虑原禽之罕至。"徐爰注："原禽，雉也。"现今称之为原鸡和野鸡。众所周知，雉鸟多长尾，与卜辞所记神鸟的形状多数相同，其羽毛颜色黑而透红，与文献所记玄鸟完全相同，因此自然界的雉鸟很可能就是商人崇拜的玄鸟图腾的原型。

商族大约从契的时候起，开始进入父系。契在认知自己生身母亲的同时，又认知著名的部落首领帝喾是自己的生身父亲，《礼记·月令》郑玄注："高辛氏之世，玄鸟遗卵，娀简吞之而生契。"高辛氏就是帝喾的别名，契正是生长在他作为部落首领的时代。《礼记·祭法》云："殷人禘喾而郊冥，祖契而宗汤。"这里所说的"喾"，王国维以为就是殷墟卜辞所记载的商人始祖"高祖夒"[③]，此说可信。由此可见，在父系制确立和巩固的时代，帝喾高辛氏已经成为商族唯一的远古祖先。古人不大了解人类在远古时代曾经流行过图腾崇拜的习俗，因此对于殷契既有生身父亲帝

① 刘起釪：《〈尚书〉学史》，中华书局，1989年，第478页。

② 宋兆麟等：《中国原始社会史》，文物出版社，1983年，第471页。

③ 王国维：《观堂集林·殷卜辞中所见先公先王考》卷九，中华书局，1959年。

喾，又是其母吞食玄鸟卵所生而提出疑问，《楚辞·天问》就说："简狄在台喾何益？玄鸟致胎（原文作'眙'，从闻一多《〈天问〉疏证》改）女何嘉？"意即简狄因吞食玄鸟卵而孕子，其夫帝喾岂不是多余的么？不过司马迁还是尊重前人的记载，因此他两存其说，《史记·殷本纪》云："殷契，母曰简狄，有娀氏之女，为帝喾次妃。三人行浴，见玄鸟堕其卵，简狄取吞之，因孕生契。"这里既承认商族先祖契为其母与玄鸟图腾相结合而生，而有娀又为"帝喾次妃"，应该说是比较符合历史实际的，它包含着母系和父系两个时代不同的生育观念。

关于商族的起源地问题，学术界意见颇不一致，主要存在着东、西、南、北四说。以商族起源于西方说者文献记载最早，《史记·殷本纪》：契"封于商"。《集解》引郑玄曰："商国在太华之阳。"又引皇甫谧曰："今上洛商是也。"《正义》引《括地志》云："商州东八十里商洛县，本商邑，古之商国，帝喾之子契所封也。"唐代商洛县即今陕西省丹凤县。《世本》云："契居蕃。"《水经·渭水注》："渭水又东迳峦都城北，故蕃邑，殷契之所居。《世本》曰：'契居蕃'，阚骃曰：'蕃在郑西。'然则今峦城是矣。"杨守敬疏引《一统志》云：峦都城"在华州西北"。清代华州即今陕西省华县，古蕃邑当在今华县西北，此地东南距商洛县约100千米。有的学者又认为此蕃与商或为一地，秦嘉谟辑《世本》"契居蕃"条下注云："按蕃之所在，诸书不见，惟《路史·国名记》三引《鲁连子》云：蕃'在太华之阳'。阚骃云：'在郑西。'今《尚书正义》引郑注：'契本封商，国在太华之阳。'即此。"这些地方都位于商王朝的西方。持商族起源于东方说者最早为王国维，他认为"自五帝以来，政治文物所自出之都邑皆在东方，惟周独崛起西土"。又说："以地理言之，则虞、夏、商皆居东土，周独起于西方。"①因此他主张"契封于商，郑玄、皇甫谧以为上雒之商，非也。古之宋国，实名商丘，……是商在宋地"②。宋地即今河南省商丘县。不过他又以为"契居蕃"的蕃地"疑即《汉志》鲁国之蕃县"③，按《汉书·地理志》鲁国蕃县，即今山东省滕县。商、蕃虽非一地，但他主张商族起源东方是明确的。20世纪30年代，傅斯年先生进一步扩大此说，认为"商代发迹于东北渤海与古兖州是其建业之地"④。这些地方都位于商王朝的东方或东北方。丁山先生则主张商族应起源于北方，他认为契居蕃地"亦可与汉常山郡薄

① 王国维：《观堂集林·殷周制度论》卷十，中华书局，1959年。

② 王国维：《观堂集林·说自契至于成汤八迁》卷十一，中华书局，1959年。

③ 王国维：《观堂集林·说自契至于成汤八迁》卷十一，中华书局，1959年。

④ 傅斯年：《夷、夏东西说》，《庆祝蔡元培先生六十五岁论文集》，1935年。

吾县求之，薄吾，战国时谓之番吾……是汉以来蒲吾，战国时皆曰番吾。番、蕃古今字，则谓番吾即殷契所居之蕃，可无疑也”①。汉代蒲吾县在今河北省灵寿县境。以后他又说：“由于‘契居蕃’的传说，我敢论定商人发祥地决在今永定河与滱河之间。王国维疑蕃即《汉志》鲁国的蕃县，失之太远。”②以后金景芳先生也主此说，他认为“契称玄王，不但见于《荀子·成相》，亦见于《国语》的《周语下》和《鲁语上》及《诗经·商颂·长发》。那么‘玄王’是什么意思呢？它应同九野的‘北方曰玄天’，明堂的北堂称玄堂，四象的北方七宿称玄武一样，玄是北方的意思，玄王就是北方之王”③。30年代后期，卫聚贤先生又提出南方说，认为商族当起源于江浙一带④。

二、先商文化探索

当然，商部族不可能起源于四面八方，因此，上述四说不可能完全正确，或者说全不正确，而是起源于另外一个地方。为寻求商部族的起源地，还需要通过考古学的途径，对先商文化进行探索。先商文化就是商王朝建立以前的商部族所创造和遗留下来的遗物、遗迹，早期先商文化的分布范围，应与商族的起源地有着密切的关系。早在20世纪20年代，随着河南安阳殷墟甲骨文的大量发现和研究，并且通过对殷墟遗址的考古发掘，人们已经明确地认识到殷墟文化就是商代晚期文化；商代晚期文化的发现，引起前辈学者对寻求早商文化和先商文化的重视。1931年，梁思永先生在安阳后岗遗址发现了仰韶文化、龙山文化和殷墟文化的三叠层，首先认识到“龙山文化的时代早于小屯（郑按：即殷墟文化），而仰韶文化又早于龙山”的地层叠压关系，梁氏通过对小屯和龙山两个文化层出土陶器的分析，认为“小屯的陶作对龙山陶作是一种承继者的关系”，但同时也认识到“龙山期到小屯期之间大概经过相当的时间和几代的承继者”⑤，就是说二者的文化内涵仍有着较大的差异。1936年，李景聃先生为寻找殷墟文化“究竟在哪里萌芽然后发育成长的？哪里是它的前身？”于是前往文献所记“很可能是商代发祥之地”的今河南商丘地区进行考古调查和发掘⑥，也为探索先商文

① 丁山：《由三代都邑论其民族文化》，《中央研究院历史语言研究所集刊》第五本第一分册，1935年。

② 丁山：《商周史料考证·盘庚以前商族踪迹之追寻》，中华书局，1988年。

③ 金景芳：《商文化起源于我国东北说》，《中华文史论丛》第七辑（复刊号），上海古籍出版社，1978年。

④ 卫聚贤：《殷人自江浙迁徙于河南》，《江苏研究》第三卷第5、6期，1935年。

⑤ 梁思永：《梁思永考古论文集·小屯龙山与仰韶》，科学出版社，1959年。

⑥ 李景聃：《豫东商丘永城调查及造律台、黑孤堆、曹桥三处小发掘》，《中国考古学报》第二册，商务印书馆，1937年。

化做了辛勤的努力。1944年，李济先生把叠压在殷墟文化下面的以黑陶为代表的龙山文化称之为“先殷文化层”，认为这种地层关系只能说明“殷商文化是黑陶文化的后起”，“就陶业讲，殷商文化虽受了黑陶文化的若干影响，但它的基本成素，却另有所自”①，认识到殷商文化并非来自以黑陶为代表的龙山文化，要寻求“先殷文化”还需要继续努力。1950年，考古工作者在郑州发现了商代早期文化的二里冈文化，二里冈早商文化的发现为探索先商文化建立起一个新的起点，它大大缩短了人们认识先商文化的距离；随着50年代一系列新的重大考古发现，推动着学术界对先商文化和与其同时的夏文化进行了热烈的讨论。60年代出版的《新中国的考古收获》一书将先商文化称之为“商代先公先王时代的商文化”和“商代早期以前的商文化”，并对当时的探索工作进行了总结，指出“商代早期文化是1952年在郑州二里岗发掘后被认识的”。在河南一带，“年代早于商代早期文化而又普遍存在着的有三种不同的文化遗存，即仰韶文化、‘河南龙山文化’和洛达庙类型的文化（郑按：即现在所称作的二里头文化）”。“至于洛达庙类型的文化遗存，经调查证明，它在地层上是介于商代早期文化和‘河南龙山文化’之间，在年代上可能与夏代晚期相当。”“洛达庙类型文化的遗存是属于夏文化，或属于商代先公先王时代的商文化，在考古工作者之间也还没有取得一致的认识。有的认为洛达庙类型文化本身还可以进一步作出分期，它的上层比较接近商代早期文化，因而可能是商代早期以前的商文化。它的下层比较接近‘河南龙山文化’，有可能是夏文化。有的则认为这种文化遗存的绝对年代还不易确定，而且具有较多的商文化特点，因而，洛达庙类型文化的下层仍然是商文化。”②大约与此同时，北京大学《中国考古学·商周考古》讲义开始提出了“先商文化”这一概念，认为分布于黄河两岸早于二里冈文化、晚于河南龙山文化的文化遗存，有可能属于先商文化③。70年代后期，邹衡先生通过对分布于中原地区的二里冈文化、二里头文化（即先前所称作的“洛达庙类型”文化）和豫北诸考古学文化的系统研究，提出了属于二里冈文化的“郑州商城即汤都亳”邑的著名论断。他把整个商文化分作为三期七段十四组，郑州商城的建成年代属于其中的第二期二段第三组，该组文化就应属于商王朝初期的文化，也就是早商文化。以此为基点，他认为早于郑州商城的分布于豫西地区的二里头文化，虽然其文化内涵与二里冈文化有着较多的联系，但却是

---

① 李济：《小屯地面下的先殷文化层》，《学术汇刊》第一卷第二期，1944年；张光直、李光谟：《李济考古学论文选集》，文物出版社，1990年。

② 中国科学院考古研究所：《新中国的考古收获》，文物出版社，1961年，第44页。

③ 北京大学历史系考古专业：《中国考古学·商周考古》讲义，1960年。

属于两种不同性质的考古学文化，它不可能是先商文化，根据文献提供的线索，它明显地应属于夏文化。而叠压在商城下面以C1H9为代表的商文化第一期一段二组文化遗存，邹氏又称为“南关外型”，其文化内涵与早商文化有着密切的传承关系，它显然应属于先商文化。但这并不是先商文化的全部，分布于豫北地区以辉县琉璃阁H1和新乡潞王坟下层为代表的同属于商文化第一期一段二组的文化遗存，邹氏称之为“辉卫型”，其文化内涵与“南关外型”文化有着密切的联系，因而也应属于先商文化。分布于豫北、冀南地区以安阳梅园庄一期早段、磁县下七垣三、四层和邯郸涧沟下层为代表的商文化第一期一段一组，邹氏又称之为“漳河型”，既早于一段二组，二者文化内涵之间又有着密切的传承关系，因此，也应属于先商文化，而且应属于较早的先商文化。总之，他认为“南关外型是从辉卫型、漳河型发展来的，而又受到夏文化的很大影响”，都应属于先商文化，二里冈文化又“是从南关外型直接发展来的，同时还在继续大规模地吸取夏文化的因素和其他文化因素”，因而应属于早商文化[①]。邹先生的这个创见，奠定了探索先商文化的科学基础，多年来新出土的考古资料，进一步丰富了先商文化的内涵，推动着学术界对先商文化继续展开深入的探讨。

现有的考古发掘资料表明，分布于今郑州地区的先商时代文化，内涵复杂，面貌多样，“南关外型”就是其中一种重要的文化遗存。“南关外型”文化以发现于郑州老城南关外遗址而命名，该遗址是一处壕沟性质的堆积，原发掘报告分作为上、中、下三个文化层也即三个文化期[②]。邹衡先生所说的“南关外型”文化，是指他将南关外遗址中、下两层合并后的文化内涵，邹氏认为其“中层的上线，即上层的下线，恰好是该壕沟的封口线，因此，沟内的两层都是为了填沟的堆积。如同发掘中常见的堆积一样，虽可分为若干层，但一般很少有分期的意义”。再者，“原属于中层的H62中，发现了不少属于下层的典型遗物，……由此可见，原中、下两层的内涵并没有严格的区别，……根据以上的分析，我们认为原定的中、下两层应该合并为一层”[③]。但是有些学者不同意这个合并，认为只有原报告公布的下层文化才可称作为“南关外期”或称“南关外型”文化[④]，我们认为这个意见是正确的。南关外遗址中层文化确实含有不少下层文化因素，但它毕竟是从下层文化中混入的，不是中层文化固有的，须知“这处遗址是在（20世纪）50年代初期发掘的”，“这里的下层则为当时郑州商代

① 邹衡：《夏商周考古学论文集》，文物出版社，1980年，第107—125页。

② 河南省博物馆：《郑州南关外商代遗址的发掘》，《考古学报》1973年第1期。

③ 邹衡：《夏商周考古学论文集》，文物出版社，1980年，第107页。

④ 安金槐：《对于郑州商代南关外期遗存的再认识》，《华夏考古》1989年第1期；张立东：《先商文化浅谈》，《中国商文化国际学术讨论会论文集》，中国大百科全书出版社，1998年。

遗址中尚未见过的新的商代文化类型遗存”，人们对它还不熟悉，因此“在整理和编写《郑州南关外商代遗址的发掘》报告时，为了全面介绍各层内所包含的遗物内容，没有把属于各层的遗物和混入该层内早的遗物区别开来”①，这有一个认识过程，现在看来，中、下两层应是两种不同性质的文化，不宜合并，分开为是。因此，我们这里所说的“南关外期”或“南关外类型”文化，就是指以南关外下层为代表的文化遗存。该类型文化遗存在郑州地区分布范围很小，现主要发现于郑州老城即郑州商城南城墙以外的地带，另在商城南城墙东段内测也有零星发现②；其文化内涵也比较特殊，正如安金槐先生所说：“南关外期文化遗存，是郑州商代遗址中具有独特风格的一种商代文化遗存。”其陶器群的主要特征是：“陶质主要是砂质和泥质褐陶，约占该期陶器总数的80%以上，只有极少量泥质灰陶。砂质褐陶内所掺的砂粒大小不够均匀，泥质褐陶的胎质也不够纯净，说明该期的陶土似没有经过精细淘洗，致使器表显得比较粗糙，胎质一般都比较厚。从褐色陶器的制法看，似乎多系手制，轮制者较少，其中有些陶器可能采用轮制与手制兼作而成，所以陶器的胎壁多有厚薄不匀的现象。褐色陶器的火候一般都不够高，……陶器的表面多满饰印痕较深的细绳纹。”陶器群的代表性器物计有“弧形裆陶鬲”“筒形袋足陶甗”“有流无尾陶爵”“夹角近弧形裆陶斝”“小口外侈圆腹陶瓮”“凹腰喇叭形柄座陶豆”和敞口斜腹平底盆七种③（图1.1）。总之，这些陶器群所表现的文化面貌，整体看来比较粗糙，与早于它的当地河南龙山文化以及与它同一时期的“洛达庙类型晚期文化”和晚于它的二里冈早商文化都没有多少传承关系，因此它不大可能是这里的土著文化。

至于“南关外类型”文化的来源和族属，诸家意见多有不同，李伯谦先生认为它“有可能就是夏之某一与国的遗存”④。田昌五先生认为它应是夏之属国昆吾氏的文化⑤。安金槐先生认为它是“从外地迁到郑州南关一带居住的人们遗留下来的文化遗存”。又说“根据近年来在河南境内的考古调查材料来看，（南关外期）其中部分弧形裆陶鬲、有流无尾圜底爵和小口短颈圆腹陶瓮的形制，是与河南东南部淮河中游的固始县东部泉河店部分遗址同类器物较为接近，因而郑州南关外期文化类型遗存，可能是从淮河中游一带而来的”⑥，根据文献记载，这里是古代淮夷部族的居住区。袁

① 安金槐：《对于郑州商代南关外期遗存的再认识》，《华夏考古》1989年第1期。

② 河南省博物馆等：《郑州商代城遗址发掘报告》，《文物资料丛刊》1977年第1期。

③ 安金槐：《对于郑州商代南关外期遗存的再认识》，《华夏考古》1989年第1期。

④ 李伯谦：《先商文化探索》，《庆祝苏秉琦考古五十五年论文集》，文物出版社，1989年。

⑤ 田昌五：《谈偃师商城的一些问题》，《全国商史学术讨论会论文集》，《殷都学刊》增刊，1985年。

⑥ 安金槐：《对于郑州商代南关外期遗存的再认识》，《华夏考古》1989年第1期。

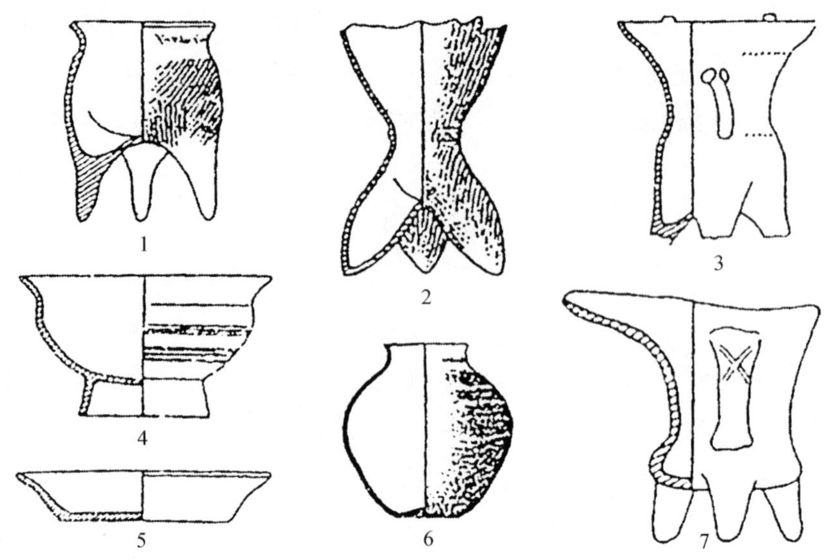

图1.1　南关外类型部分陶器图

1. 鬲（C5H62：19）　2. 甗（C5T95④：108）　3. 斝（C5T86④：52）　4. 豆（C5T87④：99）
5. 盆（C5T95④：155）　6. 瓮（C5T95④：109）　7. 爵（C5T95④：105）

广阔先生认为“从南关外最典型的鼎式鬲、长颈斝、无尾爵等与湖北盘龙城早期的同类器一致的特征分析，其来源应是盘龙城”[①]。栾丰实先生认为“以南关外下层为代表的早商文化的直接来源，……应是岳石文化中的一支，即分布于鲁、豫、皖一带的岳石文化”。又说“鲁、豫、皖一带的岳石文化的创造者，就是先商时期的居民，到夏朝晚期，他们在成汤率领下，北征西伐，来到郑州，留下‘南关外期’遗存”[②]。但是《尚书序》和《史记·殷本纪》都说：“汤始居亳，从先王居。”可知商族自成汤以上若干代人已居住于今郑州地区，在这几代人的时间里，必然在这里创造和留下众多的文化遗迹，而南关外期文化分布范围如此之小，其文化内涵特别是遗迹又如此之少，和长期居住在这里众多的商人所创造的先商文化显然是不相称的。据此而论，“南关外类型”文化只能是分布于今郑州地区的一种先商时代文化，而不大可能是商族在这里创造的主体文化，它可能与这种主体文化互有影响，其本身不可能是先商文化。相比之下，袁说可从。郑州地区所见的“南关外类型”文化陶器群，在东方岳石文化、西方二里头文化和北方辉卫型等文化中均甚为少见，却与南方盘龙城早期文化陶器群中相似之处较多，现在《盘龙城》发掘报告已将其文化内涵分为七期，并推断

① 袁广阔：《先商文化新探》，《中原文物》2002年第2期。

② 栾丰实：《试论岳石文化与郑州地区早期商文化的关系——兼论商族起源问题》，《华夏考古》1994年第4期。

其中第二期的时代“与郑州洛达庙中期”时代相当，第“三期的时代，相当于二里头文化四期或二里岗下层一期偏早”。这个时期的陶器的特点是夹砂绳纹陶较多，手制为主[①]，与南关外类型陶器制作基本相同。三期所出的鬲（PWZT32⑧：11）与南关外类型的所出鬲（C5T86④：53）形制近似，三期所出的罐形鼎（PWZT67⑦：11）与南关外类型所出的鼎（C5H9：8）形制近似；三期所出的侈口分裆斝（PWZT86⑧：23）与南关外类型所出的大敞口分裆斝（C5T83④：4）形制相同，三期所出的扁圆腹爵（PWZT72⑦：2）与南关外类型出土的小凹腰爵（C5T95④：105）形制相同（图1.2）。当然，南关外类型的个别陶器，如筒形袋足甗（C5T95④：108）与岳石文化出土的甗（安邱堌堆H11：2、T13⑧：78、75）形制相近[②]，又如尖圆唇分裆鬲（C5T87③：47）与辉卫型文化的鬲（T302⑩：141）形制相近[③]，但是总体看来，南关外类型陶器群多与盘龙城二、三期陶器群相近或相同，因此它很有可能来自以盘龙城遗址为中心的江汉流域地区。文献记载这里在古代曾经生活着众多的原始部族，《吕氏春秋·异用》云：“汉南之国闻之曰：‘汤之德及禽兽矣！’四十国归之。”《越绝书·吴内传》又云：“汤行仁义，敬鬼神，天下皆一心归之。当是时荆伯未从也，汤于是乃饰牺牛以事。荆伯乃喟然叹曰：‘失事圣人礼乃委其诚心。’乃委其诚心。”郑州地区的“南关外类型”文化，或即归附于成汤的江汉地区部族居民在这里吸收其他文化因素所创造和遗留下来的文化遗存。

考古工作者在今郑州老城东南隅今电力学校[④]和化工三厂[⑤]一带也发现有一些“独具特点”的文化遗存。电力学校遗址以H6为代表的商文化遗存，“出土物以褐色陶为主”，此与岳石文化的陶器群基本相同。“H6出土的遗物比较复杂，有浅灰褐色敞口甗、侈口中腹盆”等，应是“岳石文化影响”的产物。而所出“卷沿细绳纹鬲、深鼓腹盆”等，则当与辉卫型文化有着密切关系。化工三厂发现的H1出土的陶器计有“鬲形鼎、鬲、罐、大口尊、鬶、簋、盆、甗、豆等”，完整器甚少，只见鬲、鬲形鼎和盆三种，其他皆为残片，鬲与盆的形制与辉卫型同类器物相近。不过这些陶器“从制法到造型、器类与郑州地区所见的其他文化因素都有着显著区别。器物群多为泥质陶，以棕色为主；器物表面以素面为主，纹饰多为中绳纹。器形中见到的鬲形鼎和鬶

① 湖北省文物考古研究所：《盘龙城》，文物出版社，2001年。

② 北京大学考古系商周组等：《菏泽安邱堌堆遗址发掘简报》，《文物》1987年第11期。

③ 北京大学考古系商周组：《河南淇县宋窑遗址发掘报告》，《考古学集刊》第10期，地质出版社，1996年。

④ 河南省文物研究所：《郑州电力学校考古发掘报告》，《郑州商城考古新发现与研究》，中州古籍出版社，1993年。

⑤ 河南省文物考古研究所：《郑州化工三厂考古发掘简报》，《中原文物》1994年第2期。

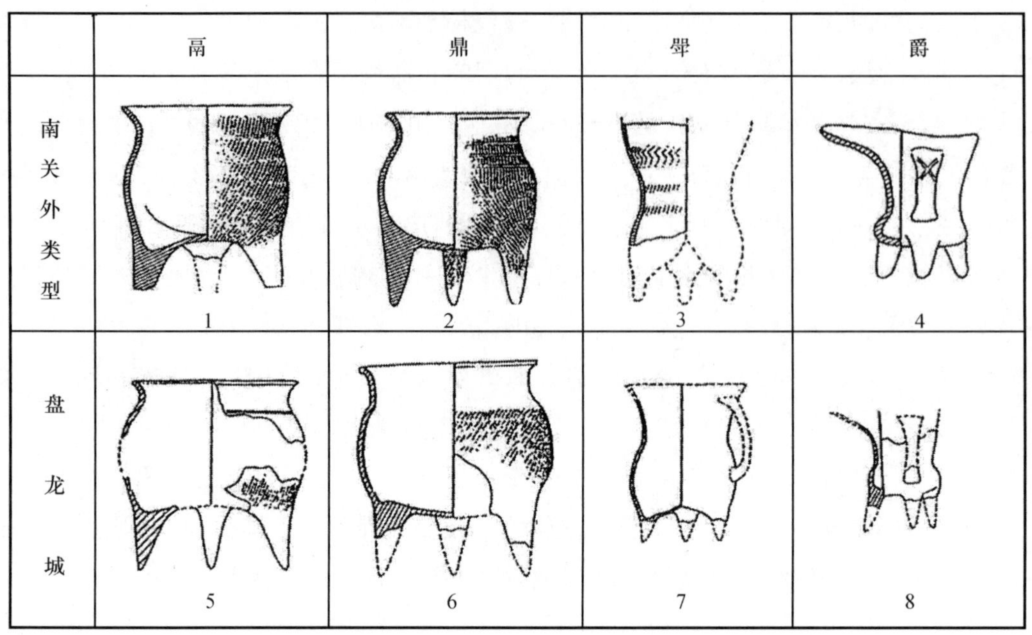

图1.2　南关外类型与盘龙城遗址出土部分陶器比较图

1. 鬲（C5T86④：53）　2. 鼎（C5H9：8）　3. 斝（C5T83④：4）　4. 爵（C5T95④：105）

5. 鬲（PWZT32⑧：11）　6. 鼎（PWZT67⑦：11）　7. 斝（PWZT86⑧：23）　8. 爵（PWZT72⑦：2）

足、红陶罐等，都是首次在郑州地区发现。器物的制法可分为手制、轮制、模制几种，一件器物上往往是手制、轮制结合，烧制火候较低，表现了比较原始的特点”，这些特点又与岳石文化陶器群的风格相近。文献记载商族早期与东方夷族关系密切（详见本书第三章第一节），电力学校和化工三厂遗址所见类似岳石文化的遗存，当是迁居于郑州地区的东方夷族人群以本族文化为基础，吸收该地其他文化因素而创造和保存下来的遗物遗迹。

迄今所知，分布于郑州地区较多的先商时代文化遗存，应是晚期“洛达庙类型文化”，“洛达庙类型文化”以首次发现于郑州西郊洛达庙遗址而得名，后又称之为二里头文化。发掘报告将该遗址文化遗存分作为三期，认为其中“一期约与偃师二里头二期大体相同”，“二期与二里头遗址三期相近”，“三期和偃师二里头四期相当或稍晚”①。王立新先生则认为洛达庙三期遗存的文化面貌，较之二里头四期文化有了“较大的改变”，他把该期出土的陶器分作为四群：其中A群陶器“包括扁三足盆形鼎、夹砂中口罐、捏沿罐、圆腹罐、敞口中腹盆、浅腹盆、甑、豆等”，属于二里头文化传统陶器；B群陶器“包括细绳纹鬲、有腰隔甗、敞口卷沿有肩盆、敛口鼓腹盆

① 河南省文物研究所：《郑州洛达庙遗址发掘报告》，《华夏考古》1989年第4期。

等，……这类器物极少见于二里头类型，但在下七垣文化漳河型、辉卫型中却比较典型”；C群陶器“包括大口尊、小口瓮、敞口斜壁平底盆等”，属于“二里头文化和下七垣文化的共同因素”；D群所出鬲式斝，“其敞口高领的特征，接近于二里头文化中所见的宽裆敞口斝，……而下部又为绳纹弧腹鬲形，接近于下七垣文化常见的弧腹鬲的形制，当系上述两种陶器相结合而创生的新种”。王氏据此结论说：洛达庙三期遗存中新型的陶器群的出现，表明它已是“二里头文化和下七垣文化两种因素在郑州地区碰撞和融合所形成的一个新的地方类型”①，这个“新的地方类型”就是我们所说的现在意义上的“洛达庙类型文化”。有些学者认为这个“新的地方类型”可能与先商文化有关，考古工作者在郑州商城的东北隅，发现了大约属于这个时期的以夯土墙为代表的重要文化遗存，发掘报告说：该墙残长100余米，“夯土墙下面发现的陶窑和较多的灰坑，说明夯土墙建造以前，这里已是一处具有相当规模的聚落遗址，因为同一时期的文化遗存在黄委会青年公寓大楼和黄河河务局等工地的发掘中均有发现”。这些遗存中的“出土物文化面貌比较复杂，既在器物种类和形态方面包含有大量的二里头文化因素，同时又有一组如薄胎细绳纹卷沿鬲、橄榄形深腹罐等特征鲜明的商族文化典型器物，并有少量的岳石文化因素存在。这种具有典型特征的考古学文化的创造者，应在郑州地区存在了较长的时期，这个人们共同体具有较强大的生命力，这是否与商族势力在郑州的立足、与土著文化的融合和发展有关呢”②。是该报告已经正确地倾向于认为：这些重要遗址应是徙居于这里的商部族，以本族文化为基础，融合当地其他文化而创造出来的先商文化遗迹。袁广阔先生在此基础上进一步认为在“郑州商城下面三分之二的地方都有洛达庙类型的遗存。从郑州商城的考古发掘可知，它下面有一个面积巨大、内涵丰富的‘洛达庙类型’遗存。洛达庙类型重要的遗迹有夯土墙、夯土台基、水井、陶窑、灰坑、墓葬等”。该类型文化“从民族学方面讲，它代表的是商民族文化，而且是先商文化最后的一个阶段”③，明确提出分布于郑州商城地区的“洛达庙类型”文化，就是商部族所创造的先商文化。袁氏所说的“洛达庙类型文化”是指分布于郑州地区的洛达庙晚期文化，该类型文化在郑州地区分布广泛，内涵丰富，而且几乎全部被二里冈早商文化所继承，我们认为以上学者所说可信可从，属于洛达庙三期的“洛达庙类型文化”显然应是商部族在这里所创造的先商文化遗存。

---

① 王立新：《早商文化研究》，高等教育出版社，1998年，第203页。

② 河南省文物考古研究所：《河南郑州商城宫殿区夯土墙1998年的发掘》，《考古》2000年第2期。

③ 袁广阔：《先商文化新探》，《中原文物》2002年第2期。

诚如上述一些学者所说："洛达庙类型"文化内涵丰富，面貌复杂，它主要应是由"二里头文化和下七垣文化的两种因素在郑州地区碰撞和融合所形成的一个新的地方类型"。二里头文化属于夏文化，这在当前的学术界已经基本上达成了共识，因此，"洛达庙类型"文化应是渊源于"下七垣文化"，"下七垣文化"是李伯谦先生提出的先商文化概念[①]，其具体内容就是指邹衡先生所说的"辉卫型"和"漳河型"文化，"洛达庙类型文化"与二者的渊源关系，上文王立新先生已作了明确论述，兹不赘述。从现有资料来看，洛达庙类型文化北与辉卫型文化相接，二者的渊源关系也更为密切。辉卫型文化以首先发现于卫水上游的辉县琉璃阁[②]与新乡潞王坟遗址[③]而命名，有学者又称之为"辉卫文化"[④]，或以其典型遗址为代表称之为"李固—潞王坟类型遗存"[⑤]"潞王坟—宋窑类遗存"[⑥]，根据现有资料，已知该类型文化分布于河南省黄河以北、洹水以南，西至太行山东麓，东南到达今长垣县一带。该文化的遗存现已发现并见于公布者30余处，计有济源留村，沁阳义庄，博爱金城，焦作小尚、店后、九里山、月季公园、府城[⑦]、安阳城[⑧]，修武郇封、李固，武陟邸邰[⑨]、东石寺[⑩]，新乡后高庄[⑪]、李大召、潞王坟[⑫]，辉县琉璃阁、孟庄[⑬]、孙村[⑭]、丰城[⑮]，鹤壁刘庄、北河头[⑯]、大赉店[⑰]，淇县杨庄、高村、古城、农科所、七里堡、宋窑、大李庄，浚县亮马台、草店，滑县妹村[⑱]，

---

① 李伯谦：《先商文化探索》，《庆祝苏秉琦考古五十五年论文集》，文物出版社，1989年。

② 中国科学院考古研究所：《辉县发掘报告》，科学出版社，1956年。

③ 河南省文化局文物工作队：《河南新乡潞王坟商代遗址发掘报告》，《考古学报》1960年第1期。

④ 张立东：《论辉卫文化》，《考古学集刊》第10集，地质出版社，1996年。

⑤ 刘绪：《纪念北京大学考古专业三十周年论文集·论卫怀地区的夏商文化》，文物出版社，1990年。

⑥ 中国社会科学院考古研究所：《中国考古学·夏商卷》上册，中国社会科学出版社，2003年，第157、158页。

⑦ 杨贵金：《沁水下游的夏文化与先商文化》，《中原文物》1997年第2期。

⑧ 贾连敏：《河南商周考古六十年概述》注20引，《华夏考古》2012年第2期。

⑨ 中国社会科学院考古研究所：《中国考古学·夏商卷》上册，中国社会科学出版社，2003年，第157、158页。

⑩ 河南省新乡地区文物管理委员会：《新乡地区历史文物介绍·东石寺遗址》，1981年。

⑪ 新乡市文物考古研究所等：《河南新乡县后高庄遗址发掘报告》，《中原文物》2007年第3期。

⑫ 郑州大学历史学院考古系：《新乡李大召》，科学出版社，2006年。

⑬ 河南省文物考古研究所：《辉县孟庄》，中州古籍出版社，2003年。

⑭ 郑州大学历史学院考古系等：《河南辉县孙村遗址发掘简报》，《中原文物》2008年第1期。

⑮ 新乡市文管会等：《河南辉县丰城遗址调查简报》，《考古》1989年第3期。

⑯ 河南省文物局：《鹤壁刘庄——下七垣文化墓地发掘报告》，科学出版社，2012年。

⑰ 北京大学考古系商周组：《豫东北考古调查纪要》，《考古》1995年第12期。

⑱ 张立东：《论辉卫文化》，《考古学集刊》第10集，地质出版社，1996年。

长垣宜丘[①]等。这些遗址比较集中地分布于沁水下游东岸和淇水下游一带，已发掘的重要遗址有辉县孟庄城址，该城址叠压在原龙山文化城址之上，“一般依龙山文化城墙加高而成”，但其“建筑方法进步明显，采用挖基槽以固墙基，并版筑出城墙，夯层比龙山时期要坚实的多”。“东墙长约375米，北墙长约340米，西墙长约330米，南墙已被毁掉”，面积约12.7万平方米（图1.3）。城内发现有小型房基、水井、窖穴、墓葬和祭祀遗迹等[②]，这是迄今所见先商文化中唯一的一座城址，其建城技术被后来商人建筑郑州商城所继承（见本书第二章第四节）。在这座城址的西侧琉璃阁遗址H1出土有铜镞一件（H1：73），反映着这座城址应是当时人们的一处防御重地。在鹤壁刘庄遗址还发现有先商文化的大型墓地，这是迄今所见先商文化时期最大的一处墓地（图1.4），已发掘出338座墓葬，“大致分布于东西110米、南北55米的范围之内”。墓葬大多为长方形竖穴土坑墓，“有15座墓葬有生土或熟土二层台”。死者“均为单人一次葬”，多数为仰身直肢葬。在16座墓内发现有木质单棺葬具，11座墓内发现有用自然砾石围成的石棺和简化石棺葬具。在M35墓内随葬有石钺一件，M28、M109、M178、M208墓内随葬有绿松石和玉石管状饰件，其他多数墓内随葬有少量的鬲、罐、甗、盆、豆、盘等陶质生活用具，个别墓内随葬有鬶、爵等陶质酒器[③]，可知这是一处埋葬当时基层平民的墓地。这些墓葬“从布局角度观察，明显可分为东、西两大区块，东区按墓葬方向又可分两个小片区，西区虽多为南、北向，但也可细分为二或三个小片区。和新石器时代至青铜时代多处墓地表明的那样，这种在一个相对完整的墓地中，往往又划分为若干个小区块，小区块之下又可细分为几个小片的现象，反映的是血缘关系的远近；刘庄墓地作为一个族墓地，显然也是由若干不同层次、不同大小的宗族、家族乃至家庭单位构成的。刘庄墓地的发现和研究，为我们了解夏时期商灭夏以前商族的基层社会结构提供了一个难得的实例”[④]。埋葬习俗是现实社会生活的反映，刘庄墓地的布局，说明先商部族仍存在着浓厚的血缘亲族关系，这种浓厚的血缘亲族关系一直延续于整个商王朝时期。

辉卫型文化的陶器群主要有鬲、罐、鼎、甗、豆、瓮、尊、盆等，段宏振先生认为：“先商文化所处的太行山东麓地区自史前以来，一直就是一条南北狭长地域的文化走廊，其走廊文化的色彩主要有三个特点：所属文化区系的不稳定性（因时间而属

① 郑州大学历史系与考古系等：《河南长垣宜丘遗址发掘报告》，《中原文物》2005年第2期。

② 河南省文物考古研究所：《辉县孟庄》，中州古籍出版社，2003年。

③ 河南省文物局：《鹤壁刘庄——下七垣文化墓地发掘报告》，科学出版社，2012年。

④ 李伯谦：《先商考古的重大突破——读〈鹤壁刘庄——下七垣文化墓地发掘报告〉有感》，《中国文物报》2012年7月27日第四版。

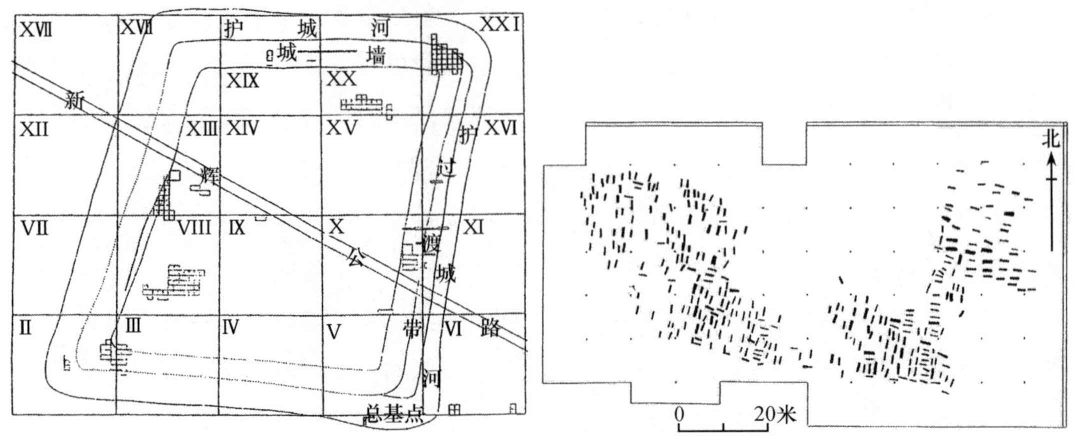

图1.3　辉县孟庄先商城址平面图　　图1.4　刘庄先商文化墓地墓葬分布平面图

于不同的文化区系），文化谱系发展的不连贯性（发展存在断裂与缺环），文化内涵的中介性（兼备四方因素）。”[①]作为先商文化的辉卫型文化，其“西南面和西面分别与二里头文化东下冯类型，北面与下七垣文化漳河类型，东面与岳石文化为邻，在文化面貌上含有大量周邻文化因素”[②]，确实是一个“兼备四方因素”的文化。不过正如邹衡先生所说：“先商文化与山西境内的古代文化的确是有着密切关系的”[③]，辉卫型文化的诸多因素也是从山西东下冯文化传播而来的。辉卫型文化与东下冯文化陶器群之间的共同点，以往刘绪[④]和张立东[⑤]等先生已有较多的论述，这里再略加补充如下：例如辉卫型文化的陶器如张文所说：“陶质以加砂灰陶为主，陶色多不纯正，而且大多表里不一。以绳纹为主要纹饰”，颈部绳纹往往被抹去；早期细绳纹居于多数，另有少量压印的S纹、卷云纹和同心圆纹等纹饰。陶器“烧制火候较高，质地坚硬”。陶器群中“凹圜底器数量最多，凹平底器和三足器次之，平底器、圜底器、圈足器和假圈足器较少”。而东下冯三期根据对H15、H413和H535出土陶片的统计，是“夹砂灰陶占全部陶片的53%”，另有夹砂褐陶、夹砂红陶和黑皮陶等；纹饰“以绳纹为主，占总数的80%”。四期的陶器根据对H5、H60、H417和H418出土陶片的统计，也是“夹砂灰陶占总陶片的52%，灰陶表面的深浅颜色颇不一致，火候高的陶器占了明

① 段宏振：《先商文化考古学探索的一些思考》，《早期夏文化与先商文化研究论文集》，科学出版社，2012年。

② 中国社会科学院考古研究所：《中国考古学·夏商卷》上册，中国社会科学出版社，2003年，第157、158页。

③ 邹衡：《夏商周考古学论文集》，文物出版社，1980年，第161页。

④ 刘绪：《纪念北京大学考古专业三十周年论文集·论卫怀地区的夏商文化》，文物出版社，1990年。

⑤ 张立东：《论辉卫文化》，《考古学集刊》第10集，地质出版社，1996年。

显的优势”。“纹饰以拍着绳纹为大宗，印痕一般较前期细密规整。”有些陶器颈部绳纹也被抹去，另有少量的S纹、卷云纹和同心圆纹饰。陶器群中也是“凹底器数量颇多，三足器比前期有所增加，圈足器为数甚少”，圜底器也为数甚少[①]（以下所引东下冯文化资料皆出此注）。在各类陶器中，根据对辉卫型“李固探沟—第五层、潞王坟下层和琉璃阁H1”的统计，出土的陶器：鬲，数量最多；甗，数量多；罐，数量不多；鼎，数量较少；盆，数量多；大口尊，数量多；捏缘罐，数量少；斝，数量很少；爵，数量很少；直口缸，数量少；小口瓮，数量较少；敛口瓮，数量较少；蛋形瓮，数量多；器盖，数量较少[②]。东下冯四期出土的陶器也是“数量最多的是鬲、甗、单耳罐、大口尊、深腹盆、小口罐和蛋形瓮，其次是深腹罐、敛口瓮和器盖，其余皆较少见”。可见二者的陶器器类比例也大致是相同的。在部分陶器形制方面，淇县宋窑出土的鬲（T302⑩：141）与东下冯四期出土的3式鬲（T1082：4：65）形制相近；修武李固出土的甗（H15：13）与东下冯三期出土的2式甗（F558：1）形制相近；淇县宋窑出土的鼎（T301③：141）与东下冯二期出土的1式鼎（H41：53）形制相近；淇县宋窑出土的深腹罐（H43：27）与东下冯三期出土的4式深腹罐（T5532：8）形制相同；淇县宋窑出土的捏缘罐（T23⑤：122）与东下冯三期出土的2式小口鼓腹罐（J504：11）形制相近。辉卫型文化各遗址中多出有敞口束颈折肩盆，仅宋窑遗址就出有105件，该《报告》称之为C型深腹盆，其形制为“束颈、有肩、腹壁外曲，大多下腹与底部饰绳纹”，是辉卫型文化的典型器物。它和东下冯四期出土的盂形制相同，《夏县东下冯》报告云：“凡腹部有折棱的盆形器皆定名为盂，是四期新出现的典型器物，皆泥质灰陶，腹的上段有折棱，下段呈弧形急收。”这里所说的“盂”，就是《宋窑遗址》报告所称作的“C型深腹盆”，这种盆在周围同时期文化中皆很少见，却是辉卫型文化和东下冯文化中的常见器物。敛口斝也是这两个文化中共出的器物，辉卫型文化中以宋窑遗址出土的A型斝比较完整，皆为夹砂灰陶，“敛口，浅腹，束腰，腰下为三个肥大的袋足。周身附加各种走向的堆纹”，口沿下通体饰绳纹。东下冯遗址三期出土的斝是“夹砂褐陶，宽沿内折成敛口，方唇束腰，袋足肥硕，沿以下饰绳纹，沿下和腰部还各有索状纹一周，其间并夹饰波浪形索状堆纹”。辉卫型文化的敛口斝出现于较晚的三、四组，东下冯文化的敛口斝出现于二期，盛行于三期，四期逐渐减少，这种斝以后出现于二里冈文化中，是商文化颇具特征的器物。由上所述，可知就陶器群而论，辉卫型文化与东下冯文化之间，比较周围其他文

① 中国社会科学院考古研究所等：《夏县东下冯》，文物出版社，1988年。

② 刘绪：《纪念北京大学考古专业三十周年论文集·论卫怀地区的夏商文化》，文物出版社，1990年。

化有着更多的共性，这种更多的共性，说明二者之间当有着密切的渊源关系。近年来，考古工作者在今山西长治市发掘的小神村遗址中，其第四文化层出土“陶片以灰陶为主，器形有高领罐、盆、鬲、瓮等”。为“东下冯类型文化层”①。河南省考古工作者在河南辉县市发掘的孟庄遗址，发掘《报告》所称该遗址中的“二里头文化”，实为“辉卫型文化”，《报告》认为孟庄遗址的辉卫型文化其主流当来源于以小神村遗址为代表的“东下冯类型文化”②。在新乡李大召遗址发现的辉卫型文化遗存中，其“第一期遗物中的蛋形瓮、鬲足根上有挖槽等特征，也与晋东南小神村遗址”的东下冯类型文化面貌相近③，这里出土的高领鼓腹鬲以及陶器上所饰楔形点纹，也多见于以小神村为代表的晋中先商时期文化遗存之中。许伟先生也认为：“根据类型学的排比，河南新乡潞王坟、河北磁县界段营和下七垣、邯郸涧沟等地的‘先商文化’中某些陶鬲是晋中陶鬲的继承者。这样，‘先商文化’的中的某些因素应是由晋中地区夏代遗存里派生出来的。”④许氏所说的陶鬲，应当就是指的这种高领鼓腹形制的鬲。按古代“辉卫型文化”分布的豫北地区与“东下冯类型文化”分布的晋南、晋中地区早有太行八陉交通线相联系。另外，《尚书·禹贡》云：“冀州：既载壶口，治梁及岐；既修太原，至于岳阳；覃怀底绩，至于衡漳。”记载大禹曾从冀州开始治理洪水，首先在这里疏通了壶口山、梁山和岐山的黄河河道，接着向东修整了太原和岳阳等地的水利，又穿过太行山向南、向东治理了“覃怀”地区和“衡漳”之水。古冀州地域大致包括“今山西全省、河北的西、北境及河南的北部、辽宁西部”。壶口山在今山西省吉县西北黄河两岸，梁、岐二山当在壶口之下、龙门山南。“太原”在今山西翼城、曲沃县境；“岳阳”在今山西太岳山南；“覃怀”在今豫北沁水下游；“衡漳”即浊漳水，在今河南、河北两省交界之间。《尚书·禹贡》又云：“壶口、雷首，至于太岳；底（砥）柱、析城，至于王屋；太行、常山，至于碣石入于海。”记载大禹循山治水又曾从壶口山，经雷首山，直至太岳山；南循砥柱山，东过析城山，直至王屋山；东北自太行山、恒山，直至碣石山，使水入于海中。雷首山“在今山西永济县南”。底（砥）柱在今河南三门峡，析城山“在今山西阳城县西南七十里”，王屋山在今河南济源市北，太行山即今河南、山西交界处⑤。《史记·殷本纪》又云：“契长而佐禹治水有功”，从一个侧面反映出古代商部族是熟悉禹治洪水所经历的这

① 山西省考古研究所晋东南工作站：《山西长治小神村遗址》，《考古》1988年第7期。

② 河南省文物考古研究所：《辉县孟庄》，中州古籍出版社，2003年。

③ 郑州大学历史学院考古系：《新乡李大召》，科学出版社，2006年。

④ 许伟：《晋中地区西周以前古遗存的编年与谱系》，《文物》1989年第4期。

⑤ 顾颉刚：《〈禹贡〉注释》，《中国古代地理名著选读》第一辑，科学出版社，1959年。

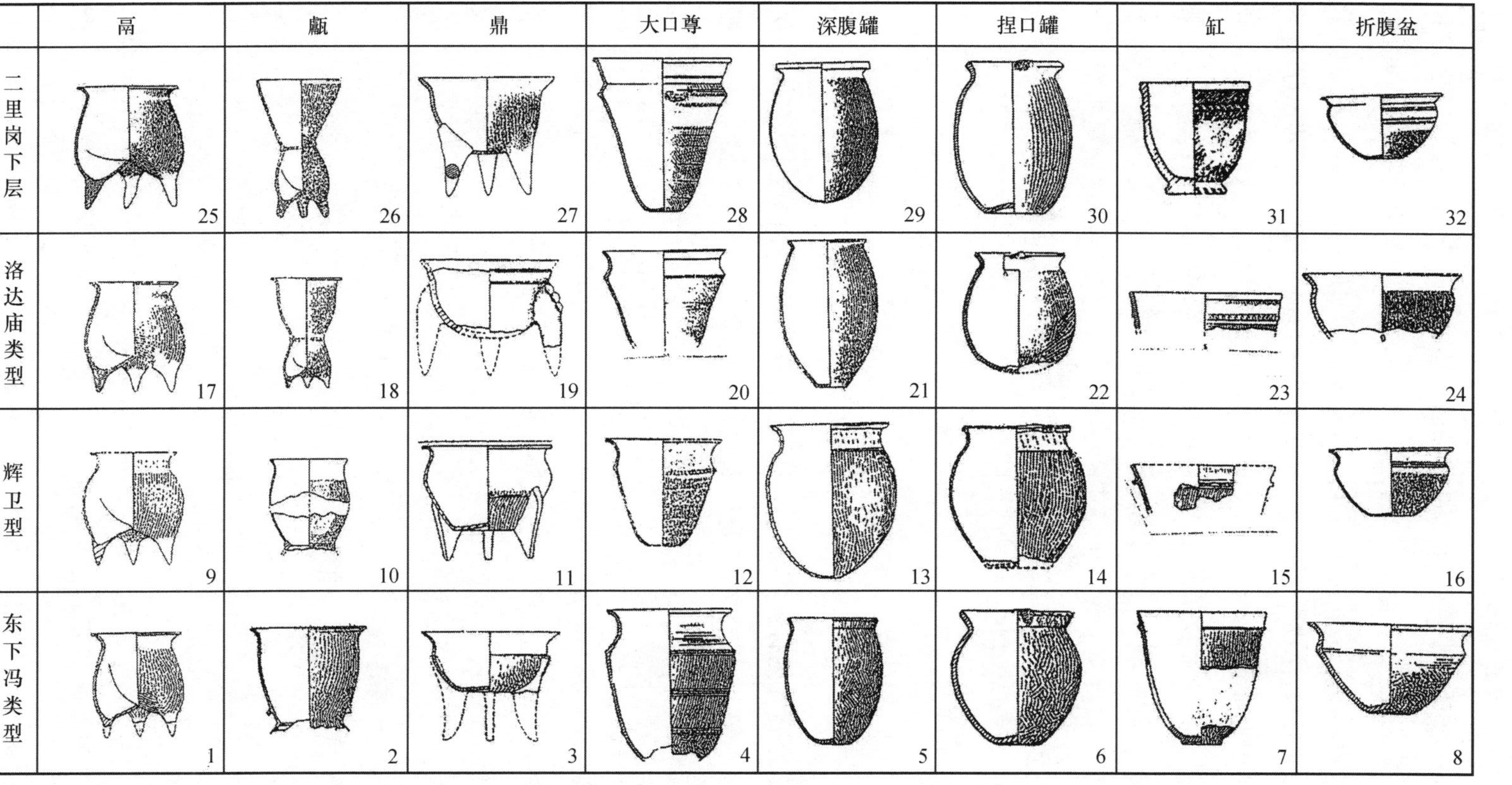

图1.5　东下冯类型、辉卫型、洛达庙类型部分陶器比较图

1. 鬲（东下冯T1082：4：65）　2. 甗（东下冯F558：1）　3. 鼎（东下冯H41：53）　4. 大口尊（东下冯H413：102）　5. 深腹罐（东下冯T5532：8）　6. 捏口罐（东下冯J504：11）　7. 缸（东下冯F568：12）　8. 折腹盆（东下冯T5508：3D：11）　9. 鬲（宋窑T302⑩：141）　10. 甗（李固H15：13）　11. 鼎（宋窑T301③：141）　12. 大口尊（辉县琉璃阁H1：133）　13. 深腹罐（宋窑H43：27）　14. 捏口罐（宋窑T23⑤：122）　15. 缸（宋窑T21⑤C：74）　16. 折腹盆（李固T1⑤C：39）　17. 鬲（青年公寓C8HQT36⑥：9）　18. 甗（洛达庙C20T27②：39）　19. 鼎（98ZSC82区T207H110）　20. 大口尊（青年公寓C8HQT36⑤：21）　21. 深腹罐（青年公寓C8HQT45⑥：18）　22. 捏口罐（洛达庙T63：4）　23. 缸（青年公寓C8HQH39：9）　24. 折腹盆（回民中学91T26⑤：4）　25. 鬲（C1H9：36）　26. 甗（电校H6：20）　27. 鼎（C5T5②：88）　28. 大口尊（C1H14：3）　29. 深腹罐（C1H14：80）　30. 捏口罐（C7H15：68）　31. 缸（青年公寓C8HQT39④：3）　32. 折腹盆（C5T21③：12）

条交通路线的，由此推知，很有可能是原居于山西晋南、晋中地区的原始部族即先商部族的一支，或者由于气候干旱原因，而携带着自己创造的“东下冯类型”文化，沿着《尚书·禹贡》所记载的这些交通路线，曾走出黄土高原，向东穿过王屋山和太行诸陉或沿沁、淇二水，进入今河南北部的焦作、新乡和鹤壁地区，与分布于这里的多种文化相融合，从而创造出辉卫型文化；渡河而南来到郑州地区以后，又吸收了南关外类型和岳石文化因素因此而创造出洛达庙类型文化。上文所说的洛达庙类型文化的“细绳纹鬲、有腰隔甗、敞口卷沿有肩盆、敛口鼓腹盆等”B群陶器，皆见于辉卫型文化，D群所出鬲式斝（C20M24：1）与焦作府城遗址出土的斝（H119：1）[①]形制相近，A群和C群陶器既见于二里头文化，也见于辉卫型文化，或者说这些二里头文化因素早已被融合于辉卫型文化，可见洛达庙类型文化的主体当是辉卫型文化，以此为基础，最后发展为二里冈期商文化（图1.5）。

第二节　商部族的变迁

辉卫型文化既与东下冯文化有着密切的渊源关系，是知商部族也当起源于今山西晋南地区，《史记·殷本纪》：“殷契，母曰简狄，有娀氏之女。”《正义》：“按《记》云：‘桀败于有娀之墟’，有娀当在蒲州也。”唐代蒲州在今山西省永济县境，这里正是东下冯文化的主要分布地区，应当就是商族始祖母家所在的“有娀之墟”。《国语·周语》下：“玄王勤商，十有四世而兴。”韦昭注：“玄王，契也。殷祖契由玄鸟而生，……故曰玄王。”玄王就是指商族的始祖“契”，《史记·殷本纪》记载这十有四世的商族首领如下（所记首领顺序据殷墟卜辞订正，括号以内为殷墟卜辞所记名称）：

契—昭明—相土—昌若—曹圉—冥（季）—振（王亥）—微（上甲）—报乙（匚乙）—报丙（匚丙）—报丁（匚丁）—主壬（示壬）—主癸（示癸）—成汤（大乙、唐）

这十四世商族首领，除成汤以外，史学界称之为商族的先公，其所在年代又称之为先商时期。根据殷墟卜辞的记载，王亥以前的先公有“高祖夒”，王国维以为就是文献所说的“帝喾”，自契以下的先公比较模糊，可能属于后人对商族这段历史的朦胧回忆，这一阶段称之为商族的先公远祖时期。王亥以后的先公即上甲、报乙、报

① 袁广阔等：《河南焦作府城遗址发掘报告》，《考古学报》2000年第4期。

丙、报丁、示壬、示癸，殷墟卜辞称之为“上甲六示”（《合集》32031），其中报乙、报丙、报丁卜辞又称之为“三匚”，示壬、示癸卜辞又称之为“二示”（《合集》27083），此六人卜辞有着明确的记载，说明确有其人，这一历史阶段可称之为商族的先公近祖时期。《帝王世纪》云：“微字上甲，其母以甲日生故也。商家生子，以日为名，盖自微始。”但是自上甲至示癸，其先公名号排列有序，不当与诸先公实际生日皆如此巧合，故王国维又解释说：上甲微并非以甲日生为其名号，“疑商人以日名为号，乃成汤以后之事，其先世诸公生卒之日，至汤有天下后定祀典名号时，已不可知，乃即用十日（天干）之次序，以追名之”[1]，于省吾先生进一步认为“甲骨文祀典中的庙号，‘二示’以前均无可考，而自‘二示’和‘二示’以后的先王和先妣的庙号则尚为完备，这是由于有典可稽的缘故。至于上甲和‘三匚’的庙号，由于无典可稽，故后人有意识的排定为甲、乙、丙、丁”。又说：“甲骨文周祭中的直系先妣，自示壬的配偶妣庚和示癸的配偶妣甲开始。但是妣庚和妣甲的日干并不相次，很明显她们的庙号是根据典册的记载，决非后人所追拟。因此可知，示壬、示癸的庙号，也有典可稽，是可以断定的。”[2]今按于说甚是。《尚书·多士》云：“惟殷先人，有册有典。”就是说示壬、示癸是成汤的祖父和生父，其配偶妣庚、妣甲是成汤的祖母和生母，已记录于当时的典册档案，甚为清楚明白，应是实际的人名。而上甲、“三报”，可能由于有关的典册档案已经遗失，其真实名号疑莫能明，“故后人有意识地排定为甲、乙、丙、丁”代之以真名。王亥是上甲的父亲，但他却是以地支命名，殷墟卜辞对此多有记载，为商人所熟知，也应是一个真实的人名。胡厚宣先生释云：王亥之“亥者，《说文》说：‘亥为豕，与豕同。’段玉裁注：‘谓二篆之古文，实一字也。’《论衡·物势篇》也说：‘亥，豕也。’是亥本即是豕字。……王亥之所以以‘亥’为名，我们疑心就是因为在传说中，它是（商族）畜牧业的创始人的缘故”[3]。此也可备一说。王亥在卜辞中也被尊称为“高祖亥”，并且在有些‘亥’字上面附加上鸟图腾符号，写作‘ ’（《合集》30448），这是商人祖先名字上唯一的一个加上鸟图腾的人物，说明商族确实存在着崇拜玄鸟图腾的习俗，同时也说明商人认为王亥应是本族实际意义上的初祖，因而在商族心目中享有崇高的地位。总之，从现有资料可知，商族首领以天干地支为名，在成汤以前已经存在，自示壬开始至商王朝全部商王则皆以日干命名。

---

① 王国维：《观堂集林·殷卜辞中所见先公先王续考》，中华书局，1959年。

② 于省吾：《释自上甲六示的庙号以及我国成文历史的开始》，《甲骨文字释林》，中华书局，2009年。

③ 胡厚宣：《甲骨文商族鸟图腾的痕迹》，《历史论丛》第一辑，中华书局，1964年。

关于先商部族的活动地域，《尚书序》说："自契至于成汤，八迁。"孔传曰："十四代凡八徙国都。"但是八迁于何地，西晋的皇甫谧已认为"史失其传，不得其详"[①]。唐人孔颖达认为可以找到四迁的地名，《尚书序》孔疏云：

契至成汤十四世凡八迁国都者，《商颂》云"帝立子生商"，是契居商也。《世本》云："昭明居砥石。"《左传》称"相土居商丘"，及今汤居亳。事见《经》《传》者，有此四迁，其余四迁未详闻也。

清人梁玉绳认为已经找到了八迁地名，梁氏《〈史记〉志疑》云：

所云"八迁"者，《本纪》止言汤一迁，余皆不载。考《书·疏》曰："《世本》：昭明居砥石。"《荀子·成相》曰："昭明居砥石，迁于商。"《左传》："相土居商丘。"是三迁也。《竹书》："帝芒三十三年，商侯迁于殷（冥之子振也）。""帝孔甲九年，殷侯复归商丘。"是五迁也。《路史·国名记》云："上甲居邺。"是六迁也。而《水经注》十九又引《世本》云："契居蕃。"是七迁也。并汤为八。

是梁氏认为商族八迁地名当为蕃、砥石、商、商丘、殷、商丘、邺、亳八地。其后王国维在梁氏所说基础上又略加改动，王氏《观堂集林·说自契至于成汤八迁》文云：

《尚书序》："自契至于成汤八迁。"《正义》仅举其三。今考之古籍，则《世本·居篇》："契居蕃。"契本帝喾之子，实本居亳，今居于蕃，是一迁也。《世本》又云："昭明居砥石。"由蕃迁于砥石，是二迁也。《荀子·成相》篇云："契玄王，生昭明，居于砥石迁于商。"是昭明又由砥石迁商，是三迁也。左氏襄九年《传》云："陶唐氏之火正阏伯居商丘，祀大火，而火纪时焉。相土因之，故商主大火。"是以商丘为昭明子相土所迁。又定四年（王氏原文作"九年"，贻误）《传》祝跎论周封康叔曰："取于相土之东都，以会王之东蒐。"则相土之时曾有二都。康叔取其东都以为"王之东蒐"，则当在东岳之下，……此为东都，则商丘乃其西都矣。疑昭明迁商丘后，相土又东徙泰山下，后复归商丘，是四迁、五迁也。今本《竹书纪年》云："帝芬三十三年，商侯迁于殷。"是六迁也。又孔甲九年："殷侯复归于商丘。"是七迁也。至汤始居亳，从先王居，则为八迁。

---

① 《诗经·商颂·玄鸟》孔疏引。

是王氏认为商族八迁地名当为蕃、砥石、商、东都、商丘、殷、商丘、亳八地。但是他并未将此作为定论，说“虽上古之事若存若亡，《世本》《纪年》亦未必尽信，然要不失为古之《经》说也。”因此他自己后来对此说又有所修订，后世学者对他所说的某些地名说也有着不同的意见（详见下文）。至于八迁地名的地望，虽然文献记载众说纷纭，但是参考上述先商文化的分布地域，可以勾出以下一个大致的轮廓，也据此可以了解先商部族的大致活动范围，这里依次讨论如下。

1. 蕃

契是文献所记商部族的始祖，他的居地应与商族的起源地有着密切的关系。《世本·居篇》：“契居蕃。”蕃与番，古相通，《太平御览》卷一百五十五引《世本》和《帝王世纪》又写作“契居番”。番与潘也音近相通，《诗·小雅·十月之交》：“番维司徒。”《经典释文》云：“番本或作潘。”《左传·定公六年》：“获潘子臣。”《史记·吴太伯世家·索隐》引此文作“番”是其证。又番与蒲古也相通，《史记·赵世家》：“番吾君自代来。”《正义》：“《括地志》云：‘蒲吾故城在恒州房山县东二十里。’番、蒲，古今音异尔。”《史记·苏秦列传》：“逾漳，据番吾。”《集解》引徐广曰：“常山有蒲吾县。”《正义》：“番又作蒲。”是知契所居的蕃地也即番地，又称为蒲地。《水经·河水四》：河水“又南过蒲阪县西”，郦道元注：“《地理志》曰：县故蒲也，王莽更名蒲城……皇甫谧曰：舜所都也，或言蒲阪，或言平阳及潘者也。今城中有舜庙。”《山海经·中山经》：“薄山之首，曰甘枣之山。”毕沅《集解》：“山在今山西蒲州府南。《水经注》引此作‘蒲山’。”这里所说的蒲阪县即今山西永济县。如上所述，这里本是商族女性始祖有娀氏的故地，而且《国语·鲁语》云：“商人禘舜而祖契，郊冥而宗汤。”舜也是商人最早的祖先之一，由此可知，契大致是因袭着祖先有娀氏和舜的故地，最早也是生活于这个地区。今陕西华县和丹凤县也记有契所居的蕃地，此二地都在永济县周围约百公里的范围之内，可能都曾是以契为首的商族活动地域。

2. 砥石

《世本·居篇》：“昭明居砥石。”砥石所在，《荀子·成相》杨倞注：砥石“或曰即砥柱也”。《史记·夏本纪》：“砥柱、析城，至于王屋。”“砥”与“底”同字，《说文·厂部》：“砥，底或从石。”段玉裁注：“按‘底’者，‘砥’之正字。”故“砥柱”又写作“底柱”，《尚书·禹贡》：“底柱、析城，至于王屋。”孔传曰：“此三山在冀州之南、河之北，东行。”这是《禹贡》所记从晋南通往华北平原的又一条交通路线，《释文》云："底柱，山名，在河水中。"《水经·河水》：河水"又东过砥柱间"。郦道元注："砥柱，山名也。……河水分流，包山而过，山见水中，若柱然，故曰砥柱也。……山在虢城东北大阳城东也。"杨守敬疏："《括地志》云：'砥柱山俗名三门山，在硖石县东北五十里黄河之中。'在今陕州东北四十里，平陆县东南五十里。"清代陕州即今河南省陕州市，平陆县即今山西省平陆县，唐代硖石县在今陕州市东南。砥柱今称三门峡，正位于陕州市和平陆县以东，此地西距永济县约70千米，昭明所迁的砥石可能就在这个地区。析城山在砥柱以东今山西阳城县西南，王屋山在今河南省济源县西南，由此推知，商族的一支自昭明开始曾从晋南沿黄河北岸东迁，逐渐到达了今河南豫北地区，考古工作者曾在山西垣曲盆地发现有类似东下冯类型的文化遗存[①]，可能就是该族在东迁行程中在这里留下来的其中的一处遗迹。

3. 商、商丘

《荀子·成相》："契玄王，生昭明，居于砥石迁于商。"《世本·居篇》："相土徙商丘。"《左传·襄公九年》又说："陶唐氏之火正阏伯居商丘，……相土因之，故商主大火。"《史记·殷本纪》载相土既为昭明之子，又因袭阏伯居于商丘，因此，丁山先生以为"商丘与商，本为一地，昭明、阏伯，疑即一人"[②]，此说是可信的。《左传·昭公元年》记子产曰："昔高辛氏有二子，伯曰阏伯，季曰实沉，居于旷林，不相能也，日寻干戈，以相征讨。后帝不臧，迁阏伯于商丘，主辰，商人是因，故辰为商星；……"这段传说暗示着商族原是古老的高辛即帝喾氏族的一支，最早或不称商，到了阏伯即昭明的时候，开始迁居东方，并被任命为"火正"，负责观测和祭祀大火星宿的工作，久而久之，该族就被称之为商族。按"商"之本字，甲骨卜辞写作"□""□"，从"□""□"，从"□""□"象高台祭坛，"□""□"即辛字，辛之独体字卜辞又写作"□"，当为大火星宿的象形字。大火星宿在天文学上一般指为东方苍龙七宿中的心宿二，但在古代也有把房、心、尾三宿合称为"大火"者，《尔雅·释天》云："大辰，房、心、尾也，大火谓之大辰。"邢昺疏："大辰，房、心、尾之总名也。"郝懿行《〈尔雅〉义疏》引李巡曰："大辰，苍龙之体，最为明，故曰房、心、尾也。"房、心、尾三宿连接起来，西方人认为像个蝎子，因此，在西方天文学上又称之为"天蝎星座"，在我国则称之为"大

① 中国历史博物馆考古部等：《垣曲商城·结语》，科学出版社，1996年。

② 丁山：《由三代都邑论其民族文化》，《中央研究院历史语言研究所集刊》第五本第一分册，1935年。

火”或“大辰”，称作“大火”，是取此星宿火红的颜色；称作“大辰”，是把它的出现作为时令季节变化、特别是作为开始农耕的标志。《说文·辰部》云：“辰，震也。三月阳气动，雷电震民农时也。……辰，房星，天时也。”又于辱字下释云：“辰，农之时也。故房星为辰，田候也。”在公元前2000多年以前，生活于北纬35°左右黄河中下游地区的人们，在每年的一些黄昏时刻，发现明亮发红的大火星宿出现于东方地平线上的时候，很快就感觉到气候变暖，春回大地，从而预示着新的一年的农业生产季节即将到来。这对于主要从事农业生产的人们来说，是关乎一年生计的重大问题，于是原始人在长期的生产和生活实践中，逐渐认识和掌握了大火星宿的出没运行和气候变化之间的关系，并由专人负责观测它的出没运行情况，以便正确地安排自己的生产和生活；因而对于它的出现更是奉若神灵，对之举行隆重的祭祀，同时在广阔的原野上放火烧去荒草，准备春耕生产。正如气象学家竺可桢先生所说：“对于这些古代最早的农民来说，春季或生长季节的来临等这种知识，乃是生产上急切所需要的。对于华北地区尤其如此，那儿的冬季更长更冷。当公元前二千至三千年时，天蝎座的中央部分，包括心宿二——中国的‘火星’（按：此星古名‘火’或‘大火’）——约于春分昏见，这成为一个大的时节。一个特任的官吏守望着这个星宿在东方地平线上的出现。”①这个“特任的官吏”就是我国古代所称作的“火正”，阏伯、相土就曾担任火正，他们曾以准确地观测和祭祀大火星宿初出东方而著称于世，以他们作为首领的原始部族就称之为“商”族，古商字从“辛”，从“丙”，是个会意字，表示在高台祭坛上祭祀大火星宿之形，卜辞商字又写作“商”加上两个星的符号，尤足以证明它应是大火星宿的象形，所以，“商”族也就是观测和祭祀大火星宿之族的意思，而观测和祭祀大火星宿的地方也被后世称之为“商丘”。兹将房、心、尾三宿与卜辞商、辛二字字形附录如下，以供参考：

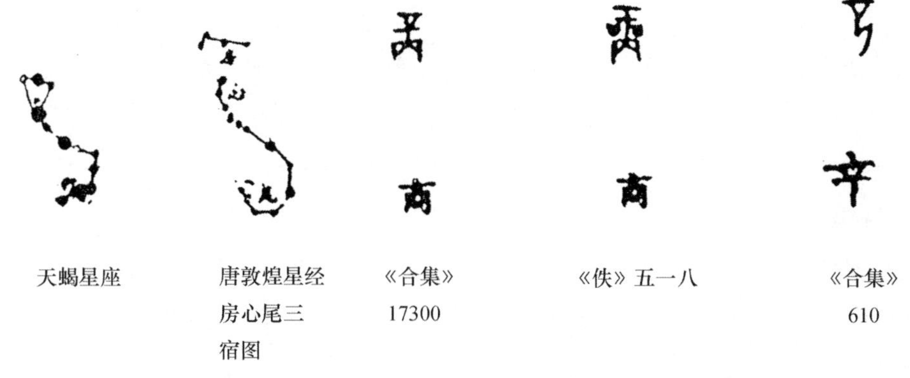

天蝎星座　　唐敦煌星经房心尾三宿图　　《合集》17300　　《佚》五一八　　《合集》610

① 《竺可桢文集·二十八宿的起源》，科学出版社，1979年。

商族聚居商丘的地望，历来有两种说法。其一是在今河南省商丘县，此说最早见于《左传》。《左传·昭公十七年》："宋，大辰之墟也。"春秋宋国在今河南省商丘县，鲁人梓慎认为那就是天上大辰星宿对应于地上的分野区。《汉书·地理志》也明确认为："宋地，房、心之分野也。周封微子于宋，今之睢阳是也。本陶唐氏火正阏伯之墟也。"汉代睢阳即今河南省商丘县，后世学者多承此说，所以至今此地仍称作商丘县。其二是在今河南省濮阳县，此说最早也见于《左传》，《左传·僖公三十一年》："冬，狄围卫，卫迁于帝丘，卜曰三百年。卫成公梦康叔曰：'相夺予享。'公命祀相，宁武子不可。曰：'鬼神非其族类，不歆其祀。杞、鄫何事？相之不享于此久矣，非卫之罪也。'"春秋卫国所在的帝丘即今河南省濮阳县，"相"为夏王朝的第五代国王，他曾迁都于帝丘这个地方。帝丘在其他文献中又称作商丘，古本《竹书纪年》云："帝相即位，处商丘。"《竹书纪年》是地下出土的战国时期的考古资料，比《左传》记载当更为可靠，因此后世不少学者认为濮阳才是阏伯所居的商丘。皇甫谧《帝王世纪》云："帝相一名相安，自太康以来，夏政凌迟，帝相为羿所逼，乃徙都商丘。"又云："《世本》云：'契居蕃，相（土）徙商丘。'本颛顼之墟，故陶唐氏之火正阏伯之所居也。故《春秋传》曰：'阏伯居商丘，祀大火，相土因之，故商主大火，谓之辰。'故辰为商星。今濮阳是也。"《水经·瓠子河注》："河水旧东决，迳濮阳城东北，故卫也。帝颛顼之墟。昔颛顼自穷桑徙此，号曰商丘，或谓之帝丘。本陶唐氏之火正阏伯之所居，亦夏伯昆吾之都，殷之相土又都之。故《春秋传》曰：'阏伯居商丘，相土因之'是也。"《说苑·敬慎》也说："卫迁于商丘。"商丘在殷墟卜辞中又称作"丘商"，卜辞云：

甲午卜：燎于丘商？（《合集》7833）

卜辞多记商王曾在这里举行隆重的祭祀，并且还记有商王妇妇妌曾在这里主持农业生产，卜辞云：

辛丑卜，㱿贞：妇妌乎黍丘商，受……（《合集》9530）

显然"丘商"当距商王都（即今安阳殷墟）不远，今河南省商丘县的商丘远在商王都东南约200千米，濮阳商丘则在商王都以东约70千米，此地正位于当时的王畿以内，可知最早的商丘当在今河南省濮阳县境。20世纪80年代以来，考古工作者曾在这个地区发现有先商文化遗址[①]，说明先商部族曾经聚居于这一地区。《史记·郑世家·集解》引服虔曰："汤之始祖相土封阏伯之故地，因其故国而代之。"《史记·殷本纪·索隐》又云："相土佐夏，功著于商，《诗·（商）颂》曰：'相土烈

① 北京大学考古专业商周组等：《晋豫鄂三省考古调查简报》，《文物》1982年第7期。

烈，海外有截’是也。《左传》曰：‘昔陶唐氏阏伯居商丘，相土因之’，是始封商也。”就是说商人在相土时期因长久定居于商丘并专职观测和祭祀大火星宿即商星，才开始称为商族，而且迅速强大起来，成为一个著称于世的强大部族。

濮阳商丘又称作帝丘，其所在地望，文献记载略有不同，《大清一统志·直隶·大名府》古迹条下云：“濮阳故城在开州西南二十里，汉置县，本古帝丘也。”清代开州即今河南省濮阳县，濮阳故城今称故县村，在濮阳县城西南约10千米。同书又记有昆吾故城云：“昆吾故城在开州东。《诗经·商颂》：‘韦、顾既伐，昆吾夏桀。’《国语》：‘昆吾为夏伯。’《左传·哀公十七年》：‘卫侯梦于北宫，登昆吾之观。’杜预注：‘卫有观，在古昆吾氏之墟，今濮阳城中。’《汉书·地理志》：濮阳本颛顼之墟，故谓之帝丘。夏后之世，昆吾氏居之。”高士奇《春秋地名考略》云：“今开州东十五里有古颛顼城，城中有古昆吾台，相传夏昆吾氏所筑，春秋时属卫，汉为濮阳县地。”王应麟《通鉴地理通释》卷四云：“颛顼氏自穷桑徙帝丘，今东郡濮阳是也。濮阳故城在今檀州开德府濮阳县东。”宋代檀州开德府濮阳县即今河南省濮阳县，他也认为濮阳故城在今濮阳县东。《山海经·海外北经》又云：“务隅之山，帝颛顼葬于阳，九嫔葬于阴。”郭璞注：“颛顼号为高阳，冢在今濮阳，故帝丘也。”同书《海外东经》又称此山为“鲋鱼之山”，《大荒北经》又称此山为“附禺之山”，后世又称此山为洪洋山。清《一统志·大名府》山川条下云：“洪洋山在开州东五里，土岗连绵数里。”清《开州志》又云：“按洪洋山南义井里有土埠，与洪洋相去五里许，中若断若联。俗传鲋鱼山即洪洋山，州人王曰诠即号鲋鱼山人。”该书又引《大名旧志》云：“洪洋山在开州东南，旧名鱼山。”鱼山当即鲋鱼山的简称。此山位于今濮阳县东的高城村附近，考古工作者曾在这里发现一座大型古代城址，现称之为“高城遗址”，考古调查简报认为：“高城遗址，据文献记载，是上古时代颛顼的都城。经实地调查，高城以西、以北地面下5米左右，有大面积文化层，在附近约10000平方米范围内，当地农民打井，都发现了深灰土文化层，包含物有龙山文化、二里头文化和周代遗物，……紧靠高城村北首地面下约3米处，发现东西向夯土墙，夯土相当坚硬。”[①]《中国文物地图集·河南分册》又云：高城遗址位于濮阳县东约7千米的高城村北，“经钻探，遗址覆于6米以下，面积约100万平方米，文化层厚1—3米。包含物有龙山文化黑陶薄胎豆、黑陶碗、罐等残片，周代灰陶矮足

① 马连成等：《濮阳市郊区考古调查简报》，《中原文物》1986年第4期；宋豫秦：《现今南亳说与北亳说的考古学观察》，《中原文物》1992年第1期。

鬲、粗绳纹罐等器物。相传，这里是卫国晚期都城帝丘”[①]。近年来通过对该遗址的钻探和发掘，“初步探明，该遗址为一处面积约916万平方米的古城址”。“整个城址平面形状为长方形，保存高度6～9米，城墙基础宽约70、顶部宽20～30米，城墙之外有一周护城壕。北墙长约2420米……东墙长约3790米；西墙长约3986米；南墙长约2361米，……”“从夯土内出土的包含物可知，该遗址从仰韶文化晚期已经开始有人类居住，历经龙山文化、商、周和西汉等多个历史时期。初步判定该城址在春秋战国时期有大城一座，但东周之前是否有城址存在，有待于今后继续进行的考古工作来解决。”“高城遗址发现的意义，主要表现在发现了春秋的卫国都城，该城在战国为濮阳城，因此可以说找到了历史上最早的濮阳城，即鲁僖公三十一年（公元前629年）卫成公迁都的帝丘。”[②]秦嘉谟辑补《世本》云：“相（土）徙商丘，本颛顼之墟。”如上文所述，帝丘也即商丘，因此根据考古资料，结合文献记载，高城遗址在先商时代，应当就是商祖相土所居的商丘的遗迹。

4. 相土东都

《左传·定公四年》云：“取于相土之东都，以会王之东蒐。”可知相土除生活于商丘之外还有一处称作“东都”的活动场所。这里所说的“东都”可能就是殷墟卜辞所记的“东”地，卜辞云：

> 燎河，燎于东，一月。（《小屯南地甲骨》3841）
>
> 贞：王勿入于东？（《合集》643）
>
> 戊子卜：王往田于东，擒？（《合集》33422）

卜辞所记商王在东地活动较多，可知此地是商王朝时期的一处重地。西周王朝时期的东地，也应指为此地，《逸周书·作雒解》：“武王克殷，乃使王子禄父俾守商祀，建管叔于东，建蔡叔、霍叔于殷，使监殷臣。”及至武王崩逝，王子禄父乃勾结管叔、蔡叔起而发动叛乱，“三叔及殷、东、徐、奄及熊、嬴以叛”。东地的统治者也参与了这场叛乱。以后周公奉成王命，削平了这场叛乱，又“俾康叔宇于殷，俾仲旄父宇于东”。周人为加强对原商王畿的控制，不断地派人驻守原商代王都和东地，可知周初的东地和商代一样，仍然具有重要的战略地位。商、周东地所在，我们根据殷墟卜辞所记与东地相系联的地名研究，认为东地就是汉代的濮阳县城，即今濮阳

① 国家文物局：《中国文物地图集·河南分册》，中国地图出版社，1991年。

② 袁广阔等：《河南濮阳发现东周时期卫国都城》，《中国文物报》2006年6月16日。

县西南的故县村[1]，《史记·卫世家》："元君十四年，秦拔魏东地。"《正义》："东地，卫濮阳、黎阳等地也。"《水经》："瓠子河出东郡濮阳县北河。"郦道元注："秦始皇徙卫君角于野王，置东郡，治濮阳县。"秦始皇设东郡，即以此地为东郡郡治。谭其骧主编的《中国历史地图集》将东郡郡治置于古濮阳城，即上文所说的位于今濮阳县西南的故县村，这是完全正确的。相土既居商丘，又有东都，说明当时的商族在这里已有多处聚居之地。《诗经·商颂·长发》云："相土烈烈，海外有截。"是说商族在相土时期，以今濮阳地区为中心，其势力已发展到海外一带，不过这里所说的"海"，未必是现在的东海，田昌五先生《中华文化起源志》以为应是指的巨野泽，《史记·河渠书》："今天子（汉武帝）元光之中，而河决于瓠子，东南注巨野，流入淮泗。"《汉书·武帝纪》又云："元光三年春，河水徙，从顿丘东南流，入渤海。"田氏以为这个渤海就是指的巨野泽；巨野泽又称东海，《史记·项羽本纪》："项王已定东海，来西，与汉俱临广武而军。"《晋书·地道记》："廪丘者，春秋之齐邑，实表东海者也。"廪丘位于今河南省范县，这个"东海"应是指的巨野泽[2]。今按田说可从，今濮阳地区东距巨野泽100余千米，可知在相土时期商族以此为基地，向东已发展到巨野泽以东的今鲁西地区。

相土不仅以观测星象掌握季节变化而著称于世，还进一步改进了交通工具，《世本》云："相土作乘马。"《广韵·蒸部》："乘，驾也。"《荀子·解蔽》杨倞注："'乘马'，四马也。四马驾车，起于相土，故曰'作乘马'。"说明相土发明了用马驾车的技术。马是我国古代重要的交通工具，相传是商族首领相土驯养成功，因此而受到后人的崇敬和祭祀，《周礼·夏官·校人》云："秋祭马社。"郑玄："马社，始'乘马'者。《世本》云：'相土作乘马。'"后人祭祀"马社"意在表彰相土驯马驾车，颂扬他对发展我国古代交通所作出的重大贡献。

今本《竹书纪年》云：夏少康"十一年，使商侯冥治河"。帝杼"十三年，商侯冥死河"。《国语·鲁语》上："冥勤其官而水死。"韦昭注："冥，契后六世孙，根圉之子也，为夏水官，勤于其职而死于水也。"冥应是殷墟卜辞所记的商族先公"季"，卜辞云："贞：侑犬于季？"（《合集》14716）"壬申卜，旅贞：其侑于季，惟羊？"（《合集》24969）王国维释云："卜辞之季，亦当是王亥之父冥也。"[3]商族长期生活于黄河之滨，以治理水患而著称于世，其始祖契就"佐禹治水

① 郑杰祥：《商代地理概论》，中州古籍出版社，1994年。

② 王震中：《商代史·商族起源与先商社会变迁》，中国社会科学出版社，2010年，第156页引。

③ 王国维：《观堂集林·殷卜辞中所见先公先王考》，中华书局，1959年。

有功”（《史记·殷本纪》），商侯冥也继承了祖先的事业，以防治黄河水患而殉于职守，是我国历史上又一位治理黄河的英雄，“殷人禘喾而郊冥”（《礼记·祭法》），“禘”“郊”皆为祭名，因而被后世子孙进行隆重地祭祀。古代黄河自西向东流过郑州以北的桃花峪以后，即折而东北进入华北大平原，这里靠近夏王朝的东部王畿，也最容易冲决泛滥成灾，因此而引起夏王朝的关注，商侯所治理的黄河可能就是从郑州折向东北的河道，若这一推断不误，则此时以冥为首的商族当已迁至于包括今郑州以北的黄河之滨，即“辉卫型”先商文化的分布地区。

5. 殷

今本《竹书纪年》云：夏帝芒“三十三年，商侯迁于殷”。许文靖《〈竹书纪年〉统笺》：“殷王子亥迁殷见《世本》，子亥为冥子，迁殷在夏后帝芒三十三年。”王国维以为“其时商侯即王亥也。《山海经》注所引真本《竹书》，亦称王亥为‘殷王子亥’”[①]。王说甚是，王亥追随父亲冥也已来到黄河以北的辉卫地区。他所迁的殷地所在，《水经·沁水》云：沁水“又东过武德县南，又东南至荥阳县北，东入于河”。郦道元注：沁水支流“朱沟自支渠东南，迳州城南，又东迳怀城南，又东迳殷城北。郭缘生《述征记》曰：河之北岸，河内怀县有殷城。或谓楚、汉之际，殷王卬治之，非也。余按《竹书纪年》：‘秦师伐郑，次于怀，城殷。’即是城也。然则殷之为名久矣，知非从卬始”。郦说至确，商代已有殷地，即殷墟卜辞所称作的衣地，卜辞云：

辛贞：在衣。（《考古》1959年第10期）

己丑贞：……王宿告土方于五祀，在衣，十月卜。（《小屯南地甲骨》254）

古字衣、殷音同相通，王国维《殷礼征文·殷祀》云：“按‘衣祀’疑即‘殷祀’，殷本㐆声，读与衣同，故《书·康诰》‘殪戎殷’，《中庸》作‘壹戎衣’，郑注：‘齐人言殷声如衣。’《吕氏春秋·慎大览》：‘亲郼如夏’，高注：‘郼读如衣，今兖州谓殷民皆曰衣。’然则卜辞与《大丰簋》之‘衣’殆皆借为‘殷’字。”[②]杨树达《积微居金文说·大丰簋》跋：“铭文云：‘王衣祀于王丕显考文王’，铭文作‘衣’，《周书》及《史记》作‘殷’，通用字，衣、殷一声之转，

① 王国维：《观堂集林·殷卜辞中所见先公先王考》，中华书局，1959年。

② 《王国维遗书·殷礼征文》，上海古籍出版社，1983年。

'衣祀'即'殷祀'。"[①]郭沫若《卜辞通纂》第635片释文云："'衣'当读为'殷'，《水经·沁水注》：'又东迳殷城北'，注引《竹书纪年》云：'秦师伐郑，次于怀，城殷。'地在今沁阳县。"[②]《元和郡县图志·河北道·怀州下》："武陟县本汉怀县地，故殷城在县东南十里。"《大清一统志·河南怀庆府》古迹条下："殷城在武陟县东南。"清代武陟县即今河南省武陟县老城，古殷城当在今武陟县东南约5千米，位于黄河北岸，它应当就是殷王子亥所居的殷地。

此殷地在《山海经》中又称作"因民国"，《山海经·大荒东经》云："有困民国，勾姓而食。有人曰王亥，……名曰摇民。帝舜生戏，戏生摇民。""困"与"因"，形近而误，《左传·襄公四年》："弃武罗、伯困"，阮元《校勘记》云："石经、宋本、淳熙本、岳本、纂图本、毛本作'伯因'，是。"故吴其昌《卜辞所见殷先公先王三续考》以为"'困民'之'困'，乃'因'字之误，'因民''摇民'一声之转也"[③]，是正确的。是"困民国"也就是"因民国"，"摇民"也就是"因民"。古"因"与"殷"同音通假，《文选·陶潜与殷晋安别诗》："一遇尽慇勤。"苏东坡《送张中》诗又云："一遇尽因勤。""慇"与"殷"声同相通，《诗经·邶风·北门》："忧心殷殷"，同书《小雅·正月》又云："忧心慇慇"是其证。故"慇勤""因勤"即"殷勤"[④]。由此可知"因民国"应当就是"殷民国"，"因民""摇民"应当就是"殷民"。《国语·鲁语上》："商人禘舜而祖契，郊冥而宗汤。"郭沫若云："帝俊、帝舜、帝喾、高祖夒实是一人。"[⑤]《山海经》所记"因民国""摇民"正是是舜的后裔也应是帝喾的后裔。因此，古本《竹书纪年》又称王亥为"殷王子亥"，"殷王子亥"者，即"殷民国"王子名"亥"者也。商族当是曾居于"因"地即殷地而被《山海经》传说为"因"民即"殷"民，王亥也应是由于迁于殷地而称之为"殷王子亥"。

古殷地既称作"因民国"，也有称此为"因氏"者，《穆天子传》云："乙丑，天子东征，舍于五鹿；叔俎思哭，是曰女俎之丘。丁卯，天子东征，钓于漯水，以祭淑人。己巳，天子东征，食马于漯水之上，……癸酉，天子南征，至于菹台。仲冬甲戌，天子西征，至于因氏，天子乃钓于河，以观姑繇之木。丁丑，天子北征，戊寅，

① 杨树达：《积微居金文说》，科学出版社，1959年。

② 郭沫若：《卜辞通纂》，科学出版社，1983年。

③ 吴其昌：《卜辞所见殷先公先王三续考》，《燕京学报》第十四期。

④ 朱起凤：《辞通》，上海古籍出版社，1985年，第507页。

⑤ 郭沫若：《先秦天道观之发展》，《郭沫若全集·历史编》第一卷，人民出版社，1982年。

舍于河上，乃致父兄子弟、王臣姬□，祥祠毕哭，终丧嚣氏。己卯，天子西济于河嚣氏之遂。庚辰，舍于茅尺。……天子遂西南，癸未，至于野王。”五鹿所在，《水经·河水注》五：大河故渎“又东北迳元城县故城西北，而至沙丘堰。……郭东有五鹿墟。……《郡国志》曰：五鹿墟故沙鹿有沙亭。周穆王丧盛姬，东征，舍于五鹿，其女叔侳，届此思哭，是曰女侳之丘，为沙鹿之异名也”。杨守敬疏：“《元和志》：五鹿墟在元城县东十二里。今元城县东四十五里有五鹿城。”清代元城县即今河北省大名市，古五鹿墟当在今大名市东20余千米。不过在此以南还有一座五鹿城，《水经·河水注五》：浮水“故渎东绝大河故渎，东迳五鹿之野，……京相璠曰：今卫国县西北三十里有五鹿城”。杨守敬疏：古卫国县“在今清丰县南五里”。此五鹿城当在今河南省清丰县西北境，北距大名古五鹿墟约50千米。漯水所在，《水经·河水注五》：“《地理志》桑钦曰：漯水出高唐。余按《竹书·穆天子传》称：丁卯，天子自五鹿东征，钓于漯水，以祭淑人，是曰祭丘；己巳，天子东征，食马于漯水之上。寻其沿历迳趣，不得近出高唐也。”汉高唐县在今山东省禹城县境。杨守敬疏：“五鹿远在高唐之西南，《穆天子传》称：自五鹿东征，钓漯水，又称东征食马漯水上，是高唐之西南有漯水，故郦氏以为据，谓不得近出高唐。”杨说甚是，《水经·河水》云：河水“又东北过高唐县东”。郦道元注：“河水于县，漯水注之。《地理志》曰：漯水出东武阳。”杨守敬疏：“按《地理志》东郡东武阳县下云：‘禹治漯水’，无‘出’字。漯始黎阳宿胥口，不仅出此也。”汉代东武阳县在今山东省莘县境，西南距清丰古五鹿城约60千米，当即穆天子垂钓的漯水之地。菹台所在不详，或即他书所称作的鉏丘，按菹与鉏古音相近，菹属庄纽鱼部，鉏属崇纽鱼部，庄、崇二纽皆属齿音（见唐作藩《上古音手册》），二字音近韵同，可相通假。《周礼·地官·乡师》：“大祭祀，羞牛牲，共茅蒩。”郑玄注引“杜子春云：蒩当为菹。”同书《春官·司巫》：“祭祀则共匰主及道布及蒩馆。”郑玄注引“杜子春云：蒩读为鉏。”王念孙《广雅疏证》：“菹、蒩，字并通。”又菹与沮也相通，《墨子·明鬼下》：“燕将驰祖。”孙诒让《閒诂》云：“颜之推《还冤记》又作‘燕之沮泽，当大国之祀’。祖与沮、菹字通，《（礼记）王制》云：‘山川沮泽’，孔疏引何胤隐义云：‘沮泽，下湿地也。’《孟子·滕文公》篇赵注云：‘菹泽，生草者也。’今青州谓泽有草者为菹也。”是菹也可读为鉏和沮。因此《穆天子传》所记的“菹台”，当即他书所称作的“鉏”和沮地之所在，《左传·襄公四年》：“昔有夏之方衰也，后羿自鉏迁于穷石。”杜预注：“鉏，羿本国名。”《续汉书·郡国志》东郡濮阳县下刘昭注补云：“有鉏城。”《水经·瓠子河注》：“濮渠东迳鉏丘城南。京相璠曰：今濮阳城西南十五里有沮丘城。”熊会贞疏：“所云沮丘城即鉏丘城之异名。……鉏城在今滑县东如南约八十里。”古濮阳城即今河南省濮阳县故县村，滑县即今河南省滑县，鉏丘城当位于今濮阳县南滑县以东地带，此地北距漯水约100千米，应当就是穆天子南征到达的“莤台”之地。上文所说的殷城，东距“莤台”100余千米，应是穆天子西征到达的“因氏”一地。此地正位于黄河的北侧，故周穆王在这里“钓于河”并观赏“姑繇之木”。郭璞注云：“姑繇，大木也。《山海经》云：‘寻木长千里，生河边’，谓此木之类。”“河嚣氏之遂”，又称作隞地，《史记·殷本纪》：“帝仲丁迁于隞。”《索隐》云：“隞亦作嚣，并音敖字。”古本《竹书纪年》：“仲丁即位，元年，自亳迁于嚣。”雷学淇《竹书纪年义证》云：“敖、嚣二字古通用。”其地所在，《左传·宣公十二年》：“晋师在敖、鄗之间。”杜预注：“敖、鄗二山在荥阳县西北。”《水经·济水注》：“济水东迳敖山北，《诗》所谓‘搏狩于敖’者也。其山上有城，即殷仲丁所迁也。皇甫谧《帝王世纪》曰：‘仲丁自亳徙嚣于河上者也，或曰隞矣。’秦置仓于其中，故亦曰敖仓城也。”古代敖山在郑州西北古黄河南岸，今已被淹没于黄河之中。“茅尺”，丁山先生以为就是古代的“攒茅”[①]，其地所在，《左传·隐公十一年》：“而与郑人苏忿生之田：温、原、絺、樊、隰、郕、攒茅……”杜预注：攒茅“在修武县北”。《续汉书·郡国志·河内郡·修武县》下记有攒茅田。《大清一统志·河南·怀庆府》古迹条下：攒（茅）城“在修武县西北二十里”。清代修武县即今河南省修武县，古攒茅当在修武县西北约10千米，此地南距古殷地约30千米。“野王”一地，《左传·宣公十七年》：“晋人执晏弱于野王。”杜预注：“野王县属河内。”高士奇《春秋地名考略》云：“今为怀庆府治。”清代怀庆府治在今河南省沁阳市，此地东距古殷城约40千米。由此可知，《穆天子传》此文所记当为穆天子于某年孟冬乙丑日，舍居于五鹿；第三日丁卯，东钓于漯水；第五日己巳，饮马于漯水之上；第九日癸酉，向南到达莤台。又于仲冬甲戌日，向西到达因氏，在黄河垂钓，并观赏“姑繇之木”，随即南渡黄河。第四日丁丑，又折而北返，次日戊寅，驻足于黄河南岸的嚣氏；次日己卯，从西边的黄河渡口嚣氏之遂北渡黄河，次日庚辰，驻足于茅尺。第十日癸未，出发向西南到达了野王。其中“因氏”一地正与殷城地望相符，可知《穆天子传》所记的“因氏”，应当就是《山海经》所说王亥所居的“因民国”和《竹书纪年》所说的殷城。值得注意的是，近年来考古工作者在古殷城的周围还发现了众多的“辉卫型”先商文化遗址，正如杨贵金先生所说：“沁水下游的先商文化分布在太行山以南、沁

① 丁山：《由三代都邑论其民族文化》，《中央研究院历史语言研究所集刊》第五本第一分册，1935年。

水出山口至入黄河口东北这一片三角地带内，东西南北在百华里左右。已发现的先商文化遗址有11处，要比其他地区先商文化分布的密度大。”[①]说明商族至迟在王亥时期，已经主要活动于古殷城在内的今黄河北岸地区。

《世本》云：“胲（亥）作服牛。”王亥继承着先人“相土作乘马”的事业，又驯养牛作为交通工具，广泛地活动于今郑州附近的黄河两岸地区，扩大了与夏人以及生活于这里各部族人们的往来，促进了中原大地的物资交流和经济发展。《易·系辞下》云：“服牛乘马，引重致远，以利天下。”孔颖达疏：“服牛以引重，乘马以致远，是以人之所用，各得其宜。”于是商族运用马、牛作为交通工具以从事贸易而著称于中原地区，直至西周初期，周人仍然赞赏并鼓励商族继续发扬“肇牵车牛，远服贾”（《尚书·酒诰》）的勤劳精神，我国历代把从事贸易活动的人们称作为“商人”，可能与此有着密切的关系。

文献记载王亥曾与附近的有扈氏族有过密切接触，最后竟被有扈氏所杀害，这是商族历史上一个重要的事件，多见于先秦文献记载，《楚辞·天问》对此记载最早也较为详细，其文云：

该秉季德，厥父是臧。胡终弊于有扈，牧夫牛羊？
干协时舞，何以怀之？平胁曼肤，何以肥之？
有扈牧竖，云何而逢？击床先出，其何所从？
恒秉季德，焉得夫朴牛？何往营班禄，不但还来？
昏微遵迹，有狄不宁，何繁鸟萃棘，负子肆情？
眩弟并淫，危害厥兄。何变化以作诈，而后嗣逢长？

“该”，徐文靖《管城硕记》、刘梦鹏《屈子章句》、梁玉绳《汉书·人表考》皆以为即商祖王亥之“亥”，王国维《殷卜辞中所见先公先王考》（下引此文不再加注）[②]以卜辞证成此说。“季”，徐文靖、梁玉绳、王国维以为即王亥之父，《史记》等文献又称之为“冥”者。“厥父是臧”，姜亮夫《屈原赋校注》释为“言王亥秉承其父之德，而为厥父季之所喜”[③]。“胡终弊于有扈”，闻一多《天问疏证》释为“弊读为庇”（下引此书不再加注）[④]。“干协时舞”，林庚《天问论笺》释为“干戚舞”[⑤]。“平胁曼肤”，闻一多释为健壮、肥硕之意。“有扈牧竖”，闻一多

① 杨贵金：《商人灭夏的进军路线新探》，《河南文物考古论集》，中州古籍出版社，2000年。
② 王国维：《观堂集林·殷卜辞中所见先公先王考》，中华书局，1959年。
③ 姜亮夫：《屈原赋校注》，人民文学出版社，1958年。
④ 闻一多：《〈天问〉疏证》，三联书店，1980年。
⑤ 林庚：《〈天问〉论笺》，人民文学出版社，1983年。

引《山海经》《淮南子》所说，以为当指“王亥为牧竖，故称竖亥”，意谓王亥当时只是一个在有扈地区驯牧牛羊之人。“击床先出”，谓王亥幽会扈女被杀，而扈女竟得先行逃出也。“恒秉季德”，应是殷墟卜辞所记的王恒，卜辞云：“贞：侑于王恒？”（《合集》14764）王国维释云：“卜辞之王恒与王亥同以王称，其时代自当相接，而《天问》之该与恒适与之相当”，恒为王季之子，王亥之弟，当为商族史实。“何往营班禄”，闻一多以为“营，犹居也”；“禄疑读为菉，……班菉盖亦地名。”此说可信。其地所在，按班与版音同相通，《周礼·夏官·司士》：“掌群臣之版。”郑玄注：“故书‘版’为‘班’，郑司农云：班，《书》或为版。”又版与板为古今字，《说文·片部》：“版，片也。”段玉裁注：版“今字作板”。是《天问》所说的“班菉”或即后世所称作的板城和板城渚，《水经·河水注》：“河水又东，迳板城北，有津，谓之板城渚口。”《元和郡县志·河南道·汜水县下》：“板渚在县东北三十五里。”唐代汜水县即今河南省荥阳市汜水镇，古板渚当位于今汜水镇东北约20千米，东距古扈地约20千米，与古殷城隔河相望，它可能就是《天问》所说的“班禄”所在地。“不但还来”，闻一多释云：“但读为旦，言恒往居于班菉，常不及旦明而还至有易之地也。”“昏微遵迹，有狄不宁”，王国维释“微”为“上甲微”、“有狄”为“有易”，“谓上甲微能率循其先人之迹，有易与之有杀父之仇，故为之不宁也”。闻一多释“昏”为深夜、“微”为小径。谓“此盖言时当深夜，有狄女不宁息室中，而潜行微径，以与恒相会也”。兹从闻说。“有狄”，诸家皆从王国维说释为“有易”之女，我以为《天问》所说的“有扈”，既不是“有易”之讹（详见下文），因此，“有狄”也不可能就是“有易”。这里所说的“有狄”之“有”，是个虚词，如“有扈”，就是指的扈族；“有娀”，就是指的戎族之女；“有美一人”（《诗经·郑风》），就是指的美女一人；而“有狄”，就是“狄人”。古“狄”“翟”相通，“狄人”就是“翟人”，应当指的是一位教舞的女吏。《礼记·祭统》云：“翟者，乐吏之贱者也。”郑玄注：“翟谓教羽舞者也。”《释文》云：“翟，狄也，乐吏也。”孔颖达疏：“翟谓教羽舞者也者，羽，翟羽，故《诗·邶风》云：‘左手执籥，右手秉翟。’翟即狄也，古字通用。”《广雅·释器》：“狄，羽也。”王先谦《诗三家义集疏》云：“狄人，即秉狄之人。”从其上下文意可知，《天问》这里所说的“有狄”，或是一位低级的乐官，更有可能是一位持羽而舞的扈族舞女，因感于王亥舞姿优美而情趣相投，倾心相慕，而后又与王恒相恋。“何繁鸟萃棘，负子肆情”，王国维由于释“微”为上甲微、“有狄”为“有易”，因而对此两句只能说“书阙有间，不敢妄为之说”，未作解释。闻一多释“繁鸟”为夜鸮，“负子”为“藉草而卧”。我把“有狄”释为舞女，此文因而可上下贯通，当即王恒与舞女相会于荒郊草丛之意。“眩”，闻一多以为“胲”之形误，“胲”为“亥”之假借字。“后嗣逢长”，诸家多释为王恒之后嗣，不确，当为王亥之后嗣。殷墟卜辞云：“……王……其燎……上甲父……䰍？”（《合集》24975），明确记载王亥为上甲之父，胡厚宣先生据此指出“王亥是上甲微的父亲，所以卜辞又称王亥为高祖”①。其说甚是。商王尊称王亥为高祖，且对之举行隆重的祭祀，是商王认为王亥是自己的直系祖先，而并非王恒。

这里需要重点讨论关于“有扈”的问题。王国维云：“《山海经》《竹书》之‘有易’，《天问》作‘有扈’，乃字之误。盖后人多见‘有扈’，少见‘有易’，又同是夏时事，故改‘易’为‘扈’。……是王亥弊于‘有易’，非弊于‘有扈’，故曰‘扈’当为‘易’字之误”。林庚《天问论笺》又云：“有扈：有易之讹。金文‘易’作‘[illegible]’，故讹为扈”。但是，丁山《商周史料考证》则以为“有扈，即《（诗经）商颂·长发》‘韦、顾既伐’的顾国”，并非“有易”之误②。游国恩《楚辞论文集·〈天问〉古史证》也说：“王（国维）先生据《山海经》《竹书》断《天问》之‘有扈’当为‘有易’，乃后人所改，或本刘云翼（梦鹏）《（屈子）章句》之说。然杀王亥者为有易，抑为有扈，此另一事。而古事传闻，不嫌互异。《天问》所称，匪特多违经术，即与《山海经》《竹书》亦不必尽同也。”“据《书序》：启与有扈战于甘之野，作《甘誓》。”“盖扈与商并夏时诸侯，其世或相及。《竹书》：少康十一年，使商侯冥治河。上距启伐有扈仅百三十年。帝杼十三年，冥死于河，则为百三十八年。亥为冥之子，其继立也，上距启之伐有扈不过百数十年，世之相近如此，则屈子谓该弊于有扈，不为无因。宁必《山海经》《竹书》之为是，《楚辞·天问》之为非耶？”有扈氏族“怙其强暴，以拱卫王室为名，荐食异姓诸侯，杀王亥而夺其服牛，意中事耳”③。今按丁、游二说，可信可从。《天问》一文与《山海经》《竹书纪年》相比，成书较早，顾颉刚以为《天问》当作于战国早期，刘起釪《古史续辩》云：“顾颉刚先生指出，这篇史诗‘问了邃古之后，就问到鲧和禹的事，后来虽也说到尧舜，但远不及说鲧禹的热闹，颇有《诗经》以后、《论语》以前之风。”篇中称人王曰“后”，称天地曰“帝”，亦曰“后帝”，这也是和“诗”“书”相同的称谓。我们可以信它不曾受多大的战国人历史观念的熏染。“接

① 胡厚宣：《甲骨文所见商族鸟图腾的新证据》，《文物》1977年第2期。

② 丁山：《商周史料考证·盘庚以前商族踪迹之追寻》，中华书局，1988年。

③ 游国恩：《〈楚辞〉论文集》，古典文献出版社，1957年。

着指出《离骚》和《九歌》以‘皇’称‘上帝’，而《天问》不这样用，可断定《天问》必非屈原著，其写成时间当在战国早期。”刘先生进一步指出“我们从它的内容看，既比《国语》《左传》还要略早，更没有战国时期那样多的纷歧之说，认为顾先生的论断是可信的，甚至认为它当成于春秋之末，至迟在战国初年。”又说：《山海经》一书内容分“《山经》《海经》两个部分。《山经》述五方之山而未配五行，又以中国四周皆海，比《禹贡》知道只有东海的观念要早，但其中多说草木鸟兽矿物而有铁，则又不能太早，大约写于战国前期。《海经》则多叙海外传闻，又有秦汉郡名，当写定于秦或秦汉之际。书中叙神话人物世系的全在《海经》后半的《大荒经》和《海内经》中，……可知诸神世系的排成在战国后期到秦汉之际，只是神话内容沿自古代传说”①。此说可信。由此可知，《山海经》一书特别是《海经》部分至早当成书于战国后期。至于《竹书纪年》的成书年代，《史记·魏世家·集解》：“荀勖曰：和峤云‘《纪年》起自黄帝，终于魏之今王，今王者，魏惠成王子’。按《太史公书》：惠成王，但言惠王，惠王子曰襄王，襄王子曰哀王。……今按《世本》：惠王生襄王，而无哀王，然则今王者，魏襄王也。”《索引》又云：“按《汲冢纪年》终于哀王二十年。”泷川资言《〈史记〉会注考证》云：“哀王当作襄王，《纪年》时，襄王未卒，故所记止其二十年。”魏襄王二十年为公元前299年，就是说《竹书纪年》的写成时间当在战国晚年。由上所述，可知三书相比，当以《天问》成文最早，史料价值也较高，如殷墟卜辞所记商族先公季（《合集》14716）、王恒（《合集》14763—14769），于文献记载独见于《天问》，足见此书更接近于商族史实。因此，与王亥发生密切关系的“有扈”抑或“有易”，也当以《天问》所记为准，就是说“有易”当为“有扈”之误，而不当本末倒其位置。有扈一族，文献所记甚早，《尚书·甘誓》就是记载夏初启伐有扈的战争。有扈居地，殷墟卜辞称之为“雇”地，王国维《殷虚卜辞中所见地名考》云：“‘雇’字古书多作‘扈’，《诗·小雅·桑扈》《左传》及《尔雅》之‘九扈’，皆借‘雇’为‘扈’，然则《春秋·庄公二十三年》‘盟于扈’之扈，殆本作‘雇’。杜预云：‘荥阳卷县北有扈亭。’今怀庆府原武县。”《水经·河水注》：“河水又东北，迳卷县之扈亭北，《春秋左传》曰：文公七年，晋赵盾与诸侯盟于扈。《竹书纪年》：‘晋出公十二年，河绝于扈’，即于是也。”杨守敬疏：古扈亭“在今原武县西北”。清代原武县即今河南省原阳县原武镇，古卷县当在今原武镇西北的圈村一带，古扈亭也即“有扈”一族居地，当在今圈村以西故黄河岸边。“雇”地与“河”见于同版卜辞，其辞云：“壬戌

① 刘起釪：《古史续辩》，中国社会科学出版社，1991年。

卜，行贞：今夕无祸？在河。……卜，行□：……无□？□雇。”（《合集》24420）益证卜辞中的“雇”地应当就是上述文献所记“河绝于扈”的“扈”地，此地西距王亥所居的古殷地东西相距约20千米，双方来往是比较方便的。据此，可将上引《天问》这段诗文翻译如下：

王亥秉承父之德，其父欣喜颇赞赏；何以愿受有扈庇，且于扈地驯牛羊？
他喜持干舞大武，赢得舞女心相许；此女体格健而壮，何以丰满又漂亮！
本当安分勤驯牧，何来幽会舞姑娘？身遭捉杀女逃出，女何抽身得逃亡？
亥弟恒也秉父德，怎又继兄驯牛羊？何以住居班蒸聚，凌晨来会舞姑娘。
深夜间道走慌忙，舞女等待心荡漾，鸱鸟宿集荆棘处，情侣相会好欢畅。
兄弟皆曾会扈女，祸降兄长把命丧！何以世事变无常，亡兄后嗣却兴旺？

文献记载商族与河伯也有着密切的关系，由于王亥被有扈所杀，其子上甲微曾借师于河伯讨伐有扈，以报杀父之仇。古本《竹书纪年》云：“殷王子亥宾于有易（扈）而淫焉，有易（扈）之君绵臣杀而放之，是故殷主甲微假师于河伯以伐有易（扈），灭之，遂杀其君绵臣也。”是知河伯居地当与王亥、有扈居地相近。按文献记载的河伯有两种性质，一是水神名称，二是部族名称。顾炎武《日知录》云：“《竹书》：帝芬十六年，雒伯与河伯冯夷斗。帝泄十六年，殷侯微以河伯之师伐有易（扈），杀其君绵臣。是河伯者，因居河上而命之为伯，如文王之西伯，而冯夷者其名耳。《楚辞·九歌》以河伯次东君之后，则以河伯为神。”协助上甲微讨伐有扈的河伯，显然是居住于黄河岸边的一个古老部族首领。古代黄河两岸生活着许多原始部族，以河为名者也不止一个，《水经·河水注》一引《穆天子传》曰：“天子西征，至阳纡之山，河伯无夷之所都居，是惟河宗氏。……河伯以礼穆王。”这是生活于黄河上游地区的一个以河为名的原始部族。《楚辞·天问》云：“帝降夷羿，革孽夏民，胡射夫河伯，而妻彼雒嫔？”《竹书纪年》又云：“洛伯与河伯冯夷斗。”这是生活于黄河中游地区的一个以河为名的原始部族。依据上文可知，在今郑州以北的古代黄河下游地区，也当生活着一个以河为名的原始部族。殷墟卜辞记载这里有一座以河命名的邑聚，商王也曾到过此地，如卜辞云：

癸酉卜，在巳奠河邑，泳贞：王旬无祸？隹来征人方。（《合集》41754）

壬戌卜，行贞：今夕无祸？在河。（《合集》24420）

“巳奠”当即商代巳族居住的近郊地区，殷墟卜辞记有“妇巳”（《合集》13338），即巳族贵族之妇女。殷墟卜辞又记有“汜”水（《合集》8367），此汜水当即位于今河南省荥阳市的汜水，发源于市南浮戏山，向北流入黄河，巳族当即居住于汜水沿岸而得名，其地望就在今河南省荥阳市汜水地区。根据卜辞所记与“河邑”相系联的巳地分析，我们认为此“河邑”当位于今河南省荥阳汜水以北黄河南岸一带[①]，这里曾是河部族的居住地，因而在商代仍称之为“河邑”，河部族以黄河自然神祇作为自己的宗族神，商人在这里建有黄河神庙，这种神庙又称之为“河宗”，商王也曾到这里祭祀作为自然神祇的黄河神同时也是河族的先祖神，殷墟卜辞云：

贞：于南方将河宗？十月。（《合集》13532）

“将”有供奉之义，《诗经·周颂·我将》：“我将我享，惟羊惟牛，惟天其右之。”毛传曰：“将，大；享，献也。”郑玄笺：“将，犹奉也，我奉养我享祭之羊牛皆充盛肥腯，有天气之力助，言神饷其德而佑助之。”《诗经·商颂·烈祖》：“顾予蒸尝，汤孙之将。”高亨先生《〈诗经〉今注》：“将，奉献也。”此辞所记当为商王前往南方供奉黄河神也是河族祖先宗庙之义，而荥阳一带的黄河正位于商都（今安阳殷墟）的南方。商王所供奉的“河宗”，可能就是后世所称作的“五龙祠”，《水经·河水注》五云：“河水又东迳五龙坞北，坞临长河，有五龙祠。应劭曰：昆仑山庙在河南荥阳县，疑即此祠，所未详。”熊会贞疏引应劭“《风俗通》十：河出昆仑山，庙在河南荥阳。河堤谒者掌四渎礼祠，与五岳同”。古代四渎为江、河、淮、济四水，五龙祠位于黄河南岸，应当就是河堤谒者祭祀的黄河祠庙，最早应是商王供奉的“河宗”，此庙与“河邑”临近，东距古扈地约30千米，应当就是上甲微请求讨伐有扈的河伯部族的所在地。

有扈氏是与夏王朝同姓的地区方国，也是拱卫夏王朝东方的一支强大力量，商族来这里寻求发展，必然导致双方的矛盾和冲突，王亥被杀，有扈氏被讨伐，不论出于何种形式，实际上都应是这种矛盾和冲突的产物。《山海经·大荒东经》说：“王亥托于有易（扈）、河伯仆牛，有易（扈）杀王亥，取仆牛。河念有易（扈），有易（扈）潜出，为国于兽，方食之，名曰摇民。”郭璞注：“言有易（扈）本与河伯友善，上甲微殷之贤王，假师以义伐罪，故河伯不得不助灭之。既而哀念有易（扈），使得潜化而出，化为摇民国。”此一事件经过也见于清华大学所藏竹简《保训》一文，其文云：“昔屶（微）叚（假）‘中’于河，以追（报复）有易（扈），有易（扈）伾氒辠（服其罪）。屶（微）亡害（害），乃追（归）‘中’于河。”[②]文中“假中于河”，当即《竹书纪年》所记“假师于河伯”之义，“中”字在甲骨文

① 郑杰祥：《商代地理概论》，中州古籍出版社，1994年。

② 清华大学出土文献研究与保护中心：《清华大学藏战国竹简〈保训〉释文》，《文物》2009年第6期。

中又写作“[illegible]”，唐兰先生以为这是最早的“中”字，此字像旗形，本义应是原始部落首领用来向部落群众发号施令的“令旗”，唐氏文云：“余谓‘中’者，最初为氏族社会之徽帜”，“此其徽帜，古时用以集众”，“盖古者有大事，聚众于旷地，先建‘中’焉，群众望见‘中’而趋附。群众来自四方，则建‘中’之地为中央矣。列众为阵，建‘中’之酋长或贵族恒居中央，而群众左之右之，望建‘中’之所在，即知为中央矣。然则‘中’本徽帜，而其所立之地恒为中央，遂引申为中央之义，因更引申为一切之‘中’”①。按唐说甚是。由此可知上甲微向河伯所借的“中”，当是一面能够调动河部族武装的“令旗”，借其武装击败有扈氏以后，又向河族酋长归还了“中”即令旗，竹书《保训》与《山海经》所记内容基本上是相同的。冲突的结果，有扈氏战败，所谓“化为摇民国”，如上文所述，“摇民”即“殷民”，此语可能意味着部分有扈族人最后归顺了商族而被融合成为商族的组成部分因此而被称之为“摇民”。商族首领上甲微与河伯结盟讨伐有扈氏成功，大大削弱了夏王朝在这里的统治，从而增强了商族的力量，其势力迅速扩大到今郑州附近的黄河南北两岸，为后世商族在这里建都立邑奠定了牢固的基础，《尚书·商书序》云：“汤始居亳，从先王居。”这里所说的“先王”，可能就是指的自上甲微以下的先公。上甲微为此受到后世子孙的崇敬并对他定期举行隆重的祭祀，《国语·鲁语》云：“上甲微能率契者也，商人报焉。”韦昭注：“报，报德之祭也。”在殷墟卜辞中他是被尊称为高祖的先公之一，周鸿翔先生说：“商殷之大祭典礼如周祭、岁祭、合祭莫不起自上甲。”②殷墟卜辞记商王合祭祖先多从上甲开始，如卜辞云：“自上甲六示”（《屯南》2129）、“自上甲告十示又一”（《屯南》997）、“自上甲十示又三”（《合集》34117）、“上甲二十示”（《合集》34120）等，据晁福林先生的统计：殷墟卜辞中“迄今所见祭祀上甲的有1100多条”③，是商人先公、先王中受祭较多的一位。故杨树达先生说：“殷人祭上甲尤尊，则其宗庙之制特隆”④，商王以日干为名也从上甲开始，所有这些都是商人为报答他对发展商族所作出的重大贡献以对他供奉隆重的礼遇。

当然，商人也未忘记当年河族的援助之功，《礼记·祭法》云：“夫圣王之制祭祀也，法施于民则祀之，以死勤事则祀之，以劳定国则祀之，能御大灾则祀之，能捍

---

① 于省吾：《甲骨文字诂林》，中华书局，1996年，第2937页引。

② 周鸿翔：《商殷帝王本纪》，香港中文大学出版发行，1958年。

③ 晁福林：《论殷代神权》，《中国社会科学》1990年第1期。

④ 杨树达：《积微居甲文说》卷上，中国科学院，1954年。

大患则祀之。”意即按照古代正确的祭祀制度，凡是对国家、社会以及对益于人民群众有着重大贡献的人们，都应对其祭祀。商族也遵循着这一祭祀原则，河族首领曾经对挽救商族的危亡有着突出的贡献，因此，商人也像对待自己的祖先一样，将其奉为神灵，进行隆重的祭祀。殷墟卜辞多记有商人对河族祖先神的祭祀，而且在祭祀本族先祖、特别是在祭祀王亥、上甲的同时，也合祭于河族祖先，而且还在河族宗庙里一同祭祀王亥、上甲与河族祖先，如卜辞云：

燎于河，一牢、埋二牢？（《合集》14550）

帝（禘）于河？（《合集》14530）

燎于河、王亥、上甲十牛，卯十牢？五月。（《合集》1182）

贞：燎于上甲、于河十牛？（《合集》1186）

来辛亥燎于王亥三十牛。酒五十牛于河。侑于河女。贞：翌日乙卯酒子汰？（《合集》1403）

辛巳卜，贞：来辛卯肜河十牛、卯十牢？王亥燎十牛、卯十牢？上甲燎十牛、卯十牢？（《屯南》1116）

辛巳卜，贞：王亥、上甲即宗于河？（《屯南》1116）

辛未卜：惟上甲即宗于河？（《屯南》2272）

王震中先生评论这些卜辞记载云：“商王刻意将上甲与河或者是王亥、上甲与河安排在一起祭祀，又特别占卜王亥、上甲是否即于河宗，或是否唯有上甲即于河宗，这些都说明王亥、上甲与河有着特殊的关系。这种特殊关系即起因于：先是‘王亥托于有易（扈）、河伯仆牛’；后来上甲微‘假师河伯以伐有易（扈）’。”[①]从而为商族在这个地区发展壮大奠定了牢固的根基，商人对此是铭记于心的，一次竟用五十头牛祭“河”，足见其对河族祖先神的崇高礼遇。

6. 攒茅

《商君书·赏刑》篇：“昔汤封于攒茅。”如上文所述，古攒茅在今河南修武县境，是知成汤在建立商王朝之前，曾短暂地驻居于此地。

7. 亳

商汤居于亳，文献多有记载，亳地当为现今所发现的郑州商城遗址，详见本书第二章。

---

① 王震中：《商代史·商族起源与先商社会变迁》，中国社会科学出版社，2010年，第35页。

以上我们在前人研究的基础上，概括地论述了商族在先商时期迁徙、活动的若干地点，认为文献记载的先商部族迁徙、活动的区域，与考古学上的先商文化分布范围大致相符，商族最早当发祥于今山西省西南部的“有娀之墟”，自脱离母系氏族之后居于蕃（番）。昭明时期开始沿黄河东进而至于砥石，进而到达商丘，活动于冀鲁豫交界一带。王亥和上甲微时期商族大举南下到达今郑州以北的黄河两岸；至商汤时期“从先王居”，定居于黄河南岸的亳地，并以此为王都建立起商王朝政权。

第二章　商初亳都与郑州商城

第一节　关于商王朝始建年代的推论

《史记·殷本纪》云："汤既胜夏，……于是诸侯毕服，汤乃践天子位，平定海内。"从而建立起商王朝政权。关于商王朝的始建年代，学术界意见颇不一致，我们这里在前人研究的基础上，以文献记载为线索，结合自然科学测定的成果，加以推论如下 。

根据《史记·十二诸侯年表》，我国历史的确切年代可以上推到西周共和元年，这一年为公元前841年。西周灭亡，平王东迁，即东周开始的年代为公元前770年，以此为基点，可以首先上推西周王朝的开始年代。周武王灭商，标志着商王朝的结束，西周王朝的开始。周武王灭商，究竟应该在哪一年，两千多年来，许多学者对此作了不懈的探索，但是仁者见仁，智者见智，推定的结论迄今已达44个之多[①]。然而武王灭商之年事实上只能有一个，不可能有两个甚或两个以上。上述的结论孰是孰非，或者是另外一个，现在还是无法作出定论。这里我们暂时采用古本《竹书纪年》（又称《汲冢纪年》）一说，因为此说是出自地下出土的战国文字资料，相对来说比较可信。《史记·周本纪·集解》引《汲冢纪年》曰："自武王灭殷以至于幽王凡二百五十七年也。"郭沫若《中国史稿》等著作据此认为西周王朝的开始年代当为：

公元前770＋257＝公元前1027年[②]

武王克商在公元前1027年，还有以下资料可作旁证：第一，1997年在西安沣西遗址发掘的97SCMT1探方中，发现了先周文化晚期的灰坑H18以及叠压在该坑之上的西周初期文化层T 1第四层，"作为先周文化晚期，即商代末期典型单位H18和作为灭商后西周初期文化典型单位的T 1第四层，为从考古学上划分商、周界限，提供了理想的地层依据，武王克商之年应当包括在这一年代范围内"。通过对H 18第一小层出土木炭和骨头的^{14}C测定，其年代为公元前1052年—前1016年，又通过对T 1第四层出土

---

① 北京师范大学国学研究所：《武王克商之年研究·武王克商之年研究论著要目》，北京师范大学出版社，1997年。

② 郭沫若：《中国史稿》，人民出版社，1976年，第220页；另见《武王克商之年研究》。

木炭的^{14}C测定，其年代为公元前1021—前980年（引自《夏商周断代工程1996—2000年阶段成果报告》〈简本〉，下引此书皆称作《简本》），就是说这里所反映的先周晚期年代和西周初期年代在公元前1052年至公元前980年之内，而根据《汲冢纪年》所推定的“武王灭殷”的1027年，正位于这两个年代之间。第二，1996年在北京琉璃河遗址发现了一座西周初期的燕国大墓M1193，《简本》云：从该墓出土铜器铭文可知，该墓主人“即（燕）召公之‘元子’，也即第一代燕侯。”“M1193椁木保存良好，经常规^{14}C测定，年代为公元前1015—前985年，这为西周始年的推断提供了参考”，公元前1015年比武王克商的公元前1027年，晚了12年。第三，《简本》云：运用常规测年法，通过对殷墟四期即商代末期墓葬和文化层出土人骨与木炭的^{14}C测定，其年代为公元前1087年—前1036年，公元前1036年应是商王朝的末期年代，它比武王克商的公元前1027年早了9年。第四，《左传·宣公三年》：“成王定鼎于郏鄏，卜世三十，卜年七百。”《简本》云：“《左传》预言多为作者根据既有事实而造设，所以比较可信。自武王至显王，共30世，31王（不计哀王、思王），自周显王三十三年起，六国次第称王，《左传》此语，当指是时。显王卒于公元前321年，自此上溯700年，为公元前1020年。”也可为公元前1021年，此年即为“成王定鼎于郏鄏”之年。“郏鄏”，地名，又单称作“郏”，《左传·襄公二十四年》：“齐人城郏。”孔颖达疏：“《传》称‘成王定鼎于郏鄏’，周公就而营之，谓之洛邑，亦名王城，其地旧名为郏，故以郏为城名。”此地在西周时期称作“成周”，《逸周书·作雒解》：周公“及将致政，乃作大邑成周于土中……南系于洛水，北因于郏山，以为天下之大凑”。《水经·谷水注》：“谷水又经河南王城北，所谓成周矣……何休曰：名为成周者，周道始成，王所都也。《地理志》曰：河南河南县，故郏、鄏地也。京相璠曰：郏，山名，鄏，邑名也。卜年定鼎，为王之东都，谓之新邑，是为王城，其城东南，名曰鼎门，盖九鼎所入也，故谓是地为鼎中。”成周王城在今河南省洛阳市。鼎为我国古代重器，是我国古代国家政权的象征，“定鼎”就意味着执掌国家政权。成王继承王位时尚在少年，缺乏执政经验，由其叔父周公旦摄政，但是摄政并未摄位，而是辅佐成王处理政务，直至成王长大成人，才还政于成王，从而完成了自己的历史使命，告老还乡，安享天年。“成王定鼎于郏鄏”，就是指的成王在成周“亲政”，开始执掌国家政权这一重大历史事件。《史记·周本纪》太史公曰：“学者皆称周伐纣，居洛邑，综其实，不然。武王营之，成王使召公卜居，居九鼎焉。”《史记·鲁周公世家》又云：“周公往营成周雒邑，卜居焉，曰：吉。遂国之。成王长，能听政，于是周公还政于成王，成王临朝。”成王临朝在何年？《诗经·王风谱》毛传曰："周公摄政五年，成王在丰，欲宅洛邑，使召公先相宅，既成，谓之王城。"1965年出土的周初《何尊》铜器铭文云："隹（惟）王初迁，宅于成周……隹王五祀。"铭文中所记的王就是成王，这就确凿地证明"成王定鼎于郏鄏"，临朝亲政是在成王五年，成王五年即公元前1021年，因此，成王元年当在公元前1025年。成王是在武王死后继承王位的，关于武王卒年，《史记·周本纪》云："武王已克殷后二年……武王病……武王有瘳，后而崩。太子诵代立，是为成王。"《史记·封禅书》又云："武王克殷二年，天下未宁而崩。"武王既在克殷后二年而崩，那么武王克商之年，恰恰就是根据《汲冢纪年》推算的公元前1027年。

根据武王克商之年的天象纪录，运用自然科学手段推定克商年代，也是一条重要途径。但是文献记载武王克商之年的天象有所不同，《国语·周语》下记伶州鸠答周景王曰："昔武王克商，岁在鹑火。"韦昭注："岁，岁星也；鹑火，次名，周分野也。"又云："岁星所在，利以伐之也。"《荀子·儒效》又云："武王之诛纣也，行之日以兵忌，东面而迎太岁。"杨倞注引《尸子》曰："武王伐纣，鱼辛谏曰：'岁在北方，不北征'，武王不从。"《淮南子·兵略训》也说："武王伐纣，东面而迎岁。"岁星又称木星，以其明亮而引人注目，古人观察到它大约12年绕行一周天，于是把它绕行的轨道划分为12个区域，这12个区域称为12次或12舍，每个次舍都取一个专有的名称，并且把它与地上的区域相对应，"鹑火"就是一个与春秋时代以洛阳为中心的东周地区相对应的区次名称。岁星每年经行一个区次，循环往复，经行不息。文献所记武王伐纣之年，都是后人根据自己的天文知识进行的推算，因此有的说"岁在鹑火"，那是周人的分野，利以伐商，有的又说"岁在北方"，那是商人的分野，不利于北征伐商，岁星所在区次不同，当然所说武王克商的具体年代也就不同。1976年出土的周初《利簋》铭文云："珷（武王）征商，隹（惟）甲子朝，岁鼎……""岁"字含义诸家所释不同，张政烺先生释为岁星[①]，学术界多从其说。不过即使释"岁"为岁星是正确的，但由于对此铭文的断句不同，因而对当时岁星所在的区次仍存在着意见分歧，张政烺先生认为"岁鼎"意即"岁在鹑火"，"周的分野是鹑火，岁星当鹑火，才利以伐人"。据此推定武王克商之年为公元前1070年[②]。严一萍先生则认为"朝岁"应该联成一句，意即"武王伐纣，东面而迎岁"。因此武王克商之年的岁星经行区次，不当在"鹑火"，而应在"寅"，即在东方"析木之次"，

① 张政烺：《〈利簋〉释文》，《考古》1978年第1期。

② 北京师范大学国学研究所：《武王克商之年研究·武王克商之年研究论著要目》，北京师范大学出版社，1997年。

据此推定武王克商之年当在公元前1111年[①]，成家彻郎先生认为当时岁星当在“大火之次”，时在公元前1118年[②]。由此可见，运用武王克商之年的天象记录来推定克商年代，目前尚在探索之中，还不能作出确切的论断。至于运用文献和铜器铭文所记录历日资料来推定武王克商的年代，更是困难重重，这主要是因为人们对商代和西周的历法还不能确知，对月相词语的解释也不一致，从而据以推定的武王克商之年也存在着意见分歧。因此在当前的情况下，人们还无法对哪种意见达成共识，我们认为就现今而论，比较稳妥的办法就是采用古本《竹书纪年》一说，武王克商之年应当在公元前1027年。

武王克商，标志着商王朝的终结，从而可以此为基点，向上推索商王朝的始建年代。《史记·殷本纪·正义》引《竹书纪年》云：“自盘庚徙殷，至纣之灭。二百七十三年，更不徙都。”（原文作七百七十三年，从朱右曾《汲冢纪年存真》改，《史记会注考证》引作二百七十五年，与此近似）是知盘庚即位的绝对年代当为：

公元前1027 + 273 = 公元前1300年

盘庚即位在公元前1300年，可有殷墟卜辞资料作为旁证。盘庚至殷纣共历八世十二王一直都在今安阳殷墟，“更不徙都”，这已为殷墟考古发掘所证实。殷墟出土的宾组卜辞中，记载着当时曾发生过五次月食，《简本》云：“从字体分析，五次月食均属于武丁晚期到祖庚之间……天文计算表明，在公元前1500—前1000年间，只有（这）一组年代既符合卜辞干支，又符合月食顺序”：

癸未夕月食　公元前1201年

甲午夕月食　公元前1198年

己未夕向庚申月食　公元前1192年

壬申夕月食　公元前1189年

乙酉夕月食　公元前1181年

“从甲骨分期看，壬申、乙酉月食放在祖庚世比较好。”意谓癸未、甲午和庚申三次月食当在武丁当政时期，而“根据《尚书·无逸》，武丁在位五十九年……那么武丁在位的年代约为公元前1250年—前1192年”。“盘庚（迁殷后）、小辛、小乙共50年，公元前1300—前1251年。”由此可知，盘庚的这个即位年代，与根据古本《竹书纪年》所记盘庚的即位年代也恰相符合。

---

① 北京师范大学国学研究所：《武王克商之年研究·武王克商之年研究论著要目》，北京师范大学出版社，1997年。

② 北京师范大学国学研究所：《武王克商之年研究·武王克商之年研究论著要目》，北京师范大学出版社，1997年。

至于从盘庚上推商王朝的始建年代，史书未见记载，但记有整个商王朝的存在年代，不过文献对此记载不同，大致有以下几种意见：①《史记·殷本纪·集解》引《汲冢纪年》曰："汤灭夏以至于受，二十九王，用岁四百九十六年也。"（《易纬稽览图》所记与此相同）②《大戴礼记·礼察》："然则如汤、武能广大其德，各长其后，行五百岁而不失。"③《孟子·尽心》下："由汤至于文王五百有余岁。"④周鸿翔先生统计今本《竹书纪年》所记商代诸王在位之年总和为"五百有八年"[①]。⑤《左传·宣公三年》："鼎迁于商载祀六百。"⑥《史记·殷本纪·集解》引谯周曰："殷凡三十一世，六百余年。"⑦泷川资言《史记·殷本记考证》引《汉书·律历志》云："殷六百二十九岁。"⑧周鸿翔先生统计《太平御览》卷八十三所载商代诸王在位年数总和为"六百三十九年"[②]。另外，文献所记商王朝的王数也有不同，《史记·殷本纪》记为31位国王，古本《竹书纪年》记为29王，明显地缺少了两位国王的在位年代。至于缺少的是哪两位国王，学术界意见也不一致，陈梦家先生认为根据汉代"《世经》所述殷历汤元年至《乾凿度》所述殷历文王受命为王，共496年"。此与《汲冢纪年》所记相同。而文王元年，为商王"帝乙即位之前一年"，因此，《汲冢纪年》所记商代29王，当未包括帝乙、帝辛二王在内[③]。周鸿翔先生认为商代31王中，成汤太子太丁未即位而卒，《汲冢纪年》所记29王只是少了一王的在位年数，缺记的这位商王，应是商王朝的开国君王成汤的在位年数，这是因为今本《竹书纪年》所记商代各王在位年代总和为508年，而成汤的在位年数为12年，496年加上12年正是508年。这个年数与其他文献所记商王朝的存在年代也约略相合，《孟子·尽心》下："由汤至于文王，五百有余岁。""五百有余岁"可能即508年[④]。杨升南先生认为根据殷墟卜辞所记商王对先王的周祭祀谱，"《史记·殷本纪》载的商代三十一王中，有中壬、沃丁、廪辛不在祀谱内，则此三人应未曾为王，是司马迁的误记。武丁之子孝己虽未曾即位，但他已被立为太子，在周祭谱中有祖己，在武丁后、祖庚前受祭，为武丁之子孝己无疑。这与汤的太子太丁虽未立而入周祭谱受祭性质一样，表明长子在王位继承中的特殊地位。《史记·殷本纪》中所载31王中，有三位不见于周祭谱，有一位（祖己）不载于《殷本纪》却入于祀谱。《殷本纪》所载之王数减3加1，得29，是商先王从汤至帝辛应实有29王，而非是31王。这与今、古本《竹书纪年》所

---

① 周鸿翔：《商殷帝王本纪》，香港出版，1958年。

② 周鸿翔：《商殷帝王本纪》，香港出版，1958年。

③ 陈梦家：《殷虚卜辞综述·年代》，科学出版社，1956年。

④ 周鸿翔：《商殷帝王本纪》，香港出版，1958年。

载商朝的王数相合”[①]。但是上海博物馆藏竹书《容成氏》记有“汤王天下三十又一世而纣作”[②]，说明司马迁《史记》记载必有所本，商代有三十一位国王并非是司马迁的误记，而《汲冢纪年》所记商代二十九王存在了496年的时间，其中少了两王，这两位国王或即陈梦家先生所说的帝乙和帝辛，史载帝乙在位26年，帝辛在位30年[③]，加上这两位商王在位年数，推算商王朝的开始年代当为：

公元前1027+496+26+30=公元前1579年

当然，如上文所述，这里只是主要根据古本《竹书纪年》推论出的商王朝的始建年代，我们认为在现有条件下，这个推论比诸其他推论较为合理。这个年代正确与否，还需要运用新的资料加以考证，我们相信，随着《断代工程》研究的深入，将会产生更为可靠的结论。

第二节　关于商汤都亳的讨论

商汤都于亳，文献多有记载，《尚书序》：“自契至于成汤八迁，汤始居亳，从先王居。”《墨子·非命上》：“古者汤封于亳。”《孟子·滕文公下》：“汤居亳，与葛为邻。”《吕氏春秋·具备》：“汤尝约于郼薄矣。”《管子·轻重甲》：“夫汤以七十里之薄，兼桀之天下。”《墨子·非攻下》：“汤奉桀众以克有夏，属诸侯于薄。”《荀子·议兵》：“古者汤以薄，武王以滈。”杨倞注：“薄与亳同，滈与镐同。”又古本《竹书纪年》记自成汤开始，历外丙、仲壬、大甲、沃丁、小庚（按：《史记·殷本纪》作“太庚”，甲骨文作“大庚”）、小甲、雍己、大戊，凡五世九王（汤太子太丁未立而卒未计在内），皆都于亳。所有这些材料表明：第一，汤都于亳本是继承着先人的故居；第二，汤灭夏之前已居于亳，并以亳作为灭夏的基地；第三，亳地不仅为商汤所都，而且长期以来都是商王朝早期的政治中心区。但是关于亳都的地望，却是历来众说纷纭，主要有以下几种意见：

第一，关中杜亳说。《史记·六国表》：“夫作事者必于东南，收功实者常于西北，故禹兴于西羌，汤起于亳……”《集解》引徐广曰：“京兆杜县有亳亭也。”许慎《说文·高部》：“亳，京兆杜陵亭也。”俞正燮《癸巳类稿》：“《说文》云：

① 杨升南等：《甲骨学一百年》，社会科学文献出版社，1999年，第440页。

② 马承源：《上海博物馆藏战国楚竹书·容成氏》（二），上海古籍出版社，2002年。

③ 夏商周断代工程专家组：《夏商周断代工程1996—2000年阶段成果报告》（简本），世界图书出版公司，2000年。

'亳，京兆杜陵亭'，《日知录》非之，云：'此说之不合地理者。'按《史记·六国表》云：'汤起于亳'，在西方。《秦本纪》言：宁公伐荡社，'亳王奔戎。'则周时犹有亳。《说文》又言亳在杜陵，古事明矣。"晋代京兆杜县在今陕西省西安市东南，持此说者认为汤都亳邑当在这个地区。

第二，偃师西亳说。董仲舒《春秋繁露·三代改制质文》："故汤受命而王，……作宫邑于下洛之阳。"班固《汉书·地理志·河南郡》偃师县下："尸乡，殷汤所都。"《左传·昭公四年》："商汤有景亳之命。"杜预注："河南巩县西南有汤亭；或言亳即偃师。"《史记·殷本纪》："汤始居亳，从先王居。"《正义》引《括地志》云："亳邑故城在洛州偃师县西十四里，本帝喾之墟商汤之都也。"《大清一统志·河南省·河南府》古迹条下："亳乡在偃师县西，古西亳也。《县志》云：'今县西十里新寨铺即古尸乡。'"清代偃师县城即今河南省偃师县老城，持此说者认为汤都亳邑当在偃师县老城以西地区。

20世纪50年代末期，徐旭生先生为探索夏文化在这个地区进行了考古调查，发现了著名的二里头文化遗址，徐氏著文云："二里头在偃师偏西南9公里，洛河从北边流过，遗址在村南。乾隆《偃师旧志》说：'高辛故都在治（旧）西五里今高庄'，孙星衍考定为西亳当在旧县治（在今县治东南三里许）西，'辛寨镇（今图作新寨，约在旧县治西十一二里处）以西，皆古亳邑'。……去新寨约2—3公里，过洛河南，即至二里头村。……这一遗址的遗物与郑州洛达庙、洛阳东干沟的遗物的性质相类似，大约属于商代早期。……此次我们看见此遗址颇广大，但未追求四至。如果乡人所说不虚，那在当时实为一大都会，为商汤都城的可能性很不小。"[①]现今也有学者从其说，认为至少二里头遗址文化的某些期段，应当就是商汤都亳的遗迹。

80年代初，考古工作者在今偃师城西尸乡沟一带发现一座大型的古代城址，即现在学术界所称作的偃师商城。发掘者著文云："这座在偃师城西发现的城址，大体上为长方形，东西宽为1200多米，南北现长1700多米"，总面积约200万平方米。"从考古地层学判明，城址的年代早于二里岗下层，应该是商代早期营建的。"因此，"现在偃师城新发现的这座城址，年代属商代早期，规模如此宏大，而且恰好有一条名为'尸乡'的沟横穿城址，与文献记载如此符合，绝非偶然之巧合。据此，我们认为这座城址即是商汤所都的西亳，殆无疑义"[②]。

第三，谷熟南亳说。《尚书·立政》："夷、微、卢蒸，三亳阪尹。"孔颖达

---

① 徐旭生：《1959年夏豫西调查"夏墟"的初步报告》，《考古》1959年第11期。

② 黄石林等：《偃师商城的发现及其意义》，《光明日报》1984年4月4日。

疏："皇甫谧以为三亳，三处之地，皆名为亳，蒙为北亳，谷熟为南亳，偃师为西亳。"《诗经·商颂·玄鸟》："天命玄鸟，降而生商，宅殷土茫茫。"孔颖达疏引皇甫谧曰："学者咸以亳在河、洛之间，今河南偃师西二十里有尸乡亭是也。谧考之事实，失其正也。《孟子》称：'汤居亳，与葛为邻。'按《地理志》云：'葛，今梁国宁陵之葛乡'，是也。汤地七十里耳，葛伯不祀，汤使亳众往为之耕，有童子享食，葛伯夺而杀之。古文《仲虺之诰》曰：'汤征自葛始。'计宁陵去偃师八百里，而使亳众为耕，有童子饷食，非其理也。今梁国自有二亳也，南亳在谷熟之地，北亳在蒙地，非偃师也。"《史记·殷本纪》："汤始居亳，从先王居。"《集解》引皇甫谧曰："梁国谷熟为南亳，即汤都也。"《正义》引《括地志》曰："宋州谷熟县西南三十五里南亳故城即南亳，汤都也。"《水经·睢水注》："睢水又东迳高乡亭北，又东迳亳城北，南亳也，即汤所都矣。"熊会贞疏："高乡亭无考。据《元和志》：'高辛城在谷熟县西南四十五里，帝喾初封于此。'《寰宇记》同。疑此'高辛'为'高乡'之误，在今商丘县西南。"《大清一统志·河南省·归德府》古迹条下："南亳故城在商丘县西南。……《寰宇记》：'亳城在谷熟县西南三十五里，与宁陵葛城相去八十里。'"清代商丘县即今河南省商丘县，宁陵县即今河南省宁陵县。

近世陈梦家先生通过对殷墟卜辞的研究，认为"根据征人方的路程，卜辞之亳应在古商丘南，可能在今谷熟集的西南方，地名'高辛集'或与汤从先王居之传说有关。宋州、宋城县、睢阳县皆在今商丘县。……今之勒马集和高辛集在今商丘县洪河西岸，南亳故址当在此求之"[①]。

第四，蒙县北亳说。《诗经·商颂·玄鸟》孔颖达疏引《〈汉书〉音义》："臣瓒按：汤居亳，今济阴薄县是也。今薄有汤冢，己氏有伊尹冢，皆相近。"《尚书序》："汤始居亳，从先王居。"孔颖达疏引杜预曰："梁国蒙县北有亳城，城中有成汤冢，其西又有伊尹冢。"《史记·货殖列传》："陶、睢阳亦一都会也，昔尧作游成阳，舜渔于雷泽，汤止于亳。"《集解》引徐广曰："亳，今梁国亳县。"《汉书·地理志·山阳郡》薄县条下颜师古注引臣瓒曰："汤所都。"《续汉书·郡国志·梁国》薄县条下刘昭注补："故属山阳，所都。"王先谦《集解》引齐召南曰："山阳下脱'汤'字。薄与亳通。《前（汉）书》臣瓒注：'薄，汤所都'，是也。"

近世王国维先生从其说，王氏《说亳》云："《汉书·地理志·山阳郡》之薄县，臣瓒曰：'汤所都'，……余按瓒说是也。山阳之薄，即皇甫谧所谓'北亳'，

---

① 陈梦家：《殷虚卜辞综述·方国地理》，科学出版社，1956年。

后汉以薄县属梁国，至魏晋并罢薄县，以其地属梁国之蒙县，故谧云蒙为北亳者，浑言之；杜预《庄》十一年传注云'蒙县西北有亳城'，则析言之。蒙之西北，即汉山阳郡薄县地也，其为汤都有三证：一、以春秋时宋之亳证之，左氏《庄》十一年传：'公子御说奔亳'，杜预注以亳在蒙县西北。是宋之亳即汉之薄县。又《哀》十四年传：桓魋请以鞌易薄，景公曰：'不可，薄，宗邑也。'此薄为宋宗邑，尤足证其为汤所都。二、以汤之邻国证之，《孟子》言：'汤居亳，与葛为邻。'皇甫谧、孟康、司马彪、杜预、郦道元均以宁陵县之葛乡为葛伯国，谧且谓偃师去宁陵八百里，不能使民为之耕，以证汤之所都，当为谷熟之南亳。然谷熟之去宁陵，虽较之偃师为近，中间尚隔二百余里，若蒙县西北之亳，与宁陵东北之葛乡，地正相接，汤之所都，自当在此，其证二也。三、以汤之经略北方证之，汤所伐国韦、顾、昆吾、夏桀，皆在北方。昆吾之墟，地在卫国（汉东郡濮阳城内），《左传》《世本》说当可据。而韦国，郑《笺》以为豕韦，按《续汉书·郡国志》：东郡白马县有韦乡。杜预亦云：'白马县东南有韦城，古豕韦氏之国。'又白马之津，《史记·曹相国世家》亦谓之'围津'，是韦与昆吾，实为邻国，与亳相距不过二百里。顾地无考，……疑古顾国当在昆吾之南，蒙亳之北。然则亳于汤之世，居国之北境，故汤自商丘徙此，以疆理北方，逮北伐韦、顾，遂及昆吾，于是商境始北抵河，王业之成，基于此矣。"①

第五，泰安东亳说。近世丁山先生提出此说，丁氏文云："学者必欲探寻成汤的故居，由'韦、顾既伐，昆吾、夏桀'两句诗的方位测之，疑即春秋时代的博县。""哀公十一年《左传》：'公会吴子伐齐，五月克博至于嬴。'杜注：'博、嬴，齐邑也。二县皆属泰山。'《汉志》泰山郡有博县，地在齐国的西南境。"②汉代泰山郡之博县，位于今山东省泰安市的东南一带。

第六，内黄卫亳说。近世岑仲勉先生提出此说。岑氏文云："检近世地图，内黄县的南方有亳城，……《图书集成·职方典》一三六：'亳城在（内黄）县西南二十五里，按《书》殷有三亳，……此为北亳，中宗陵寝近焉（按中宗即太戊）。'""又同书一四〇条称：'汤王庙有三，一在内黄天一村，金章宗泰和四年所建也。'""王国维说：汤名天乙，……内黄的天一村又天乙村的异称，可见来源颇古。""将这几点互相比勘，使我觉得商族最初的亳以内黄一处最为可信。"③

第七，郑州商城郑亳说。邹衡先生提出此说，邹氏文云："郑州商城就是成汤的

---

① 王国维：《观堂集林·说自契至于成汤八迁》，中华书局，1959年。

② 丁山：《商周史料考证·盘庚以前商族踪迹之追寻》，中华书局，1988年。

③ 岑仲勉：《黄河变迁史》，中华书局，2004年，第100—102页。

亳都。”其理由是①《左氏春秋经·襄公十一年》：“秋，七月，同盟于亳城北。”杜预注：“亳城，郑地。”从在这里发现众多的东周时期“亳丘”和“亳”字陶文可知，郑地的亳城当在今郑州商城一带。②郑州商城建成和使用于商代早期，是当时一座规模最大、内涵最为丰富的城址，这与“郑州商城作为商代前期最主要的王都也是相称的”。③史载商都亳邑与葛、韦、顾、昆吾相近，“郑地也有葛，而且不止一处。例如《左传》隐公六年《经》文有长葛，《通志·氏族略》谓许州鄢城北三十里有葛伯城，葛伯为夏时诸侯。又如《路史·国名纪》甲谓郑西北有葛乡城，一名殷城。这些葛城距郑州商城最远的也只有百多里，当然可以‘使亳众为之耕’了”。另“据我们的考证，韦即《吕氏春秋·具备》篇‘汤尝约于郼薄’的郼，其地在郑州商城附近。顾在怀庆府原武县境（郑按：即今河南省原阳县原武镇），昆吾应在新郑、密县（即今河南省新密市）一带。夏桀之居，‘无远天室（嵩山）’。总之，韦、顾在郑州及其附近，昆吾在郑州以南不甚远，为入夏门户，夏桀在郑州之西。由此可见，汤都郑亳，正合于韦、顾、昆吾、夏桀的作战路线”[①]。

第八，晋南垣亳说。陈昌远先生提出此说，陈氏文云：“我们知道今垣曲县在历史上曾设亳城县，《清一统志》：亳城‘在垣曲县西十里’。《旧唐书·地理志》：隋义宁元年置亳城县……其设亳城县是与汤居亳有关系，故古城北为亳村，仍称汤王坪，当为汤都亳地……最近考古工作者在垣曲县古城镇发现一座相当于早商文化的古代夯土城址……因此，我们初步可以断定：此遗址当为‘汤始居亳’的最早‘亳’都。”[②]

以上诸说，孰是孰非，或者全然不是，而是另外一个，当前学术界尚在讨论之中。不过正如岑仲勉先生所说：诸说“惟能否成立，则尚有待于发掘的判定”[③]，根据考古发掘，在文献记载的郑地“亳城”、偃师“西亳”和垣曲“亳城”等地，都发现了商代早期即二里冈文化时期的城址，这就为我们探讨商都亳邑地望大大缩小了范围。对于晋南垣曲商城，由于该城与其他两座商城相比，规模较小，内涵也不丰富，其性质正如《垣曲商城》发掘报告所说：该城“城垣总面积133000余平方米”，其规模“远远小于郑州（商城）和偃师（商城）两座大城……垣曲商城虽距商王朝的中心区域不远，但规模却较小，建筑形制所显示的军事色彩十分浓厚”，《报告》据此认为这一城址的性质存在着两种可能：第一，属于“商王朝建置于晋南黄河以北的军

① 邹衡：《郑州商城即汤都亳说》，《文物》1978年第2期。

② 陈昌远：《商族起源地望发微》，《历史研究》1987年第1期。

③ 岑仲勉：《黄河变迁史》，中华书局，2004年，第100—102页。

事重镇”；第二，“也可能是商王朝前期的某方国之都”①。我们认为这一见解是正确的，因而它不可能是商都亳邑。当前学术界探讨商都亳邑，目标主要集中在郑州商城和偃师商城的性质上，根据现有的发掘资料，我们赞成“郑州商城为汤都亳邑”一说，兹在以下章节试作详细论述。

第三节　郑州商城的发现与研究概况

郑州商城以位于今郑州市区而得名，它是一座商代二里冈文化时期的城址。二里冈位于郑州市的东南郊，20世纪50年代初，时任小学教师的韩维周先生，首先在这里发现了一批石器和陶片②。韩先生是河南省第一代现代考古学者，早在30年代初，即是河南省古迹研究会成员，从事过田野考古工作，对于古代文化遗物有着相当的了解，因此，他根据所发现的这批石器和陶片，正确地认定这里应存在有古代文化遗迹。这个发现，立即引起省文物部门的重视，当时的河南省文物管理委员会派人专程前来郑州进行考古调查（当时的河南省省会在开封市，省文管会也在开封市），调查中又分别在郑州老城的东郊凤凰台、南关外以及西郊、北城门外等地发现了多处同类型的文化遗址，他们根据所发现“卜骨、卜龟、白陶和石戈”等遗物的分析，初步认识到郑州古文化遗址“和殷虚文化是直接有着密切的关系”③。1951年春，夏鼐先生率领的中国科学院考古研究所考古调查发掘团前来这里再次进行考古调查，根据其调查所得资料，进一步认为郑州所发现的这些古代文化遗址，就是“殷代的遗址”④，这是在我国黄河以南所发现的第一个商代文化遗址。

为了配合郑州地区大规模的经济建设，1952年，全国第一期考古工作人员训练班前来二里冈进行发掘实习，从而揭开了对郑州商代遗址正式考古发掘的序幕。1953年，成立郑州市文物工作组，专职负责以本市商代遗址为主的考古调查、发掘和管理工作，并且“以当时郑州市的发展规划图为基础，把凡是发现和发掘出有遗址的地方，即按发掘点周围大的街道或铁路为界，先后划分出了23个遗址区”（图2.1）。他们在积极参加二里冈遗址（以C为符号代表郑州市，二里冈遗址区简称为C1区）考古工作的同时，也对郑州市人民公园（简称为C7区）等地进行了大面积的考古调查和发

---

① 中国历史博物馆考古部等：《垣曲商城》，科学出版社，1996年。

② 赵全嘏：《河南几个新石器时代遗址报导》，《新史学通讯》1951年第4期。

③ 赵全嘏：《河南几个新石器时代遗址报导》，《新史学通讯》1951年第4期。

④ 考古研究所河南发掘团：《河南成皋广武区考古纪略》，《科学通讯》1951年第2期。

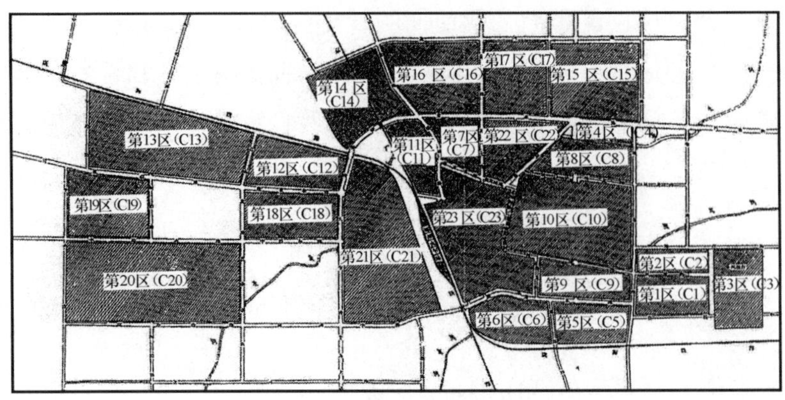

图2.1　郑州市区内遗址区域划分示意图

掘。经过考古发掘所揭示的地层关系表明，二里冈遗址的商文化遗存叠压在龙山文化层次之上，同时商文化遗存本身也存在着上、下两层即早、晚两期；而人民公园遗址所发现的商文化则包涵着三层文化堆积，其中、下两层与二里冈的上、下两层商文化相同，其上层则与安阳小屯的殷墟文化相近。众所周知，安阳小屯的殷墟文化，明确无误地属于盘庚迁殷以后的商代后期文化，二里冈上、下两层文化既然被压在殷墟文化层的下面，显然可见它应属于商代前期的考古学文化。因此，郑州人民公园遗址商代文化三叠层的发现，就为判断二里冈遗址所发现的商文化的相对年代，提供了坚实的依据。由于二里冈遗址所发现的商文化不仅时代较早，而且颇具特色，又在郑州及其他地区多有发现，应是一个独立的文化实体，所以在1954年，东红和张建中先生就在他们的文章中按照考古学文化命名的惯例，首次将其称之为“二里冈文化”①，以示与安阳小屯出土的殷墟文化相区别，从此，这种沉睡于地下数千年的商代前期考古学文化，就以“二里冈文化”的名称重新出现于世间。

郑州的二里冈文化遗存不仅颇具特色，而且规模宏大，文化内涵也极其丰富，通过考古调查和发掘，已经发现“东起凤凰台，西达西沙口，南到旧城南关外，北至紫荆山北与任砦，约25平方公里的范围内，遍布着商代‘二里岗期’遗址”②，这是迄今所发现的二里冈文化遗存分布最为密集、范围最大的一个地区，闻名于世的郑州商城就位于这些遗址范围的中心区。

现有的考古资料表明，郑州商城筑有内城和外郭两重城垣，首先发现的是内城。1955年秋，在二里冈西北约3千米今黄河医院门前，考古工作者在这里的建筑工地发现

① 郑州市文物工作组：《郑州市人民公园第二五号墓葬清理简报》，《文物参考资料》1954年第12期。

② 河南省文物考古研究所：《郑州商城》，文物出版社，2001年，第7页。

了一段西北—东南走向的夯土墙，墙基宽约22米，残高2-3米，墙内夯层明显，厚薄均匀，土质坚硬，夯窝清晰。1956年，沿着夯土墙的两端向前钻探，发现墙基向南延伸到郑州老城东城墙南端的墙身之下，又西折延伸到老城南城墙西端的墙身之下，又北折延伸到老城西城墙北端的墙身之下，然后继续向北延伸到今金水大道南侧，折而向东延伸到紫荆山下，再折而向南，与前边的夯土墙正相衔接，于是一座古老的城址开始被揭示出来。这座城址整体呈长方形，方向6度，东北缺一角，这是由于北城墙的东端和东城墙的北端是沿着当时的一条西北—东南向的自然土岗而修建的缘故。“其中东墙长约1700米，南墙长约1700米，西墙长约1870米，北墙长约1690米，总周长约6960米。”在四面城墙上发现有缺口11处，“有的缺口可能与商代城门有关”①。城墙以外的部分地段发现有壕沟，城的总面积300余万平方米，比现在的郑州老城大了约三分之一。

上述的这座城址就是郑州商城的内城，围绕着这座内城的还有一座外郭城。外郭城墙最早发现于1953年，当时考古工作者在郑州老城东南郊二里冈清理出一段东北—西南走向的夯土墙，经过钻探，获知这段夯土墙东北至凤凰台西侧高岗，西南则延伸到今南关大街，然后折向西北而去，总长2100余米，但在当时并未引起人们的注意。随着商城内城的发现和确定，人们于是联想到这段夯土墙与内城之间的关系。经过历年来的钻探和发掘，现已得知，这条夯土墙就是郑州商城的外郭城，城墙外侧还有护城河，城墙与护城河从内城的东南郊今凤凰台西侧起，西南经二里冈以西、南郊火车站、紫荆山路南段，然后折向西北经郑州五中、德化路与陇海路交叉口，又向北经银基商贸城、至铭功路与商城路交叉口中断，总长约6000米；而外侧护城河断断续续仍有发现向北延伸经铭功路西、至省红十字血液中心一带，折而向东，经郑州八中、至花园路一带，再向东可能就是古代的圃田泽。外郭城的年代与内城约略同时，据此推知，郑州商城内、外两城的总面积约13平方千米②。这是迄今所发现的商代最大的一座城址，也是我国最早的相对来说比较规整的内、外两重城垣的一座大型城址。

在明确郑州商城城墙存在的同时，学术界也立即联想到城内有无建筑遗迹的问题，从20世纪70年代开始，考古工作者经过多年的努力，果然发现城内几乎遍布着当时的建筑遗址，现已将其划分为21个夯土建筑基址区③，多数夯土区就是一个建筑基址群体，其中有些大型建筑基址群体，显然应是当时宫殿建筑的遗迹。特别是城内的

---

① 河南省文物考古研究所：《郑州商城》，文物出版社，2001年，第178页。

② 袁广阔等：《论郑州商城与外郭城的关系》，《考古》2004年第3期。

③ 袁广阔等：《论郑州商城与外郭城的关系》，《考古》2004年第3期。

东北部，不仅分布着密集的大型建筑基址，而且在这里还发现有蓄水池、排水管道等用水设施和祭祀遗迹，据此可知，商城内城并非空城一座，应是当时统治集团处理政务和生活起居以及祭祀神灵的地区。在内城以外、郭城以内，所发现的遗迹也相当丰富，例如在商城南郊的今省运输公司和北郊的今河南日报社一带，发现有两处铸铜作坊基址[①]，在西郊的今铭功路西侧，发现有制陶作坊基址[②]，在北郊的今新华社河南分社院内，发现有制骨作坊基址[③]；在商城的四郊以及东北、东南和西北郊区还发现有当时的墓地和大型祭祀遗迹。所有这些都充分表明，郑州商城决非一般城址，必是商代一座王都的所在地（图2.2）。

郑州商城规模如此巨大，文化内涵又如此丰富，显而易见它不可能是在短时期内所能建成的，考古发掘表明，郑州商城从始建到建成发展，经历了一个相当长的营造过程。要了解郑州商城的营造过程，首先需要了解学术界对该城所属的二里冈文化的分期情况。二里冈文化自1950年发现以来，随着田野工作的进展，其丰富的文化内涵不断被揭示出来，学术界对它的发展过程的认识也不断深化，从而对它的分期也在不断地完善着。如上所述，早在20世纪50年代初期，考古工作者曾根据当时所知二里冈文化的地层关系和出土遗物面貌的不同，将该文化分为上、下两层即早、晚两期，其下层即早期的代表灰坑是：

C1H2甲、C1H3、C1H4、C1H7、C1H9、C1H10、C1H12、C1H14、C1H15、C1H17、C1H18、C1H19、C1H23、C1H24。

其上层即晚期的代表灰坑是：

C1H1、C1H2乙、C1H5、C1H6、C1H11、C1H13甲、C1H13乙、C1H20、C1H21、C1H22。[④]

进入20世纪50年代中期，考古工作者在郑州商城的东北郊发掘了白家庄遗址，其上层遗存的时代，较之原来的二里冈文化上层偏晚[⑤]，学术界将其称之为“白家庄期”；同时在郑州商城南关外又发现一种早于二里冈下层文化的新的文化遗存，当时称之为“南关外层”，即现在所称作的“南关外期”[⑥]。70年代初，根据对这批资料的系统整理，原发掘《报告》曾经提出对“过去所定的郑州商代二里岗期上、下层，也

① 河南省文物研究所：《郑州商代二里岗期铸铜基址》，《考古学集刊》，中国社会科学出版社，1989年。

② 河南省文物工作队第一队：《郑州发现的商代制陶遗迹》，《文物参考资料》1955年第9期。

③ 张建中：《郑州北郊紫荆山一带发现商代遗迹》，《文物参考资料》1954年第11期。

④ 河南省文化局文物工作队：《郑州二里冈》，科学出版社，1959年。

⑤ 河南省文化局文物工作队第一队：《郑州白家庄遗址发掘简报》，《文物参考资料》1956年第4期。

⑥ 河南省博物馆：《郑州南关外遗址的发掘》，《考古学报》1973年第1期。

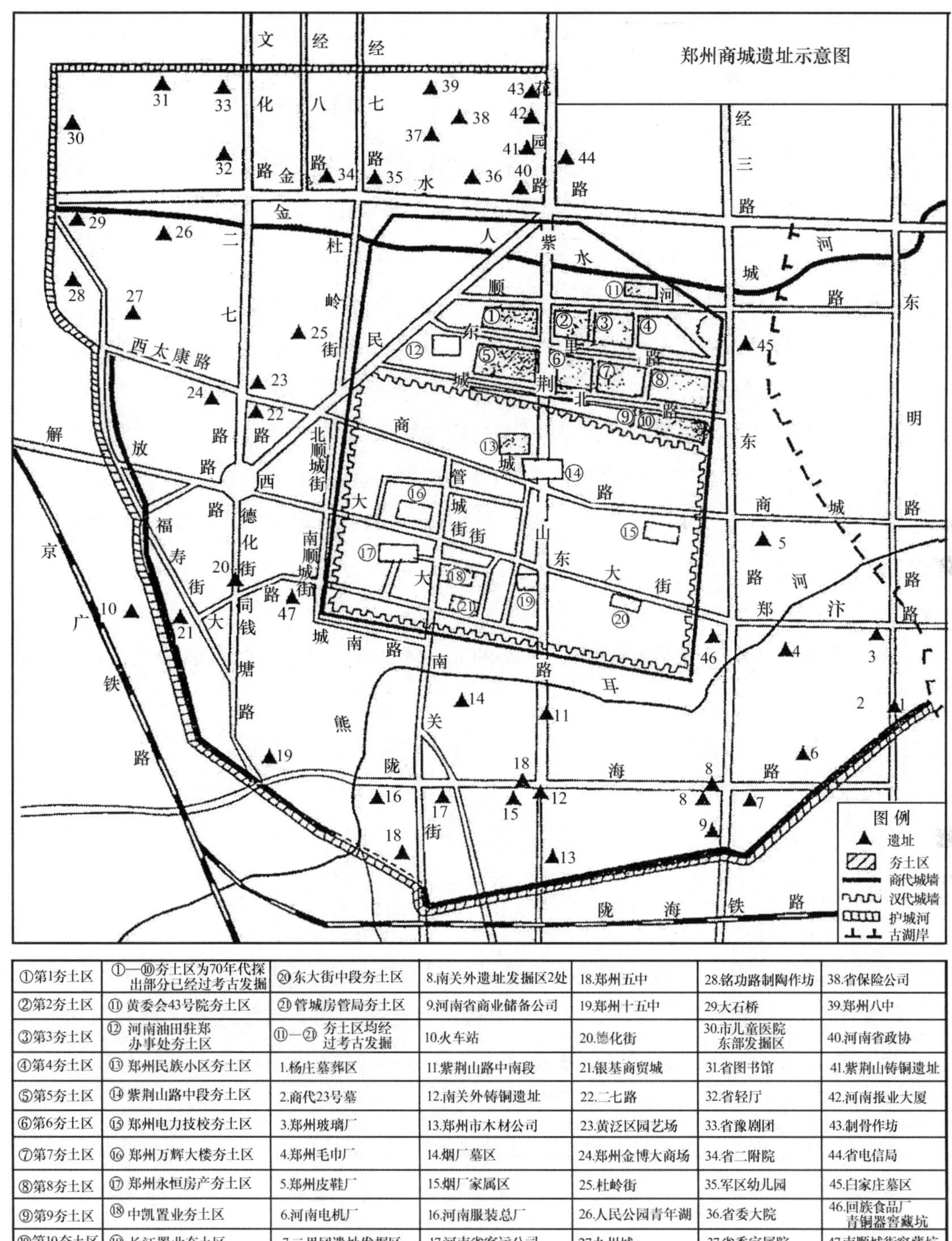

①第1夯土区	①—⑩夯土区为70年代探出部分已经过考古发掘	⑳东大街中段夯土区	8.南关外遗址发掘区2处	18.郑州五中	28.铭功路制陶作坊	38.省保险公司
②第2夯土区	⑪ 黄委会43号院夯土区	㉑管城房管局夯土区	9.河南省商业储备公司	19.郑州十五中	29.大石桥	39.郑州八中
③第3夯土区	⑫ 河南油田驻郑办事处夯土区	⑪—㉑ 夯土区均经过考古发掘	10.火车站	20.德化街	30.市儿童医院东部发掘区	40.河南省政协
④第4夯土区	⑬ 郑州民族小区夯土区	1.杨庄墓葬区	11.紫荆山路中南段	21.银基商贸城	31.省图书馆	41.紫荆山铸铜遗址
⑤第5夯土区	⑭ 紫荆山路中段夯土区	2.商代23号墓	12.南关外铸铜遗址	22.二七路	32.省轻厅	42.河南报业大厦
⑥第6夯土区	⑮ 郑州电力技校夯土区	3.郑州玻璃厂	13.郑州市木材公司	23.黄泛区园艺场	33.省豫剧团	43.制骨作坊
⑦第7夯土区	⑯ 郑州万辉大楼夯土区	4.郑州毛巾厂	14.烟厂墓区	24.郑州金博大商场	34.省二附院	44.省电信局
⑧第8夯土区	⑰ 郑州永恒房产夯土区	5.郑州皮鞋厂	15.烟厂家属区	25.杜岭街	35.军区幼儿园	45.白家庄墓区
⑨第9夯土区	⑱ 中凯置业夯土区	6.河南电机厂	16.河南服装总厂	26.人民公园青年湖	36.省委大院	46.回族食品厂青铜器窖藏坑
⑩第10夯土区	⑲ 长江置业夯土区	7.二里冈遗址发掘区	17.河南省客运公司	27.九州城	37.省委家属院	47.南顺城街窖藏坑

图2.2　郑州商城已发现的遗址示意图

可能进一步需要划分为上、中、下三层的意见”[①]，但是没有详细申述。80年代初，邹衡先生首先根据新的资料，通过对商文化的综合研究，将整个商文化分为先商、早商和晚商三期七段十四组，即先商文化为第一段第一、二组，早商文化为第二至四段第三至七组，晚商文化为第五至七段第八至十四组。把二里冈文化分为六组，分别属于先商和早商文化的第二、三、四、五、六、七组，其中：

先商文化第二组以原二里岗文化下层的C1H9、C1H10、C1H12、C1H14、C9H118和郑州南关外中、下两层为代表。

早商文化第三组以原二里岗下层的C1H2甲、C1H3、C1H7、C1H15、C1H17、南关外T85、T87和商城西墙陶器墓CWM8为代表。

第四组以原二里岗文化上层的C1H2乙为代表。

第五组以原二里岗文化上层的C1H1和铭功路的M2为代表。

第六组以郑州白家庄商代上层、房基F10和商城北墙陶器墓CNM5、白家庄铜器M2为代表。

第七组以郑州白家庄M3、铭功路M4为代表。[②]

80年代中期，高煦先生在邹先生分期的基础上，主张把原二里冈下层文化分作两段，把邹氏所分的四、五两组加以合并，称之为二里冈上层文化上层一段，把邹氏所分的六、七两组加以合并，称之为二里冈文化上层二段，从而把二里冈文化分作为两层（期）四段，其中：

二里岗下层一段以原二里岗下层的C1H9和南关外中层（包括H62）为代表，铭功路H21也属此段。属于该段的遗迹尚有被C8H10叠压的夯土台基，郑州商城也始建于此段。

二里岗下层二段以原二里岗下层的C1H2甲、C1H15、C1H17为代表，CWM8、CWM9、C8H22、C8F10、紫荆山制骨遗址也属此段。与此段时代相近的铜器墓则有郑州东里路出土的C8M32和郑州省中医家属院出有铜爵、铜盉的一座墓葬。

二里岗上层一段以原二里岗上层的C1H1、C1H2乙为代表，南关外的H59也属此段。与此段时代相近的铜器墓则有郑州铭功路出土的M2和东里路出土的C8M39。属于该段的遗迹尚有南关外和紫荆山北炼铜遗址、铭功路制陶遗址。

① 河南省博物馆：《郑州南关外遗址的发掘》，《考古学报》1973年第1期。

② 邹衡：《夏商周考古学论文集》，文物出版社，1980年，第107—110页。

二里岗上层二段以郑州白家庄上层为代表，打破C8F10的壕沟遗存也属此段。与此段时代相近的铜器墓则有白家庄出土的M2、M3、铭功路M4、张寨青铜器窖藏坑。①

80年代末期，安金槐先生在上述分期的基础上，也认为“随着对商代二里岗期遗址的进一步发掘，和对郑州商代二里冈上下层陶器的深入比较研究，我们认为对于其陶器的分期问题，可在原来划分的二里岗上、下层两大期的基础上，再划分成四个小期”。这四个小期即称之为“二里岗下层一期”“二里岗下层二期”“二里岗上层一期”和“二里岗上层二期”，此期又称之为“白家庄期”②。其后不久，安先生还“通过对郑州市及其周围六县、市出土的商代二里岗期青铜容器形制特征的分析研究”说：“我认为青铜容器似也可以和陶器一样，在原来区分为前后两大期的基础上，进一步区分为二里岗下层一期、二期和二里岗上层一期、二期等前后四个小期。”③

上述对二里冈文化分期意见，所依据的材料大致相同，我们认为根据现有资料将二里冈文化分为四期比较合理，这四期文化之间，既有密切联系，又有明显区别，表明它是同一文化发展的四个不同阶段。这四个不同的发展阶段，我们把它简称为二里冈四期文化，其中二里冈一期文化，即指上述的“洛达庙类型”文化和以C1H9为代表的二里冈下层文化一段或一期；二里冈二期文化即指上述的二里冈下层文化二段或二期；二里冈三期文化即指上述的二里冈上层文化一段或一期；二里冈四期文化即指上述的二里冈上层文化的二段或二期④，不过二里冈一期文化又可分为早、晚两段，其早段即指上述的“洛达庙类型”先商文化，也可说是商族居亳期间以本族文化即“辉卫型文化”为基础，与当地夏文化为主的各族文化相互融合而形成的先商文化；其晚段即指以C1H9为代表的文化遗存，应即商族灭夏前后时期的文化，其时的二里冈文化已进入定型阶段，以后的各个阶段，都是在这个基础上继续演变和发展而来。二里冈一期文化早、晚段之间有着明确的地层叠压关系，考古工作者在郑州商城宫殿区发现的夯土墙遗址就存在着这种叠压关系，发掘报告说：该夯土墙“仅存基槽部分，上部被H56和H114打破，下面同时叠压或打破H110、H45、H78、H85、H86、H87”。从夯土墙叠压或打破的灰坑中出土的遗物特征分析，当为洛达庙类型的文化遗存。而叠压

① 高煦：《略论二里岗期商文化的分期和商城年代——兼谈与二里头文化的关系》，《中原文物》1985年第2期。

② 安金槐：《关于郑州二里岗期陶器分期问题的再探讨》，《华夏考古》1988年第4期。

③ 安金槐：《对郑州商代二里岗期青铜容器分期问题的初步探讨》，《中原文物》1992年第3期。

④ 此一简称见笔者1999年上交的《夏商周断代工程·夏及商前期都城文献及考古资料的搜集与整理》研究报告。

在这些遗迹之上的夯土墙的年代，发掘报告说：“从夯土墙打破遗迹中的出土物和打破夯土墙基遗迹的包含物分析，夯土墙的始建年代不早于二里头文化四期晚段，亦不晚于郑州二里岗下层一期，其建筑和使用时间应大体相当于二里岗下层H9的阶段。”但是“由于夯土墙是掏净了较多灰坑后再进行修筑的，因此夯土虽然坚硬，但所包含的遗物，特别是陶片较为丰富”。这些“较为丰富”的陶片显然多是从被掏的灰坑中出土的，所以从夯土墙出土的遗物、特别是从出土的陶器来看，与被叠压的灰坑中所出土陶器形制相同，没有什么差别，据此我们认为夯土墙当与被叠压的灰坑同期，也应属于“洛达庙类型”先商文化遗迹。至于打破夯土墙的H56和H114，发掘报告说：“这两个灰坑打破的是夯土墙的基槽部分，H114打破墙基的中部，表明在这个阶段城墙已经完全废弃。”从这两个灰坑出土物来看，其年代“最晚可至二里岗下层偏早阶段的H9时期”[①]，此说可信，如H56出土的泥质灰陶盆（H56：20）：“折沿，圆唇，沿面上鼓，唇尖微下勾，下腹壁较直。”这种盆与二里冈文化一期晚段C1H14出土的直口深腹盆形制相同（H14：82），而且此类陶盆最早出现于这个时期，由此可证以H56为代表的文化遗存在地层关系上既叠压着“洛达庙类型”文化时期的夯土墙，其出土陶器类型又晚于夯土墙出土的陶器，因而将二者划分为二里冈文化一期的晚段和早段是符合事实的（图2.3）。

郑州商城作为商代前期的王都遗址，在当前的学术界已经达成了共识，但是属于何王的都邑，却存在着明显的分歧。早在20世纪50年代初，随着郑州一些重要的商代遗址的发现，有些学者即将该遗址与文献所记“仲丁迁隞”的隞都联系起来[②]。1959年，由于郑州商城被揭示出来，郭沫若先生来郑州视察并参观郑州商城，即兴写下“郑州又是一殷墟，疑本仲丁之所都”的著名诗句，当然，从学术角度来说，郭老的治学态度是非常严谨的，在当时的学术界普遍认为郑州商城与文献所记“仲丁迁隞”有联系的情况下，他仍然认为从当时已有资料而论，郑州商城还只能“疑”是商王仲丁所迁的都邑，能否确定下来，还需要以后继续工作。同年11月，徐旭生先生赴豫西偃师市调查夏文化，在这里发现了著名的二里头文化遗址，认为“这一遗址的遗物与郑州洛达庙、洛阳东干沟的遗物性质相类似，大约属于商代早期”。又说“此次我们看见此遗址颇广大……那在当时实为一大都会，为商汤都城的可能性很不小”[③]。此说与郭老对郑州商城的看法遥相呼应，从而推动了探讨郑州商城性质这一重大学术问题

① 河南省文物考古研究所：《河南郑州商城宫殿区夯土墙1998年的发掘》，《考古》2000年第2期。

② 安志敏：《一九五二年秋季郑州二里岗发掘记》，《考古学报》1954年第八册。

③ 徐旭生：《1959年夏豫西调查“夏墟”的初步报告》，《考古》1959年第11期。

名称 期别	鬲	甗	斝	大口尊	簋	盆	豆	爵
四期	32	33	34	35	36	37	38	39
三期	24	25	26	27	28	29	30	31
二期	16	17	18	19	20	21	22	23
一期晚	8	9	10	11	12	13	14	15
一期早	1	2	3	4	5	6	7	

图2.3　二里冈文化陶器分期图

1. 鬲（C8HQT36⑥：9）　2. 甗（C20T27②：39）　3. 斝（C20M24：1）　4. 大口尊（C20H31：9）　5. 簋（C20M30：1）　6. 盆（C20H340：4）　7. 豆（C20M141：1）　8. 鬲（C1H9：36）　9. 甗（C9·1H118：24）　10. 斝（C1H9：362）　11. 大口尊（C1H14：75）　12. 簋（C9·1T08③：45）　13. 盆（C1H9：354）　14. 豆（C5T50③：16）　15. 爵（C8M28：1）　16. 鬲（C1H17：119）　17. 甗（C1H12：29）　18. 斝（C1H17：38）　19. 大口尊（C1H2甲：328）　20. 簋（C1H17：111）　21. 盆（C5·1H148：5）　22. 豆（C1H17：113）　23. 爵（C1T14②：28）　24. 鬲（C1H2乙：220）　25. 甗（C1H1：39）　26. 斝（C1H2乙：35）　27. 大口尊（C1H1：4）　28. 簋（C1H1：21）　29. 盆（C1H13：20）　30. 豆（C15T3②：33）　31. 爵（C1T37①：73）　32. 鬲（C8T10②：1）　33. 甗（CWT2：6）　34. 斝（C8T12②：6）　35. 大口尊（C8T12②：3）　36. 簋（C8T10②：3）　37. 盆（C8T10②：31）　38. 豆（C8T10②：14）　39. 爵（C8T4②：19）

的深入开展。1961年，安金槐先生著文明确提出“郑州商代城市遗址，很可能就是商代的‘隞都’”[①]。1978年，邹衡先生著文提出郑州商城为商代亳都的新说[②]，如上所述，在此以前徐旭生先生根据文献提供的资料，曾亲赴豫西伊洛河一带专程调查夏文化，但是说来有趣，当他在偃师市发现以二里头遗址为代表的二里头文化时，却认为这应是早商文化，二里头遗址也应是商汤的亳都，当时的学术界由是普遍认为二里头

① 安金槐：《试论郑州商代城址——敖都》，《文物》1961年第4、5合期。

② 邹衡：《郑州商城即汤都亳说》，《文物》1978年第2期。

文化、二里冈文化和殷墟文化，就是商代早期、中期和晚期系统发展的商文化。而邹先生通过自己的综合研究，认为二里头文化正是徐先生专程寻找的夏文化，二里头遗址应是夏代的王都遗址。二里冈文化才是真正的早商文化，郑州商城就是商汤都亳的遗迹。因此，“郑亳说”的提出，在当时学术界引起了重大反响。1983年，随着偃师商城的发现，有些学者从“二里头遗址亳都说”转而认为二里头遗址应是夏代王都，偃师商城“即是商汤所都的西亳，殆无疑义”，而郑州商城仍当为隞都①。1984年，杨宽先生著文认为“关于郑州商城的定名，近人有两种不同的看法……或者以为是仲丁迁都的隞（一作嚣）……或者推定为商汤所居的亳都”，二说“看来都难以成立”。“从沿革地理来看，郑州商城当是西周初期管叔受封的管国”，“然而必须指出，西周初期管叔封于管，是沿用商代的旧称”，所以郑州商城在商代应当称作管，它是一座商代的别都。“商代有范围较大的王畿，为了防守王畿的需要，在首都以外的战略要地设有别都，现在考古发现的郑州商城就是商代前期的别都”②，从而提出郑州商城为商代别都“管都说”。有些学者认为郑州商城最大，当是商代主都，偃师商城较小，当是商代别都，二者均当称为亳都③。日本学者白川静先生又认为商代王都（指安阳殷墟）的周围居住着众多的商王室同宗大族，郑族是其大族之一，郑州商城应是郑族的所在地④。当前，随着新的考古资料的不断出土，赞同“郑亳说”者也越来越多，《夏商周断代工程1996—2000年阶段成果报告》（简本）认为根据现有资料，将郑州商城推断其为“汤所居之亳”的意见，“具有较强的说服力”⑤。这个意见代表了当前学术界探讨郑州商城性质问题的总趋势。

第四节　郑州商城的兴建

郑州商城在作为王都之前，商族已经大规模地迁居于此地，与当地的夏族和其他部族的人们杂居在一起，《尚书序》说：“汤始居亳，从先王居。”这里正是成汤及其先王所居的亳地。商族迁到今郑州亳地以后，以本族的文化为基础，融合了外

① 黄石林等：《偃师商城的发现及其意义》，《光明日报》1984年4月4日；方酉生：《论偃师商城即汤都西亳》，《江汉考古》1987年第1期。

② 杨宽：《商代的别都制度》，《复旦学报》1984年第1期。

③ 张国硕：《郑州商城与偃师商城并为亳都说》，《考古与文物》1996年第1期。

④ 〔日〕白川静：《甲骨金文学论集·商代雄族考——郑》，京都朋友书店，1973年。

⑤ 夏商周断代工程专家组：《夏商周断代工程1996—2000年阶段成果报告》（简本），世界图书出版公司，2000年。

族主要是夏族的文化，丰富和发展了自己的文化，因而在这里留下了大量的先商文化的遗物和遗迹。考古调查和发掘表明，在商城城外的即今郑州老城东南郊的二里冈、南关外、西郊的铭功路两侧，以及在郑州商城城内都发现有先商时期的文化遗存。在“目前郑州商城内的黄委会、紫荆山路中段……人民路南段等地方都发现了这类遗存，商城北墙下还发现一个出土有青铜器残片的洛达庙类型晚期灰坑，南墙下发现一条洛达庙类型晚期的灰沟，商城四面城墙的夯土中都有洛达庙类型晚期的陶片出土，可以说商城下面三分之二的地方都有洛达庙类型晚期的遗存。从商城的考古发掘可知，它下面有一个面积巨大、内涵丰富的洛达庙类型晚期遗址”[①]。其中在“位于郑州商城内东北部的商代二里岗期宫殿区一带”，就分布有相当丰富的“洛达庙类型”遗物和遗迹[②]，重要的夯土墙遗址就发现于这一地区（图2.4），这座夯土墙呈东北—西南向，北偏东23度。西南起自今黄委会家属区中部，东北经今黄委会青年公寓西北，穿过顺河路[③]，由于压在现代建筑之下，向北未再继续发掘，现已揭示出长度100余米。发掘《报告》云：“通过解剖发现，夯土墙系选用浅灰色或黄褐色土夯筑而成，质地坚硬，夯层一般厚8—10厘米，夯层明显，呈圆形小夯底，直径一般为4—6厘米，窝深3—5厘米。夯土剖面呈倒梯形，口宽7.8、底宽7.2米，厚1.2—2.3米不等，夯土的底部不平，叠压有灰坑和陶窑等遗迹。”“从夯土墙打破遗迹中的出土物和打破夯土墙基遗迹的包含物分析，夯土墙基的始建年代不早于二里头文化第四期晚段，亦不晚于郑州二里冈下层一期”，如前文所述（见本书第二章第三节），应属二里冈文化一期的早段的遗迹。“关于这段夯土墙基的性质”，发掘《报告》又认为：“近年来郑州商城特别是宫殿区内发现了不少稍早于或相当于二里岗下层H9时期的夯土建筑基址，而这些遗迹同夯土墙下面的灰坑和陶窑一样，出

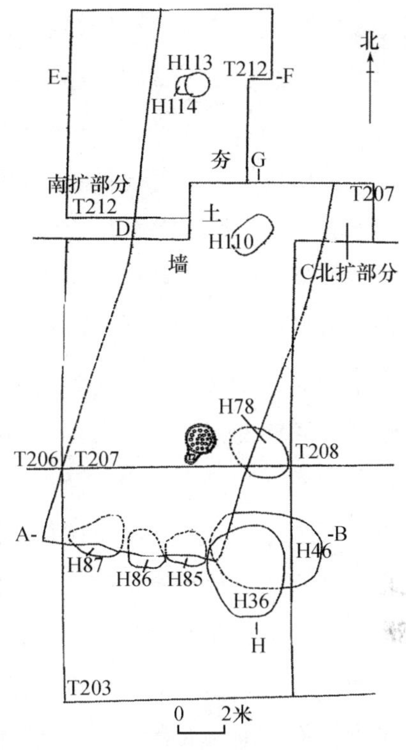

图2.4　夯土墙部分遗迹平面图

---

① 袁广阔：《先商文化新探》，《中原文物》2002年第2期。

② 河南省文物考古研究所：《郑州商城》（上册），文物出版社，2001年，第90页。

③ 河南省文物研究所：《郑州黄委会青年公寓考古发掘报告》，《郑州商城考古新发现与研究》，中州古籍出版社，1993年。

土物文化面貌比较复杂，即在器物种类和形态方面包含有大量的二里头文化因素，同时又有一组如薄胎细绳纹卷沿鬲、橄榄形深腹罐等特征鲜明的商族文化典型器物，并有少量的岳石文化存在。……这段残长100余米、基槽宽度近8米的夯土墙是否预示着郑州商城也像偃师商城那样在大城之前还存在一座小城呢？”[①]这段夯土墙应当就是先商部族在这里所建立的最早的一座作为防御设施的小城堡的遗迹。

但是，随着商部族在这里的迅速发展和壮大，小城堡的建造，已经远远不能适应形势发展的需要了。如上所述，在小城堡内外，即郑州“商城下面三分之二的地方都有洛达庙类型晚期的遗存”，也就是说在郑州商城建造以前，这里三分之二的地区已经成为商族的聚居区，而作为防御性设施的小城堡，仅只偏居于聚居区的一隅，这对于保卫商族的安全来说已经没有任何意义。须知，这里正位于夏朝王畿的东部地区，而且周围存在着不少的夏王朝的附属小国（详见本书第三章第一节），商人在这里生存环境的政治形势还是相当严峻的。因此，商族首先为了维护自身的安全，继之为了进一步地巩固和发展自己，并着力于把这里作为推翻夏王朝的基地，于是迅速停建小城而修建大城，属于二里冈一期晚段的“H114打破（夯土）墙基的中部，表明在这个阶段，（小城）城墙已经完全废弃”[②]，而大城即现在学术界所称作的郑州商城，就是在这个历史背景下开始兴建的。

当然，建城立邑特别是建造王都大邑不仅是一项浩大的工程，而且关系到当地人们的生存大计，更关系到国家政权的长治久安，因此历代当权者对这项建筑工程都是非常重视的。根据文献记载，我国古代建都立邑有一个复杂的过程，首先是在认真选择环境地址之后，还要求神问卜，求得神灵同意，然后杀牲祭神，举行奠基仪式，开始规划设计，动工兴建。《礼记·坊记》引《诗经·文王有声》记武王营建镐京经过云：“考卜惟王，度是镐京；惟龟正之，武王成之。”郑玄注：“言武王卜而谋居此镐邑，龟则吉兆正之，武王筑成之。”《尚书·召诰》对周人建造洛邑说得更为具体，文云：“越三日戊申，太保朝至于洛，卜宅；厥既得卜，则经营。越三日庚戌，太保乃以庶殷攻位于洛汭。越五日甲寅，位成。若翼日乙卯，周公朝至于洛，则达观新邑营。越三日丁巳，用牲于郊，牛二。越翌日戊午，乃社于新邑，牛一、羊一、豕一。越七日甲子，周公乃朝用书，命庶殷侯、甸、男、邦伯。厥既命庶殷，竖殷丕作。”全文意即：第三天戊申，召公“太保早上到了洛邑，占卜营建的所在；他得了吉兆，就丈量起来。又隔了三天到庚戌日，太保使用许多殷民在洛水隈曲处划定了

① 河南省文物考古研究所：《河南郑州商城宫殿区夯土墙的发掘》，《考古》2000年第2期。

② 河南省文物考古研究所：《河南郑州商城宫殿区夯土墙的发掘》，《考古》2000年第2期。

墙垣和宫室的基址。有隔了五天到甲寅日，这工作完成了。明天乙卯日，周公早上到了洛邑，把这新城的界线通看了一遍。隔了三天到丁巳日，他用两头牛祭祀了上天。过了一天是戊午日，又用牛、羊、豕各一头祭祀了土地神。隔了七天甲子日的早晨，周公把工程计划用书面交付于殷家的侯、甸、男诸国君主，令他们所主管的殷民照着做。他的命令一下来，就全体动工了”[①]。“周因于殷礼”而有所损益（《论语·为政》），周人的这种建城行动当是继承着殷人的礼制，殷墟卜辞多记有商王向神灵卜问建邑、祭邑的活动，例如卜辞云：“贞：王作邑，帝若？八月。贞：勿作邑，帝若？”（《合集》14201）“壬子卜，争贞：我其作邑，帝弗佐若？三月。癸丑卜，争贞：勿作邑，帝若？”（《合集》14206）“贞：作大邑于唐土？”（《英藏》1105）“贞：燎于西邑？”（《合集》6156）“贞：侑于西邑？”（《合集》7865）郑州商城也应是通过这些一系列的活动建造起来的。

郑州商城基本上围绕着商族的聚居区而修建，《郑州商城》考古发掘报告云：“夯土城垣略呈南北纵长方形，其中东城墙长约1700米，南墙长约1700米，西墙长约1870米，北墙长约1690米，总周长约6960米，近7公里。在四面城墙上共发现大小不同的缺口11处……有的缺口可能与当时的城门有关。”城内面积约317万平方米，方向略偏东北。“郑州商城城墙全是用土分层夯筑而成的。一般夯土层的厚度为8—10厘米，但也有厚达20厘米或薄到3厘米的。每层夯土表面保留有密集的圆形尖底和圆形圜底的夯杵窝痕迹，夯窝口径多为2—4、深1—2厘米。另外也发现有少数长方形或三角形的夯杵窝痕迹。根据夯窝的大小、形状和分布密集程度，我们认为这些夯杵窝有可能是用成捆圆木棍作为夯筑工具夯打而成的。由于夯层薄，夯窝密，所以夯土层的质地一般都相当坚硬。”（图2.5）“从已发掘出的商代夯土城墙的横剖面看，都是中间高

图2.5　郑州商城西城墙内CWT5夯土窝、南城墙CST3东壁夯土层

① 顾颉刚、刘起釪：《〈尚书〉校释译论》，中华书局，2005年，第1446页。

两侧较低的梯形形状，中间的夯层是层层叠筑的，夯层呈水平分布，我们称之为‘主城墙’；梯形两腰的夯层是向两侧倾斜筑成的，我们称之为‘护城坡’。‘主城墙’是用版筑法筑成的，两侧与‘护城坡’接缝处有近乎垂直的壁面，壁面上留有木板痕迹。由此推测，‘护城坡’的斜夯土层应是与版筑‘主城墙’时支撑横着的木板有关。”城墙普遍建在黄色沙土或红褐色生土之上，有些墙段为平地起建，有些墙段则挖有基础沟槽。以南城墙CST3、CST4揭示出来的城墙建筑结构为例，“它的筑法是：在修筑城墙之前，先平整地面，然后在主城墙内壁相应的地面处，向下挖出一道与城墙平行的东西向口宽底窄、底部平坦的沟槽。已发掘出来的沟槽……口部宽2.5、底部宽2.3、深0.55米，沟槽可能是建筑城墙内壁底部基础而开挖的。商城城墙夯土层是从这个基础沟槽底部开始层层夯筑的。当夯土层筑到与沟槽口部相平时，再把城墙夯土层加宽，并在城墙两侧开始用横木板相堵，逐层夯筑成内壁近于垂直的‘主城墙’。因此，在‘主城墙’内壁上遗留有比较明显的横列木板痕迹。现存的版筑内壁通高1.5米，每块木板痕迹长约3米，板宽0.16—0.19米。在紧靠‘主城墙’版筑壁面的内侧，附加有内高外低的夯土层即‘护城坡’，其顶面上铺有一层料姜石碎块，这种现象可能是为了防止‘护城坡’受雨水冲刷而铺设的保护层。内侧‘护城坡’底宽3.65米，‘主城墙’底宽16.25米”[①]。基础沟槽的宽窄及其有无，当随其需要而定，1997年，为配合郑州老城紫荆山路打通工程，在商城南城墙新开挖的探沟中，发现这里的城墙基础沟槽宽为5.9、深0.4米[②]，西城墙尚未发现基础槽，北城墙东端C8T27探沟内“在夯土城墙的底部中间向下又出现略呈凹弧形的槽”，可能为城墙基础沟槽，特别是“在凹弧形槽内的夯土层下面，还压有一些零乱的人头骨、肋骨、盆骨与肢骨”，这些人骨或与修筑城墙时的奠基者有关。在东城墙南端的外侧，还发现有城壕的遗迹，1989年，在今“许昌继电器研究所郑州分所的配合发掘中，发现有较明显的河相淤泥层，土色呈灰黑色，质地细腻，结构较紧密，包含物有宋代瓷片，战国陶片等。但挖至距地表10米多时，包含物较纯净，为商代陶器残片和数量较多的石球，这种石球大小不等，有的直径达20厘米，有的只有几厘米，表面经过琢制，但均未磨光……清理到距地表11.5米深还不到底，一直是灰黑色淤泥堆积。由此推断，这部分堆积应是商代城壕废弃后形成的”[③]。这些石球当即古代所称作的“礌石”，《墨子·备城门》：城

① 河南省文物考古研究所：《郑州商城》（上册），文物出版社，2001年，第223页。

② 杨育彬等：《郑州商城的考古学研究》，《河南考古探索》，中州古籍出版社，2002年。

③ 宋国定：《1985—1992年郑州商城考古发现综述》，《郑州商城考古新发现与研究》，中州古籍出版社，1993年。

上“皆积参石、蒺藜”。孙诒让《〈墨子〉闲诂》引洪颐煊曰：“‘参石’当是‘絫石’之讹，‘絫石’即‘礧石’。……《一切经音义》卷十七引《韵集》：‘今守城者下石击贼曰礧’。”《周礼·秋官·职金》：“凡国有大故而用金、石。”郑玄注：“用金、石者作枪、雷、椎、椁之属。”《释文》引沈氏云：雷“当为礧”，也即礧石。贾公彦疏：“作枪、雷、椎、椁之属者，皆为守城御捍之具。”《汉书·司马相如传》：“礌石相击”，颜师古注：“礌石，转石也。”《孙子兵法·埶（势）篇》：“故善战人之埶（势），如转圆石于千仞之山者，埶（势）也。”可知“礧石”就是一种圆形的石球。按古人常用大小不等的石球作为狩猎和对敌斗争的工具，也用来作为抵御敌人攻城的武器，《墨子·备城门》篇云：城上“二步积石，石重中钧以上者五百枚”，古代一钧重三十斤，“中钧”即十五市斤，一市斤约重240克。又云：“瓦、石重二斤以上，上城上。”同书《备梯》篇又云：“城上繁下矢、石、沙、灰以雨之。”《备蛾傅》篇又云：“沙、石雨之，然则蛾傅之攻败矣。”意即当敌人密集攻城时，可用箭矢、沙、石、灰像雨点一样射向和抛向敌人，配合其他武器杀敌，就可击退敌人的进攻。郑州商城城壕内发现的石球、灰黑色淤泥，应当就是当时商人抵抗攻城敌人时遗留下来的礧石、沙、灰等遗物和遗迹。

城墙作为古代一种突起性的防御设施，应有一定的高度，并且在其上还应建有防御工事，不过这些多被后世所破坏，已经不得而详，现在只能根据一些残存的遗迹加以推测。《周礼·考工记》：“城隅之制九雉。”郑玄注：“雉长三丈，高一丈，度高以高，度广以广。”贾公彦疏：“九雉亦谓高九丈。不言城身，城身宜七丈……凡板，广二尺，《公羊》云：五板为堵，堵高一丈，五堵为雉。”意即积五堵高为一丈，也即一雉。东周至汉代一尺约合今23厘米，一丈约合今2.3米，据此计算，则城高七丈约合16米。但是郑州商城城墙上的版筑痕迹宽窄不一，就是说尚无定制，不能用来推定城墙的高度。《墨子·备城门》云：“凡守御之法，城厚以高。”（原文作“凡守围城之法，厚以高”。兹从孙诒让《〈墨子〉闲诂》校改）《周礼·考工记》也说：“凡为防，广与崇方。”意即修建城墙与堤防的高度和厚度大致相等。宋代《营造法式·壕寨制度》和《武经总要·守城》条规定的城墙高与厚的比例为2∶3，今已知郑州商城四面城墙主城墙的底宽在10—16米之间，由此推测此墙的原来高度当在10米左右。不过城墙的四角更宽一些，现已发掘的西北城角底宽为32米（CWT3），东北墙角底宽为33米[①]，墙角所以加宽，应是由于在

① 宋国定：《1985—1992年郑州商城考古发现综述》，《郑州商城考古新发现与研究》，中州古籍出版社，1993年。

上面建有防御工事以保卫城内安全，这种防御工事俗称角楼，宋代《武经总要·守城》称之为“敌团”，书中注云：“敌团，城角（楼）也。”西汉时期称之为“隅楼”，马王堆三号墓帛书小城楼图东北角城楼记为“东北遇楼”，“遇楼”即“隅楼”[①]。先秦时期又称作“高磿撕”，《墨子·备城门》：“城四面、四隅皆为高磨㽄。”孙诒让《〈墨子〉閒诂》引王引之云：“磨㽄”当为“磿撕”之讹，“‘磿撕’，盖楼之异名也”。又称作“角浮思”，《周礼·考工记》：“城隅之制九雉。”郑玄注：“城隅谓角浮思也。”孔颖达疏：“郑以‘浮思’谓隅者，按汉时云：‘东阙浮思灾。’言灾，则浮思者小楼也。”焦循《群经宫室图·城图三》云：“角即四隅之谓。‘浮思’者，《广雅》《释名》《古今注》皆训为门外之屏，‘角浮’者，城之四角为屏以障屏，高于城二丈，盖城角隐僻，恐奸宄逾越，故加高尔。”《广雅·释宫》：“‘浮思’谓之屏。”王念孙疏证云：从上“诸文参之，则浮思，小楼也，故城隅、阙上皆有之。然则屏上亦为屋以覆屏墙，故称屏曰浮思，今本《考工记·匠人》注作‘浮思’”。《说文·土部》：“墉，城也。”殷墟卜辞“墉”字写作“”，象四面城墙上有楼之形；又写作“”（《合集》13514），又象城角上有楼之形，郑州商城城角墙基如此宽厚，上面应建有小楼，也就是后世文献所称作的“角楼”“团楼”“隅楼”“角浮思”，以作为瞭望哨所，正如《墨子·备城门》所说：“城四面四隅皆为高磿撕，使重室子居其上候敌，视其态状与其进退，左右所移处。”意即派遣能干的贵族子弟瞭望敌情，以观察围城敌人的前进、后退和向左、向右移动情况。殷墟卜辞“墉”字，写作“”或“”，可能就是取材于郑州商城城墙的建筑形式而创造出来的象形文字。

关于郑州商城的始建年代，当前学术界存在着不同意见：一种意见认为该城城墙当始建于“洛达庙期晚段”即“洛达庙类型”文化阶段[②]，第二种意见认为城墙当始建于二里冈文化一期的偏晚阶段[③]，第三种意见认为当始建于二里冈文化二期[④]。我们认为城墙当始建于以C1H9为代表的一期晚段为是。据《郑州商城》发掘报告所述：商城东城墙（CET7）和北城墙（C8T27）墙基之下叠压有洛达庙三期的灰坑，南城墙（CST4）墙基之下叠压有南关外文化期的灰层和壕沟，西城墙（CWT5）墙基之下叠压有一条小灰沟，关于这条小灰沟的时代，《报告》说：“它被叠压在商代夯土城墙

① 傅熹年：《记顾铁符先生复原的马王堆三号墓帛书中的小城图》，《傅熹年建筑史论文集》，文物出版社，1998年。

② 袁广阔：《郑州商城始建年代研究》，《中原文物》2003年第5期。

③ 杨育彬等：《郑州商城的考古学研究》，《河南考古探索》，中州古籍出版社，2002年。

④ 河南省文物考古研究所：《郑州商城》（上册），文物出版社，2001年。

内侧近底根处的下面，并且部分沟口还被商代夯土城墙内侧的商代二里岗下层二期的文化层所压。……沟内填红褐色土和淤土，内含有洛达庙三期和商代二里岗下层二期的盆、大口尊、罐等陶片和一些涂朱陶片，以及螺壳木炭屑与草拌泥等遗物。”杨育彬等先生则认为此沟内出土陶片“属于洛达庙期和二里岗下层一期”遗物[①]，邹衡先生又认为“曾经两次目验其出土陶片，均似C1H9者”[②]。据此推断，这条灰沟应属于二里冈文化一期晚段的遗存，城墙既叠压在这条灰沟之上，说明郑州商城的兴建不可能早于C1H9，最早当始建于此时即二里冈文化一期晚段。商代夯土城墙的根基部分，又多被二里冈二期或更晚的一些文化层、灰坑、墓葬叠压和打破[③]，因此又说明城墙已经建成或基本建成于二里冈文化一期晚段。

在中原地区，清理地基或挖出基槽，然后堆土层层夯打而成的筑城技术，早在仰韶文化时期的郑州西山遗址中已有发现，中间经过河南龙山文化、二里头文化，直至郑州商城时期，这种技术不断地在提高、发展，郑州商城建造的规模之大、形制之规整以及夯土之坚实程度，都是前所未有的，它表明这个时期的人们，在继承前人的基础上，已把筑城技术推进到一个全新的历史阶段。

当然这座商城并不是空城一座，商人在修筑城墙的同时，适应着统治集团的需要，也在城内开始营建宫庙房舍。现在商城以内，已经发现了属于二里冈各期文化的数十座大型夯土建筑基址，考古工作者已将其分为21个夯土建筑基址区[④]。这些众多的建筑基址几乎遍布于商城以内，但不是同时建成的，它们有早有晚，其建造和使用，分别贯穿于郑州商城的各个时期。现有的考古资料表明，这些基址当以C8F15和C8F9为代表的大型基址较早[⑤]，C8F15夯土建筑基址位于第一夯土基址区即城内中部偏北的今黄委会科研所院内，它坐落在洛达庙文化层和生土之上，上面又被二里冈文化二期灰坑（C8H49）和墓葬（C8M36）所打破，基址夯土层内出土的盆、罐、缸陶器残片与二里冈文化一期晚段遗物相近，因此它至迟应属于二里冈文化一期晚段的遗迹。这座基址的建造程序“是先由当时的商代地面向下挖掘了一个东西长约65（东端因被紫荆山路所压未发掘到头）、南北宽约13.6、深约1米的长方形基础槽，然后在基础槽内填土夯实，在夯土层超过基础槽后则夯筑范围略扩大而加高，形成较大的夯土基址。夯土基址现存夯土厚度为1—1.5米。……夯土的颜色和硬度也与郑州夯土城墙相同，

① 杨育彬等：《郑州商城的考古学研究》，《河南考古探索》，中州古籍出版社，2002年。

② 邹衡：《西亳与桐宫考辨》注107，《纪念北京大学考古专业三十年论文集》，文物出版社，1990年。

③ 河南省文物考古研究所：《郑州商城》（上册），文物出版社，2001年，第193页。

④ 袁广阔等：《论郑州商城内城与外郭城的关系》，《考古》2004年第3期。

⑤ 陈旭：《郑州商城宫殿基址的年代及其相关问题》，《中原文物》1985年第2期。

多为坚硬的红褐色黏土和黄灰土”。基址的总体面积当在1000平方米以上，是一座高台式的建筑基址。“在这座C8F15夯土基址顶面上的南北近边沿处，各挖筑有一行南北相对称、东西成行的柱础槽，南北两行柱础槽的间距为9米。每行柱础槽排列有序，边沿清晰，槽的形制多为南北长方形竖穴。其中靠北部的一行柱础槽，已发掘出东西相应成行的27个（东端尚未到头），槽与槽的间距一般为1.2米。”柱础槽内多数保留有“圆形木立柱的腐朽痕迹”，“其中多数木立柱底部还铺垫有柱础石”。在木立柱之间“加筑木骨泥墙或草拌泥堆筑墙”，“木柱之上构筑木梁架与草顶”，正是这些木质立柱支撑着殿堂屋顶。另外，“在每根立柱的外侧，又各立两根较细的擎檐木柱”（图2.6）[①]，这些较细的擎檐木柱，支撑着低于大屋顶的第二层屋檐，这两层屋檐的大型建筑屋顶，后世简称作为“重檐”，又称作为“重屋”，《周礼·考工记》云：“殷人重屋，……四阿重屋。”郑玄注：“重屋者，王宫正堂若大寝也，四阿，若今四柱屋，重屋，复笮也。”贾公彦疏：“‘重屋，复笮也’者，若《明堂位》云：‘复庙，重檐屋’，郑注云：‘重檐，重承壁材也。’则此‘复笮’，亦重承壁

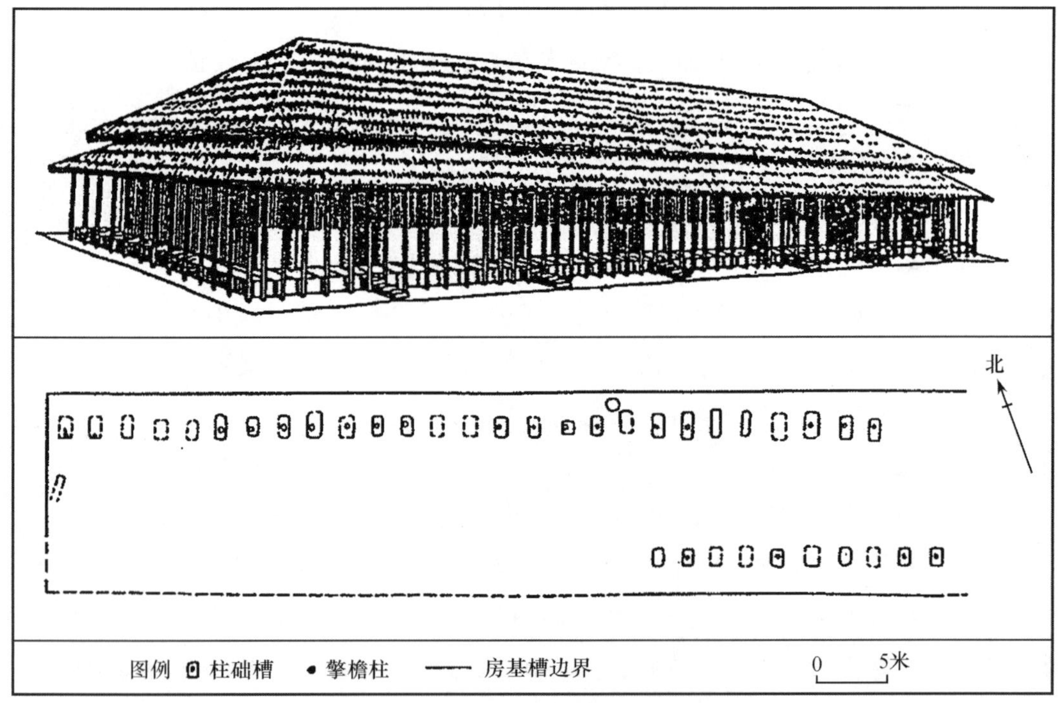

图2.6　C8F15基址平面图及复原示意图

上. 基址复原示意图　下. 基址平面图

① 河南省文物考古研究所：《郑州商城》（上册），文物出版社，2001年，第246、247页。

材，故谓之重屋。”《礼记·明堂位》：“复庙、重檐”，郑玄注：“复庙，重屋也；重檐，重承壁材也。”孔颖达疏：“复庙者，上、下重屋也。重檐者，皇氏引郑氏云：‘重檐，重承壁材也。’谓就外檐下壁复安板檐以避风雨之洒壁，故云重檐：重承壁材。”孙希旦《集解》：“笮在瓦之下、椽之上，以竹或木为之。复笮谓椽上有笮，椽下复为笮也。椽端横木谓之檐，汉人谓之‘承壁材’，盖以其在壁外而承受于壁也。重檐谓于檐下复安板檐，以避风雨之洒壁也。”是知“重屋”即“重檐”，就是两重屋檐的建筑，外观看来似有两重屋顶，故又称“重屋”。“四阿”，后世又称作“庑殿顶”，是一种四面坡式屋顶，这种屋顶下雨时便于四下排水，因此又称作“四注顶”，“四阿重屋”即四面坡重檐式屋顶。古代殿堂墙壁皆用泥土筑成，经不起风吹雨打，“四阿”屋顶下向外增筑一层屋檐，后世称之为“重檐庑殿”式，是为保护殿堂墙壁免遭风吹雨打而建造的一种新型屋顶。殷墟卜辞记有“□”字（《合集》28245），应当就是“重屋”的象形字，由于这类高大的建筑当时只能建于王宫，因此也是对商代王宫的专称，《周礼·考工记》论述三代建造王宫时说：“夏后氏世室，……殷人重屋，……四阿重屋。周人明堂，……”《戴震·考工记·补注》云：“王者而后有明堂，其制盖起于古远，夏曰世室，殷曰重屋，周曰明堂。三代相因，异名同实。”惟商代王宫建筑称之为“重屋”。阮元《研经室初集·明堂论》云：“粤惟上古，水土荒沉，橧穴犹在，政教朴略，宫室未兴。神农氏作，始为帝宫，上圆下方，重盖以茅，外环以水，足以御寒暑，待风雨，实为明堂之始。明堂者，天子所居之初名也，是故祀上帝则于是，祭先祖则于是，朝诸侯则于是，养老尊贤教国子则于是，飨射献俘馘则于是，治天文告朔则于是，抑且天子寝室恒于是，此古之明堂也。”从考古学上说，这类建筑当脱胎于原始氏族社会时期的“大房子”，在陕西西安半坡和临潼姜寨仰韶文化遗址中都发现有“大房子”的遗迹，杨鸿勋先生说：这类大房子，“除了公社首领居住以外，同样也是丧失生产能力和不能独立生活的社会被抚养人口，诸如老年、少年、儿童以及病、残成员的集体宿舍。这些人集中居住，便于社会照顾。同时由于这里居住最受尊重的氏族首领级老年人，而且建筑空间较大，所以它又是氏族集会议事和举行仪式的场所。因此，‘大房子’成为公社最重要的建筑物”[①]。进入阶级社会以后，这类大房子遂蜕变为国家最统治集团的住地和处理政务的场所。C8F15大致位于郑州商城的中轴线上，又是高台重檐式建筑，因此，它应当就是商代最早的“重屋”，也就是商代最早的“王宫正堂”。C8F15作为“王宫正堂”，东西长达65米以上，是迄今所发现的当时我国最大的一座宫殿建筑，规模是相

---

① 杨鸿勋：《中国早期建筑的发展》，《中国古建筑学术讲座文集》，中国展望出版社，1986年。

当宏伟的。根据我国古代“以大为贵”（《礼记·礼器》）的礼制，建立最大王宫，是历代王朝特别是新建王朝借以加强中央王权的重大举措，《史记·高祖本纪》说：“萧丞相营作未央宫，立东阙、北阙、前殿、武库、太仓。高祖还，见宫阙壮甚，怒谓萧何曰：‘天下匈匈，苦战数岁，成败未可知，是何治宫室过度也？’萧何曰：‘天下方未定，故可因遂就宫室。且夫天子以四海为家，（宫室）非壮丽无以重威，且无令后世有以加也。’”他的这个指导思想，显然是继承了夏、商以来历代王朝的传统，商王成汤在王都亳邑建立宏大的C8F15“王宫正堂”，其主要目的正是为了在统一全国的斗争中加强自己的权威，从而希望有助于促进统一全国的斗争。另外，在C8F15东南10余米处，发现一座东西长在26米以上、南北宽约14米的夯土基址，从其夯土层中“出土器物看，这一片夯土与C8F15同时，年代为二里岗下层偏早”。又在其西南10余米处，发现一座东西长约19、南北宽约16米的近方形台基。这两座夯土台基上面的建筑，可能就是后世所称作的东西箱房，古代又称此为“厢”和“序”，《玉篇》：“厢，东、西序也。”《后汉书·虞诩传》：“趣就东箱”，李贤注：“《埤苍》云：‘箱，序也。’字或作厢。”厢房是王府官吏办公和等待国王召见之所，《仪礼·公食大夫礼》：“公揖退于箱。”郑玄注：“箱，俟事之所。”《仪礼·觐礼》：“俟于东箱。”郑玄注：“东箱，相翔待事之处。”这三座基址大致形成品字形布局。在C8F15西南的C8T62等探方以内，也发现有夯土建筑基址，所有这些构成一处以C8F15为主体的商代最早的王宫建筑群体。在C8F15以南今民族小区也发现一处建筑基址F1，基址平面呈曲尺形，夯土面上发现柱洞四个，“夯土层内含有大口尊、鬲、罐、盆、器盖等，约为二里岗下层一期偏晚”[①]，在民族小区的南侧今郑州化工三厂院内，出土有同一时期的T2H2，这些都应是当时人们的住地[②]。C8F15南距商城南城墙约1500米，北距北城墙约500米，距东西城墙各约800米，可知距北城墙最近，当然也距北城门最近，因而当时的北城门就成为当时王府官员出入王宫的重要通道，《史记·殷本纪》云：“伊尹去汤适夏，既丑有夏，复归于亳，入自北门，迂女鸠、女房，作《女鸠》、《女房》。”显而易见，亳邑北门，距王宫最近，乃是当时贵族、官员出入王宫的方便之门。

在C8F15以东约500米处的第四夯土基址区今郑州商城工作站内，发现有与其时代相同的C8F9等大型夯土建筑基址。这座“残存的夯土基址南北长约37、东西宽约13米”，呈南北纵长方形。基址面上出土的两块柱础石，较之C8F15出土的柱础石大而规

① 杨育彬等：《郑州商城的考古学研究》，《河南考古探索》，中州古籍出版社，2002年。

② 河南省文物考古研究所郑州工作站：《郑州化工三厂考古发掘简报》，《中原文物》1994年第2期。

整，可知也是一座大型的建筑基址[①]。另外，在C8F9的东侧约100米处，发现有夯土6和夯土7等建筑基址，夯土6“平面形状呈南北向长方形，……南北残长18、东西宽5.5—6米”。夯土7“夯土颜色呈灰褐色，质较硬，夯层明显。厚度都在8—10厘米之间。东西残宽6.4、厚2.2米”。“从夯土和夯土垫土所包含的遗物进行分析，除有一部分属于郑州洛达庙晚期遗物外，另有少量二里冈下层一期偏早的因素（郑按：即指本书所称作的二里岗下层一期晚段）。……夯土中出土的各类遗物具有鲜明的早商文化特征”，应是一处二里冈一期晚段重要的建筑遗迹[②]。在C8F9的西侧C8T39、C8T43和C8T45探方以内均发现有与其同一时期的夯土建筑基址[③]，它们共同组成以C8F9为主体的又一大型夯土建筑群体。这组建筑群体与前一组不同的是，在其周围还发现有随葬有青铜器的贵族墓葬，如在C8F9的西侧今河务局院内，发现有C8T166M6，该墓“为长方形土坑竖穴墓，长2.4、宽1.1、深0.3米，方向110度。墓内三人合葬，均俯身直肢，从北向南依次编为1、2、3号。2号骨架应为墓主人，位于中间，骨骼粗壮，身上及身下铺撒大量朱砂，面部向下，颈部挂一串饰。1号骨架位于北侧，面向北，双手向上弯曲。3号骨架位于南侧，个体较小，面向下，双手交叉，捆绑于头顶部。这几具骨架经鉴定：1号骨架为女性，2号骨架为男性，3号骨架为一少年，性别不详，年龄约10岁。出土随葬器物142件”，计有铜鬲1件、铜盉1件、铜戈1件、玉柄形饰1件、圆陶片1件、蚌镞2件、骨镞41件、项饰1串（图2.7；彩版一，1）。“从墓葬层位、随葬器物组合和铜器形制特征分析，该墓葬的年代约当夏末商初，至迟也不应晚于

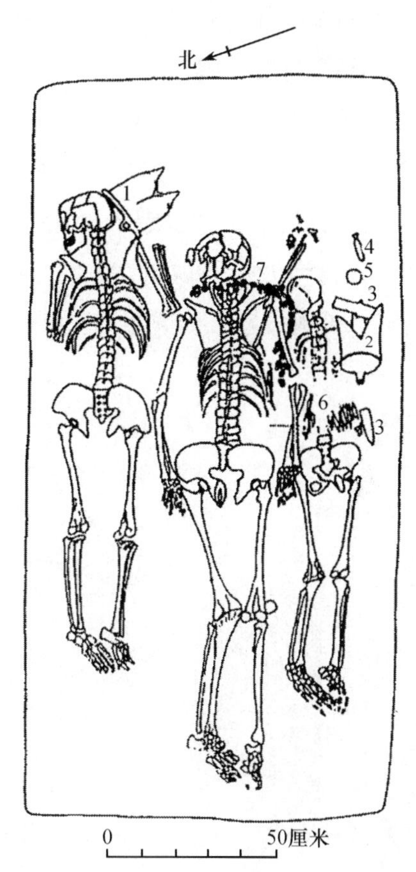

图2.7　T166M6平面图

1. 铜鬲　2. 铜盉　3. 铜戈　4. 玉柄形饰　5. 圆陶片　6. 骨（蚌）镞　7. 贝饰　8. 绿松石饰

① 河南省文物考古研究所：《郑州商城》（上册），文物出版社，2001年，第261页。

② 河南省文物考古研究所：《郑州商城北大街商代宫殿遗址的发掘和研究》，《文物》2002年第3期。

③ 河南省文物研究所：《郑州商城内宫殿遗址区第一次发掘报告》，《文物》1983年第4期。

二里岗下层一期，是郑州商城迄今为止所发现的年代最早的一座墓葬。”如所出铜鬲的形制为“折沿，沿面平直，微上斜，尖圆唇，沿面立有两个对称的半圆形竖耳。腹壁较直，高分裆较内夹，袋足廋长圆锥状足尖。腹上部饰弦纹一周，袋足部饰‘V’字形纹。通高24.5、口径17.8、耳高3.3厘米”（彩版一，2）[①]。这种鬲“造型类洛达庙类型出土的陶鬲。铜盉体瘦长，造型类二里头文化三期陶盉，铜戈长援直内，形制类二里头文化出土铜戈，玉柄形器较厚重，也有二里头文化出土的玉柄形器的特点”[②]。该墓出土的铜盉、铜戈、玉柄形器以及圆陶片等，都是二里头遗址夏人贵族墓中常见的礼器，至于铜鬲则是商人的首创，陶鬲原是商族普遍使用的炊器，这种“腹壁较直”的桶状腹陶鬲，在辉县孟庄“辉卫型文化”中已经出现[③]，在“洛达庙类型”文化时期即二里冈文化一期早段继续使用，进入二里冈文化一期晚段，商王族始将其改造为立耳铜鬲，从而成为本族首创的青铜礼器，并且成为后世我国古代的主要礼器之一（图2.8）。这是我国礼器史上的一个重大发展，也是迄今为止所发现的一件最早的铜鬲。C8T166M6礼器群的发现，可说是“殷因于夏礼”，而又有“所损益”的一个很好的范例。在C8F9建筑群的东侧今中医学院家属院内，也发现一座贵族墓葬，该墓已被破坏，仅出土有铜盉、铜爵2件铜器。所出铜盉为“圆顶，鸡心状口，管流斜伸，深腹，分裆，下附袋状锥足。颈部饰三道弦纹，鋬在一足的上部，造型比较特殊。通高21.7厘米”。所出铜爵为“薄胎，敞口，长流，尖尾，矮柱；直腰，腰稍外鼓，平底，下附三个棱形锥足，腰部饰弦纹”[④]。这两件青铜器至迟应是二里冈文化一期晚段的遗物。另外，在这组建筑

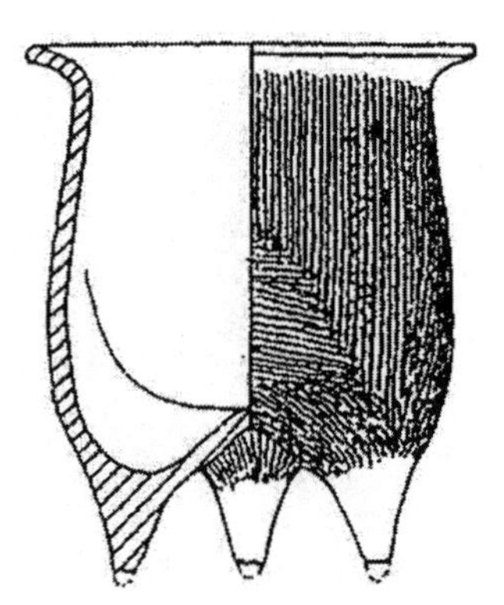
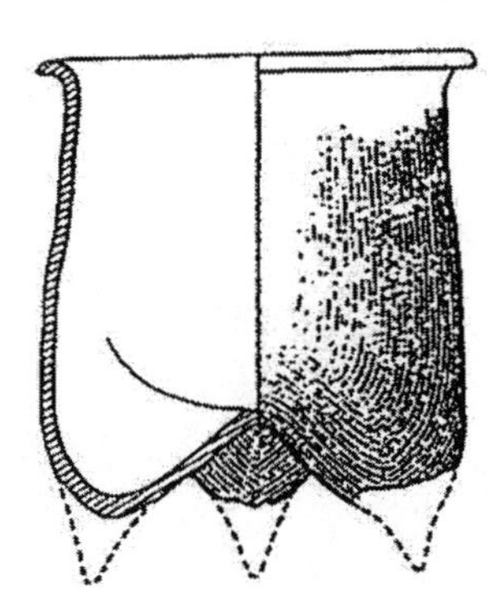
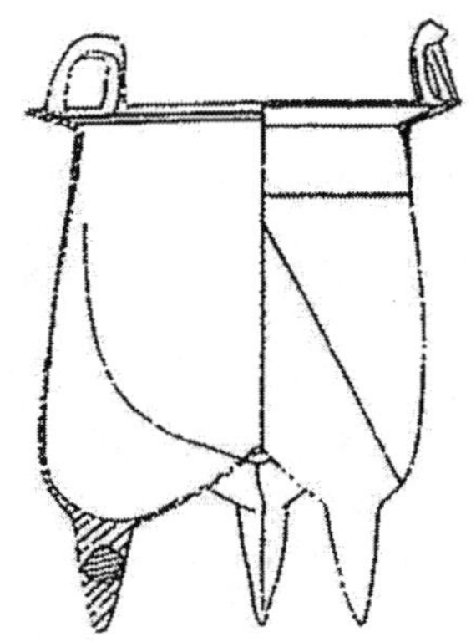

图2.8　孟庄陶鬲（D型3式）、洛达庙类型陶鬲（C20T23③：12）、T166M6铜鬲形制比较图

---

① 河南省文物考古研究所：《郑州商城新发现的几座商墓》，《文物》2003年第4期。

② 李伯谦：《对郑州商城的再认识》，《古代文明研究通讯》第23期，2004年。

③ 河南省文物考古研究所：《辉县孟庄》，中州古籍出版社，2003年，第210页图9。

④ 杨育彬等：《近几年来在郑州新发现的商代青铜器》，《中原文物》1981年第2期。

群的附近，还发现有随葬陶爵和陶盉的墓葬（C8M28）[①]。爵、盉相配的随葬品组合，常见于二里头文化墓葬中，是夏人的葬俗，而作为这类青铜礼器，始见于二里头文化四期。进入二里冈文化时期，被商人所沿用，因此这类墓葬也应是商人的墓葬。当然，也不能完全排除是夏人墓葬的可能性，根据文献记载，在商王朝建立的前后，已有夏朝贵族终古等人投向了成汤（详见下文论述），这些人死后，按照夏族礼制葬于商都亳邑也是正常的现象。

将死者埋葬于居室以内及其附近，是人类一种古老的葬俗，这种葬俗可称之为"居室葬"和"住宅葬"。早在旧石器时代，我国山顶洞人已将死者埋葬在自己居住的洞穴以内[②]，进入新石器时代，在中原地区的裴李岗文化、仰韶文化和龙山文化遗址中，除发现有公共墓地以外，在房基及其附近，也发现有墓葬特别是小儿瓮棺葬的遗迹。进入阶级社会，人们继承了这种古老的葬俗，一方面修建公共墓地安葬死者；另一方面仍将部分死者埋葬于住宅区，王室贵族并在这里修建宗庙对祖先进行庙祭。二里头遗址宫殿区二号宫殿基址主体殿堂北侧就发现有当时最大的一座贵族墓葬（D2M1）[③]，这座宫殿基址应当就是当时的宗庙遗迹。安阳殷墟宫殿宗庙区发现的妇好墓，墓内出土铜器铭文有"司母辛"三字，墓上发现有建筑遗迹。殷墟卜辞记有"母辛宗"建筑，发掘者认为妇好墓上的建筑，应当就是卜辞记载的"母辛宗"，意即祭祀墓主人母辛也就是妇好的宗庙遗迹。在妇好墓的周围还发现一些贵族墓葬，在这些墓葬的东北隅，发现有丙组、乙组和甲组建筑基址群，发掘者认为这里应当就是当时王室贵族的祭祀、宗庙和居住区[④]。与此相同，郑州商城与贵族墓葬相近的以C8F9为主体的大型建筑基址群，也应当就是当时王室贵族的宗庙和居住区。

宗庙在殷墟卜辞中多单称作"宗"，《说文·宀部》："宗，尊祖庙也。"它主要是放置祖先神主牌位和祭祀祖先神主的场所。不过根据殷墟卜辞所记，商人祭祀和放置祖先神主的场所有多种名称，对成汤以后的祖先神主场所多称作"宗"，而对成汤以前特别是上甲和"三报"等祖先神主的场所则皆称作"囗"和"匚"，如卜辞云："……上甲、匚乙、匚丙、匚丁示……"（《合集》19811）上甲写作"田"，匚乙写作"匸"，匚丙写作"丙"，匚丁写作"叵"，杨树达先生释云："然则甲文

① 河南省文物考古研究所：《郑州商城》，文物出版社，2001年，第154页。

② 贾兰坡：《山顶洞人》，龙门联合书局，1951年。

③ 中国社会科学院考古研究所：《偃师二里头——1959年—1978年考古发掘报告》，中国大百科全书出版社，1999年。

④ 中国社会科学院考古研究所：《殷墟的发现与研究》，科学出版社，1994年。

‘田’字所从之口为何字乎？曰：此即经传之祊字也。《国语·周语》云：‘今将大泯其宗祊。’韦注云：‘庙门谓之祊，宗祊犹宗庙也。’《诗·小雅·楚茨》云：‘祝祭于祊。’毛传曰：‘祊，门内也。’《礼记·郊特牲》云：‘索祭祝于祊。’郑注云：‘庙门外曰祊。’余谓韦注‘宗祊犹宗庙’之说最为得之。盖祊即是庙，其训庙门，又或训庙门内，皆庙义之引申也。《国语》云：‘上甲微，能率契者也，殷人报焉。’又曰：‘凡禘、郊、祖、宗、报，此五者，国之典祀也。’据此知‘报’为祭名，韦昭释为报德之祭，义或然也。行此‘报’祭，必有其所，于是特为立庙焉。故‘田’从口、从十者，谓特起一庙施行‘报’祭之甲也。𠤪、㔱、𠥄从乙、丙、丁在匚中者，亦谓特起一庙见祭之乙、丙、丁也。匚、匚、匚何祭？殆亦‘报’祭也。后人释𠤪、㔱、𠥄为报乙、报丙、报丁，正谓被‘报’祭之乙、丙、丁也。盖𠤪、㔱、𠥄字之从匚，举其祭所，释义作‘报’，称其祭名，其义一也。必以口、匚为识者，殷人先祖皆以日为名，故以祭所之庙形，加之以为别异也。其甲从口，乙、丙、丁从匚，有别者，盖殷人祭上甲尤尊，则其宗庙之制特隆，而报乙、报丙、报丁次之，故但以‘匚’表之也。”①今按杨氏之说可从，郑州商城所发现的这个时期的宗庙基址，主要应是成汤等商王祭祀上甲以及报乙、报丙和报丁等祖先的“宗祊”遗迹。

古人根据“事死如事生”（《左传·哀公十五年》）的礼制，对宗庙也是仿照王宫而建造，其结构也同样比较复杂。《礼记·月令》：“寝庙必备。”郑玄注：“凡庙，前曰庙，后曰寝。”孔颖达疏：“庙是接神之处，其处尊，故在前；寝，衣冠所藏之处，对庙为卑，故在后。”蔡邕《独断》云：“宗庙之制，古者以为人君之居，前有‘朝’，后有‘寝’；终则制庙以象‘朝’，后制寝以象‘寝’。庙以藏主，列昭、穆；‘寝’有衣冠、几仗、象生之具（生活用具），总谓之宫。”由于庙是模仿王宫而建，因此也建有东西厢房，《尔雅·释宫》云：“室有东西厢曰庙，无东西厢有室曰寝。”庙内建有若干室，这些室即殷墟卜辞所称作的“大室”“东室”“南室”和“中室”等，每室都放置有祖先牌位，也都是祭祀祖先的场所。其中“大室”又是王室贵族从事重大政治活动的地方，正如杨宽先生所说：“宗庙在宗族中具有礼堂的性质”，“族中的重要礼节和政治上的重大典礼都要在宗庙举行”，“所有政治和军事上的大事都到宗庙请示和报告”。“当时国家最重要的大事是军事，所有军事行动，照礼都要向祖先请示和报告。出师前要先请示和‘受命’，所谓‘率师者，受命于庙，受脤于社’（《左传·闵公二年》），……凯旋后，献俘礼也常在宗庙举

① 杨树达：《積微居甲文说卷上》，中国科学院，1954年，第27页。

行。”[①]又如《礼记·王制》云：“天子将出征，……受命于祖，……出征执有罪，反，释奠于学，以讯馘告。”郑玄注：受命于祖，“告祖（庙）也”。孔颖达疏：“按《周礼·宗伯》曰：‘师还，献恺于祖（庙）。’”都是指的出师以前和归来以后向祖先请示和报告的重要礼制。《吕氏春秋·慎大览》云：“汤犹发师以信伊尹之盟，故令师从东方出于国，西以进。”我们知道，以C8F9为主体的宗庙住宅区，位于郑州商城的东北部，接近于东城墙当然也接近于东城门，因此，成汤率师东出城门，不仅在于“以信伊尹之盟”，实际上更为重要的当与举行“受命于庙”的大礼有着密切的关系。《史记·殷本纪》又云：成汤“既绌夏命，还亳，作《汤诰》：维三月，王自至于东郊，……”成汤灭夏还亳，显然也应是为赶赴宗庙举行献俘礼才首先回到亳邑东郊而由此进入东城门的。庙后的寝，除作为祖先“衣冠所藏之处”以外，也作为当时人们的住室，陈梦家先生说：殷墟卜辞所记“有王寝、新寝、东寝、西寝、大寝等的分别。西北岗出土铜盂有‘寝小室’铭文，则小室当是附属于寝的。卜辞凡说寝的，都与祭祀无关，当是王居住之所”[②]。不过寝也间或作为祭祀的场所[③]，但它主要应是居住之所。商代的住宅，殷墟卜辞又称作“宀”，于省吾说：“甲骨文的‘宀’字，乃宅舍之宅的初文。”“‘宀’字均指住宅为言，系名词。”[④]然而由于现已发现的建筑基址都已残缺不全，我们还不能够具体确定哪些基址属于庙、寝和住宅遗迹，但是从现有考古资料，结合文献记载，商初王都亳邑的宗庙住宅所在，应当就在今郑州商城以内的东北部地区。商王室贵族之所以把宗庙居住区选建在城内的东北部，其一是正如《郑州商城》报告所说，这里“是地势较高而又平坦的地带”，因此自龙山文化时期以来，就有人们在这里居住[⑤]，也是商族来郑州地区的最早立足之地，就是说它早已成为商族在郑州商城地区的祖地。其二就是因为这里背靠紫荆山，傍依金水河，向东又临近圃田泽，地势高爽，既有利于保卫安全，又有充足的水源可供取用。当时的紫荆山是一条比较大的黄沙土岗，郑州商城北城墙东端向东南倾斜的一段就修建在这条黄沙土岗上。考古发掘表明，这条沙土岗向南至少已经到达今东里路的东端，“东里路东端开挖的商代东城墙正好坐落在黄沙土岗上，而且这黄沙土岗子本身就高于城墙内外的地面，因此，这沙岗也算是城墙下部的基础。从这里再向北不远，城墙就沿黄沙土岗向西延伸，致使郑州商代城东北城角变成一条斜线。这个至

① 杨宽：《古史新探》，中华书局部，1965年，第174页。

② 陈梦家：《殷虚卜辞综述》，科学出版社，1956年，第479页。

③ 郜笛：《卜辞考释数则》，《古文字研究》第六辑，中华书局，1981年。

④ 于省吾：《甲骨文字释林·释宀》，中华书局，1979年。

⑤ 河南省文物考古研究所：《郑州商城》（上册），文物出版社，2001年，第294页。

少在商代就已存在的黄沙土岗，就是今天当地群众俗称的‘紫荆山’”[①]。由此可知，当时的“紫荆山”，正环绕在商王室宗庙、居住区的东、北两面。金水河也相当古老，宋《元丰九域志·郑州》管城县下记有金水河。《大清一统志·河南·开封府》山川条下记载金水河为郑水的一条支流。《隋书·地理志·荥阳郡》管城县下记载有郑水。宋《太平寰宇记》郑州条下也记载有郑水，并以为郑水就是古代的不家水。此水当即殷墟卜辞所称作的“不水”（《合集》5810），后世又称作“不家水”。《水经·渠水注》：“渠水又东，不家沟水注之，水出京县东南梅山北溪，……自溪水北流，迳管城西，……俗谓之管水。”杨守敬疏引赵一清云：“按《寰宇记》：郑水一名不家沟，不，姓也，《晋书·束皙传》有‘不准’。……盖其地有不姓人居之，故即姓以名沟也。”此水后世又变名郑水、管水，金水河为其支流，也应是一条古老的河水，商人在郑州商城东北部挖凿的蓄水池（详下文），其水源可能就是来自于古金水河的河水。另外，考古工作者还在C8F9以南今回民中学院内以及今省中医学院家属院内，也发现有一条东西向的商代早期一条河道的痕迹[②]，可知当时生活在这里的人们用水是比较方便的。由于商王朝贵族的宗庙、宫室、住宅区主要分布于城内的东北部，因此郑州商城的东门和北门应是王都的正门，文献只记载商都亳邑东门和北门，这并不是说王都亳邑没有南门和西门，而是由于东门和北门靠近商王室的宗庙宫殿和住宅区，所以它就成为统治集团经常出入的大门。

适应着商族统治集团的需要，在郑州商城的南郊即今陇海路和紫荆山路的交叉口一片平坦的高地上，建起了铸造青铜器的手工业作坊，此作坊因位于今郑州老城的南郊，故被学术界称作“南关外铸铜作坊遗址”。二里冈一期晚段的作坊遗迹位于这座大型作坊基址的南半部，出土有陶质农业生产工具青铜钁范和爵、斝等青铜礼器范[③]，这是商族在亳邑建立的最早的一处冶铸青铜器手工业作坊；在该期C5：3H313灰坑中还发现一件细线条构成的饕餮纹礼器范，这是我国迄今所发现的最早的铸造青铜容器的饕餮花纹陶范，本期C8T166M6、87ZSC5M1出土的青铜器群应当就是在这里生产出来的。如前文所述，古人很早就在今郑州地区及其周围从事冶炼和铸造青铜器的工作，早在河南龙山文化时期，考古工作者就在郑州牛砦和登封王城岗等遗址中，发现有炼铜的坩埚残片和铜器残片，偃师二里头文化遗址已发现有成组的青铜器群，二里

① 河南省文物研究所郑州商城工作站：《近年来郑州商代遗址发掘收获》，《中原文物》1984年第1期。

② 河南省文物研究所：《1992年度郑州商城宫殿区发掘收获》，《郑州商城考古新发现与研究》，中州古籍出版社，1993年。

③ 陈旭：《郑州商代铸铜遗址的年代及相关问题》，《中原文物》1992年第3期。

冈文化时期的青铜铸造业，正是在前人的基础上继承和发展起来的。青铜器是由纯铜与锡，或与铅，或与锡、铅熔合而成的金属器皿，具有比纯铜熔点低、硬度高的优越性能。根据古代文献记载和现代地质调查，我国蕴藏有丰富的铜、锡、铅矿资源，即以铜矿而论，《管子·地数》云："出铜之山，四百六十七山。"现代调查的初步结果："就铜矿资源分布来说，其特点既广泛而又相对集中，全国绝大部分省、市、自治区都有铜矿储存，而主要矿区又集中于少数地区，依次为长江中下游铜矿带、川滇地区的东川、易门等地区，中条山矿区和甘肃的白银厂、金川矿区。"[①]在现今的河南省区，古人很早就发现有铜矿资源，《山海经·中山经·中次二经》云："又西二百里曰昆吾之山，其上多赤铜。"《中次四经》又云："又西二百五十里曰柄山，其上多玉，其下多铜。"这些山即位于今河南省宜阳和栾川县之间。据现代矿业调查，全省已探明有19个铜矿区，主要分布在桐柏、镇平和三门峡一带[②]，在新密、登封和巩义市区也发现有铜矿，而且"密县（按：即新密市）、巩义市等地还发现有前人曾采过铜"矿的遗迹[③]。但是这些铜矿都属于小型矿藏，不足以满足商代青铜铸造业发展的需要，商人可能主要开发的是距王都相对较近的山西中条山矿藏。中条山位于黄河以北的晋南地区，《山海经》记载的十五处铜矿中，此一地区就占有五处，故章鸿钊《古矿录》说："古之产铜最著者，乃在晋南、豫北，西联陕西终南山一带，其范围尤为广大。"这里迄今仍是我国主要采铜矿区之一。此处铜矿开发甚早，《史记·孝武本纪》云："黄帝采首山铜，铸鼎于荆山下。"《集解》："首山属河东蒲坂"，即今山西省永济县，位于中条山的西麓。商王朝当是继承着前人的事业，在这里开采铜矿，正如石璋如先生所说："殷代铜矿砂之来源，可不必在长江流域找，甚至不必过黄河以南，由济源而垣曲、而绛县而闻喜，在这中条山脉中，铜矿的蕴藏比较丰富。"[④]今按石氏所说可信，郑州商城西距中条山区约300千米，所需要的铜料当主要来自于这个地区。当然随着商王朝铸铜手工业日益发展，分布于今湖北省大冶和江西省瑞昌地区的"长江中下游铜矿带"，也可能逐渐成为商人取得铜矿石的重要来源之一。

在铸铜作坊遗址以西今陇海路北二街中段北侧，发现有贵族墓葬一座（87ZSC5M1）。该墓"为长方形土坑竖穴，长2、宽1.2、深0.25米。方向21°"。"墓内人骨架为仰身直肢

---

① 华觉明：《中国古代金属技术——铜和铁造就的文明》，大象出版社，1999年，第48页。

② 毛继周：《河南经济地理概论》，测绘出版社，1988年，第78页。

③ 张来友：《郑州地理环境与经济发展》，农村读物出版社。1994年，第48页。

④ 石璋如：《殷代的铸铜工艺》，《"中央"研究院史语所集刊》第26本，1955年。

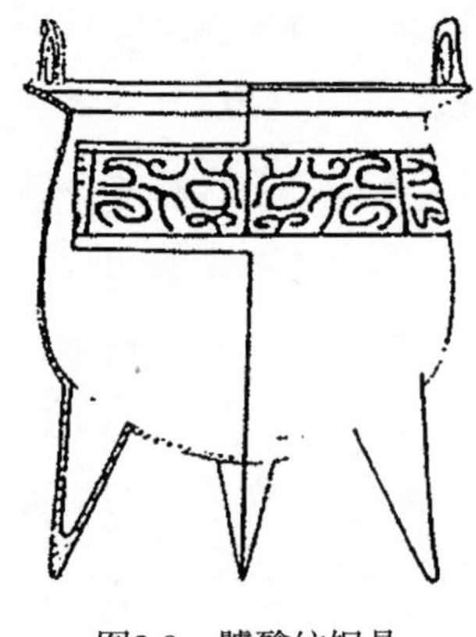
图2.9　饕餮纹铜鼎（87M1：4）

葬，头向东北，面向上，……初步鉴定为一中老年男性。”墓内出土铜鼎1件、铜爵1件、陶鬲1件、陶尊1件。时代当为二里冈文化一期晚段遗存。该墓所出的铜鼎（87M1：4）为“敛口，折沿，沿面向上斜直，沿上立有一对半圆形竖耳；深鼓腹，圜底，三圆锥状空足”[①]。值得注意的是鼎腹上部还饰有将近一周饕餮纹，其纹饰用突起的单线构成，双目中空呈不规则的椭圆形，两角弯曲下垂，面部皱纹用云雷文勾连而成（图2.9；彩版二，2）。这是商代也是我国青铜容器上最早出现的饕餮纹饰，这种神秘的兽面纹饰，线条自然流畅，造型较之以前青铜容器上单调的“弦纹”“人字纹”和“联珠纹”要复杂得多，它标志着我国青铜造型艺术开始进入一个新的发展阶段，以后成为我国青铜器上的主要装饰纹饰。

在铸铜作坊遗址以东的今二里冈一带，考古工作者在T5、T12两个探沟和C1H9等同期灰坑内，还发现有众多的陶缸残片，它们“大都属夹砂粗红陶，少量为夹砂粗灰陶，器形均属大口缸类器。……这类陶器在其他灰层和灰坑中是很少的，而在这51平方米的范围内，为何就这样集中呢？显然有着它特殊的意义。……陶片上多带有烟熏痕，器表又多粘有红烧土，显然是经过火烧使用过。……就陶片内多数都粘附有白色水锈状的沉淀物看，应为盛液体物之遗留。这些沉淀物没有经过化验，尚不敢确定为何物。就器形之大，数量之多和经过火烧情况来看，似与当时的酿造有关”[②]。邹衡先生对此举证说：“最近河北藁城台西商代酿酒作坊（F14）遗址中也曾发现过这类陶器，可能是用来酿酒的。”[③]《郑州商城》发掘报告也说：该期“出土的多数陶缸残片表面，都黏结有红色沙泥和烟熏痕，说明这种陶缸可能经过火烤，并且在部分陶缸片内壁上又黏结有白色或褐色糊结状遗存。这些迹象使我们怀疑这些内壁黏结物，可能是用粮食酿造酒类物的遗存”[④]。此说可信。另外，在这两个探沟内，还发现有H9和H10两个窖穴，“发现有一片南北长约6、东西宽约3米的平坦地面，未发现夯打迹象，地面却相当平坦坚硬。C1H9和C1H10两个灰坑紧靠这片残存地面的北侧和东侧。值得注意的是在平坦的地面中间，保留有一条南北长约4、口宽约0.2米相当规整的南北向土

① 河南省文物考古研究所：《郑州商城新发现的几座商墓》，《文物》2003年第4期。

② 河南省文化局文物工作队：《郑州二里冈》，科学出版社，1959年，第29页。

③ 邹衡：《夏商周考古学论文集》，文物出版社，1980年，第174页注。

④ 河南省文物考古研究所：《郑州商城》（上册），文物出版社，2001年，第176页。

壕沟。在土壕沟的南段东侧附近，还挖有两个小土坑。土坑口径0.2—0.4、深0.3米左右，在土坑周壁上似有火烧痕迹”[①]。这片地面和壕沟可能就是当时烧造酒类的场所，就是说这里可能是一处二里冈文化一期晚段酿酒作坊的遗迹。

适应着广大群众基本生活的需要，在郑州商城的西郊即今铭功路西侧还建起了制陶作坊。这里已发现四座早期的陶窑，其中C11H110“火塘内堆有二里岗下层一期的陶片”，应当就是当时烧制陶器的陶窑。在这里还发现有一期的房基四座，其中C11F112“房基内地坪的东北部和西墙内处，分别有两个圆口圜底凹窝，窝底填有碎陶片与石子构成的坚硬底窝”。这种凹窝在二期的C11F102、F121房基内也有发现，“其用途很可能是与制作轮制陶器胚胎的木论转盘的底座装置有关”。因此，一期的F112也“应是当时的制陶作坊，即工房”。一期的C1F113“房基门道与门外的一个近似东西长方形平坦场地相连接”，这处场地“应与制陶作坊有关。室外场地的用途可能是制陶作坊，也可能是晾晒陶坯的地方”[②]。

《初学记·居处部》引《吴越春秋》云：“筑城以卫君，造郭以守民。”面对着商城以外手工业作坊的建立和日益增多的人口，为巩固亳邑人民特别是统治集团的安全，于是商人在这里又增建了外郭城墙，从而使郑州商城形成内、外两重城垣。外郭城墙不规则地分布于内城以外的南、西、北三面，大致上是沿着当时较高的地势修建起来的，这样可以居高临下便于抵御敌人的进攻，有效地保卫王都的安全。根据考古调查和发掘可知，现存的外郭城墙及其基槽为：东墙从今郑州老城东南郊的凤凰台村西高岗开始，向西南跨过今东明路、陇海东路，折向西北跨过城东路，至今河南省商业储运公司；南墙由此向西南经今郑州市木材公司、跨过紫荆山南路、至今二轻局仓库，然后折向西北经今花园新村、至今三德里；西墙由此折而向北，经今振兴市场、黄和平大厦、郑州饭店，至西太康路南侧中断；北墙在今纬三路以北经五路上有片段发现，总长约6000米。外郭城墙的外侧还发现有护城河，护城河到西太康路南侧时向外鼓出继续向北，至今省红十字血液中心一带折而向东，在今花园路以东中断，总长约1万米，外郭城内的面积约13平方千米。南外郭城墙“夯土基槽所出土的陶片属于洛达庙期。主要器类有深腹罐、大口尊和细绳纹鬲等”。护城河淤积土内出土陶片“大部分为洛达庙晚期陶片，少量为商代二里岗期陶片，器类主要有盆、缸、大口尊、簋、甑、鬲、甗等”[③]，据此推断外郭城的始建年代“应早于或相当于商代二里岗期下

---

① 河南省文物考古研究所：《郑州商城》（上册），文物出版社，2001年，第147、148页。

② 韩香花：《郑州商城制陶作坊的年代》，《中原文物》2009年第6期。

③ 袁广阔等：《论郑州商城内城与外郭城的关系》，《考古》2004年第3期。

层H9所在的时期”[①]，即与内城同时，也是始建于二里冈文化一期晚段时期。根据对C1H9出土卜骨（C1H9：25）和骨匕（C1H9：43）的AMS^{14}C测年数据，卜骨的年代为公元前1600—前1530年，骨匕的年代为公元前1595—前1530年[②]，据此推知，郑州商城大约始建于公元前1600年。

考古工作者在今黄和平大厦东南侧外郭城墙处，发掘的一条面积27米×4米的探沟（编号CWOW〈87〉T2）中：“未发现商代的遗物和夯土遗迹”[③]，却发现有“较大面积的路土，厚约0.5—1米”[④]。这段缺口可能就是外郭城的西城门所在，也就是后世文献所称作的“郭门”“郊门”和“关”，《墨子·备城门》：“大城丈五为闺门，广四尺。为郭门，郭门在外。”《左传·昭公二十年》：“齐氏射公，中南楚之背，公遂出，寅闭郭门。”《尚书·费誓序》：“鲁侯伯禽宅曲阜，徐、夷并兴，东郊不开。”孔颖达疏：“此戎、夷在鲁之东。诸侯之制，于郊有门，恐其侵逼鲁境，故东郊之门不开。”焦循《群经宫室图·城图六》云：“郊门即郭门也。”《孟子·梁惠王》下：“臣闻郊关之内，有囿方四十里。”赵岐注：“郊关，齐四境之郊皆有关。”孙奭疏：“云四境郊皆有关者，盖四郊之门也。”这里所说的“郭门”“关”和“郊门”，就是指的外郭城的城门，郑州商城西外郭城墙发现的这道缺口，可能就是当时西外郭城墙的一座“郭门”“关”和“郊门”的遗迹。

《管子·八观》云：“大城不可以不完，周郭（原文作‘郭周’，从郭沫若《〈管子〉集校》改）不可以外通，……故大城不完，则乱贼之人谋；周郭外通，则奸遁、逾越者作。”意即作为国都的内城城墙建筑体系要完备而不能有缺失，外郭城墙的建筑要坚固而不能让人们随意进出。若内城建筑体系不完备，则乱臣贼子就会乘机图谋不轨，外城建筑不坚固，就会让坏人轻易逃出，也会让入侵者轻易跨越进来，可见古人对王都城郭的建筑是非常重视的。郑州商城外郭城墙的总体布局虽然不大规整，但是修建的质量是认真而且是相当坚固的，“郑州商城外郭城大多只剩下基槽部分，其筑法是先挖一条口部略宽于底部的基础槽，然后填土夯实。夯土墙基础槽口宽14、槽深1.2—1.8米，如果地势不平，或基槽无法挖到1米以上的深度时，则要垫土垫到要求的深度，再向下挖基槽，由此可知当时对外郭城墙基础的要求是十分严格的”。以南外郭城墙为例，该墙基槽“断面呈倒梯形，槽壁斜直，底平。基槽口

① 河南省文物考古研究所：《郑州商城外郭城的调查与试掘》，《考古》2004年第3期。

② 夏商周断代工程专家组：《夏商周断代工程1996—2000年阶段成果报告》，世界图书出版公司，2000年，第65页。

③ 河南省文物考古研究所：《郑州商城外夯土墙基的调查与试掘》，《中原文物》1991年第1期。

④ 河南省文物考古研究所：《郑州商城外郭城的调查与试掘》，《考古》2004年第3期。

宽11.6—12.5、底宽10.2—11.5、深1.3—1.5米，夯出基槽后，墙体部分又向外加宽。……目前发现墙体残宽12.5—14.4、残高0.4—0.6米，基槽加墙体总高度为2.2—2.4米，基槽打破生土和垫土。因此可以看出，在修建夯土墙时，由于当时地面不太平整，在挖夯土基槽前，先用土将低凹地带进行铺垫，为了保证其坚硬结实，垫土也经过夯打，然后再下挖夯土基槽，修筑夯土墙。基槽内夯土的颜色呈红褐色，质硬，夯土层次明显，一般厚5—10厘米，夯窝清楚”，其他东、西、北三面外郭城墙的结构与此基本相同。与外郭城同时的护城河，也修建得比较讲究，以南护城河为例，“护城河与城墙走向平行，中间有10米的间隔地带。在挖护城河前，也先用土将过渡地带的低凹地带进行了铺垫，垫土经过夯打。护城河断面呈倒梯形，内坡向下斜直，底部较平，坡面修筑平整，在护城河的北坡原来较低凹和不平整的地方，经过了多次修复、加固。护城坡土颜色呈灰白色，质稍硬，层次明显，也经过夯打，每层厚度一般为10—15厘米，总厚度达2.5米。……从底部两边上斜的宽度推测，该护城河口宽约24、底宽12米，最深处距现在地表7米”，可见当时对修建护城河的要求也同样是十分严格的。

不过在内城以东，尚未发现东外郭城墙与护城河的痕迹，考古发掘报告说：经过钻探，得知东外郭城墙“在现凤凰台村西的高岗东部结束，再向东便是低地，距地表深2米余，地下水开始涌出，无法继续钻探。……在现城东路至城北路距离内城约200米处即郑州棉麻厂院内的钻探表明，这里曾经是一处湖泊，探出的青灰色淤泥深13米仍未见底。……东部至经四路地下水位开始上升，无法钻探。依据我们钻探的情况，结合现玻璃厂、皮鞋厂的发掘，我们大致了解到东部湖泊的西缘”①。这处“东部湖泊”，应当就是著名的圃田古泽，历代文献对此泽多有记载，《诗经·小雅·车攻》云：“东有甫草，驾言行狩。”郑玄笺：“‘甫草’者，甫田之草也，郑有甫田。”孔颖达疏：西周“宣王之时未有郑国，圃田在东都畿内，故宣王得往田焉”。“甫田”即“圃田”，“甫草”，齐、鲁、韩三家诗皆作“圃草”，即“圃田”泽之草也。《周礼·夏官·职方氏》：“河南曰豫州，……其泽薮曰圃田。”郑玄注：“圃田在中牟。”此泽在春秋时属于郑国，《尔雅·释地·十薮》云：“郑有圃田。”郭璞注：“今荥阳中牟县西圃田泽是也。”郝懿行疏：西周“东迁以后属于郑，故左氏《僖（公）三十三年传》：‘郑之有原圃’，杜预注以为圃田泽，是也”。《水经·渠水注》：渠水“历中牟县之圃田泽北，……泽在中牟县西，……东西四十许里，南北二十许里”。《元和郡县图志·河南道·郑州》中牟县下：“圃田

① 河南省文物考古研究所：《郑州商城外郭城的调查与试掘》，《考古》2004年第3期。

泽，一名原圃，县西北七里。其泽东西五十里，南北二十六里。……上承郑州管城县曹家陂，又溢而北流，为二十四陂。”同书管城县下又云：“圃田泽，县东三里。”《括地志·郑州》管城县下也说：“圃田泽在郑州管城县东三里。”唐代管城县城即今郑州市管城区，其城墙坐落在郑州商城南半部城墙之上，因而上述发现的“东部湖泊”也正位于郑州商城的东侧，显而易见，它应当就是文献所记的圃田古泽。郑州商城东邻圃田古泽，既优化了这里的生态环境，而且省却了东外郭城的修建，因此而成为王都亳邑东部的天然屏障。利用山川形势以维护都邑的安全，这是我国古代营建都邑的又一个重要的规划思想，焦循《群经宫室图》云：营建都邑“盖周郭必以山川为之，使其不可逾越，……非四面有垣有城然也”。又云：如“《（左传）襄公元年》：晋‘伐郑，入其郛，败其徒兵于洧上’。郑城在洧之东，洧出阳城山，其西之郛，盖以洧水为之也”。又如“《（逸）周书·作雒解》云：‘作大邑成周于土中，城方千六百二十丈，郛方七十二里；南系于洛水，北因于郏山。’孔晁于此下注云：‘郛，郭也；系、因皆连接也。’是故以郏、洛为郛所依也”。焦循所举的这些例证，皆为现今的考古发掘所证实。由此可见，依山傍水，建立都邑，及优化了生态环境，又增强了安全感，这是一个科学的选择，我国古代都邑多在不同程度上具有这样的生态环境，从现有的考古资料看，古人的这个选择，至迟应开始于商初的郑州商城时期，以后被历代王朝所继承，成为我国古代选建都邑的一个传统的正确的规划原则。

不仅如此，更为重要的是郑州商城被商人命名为亳，很可能也与该城邻近圃田泽有着密切关系。《说文·高部》云：“亳，京兆杜陵亭也，从高省，乇声。”此释不确，林义光《文源》云：“亳与乇不同音，亳字当为殷汤所居邑名而制，其本义不当为亭名也。”今按殷墟卜辞亳字写作“[illegible]”和“[illegible]”（《殷墟甲骨刻辞类纂》744页），从“[illegible]”“[illegible]”和“[illegible]”，[illegible]当为[illegible]字之省写。即丰字之初文，丰、亳双声，同属唇音并纽，是亳字当从丰得声。《说文·生部》云：“丰，草盛丰丰也。”可知亳字当是一个形声兼会意字，是一处在草盛丰丰之地有着高层建筑为标志的聚落和王都的名称。亳与蒲同音通假，亳与甫音、义也相近，《左氏春秋经·哀公四年》：“六月辛丑，亳社灾。”《公羊传·哀公四年》又写作“蒲社灾”。蒲字从甫得声，古字偏旁形符往往省减，故“蒲”又写作“甫”，《公羊传·定公八年》：“将杀我于蒲圃。”《释文》云：“蒲，本又作甫。”蒲阪一地，战国魏货币文字又写作“甫反”，是其证。甫有博大之义，《尔雅·释诂》：“甫，大也。”亳也有高大之意义，《左传·昭公四年》：“商汤有景亳之命。”《尔雅·释诂》：“景，大也。”郝懿行《〈尔雅〉义疏》：“经典，景俱训大。”是景亳也就是大亳，故亳社既可称作为蒲社，也可称作为甫社。古甫字又是圃字之初文，殷墟卜辞甫字写作“[illegible]”（《殷墟甲骨刻辞类纂》817、818页），王襄《簠室殷契类纂》云：“古甫字，圃字重文。”罗振玉《殷虚书契增订考释》云：“《御尊》盖有[illegible]字，吴中丞释圃，此作[illegible]，象田中有蔬，乃圃之最初字，后又加囗，形已复矣。”甫即圃字之初文，故圃田最早当称作甫田，甫田即以生长丰盛茂草而著称于世，毛本《诗经·小雅·车攻》云：“东有甫草，驾言行狩。”王先谦《〈诗〉三家义集疏》：齐、鲁、韩“三家‘甫’作‘圃’”。毛传曰：“甫，大也。”郑玄笺：“‘甫草’者，甫田之草也。郑有甫田。”班固《东都赋》：“丰圃草以毓兽。”李善注：“《韩诗》曰：‘东有圃草。’薛君曰：‘圃，博也，有博大茂草也。’”吕延济注：“圃，博也，有丰博之草可养兽也。”有据于此，我们认为亳与甫音、义俱相近，郑州商城称作为王都亳邑，应与建于甫田即圃田古泽旁侧有着密切的关系。

《礼记·礼运》云：“城郭沟池以为固。”《管子·度地》云：“内为之城，外为之郭，郭外为之土阆；地高则沟之，下则堤之，命之曰金城。”戴望校正：“阆谓隍。”《说文·阜部》：“隍，城池也，有水曰池，无水曰隍。”土阆也就是护城河。《太平御览·居处部》引王肃表曰：“夫城之有郭，犹里之有表，骨之有皮；表、里各异，则保障不完，皮、骨分离，则一体不具。”城郭沟池的配套建筑，是一个有机的整体，它构成我国古代最先进的防御体系。郑州商城大型城郭沟池配套建筑的兴建，宫殿群体的落成以及铸造青铜器手工业作坊的出现，显示着这个时期的亳邑已经初具规模，并且初步成为商族的政治、经济和文化中心，商族的综合实力已经迅速发展壮大起来，与建设郑州商城亳邑同时，商族首领成汤正是以此为基地，开展了推翻夏王朝的斗争。

第三章　王都亳邑的确立与郑州商城的繁荣

第一节　殷革夏命与郑州商城作为王都亳邑的确立

商族在今郑州亳地发展壮大的历史事实，先秦时期的人们对此已有明确的认识。《国语·周语》上云："国之将兴，……神飨而民听，民神无怨，故明神降之，……昔夏之兴也，融降于崇山；……商之兴也，梼杌次于丕山；……周之兴也，鸑鷟鸣于岐山。"可见古人已经明确地认识到崇山、丕山和岐山周围是夏、商、周三族的兴起和建都之地。崇山所在，《国语·周语》韦昭注："崇，崇高山也；夏居阳城，崇高所近。"《太平御览·地部》四嵩山条又引韦昭注云："崇、嵩字古通用，夏都阳城，嵩山在焉。"是知崇山就是嵩山，即今河南省登封市的太室山。夏人所居的阳城就在此山以南，古本《竹书纪年》："禹都阳城。"《史记·夏本纪·正义》引《括地志》云："阳城县在嵩山南二十三里。"《括地志》又云："嵩山亦名曰太室，亦名曰外方，在洛州阳城县西北二十三里。"古代阳城县即今登封市告成镇，北距嵩山约10千米，1977年，考古工作者在这里发现春秋至汉代城址一座①，并在城内发现有战国和汉代的"阳城"陶文，足证此城就是古代的阳城。特别是在该城的西侧还发现了一座河南龙山文化晚期的大型城址②，其时代和地望均与文献所记"禹都阳城"地望相符，就是说不论夏人认为禹所"都"居的地方是否称作阳城，但是春秋战国时期的人们，已经明确认为禹所都居的地方就在春秋战国时期的阳城。而今考古工作者既在这里发现了全国唯一一座明确无误的春秋战国时期的阳城城址，又在其近郊发现了一座与禹所处时代略同的龙山文化晚期城址，从而证明《国语》所记夏族兴起于崇山周围是完全符合史实的。周族兴起于岐山也明确无误，《诗经·大雅·绵》云："古公亶父，来朝走马，率西水浒，至于岐下。"《史记·周本纪》也说：古公亶父率其族众"踰梁山，止于岐下。豳人举国扶老携幼，尽复归古公于岐下。及他旁国，闻古

---

① 河南省文物研究所等：《登封王城岗与阳城》，文物出版社，1992年。

② 北京大学考古文博学院等：《登封王城岗考古发现与研究》，大象出版社，2007年。

公仁，亦多归之。于是古公乃贬戎狄之俗，而邑筑城郭室屋，而邑别居之。作五官有司”。《集解》：“徐广曰：‘（岐）山在扶风美阳西北，其南有周原。’骃按皇甫谧云：‘邑于周地，故始改国曰周。’”于是开始在这里设都立邑，建立起周族政权。南朝徐广所说的岐山即今陕西省岐山县，县以境内有岐山而得名，美阳即今岐山县东侧扶风县的法门寺。现今考古工作者在今岐山以南即周原地区约15平方千米的范围内，发现有“异常密集”的周代文物遗迹，其中“凤雏村四周为早周宫室（宗庙）建筑分布区。周原考古队在凤雏村西南已发掘出一座早周宫室（宗庙）建筑基址，占地面积约1459平方米，出土了文王、武王时期的卜甲、卜骨，其中有字卜甲约190余片。……在扶风云塘村南至齐镇、齐家还发现西周的制骨、冶铜、制陶作坊及平民居住遗址，……在岐山贺家村四周、礼村北壕和扶风庄白村附近，均为西周墓葬区”[①]。所有这些都是周族兴起于岐山的确凿证据。

至于商族兴起于丕山周围的记载也必当符合史实。《说文·一部》：“丕，大也。”因此，“丕山”后世又增加一个形容词称作为“大伾”（《尚书·禹贡》）、“大岯”（《尚书·禹贡》孔颖达疏引李巡说）、“大坯”（《尔雅·释山》）和“大邳”（《史记·夏本纪》）诸山名。刘起釪先生《〈尚书〉校释译论》又说：“今人辛树帜先生《〈禹贡〉新解》的《〈禹贡〉用字含义》提出新说云：‘这一伾字，即是《（诗经）小雅》“如山如阜”的阜，因为伾与阜古音是相通的。果尔，这种伾就是《禹贡》作者用以写地貌的名称。’可知‘伾’这一地貌同于岗阜之类，说成山亦不远失。”[②]据此理解，“大伾”就是一座高大如山的岗阜，“丕山”就是一座类似岗阜的山头，含义是相同的。其山所在，计有三说，《尚书·禹贡》云：黄河“东过洛汭，至于大伾”。孔颖达疏引“郑玄云：‘大岯在修武、武德之界。’张揖云：‘成皋县山也’”。他则赞成臣瓒一说：“《汉书音义》有臣瓒者，以为修武、武德无此山也，成皋县山又不一成，今黎阳县山临河，岂不是大岯乎？瓒言当然。”这三说言大伾的位置皆在今河南省境，汉代修武县即今河南省获嘉县，武德在今河南省武陟县东侧；三国时的“成皋县山”，在今河南省荥阳市汜水镇；西晋“黎阳县山”在今河南省浚县。其中当以大伾在荥阳汜水一说最为有据，《水经·禹贡山水泽地所在》云：“大邳地在河南成皋县北。”郦道元注：“《尔雅》曰：‘山一成谓之邳’，然则大邳，山名，非地之名也。”清人张穆《魏延昌地形志》成皋大伾山下自注云：“边韶《荥口石门碑》：‘伊、洛合注大河，南则缘山，东过大伾，回流北

① 陈全方：《早周都城岐邑初探》，《文物》1979年第10期。

② 顾颉刚、刘起釪：《〈尚书〉校释译论》，中华书局，2005年，第788、789页。

岸，其势郁懞涛怒，湍急激疾，一有决溢，弥原淹野。’孙星衍曰：足证汉人所言大伾在成皋，不（非）如臣瓒以黎阳山当之也。”[①]近世顾颉刚先生对此也有着详细的论述，顾氏文云：

郑玄说大伾山在修武、武德间，即今河南武陟、获嘉之间，在黄河北岸，是使人怀疑的。《汉书》臣瓒注说：“今修武、武德无此山，成皋县山又不一成，今黎阳山临河，岂不是（大伾）乎？”不知一成、再成，本无定说，（《尚书·禹贡》）伪孔安国传说“山再成曰伾”，就与《尔雅·释山》不同。汉黎阳县在今河南浚县东北，本无大伾的名称，所以臣瓒也不敢确指。唐·魏王泰《括地志》乃说“大伾山今名黎阳东山，又曰青檀山，在卫（黎）州黎阳县南七里。”山在浚县城西南二里，后人说《禹贡》大伾的遂把臣瓒的疑辞证实起来，群遵《括地志》说，绝弃旧谊，是不对的。

顾先生又说：

大伾山所在，《水经·河水》篇：“河水又东过巩县北。”（郦道元）注说：“河水东迳成皋大伾山下，……成皋县之故城在伾上，萦带丕阜，绝岸峻周，高四十许丈。”又《水经·济水》篇说：“济水东过成皋县北。”（郦道元）注说：“《晋地道志》曰：‘济自大伾入河，与河水斗，南溢为荥泽。’”又说：“济水东合荥渎，渎首受河水，有石门，谓之荥口，盖故荥播所导自此始。门南际河，有（汉）阳嘉三年故碑云：‘伊、洛合注大河，南则缘山，东过大伾，回流北岸，其势郁懞涛怒，湍急激疾，一有决溢，弥原淹野’。”成皋县故城在今河南巩县东汜水镇（郑按：今属荥阳市）西北，汜水镇即旧汜水县，山亦在汜水镇西北黄河南岸，有大涧九曲，又名九曲山，山东即汜水入黄河处。《史记·太史公自序》（郑按：引自《史记·河渠书》）曾说：“东窥洛汭、大伾。”知古人自司马迁及后东汉阳嘉河臣，皆以大伾近洛汭，即汜水九曲山，下至晋朝的人并守不变。……大伾山即九曲山，在今巩县（郑按：今属荥阳市）汜水镇西北一里，去洛口仅四十里，所以司马迁亲到其地，把洛汭、大伾连在一起，后人把“至于”两字看成是遥远相接的意义，所以错了[②]。

按顾先生所说甚是，东汉末年郑玄云：“大伾在修武、武德之界”，晋人臣瓒则“以为修武、武德无此山也”，二人生存年代相距不过百余年，在此期间也未见这里

① 张穆著、安介生辑校：《魏延昌〈地形志〉存稿辑校》，齐鲁书社，2011年，第109页。

② 顾颉刚：《〈禹贡〉注释》，《中国古代地理名著选读》第一辑，科学出版社，1959年。

有自然环境发生异常变化的记载，事实证明臣瓒所说正确，至迟从汉、晋以来这里并未发现有山。当然，郑玄作为一代经学大师，所说也未必全是无中生有，根据现代学者的勘察，在“南起武陟县城北、经获嘉县郇封村，穿越新乡市区北中部后，再现于东北角定国村一带”，存在一个“长条形岗地，当地称郇封岭”。“该条形岗地的形态表明，可能是一禹前故道或自然堤。”这条岗地的形成甚为古老，“经采样（TL）测试，其绝对年龄为0.9万—1.0万年”[①]，延续至今仍称为岭。或者正是这条“长条形岗地”，后来被郑玄误认为是《禹贡》所记的大伾，不过这些普通的“禹前故道或自然河堤”，在黄河下游地区不止一处，构不成黄河流程中阶段性的标志，因此它不可能是《禹贡》所记的“大伾”。至于浚县的大伾山，只是晋人臣瓒所起的新名，在此以前此山则一直称作为“黎山”。《水经·河水》：河水“又东北，过黎阳县南”。郦道元注：“今黎山之东北故城，盖黎阳县之故城也。”杨守敬疏：“在浚县东北。”清代浚县即今河南省浚县，西汉至宋称黎阳县。《汉书·地理志·魏郡》黎阳县下颜师古注引晋灼曰：“黎山在其南，河水经其东，其山上碑云：县取山之名，取水在其阳以为名。”西汉黎阳县即因其县境有黎山而得名，黎山山名的出现当然远在西汉以前。《左传·昭公四年》：“商纣为黎之蒐，东夷叛之。”《史记·楚世家》：“纣为黎山之会，东夷叛之。”钱穆先生释云：“《汉志》魏郡黎阳，晋灼曰：‘黎山在其南’，……今河南浚县东南二十里。”[②]据此可知，此山在西晋以前直至先秦时期，皆称作黎山，并无大伾山的名称，《禹贡》所记的大伾山显然也不可能是指的此山。而与此山相比，位于荥阳市的大伾山则得名甚早，西汉司马迁经过实地调查，明确认为这就是《禹贡》所记的大伾山。其实此名不仅见于《尚书·禹贡》，西周金文、殷墟卜辞已有记载，西周《競卣》铭文云：“隹伯迟父以成师即东命，伐南夷，正月既生霸辛丑，在䣓，……”《鄂侯驭方鼎》铭文云：“王南征，伐角僪，唯还自征，在坏。……”（图3.1）。王国维释云：“此鼎铭第二行有‘坏’字，……此系地名，其字从‘土’，下加‘丿’不可识。曩见日本住友氏所藏一卣云：‘隹伯迟父以成师即东命，伐南夷。正月既生霸辛丑，在䣓。’惟小篆从‘土’之字，古文多从‘𩫖’，如‘城’字，《虢中敦》作‘𩫨’，……‘坏’与‘䣓’同为南征所经之地，则‘坏’即‘䣓’字，亦即‘坏’字，《说文》：‘坏，丘再成者也。’则大伾之山以再成得名，此‘伾’殆即大伾欤？自‘成师’而东过大伾，此鼎

① 蔡星海：《黄河下游悬河形成与环境演变》，《黄土、黄河与黄河文化》，黄河水利出版社，1998年。

② 钱穆：《〈史记〉地名考》，商务印书馆，2001年，第298页。

图3.1 《競卣》《鄂侯驭方鼎》铭文

记王还‘在坯’，而鄂侯驭方觐王在鄂之国境，亦可推测矣。”[①]这里所说的“成师”即成周之师，西周“成周”王城位于今河南省洛阳市区；西周鄂地所在，《史记·楚世家》：熊渠立“中子为鄂王”，《集解》引《九州记》曰：“鄂，今武昌。”在今湖北省武汉市区。因此王国维认为自成周向东路过的“大伾”，以及周王从鄂地返回成周而路过的“大伾”，就是指的位于今荥阳市的“大伾”。吴其昌《競卣》释文也以为“鄠”即“坯”字，在此铭文中为地名，其地所在，“今以准望及声类求之，其地盖即今之成皋也。《禹贡》：‘导河……东过洛汭，至于大伾。’《史记》作‘邳’，《（经典）释文》作‘岯’，《说文》作‘坏’，……《水经·河水》篇曰：河水‘又东过成皋县北’，郦注：‘河水又东，迳成皋大伾山下，……成皋县之故城在伾上。’孙星衍曰：成皋故城今在河南汜水县西一里大伾山上。按成皋故城正当此卣之‘伾’矣。”吴先生在释《鄂侯驭方鼎》铭文中又说：“‘矿’即《競卣》之‘鄠’，故地即后世河南成皋县之大伾，自江汉之间归于成周洛阳，则其道必经成皋大伾，乃至合事理者也。”[②]古代成皋即今荥阳市汜水镇，由此说明早在西周时期此地大伾已是王都成周东侧的一处重地。商代也有“岯”地，殷墟卜辞云：“贞：乎从奠取岯、𠭯、啚三邑？”（《合集》7074）丁山先生释云：“奠为郑，奠氏当即后世所称作的郑氏。”殷墟卜辞记有“子奠（郑）”（《合集》3195甲）、“侯奠（郑）”（《花东》284）、“亚奠（郑）”（《花东》28），是一位兼任文、武和贞人多项职务的一位贵族。郑地所在，丁氏认为当即古本《竹书纪年》所记的“郑父之丘”，位于今河南省新郑市区，“然则‘郑父之丘’，正因商朝的王子郑居此而得

---

① 王国维：《噩侯驭方鼎跋》，《观堂集林附别集》，中华书局，1959年。

② 吴其昌：国立武汉大学国学丛书《金文厤朔疏证》，卷五第3页、卷四第13页。

名”。又说“岯即禹贡的‘至于大伾’”，其地“近于郑父之丘”[①]。今按丁氏所说，可信可从，殷墟卜辞屡记有商王室贵族“入岯”“廼入岯”的活动[②]，可知远在商王朝时期，今河南省荥阳市区已存在有“岯”地，并且成为商人来往的驻足之地。当然，《禹贡》的作者之所以把此地“大伾”选为黄河流程中一个重要的阶段性标志，并不仅仅因为它得名甚早，主要还是因为这里是黄河从向东而转向东北的一个转折点。原来当古代黄河向东流到今荥阳大伾山时，面临着古代广武山（今称邙山）和其北敖山的阻挡，开始折而流向东北，经今武陟县南侧、东侧和获嘉县的东侧，然后进入华北大平原[③]。所以《尚书·禹贡》说：“导河积石，至于龙门，南至于华阴。东至于砥柱，又东至于孟津；东过洛汭，至于大伾。北过降水，至于大陆，……”孔传曰：“至于大伾而北行。”《水经·河水》又说：河水“又东过成皋县北，……又东过荥阳县北，……又东北过武德县东，……”三国时代的荥阳即今郑州市西北的古荥镇，位于古成皋即今汜水镇东北约30千米，这些记载都真实地描述了古代黄河的流程，古代黄河正是从汜水折而流向东北，因此《禹贡》的作者才将这里的“大伾”作为黄河流程中的一个重要标志。《尔雅·释山》：“山：三袭，陟；再成，英；一成，坯。”郝懿行《义疏》说：“《周语》云：‘梼杌次于丕山’，韦昭注：‘大邳山在河东’，是邳、丕同。”古字丕与伾、邳音同相通，显而易见，《周语》所记的“丕山”就是《禹贡》所记的“大伾”山。三国时期的河东郡治在今山西夏县安邑镇，位于晋南地区，这里虽然山岭众多，但无一有称作为大伾山者，因此韦昭所说的“大邳山在河东”，应是指在黄河的东岸或东南岸，这与张揖所说的“成皋县山”同指一地，都认为《国语·周语》所记的“丕山”和《尚书·禹贡》所记的“大伾”，就是指位于今河南荥阳市的大伾山。郑州商城作为商初王都亳邑正位于此山东侧约40千米，可知早在先秦时期，人们已经明确地认识到商王朝兴起、建都就在这个地区。

商族在大规模地兴建亳邑即郑州商城的同时，就积极开展了推翻夏王朝的斗争。这时的夏王朝迅速走向腐败和衰落，《史记·夏本纪》说：“帝孔甲立，好方鬼神，事淫乱，夏后氏德衰，诸侯畔之。”意即夏王孔甲迷信鬼神，荒淫无道，整个统治集团昏庸衰败，从而导致地方政权与夏王离心离德。《国语·周语》下也说：“昔孔甲

---

① 丁山：《甲骨文所见氏族及其制度》，科学出版社，1956年，第87—89页。

② 中国社会科学院考古研究所：《殷墟花园庄东地甲骨》，云南人民出版社，2003年，第137、458片（按此两片卜辞中的“岯”字，原书作者释为“炋”，卜辞中“山”与“火”字形混而不分，作为地名，此字当释“岯”为是）。

③ 此段故黄河的流向，参见中国历史地图集编辑组：《中国历史地图集》，中华地图学社，1975年，第一分册15—21、33—34图。

乱夏，四世而殒。”孔甲是夏王朝的倒数第四世国王，他的诸多倒行逆施，使夏王朝国事日非，到了最后一王夏桀的时候，已经把夏王朝拖向崩溃的边缘。《史记·夏本纪》又说：“帝桀之时，自孔甲以来而诸侯多畔夏，桀不务德而武伤百姓，百姓弗堪。”但是虽然如此，相对来说，与以商族为代表的各地方国相比，夏王朝政权的实力至少是暂时的还是处于优势，以成汤为首的商族发展壮大，不断地打破着这种暂时的优势，因此它很快引起夏王朝的不安和恐惧，于是夏桀采取各种手段以图削弱商族的势力。《帝王世纪》云：“夏桀无道，罪谏者，汤使人哭之，桀囚汤于夏台。”《太公金匮》云：“桀怒汤，以谀臣赵梁计，召而囚之均台，置之重泉。”《史记·夏本纪》云：桀“乃召汤而囚之夏台”。《索隐》：夏台“狱名，夏曰均台”。《楚辞·天问》又云：“汤出重泉，夫何辠尤？”王逸注：“重泉，地名也。言桀拘汤于重泉而复出之，夫何用罪法之不审也！”桀还试图向商族发动进攻，《太平御览》卷八十三引《归藏·易》云：“昔桀伐唐，枚于荧惑，曰：‘不吉不利，出征惟利。’”“唐”就是成汤，殷墟卜辞成汤就写作“唐”，《博古志》也说：“唐亦即汤”，所有这些都对新兴的商族造成重大威胁，《吕氏春秋·具备》云：“汤尝约于郼亳矣！”“约”者困也，意即成汤在亳邑曾遇到过重大困难。面对这些重大威胁和困难，促使以成汤为首的商部族在努力营建亳邑高城深池加强防御的同时，又积极团结其他部族方国包括夏人在内，以对抗夏王桀的进攻，并进一步把亳邑变为征伐夏王朝的基地。当是时，以郑州商城亳邑为中心的商族所处的政治形势是南有昆吾，北有韦、顾，东方是东夷部族的势力范围，西方则邻接着夏王朝的政治中心区。《礼记·缁衣》引《尹吉（诰）》古逸文云：“惟尹躬天见于西邑夏。”郑玄注：“伊尹始事于夏，此时就汤矣。夏之邑在亳西。‘见’或为‘败’。”清华简《尹诰》也云：“尹念天之败西夷夏。”皆明确指出夏王朝的都邑是在亳地以西。众所周知，现已发现的偃师市二里头文化遗址应是夏王朝后期的都邑，这在当前的学术界已经基本上达成了共识，郑州商城与二里头遗址东西相距仅80余千米。《史记·孙子吴起列传》引吴起曰：“夏桀之居，左河济，右太华，伊阙在其南，羊肠在其北。”所谓“夏桀之居”，就是指的夏桀王都的周围王畿即政治中心区，黄河与济水相交汇的地方在郑州市的西北郊，郑州商城正位于靠近夏朝王畿的东侧地区。面对着这种严峻的形势，成汤首先搞好内部团结，发展经济以加强实力。《淮南子·修务训》说：“汤夙兴夜寐，以致聪明；轻赋薄敛，以宽民氓；布德施惠，以振困穷；吊死问疾，以养孤孀；百姓亲附，政令流行。”《墨子·非命》上也说：“古者汤封于亳，绝长继短，方地百里。与其百姓兼相爱，交相利，移则分。率其百姓,以上尊天事鬼，是以天鬼富之，诸侯与之，百姓亲之，贤士归之。”成汤所采取的这些措施，显然巩固了商族的方国地位。

成汤一方面增强本族实力，同时也努力争取联合周围部族方国的支持和合作，以谋求扩大自己的势力范围。东方是夏王朝统治比较薄弱的地区，《说苑》云：汤“不供贡职，桀怒，起九夷之师，九夷之师不起”。说明这个时期的东方夷族已经摆脱夏王朝的控制而纷纷独立。《左传·昭公四年》云：“夏桀为仍之会，有缗叛之。”有缗故国在今山东省金乡县境（见《中国历史地图集》第一册），有缗氏原为夏王朝的附属小国，这时率先叛离夏王朝，可知夏王朝对各地方国的统治已经成为强弩之末了。针对这种形势，于是成汤首先开展了争取东方各国的联络活动，《楚辞·天问》云：“成汤东巡，有莘爰极，何乞彼小臣，而吉妃是得？”王逸注：“言汤东巡狩，至有莘国，以为婚姻也。小臣，伊尹也。”古代莘国不止一个，此次成汤东巡的莘国当位于郑州商城以东，《元和郡县图志·河南道·汴州》陈留县下：“故莘城在县东北三十五里，古莘国地也。”《史记·殷本纪·正义》引《括地志》云：“古莘国在汴州陈留县东五里故莘城是也。”唐代陈留县即今河南省开封县陈留镇，位于郑州商城以东约80千米。成汤与莘女为婚，遂使两族结成坚定的同盟，特别是在这里结识了贤士伊尹，更是成汤的重大收获。伊尹又名伊挚和阿衡，是商初著名的政治家。相传他是古老的黄帝族战将力牧的后裔，《帝王世纪》云：“初，力牧之后曰伊挚，耕于有莘之野。”他胸怀济世之志，愿为“天下所取安，所取平”（《尚书·君奭》孔传），即愿为人间成为安宁、平和的世界而奋斗不息。为此，他曾“五就汤、五就桀”（《孟子·告子》下），反复奔走于夏、商两大政治集团之间，进行深入的社会调查和实践，当时的夏王朝是“桀不务德而武伤百姓，百姓弗堪”（《史记·夏本纪》），而此时的商族首领成汤则“以宽治民而除其虐”（《礼记·祭法》），且“行仁义，敬鬼神，天下皆一心归之”（《越绝书》）。面对着这种形势，于是他决定投靠成汤以实现自己的政治理想。《尚书·汤誓》孔颖达疏云：“伊尹以夏政丑恶，志而归汤，辅相成汤，与之伐桀。”与此同时，成汤也久闻其贤，急欲招揽伊尹以共商大计，《史记·殷本纪》云：“伊尹名阿衡，阿衡欲奸（郑按：这里奸读为干，义为参与、辅佐）汤而无由，乃为有莘氏媵臣（郑按：《尔雅·释言》：‘媵，将送也。’这里指将伊尹作为陪送嫁女之仆人），负鼎俎以滋味说汤，致于王道。或曰伊尹，处士，汤使人聘迎之，五反然后肯往从汤，言素王及九主之事，汤举，任以国政。”《吕氏春秋·本味》又云：伊尹“长而贤，汤闻伊尹，使人请之有侁（高诱注：‘侁’读曰‘莘’）氏，有侁氏不可。伊尹亦欲归汤，汤于是请娶妇为婚，有侁氏喜，以伊尹媵女。故贤主之求有道之士，无不以（高诱注：‘以，用也。’）也；有道之士求贤主，无不行也。相得，然后乐（高诱注：贤主得贤臣，贤臣得贤主，故曰‘相得，然后乐’也）。不谋而亲，不约而信，相为殚智竭力，犯危行苦，志懽乐之，此功名所以大成也。”成汤得伊尹，伊尹佐成汤，可说是相得益彰，二人政见相同，互为知己，明君贤相，配合默契，为共同理想而殚智竭虑，不计安危，全力以赴地开展了推翻夏王朝、建立商王朝的斗争。

随着以莘国为首的东方部族与商族结盟，同时随着伊尹的来聘而得到重用，这个地区又有一些著名的贤士也纷纷前来报效成汤，如仲虺，《尚书序》曰：“仲虺作诰。”孔传曰：仲虺“为汤左相，奚仲之后”。《墨子·所染》与《吕氏春秋·当染》篇皆云：“汤染于伊尹、仲虺。……故王天下，立为天子。”高诱注：“伊尹，汤相，《诗》云：‘实为阿衡，实左右商王。’仲虺居薛，为汤之左相，皆贤德也。《孟子》曰：‘王者师臣也。’”意谓成汤任用伊尹、仲虺以为辅佐，听用其谋，故能建立起商王朝政权。《左传·定公元年》云：“薛之皇祖奚仲居薛，以为夏车正。……仲虺居薛以为汤左相。”《帝王世纪》云：“伊尹为丞相，仲虺为左相。”《左传·隐公十一年》：“春，滕侯、薛侯来朝。”杜预注：“薛，鲁国薛县。”《汉书·地理志》鲁国薛县下班固注：“夏车正奚仲所国，……汤相仲虺居之。”《说文·邑部》：“邳，奚仲之后，汤左相所封，国在鲁薛县。”《水经·泗水注》：“漷水又西，迳仲虺城北。《晋太康地记》曰：‘奚仲迁于邳，仲虺居之，以为汤左相，……’应劭曰：‘邳在薛。’……《晋书地道记》曰：‘仲虺城在薛城西三十里。’”《大清一统志·山东省·兖州府》古迹条下：“薛县故城在滕县东四十里薛河之北，古奚仲所封之国。”清代滕县在今山东省滕县西南，古仲虺城当在今滕县附近地区,仲虺就是从这里率众投靠成汤，成为成汤建立商王朝政权的重臣之一。又如咎单，《史记·殷本纪》：“咎单作明居。”《集解》引马融曰：“咎单，汤司空也。”即负责修建国家大型工程的职官。《路史·后记》记为咎单为“咎繇之后”。咎繇就是皋陶，《广韵》六豪咎字注：“皋陶，舜臣，古作咎繇。”故《尚书·皋陶谟》，《尚书大传》又写作《咎繇谟》。关于咎单的居地，《史记·夏本纪》云：“封皋陶之后于英、六。”《索隐》引《汉书·地理志》云：“六安国六县，咎繇后，偃姓所封。”《正义》引《括地志》云：“故六城在寿州安丰县南一百三十二里。”即今安徽省六安县境，咎单所居，当在此地。咎单所担任的“司空”一职，殷墟卜辞又称作“司工”（《合集》5628），常受商王之命监造国家大型工程，同时也负责管理国家手工业的工作，《周礼·考工记》云：“国有六职，百工与居一焉。”

郑玄注："百工，司空事官之属。司空掌营城郭，建都邑，立社稷、宗庙，造宫室、车服、器械，监百工者。"按我国古代修建王都城邑和宫室宗庙，皆由重臣负责主持，咎单对于郑州商城即王都亳邑的修建，可能作出了重大贡献。另外，《史记·秦本纪》云：秦人祖先"费昌当夏桀之时，去夏归商，为汤御，以败桀于鸣条"。《索隐》："按《左传》曰：郯国少昊之后，而嬴姓盖其族也。"《路史·后记》又云："费昌为汤御右，少昊后。"少昊为东夷部族著名首领，其后人费昌与仲虺、咎单都是东方贤士，他们追随伊尹之后，均前来报效成汤。大约与此同时，南方的贤士也有前来投效者，《史记·殷本纪》：伊尹"复归于亳，入自北门，迂女鸠、女房"。《集解》引孔安国曰："鸠、房二人，汤之贤臣也。""女"与"汝"古相通用，"女鸠""女房"，《尚书序》又写作"汝鸠、汝方"是其证。周原出土的甲骨刻辞记有"汝公"（H11：98）其人，陈全方等先生释云："'汝公'，文献无闻。春秋（时期）陈有女叔（《左传·庄公二十五年》），晋有女叔侯（《左传·襄公二十九年》）、女叔齐（《左传·昭公九年》），或为汝公后。女、汝同声，'汝'即'女'字。"[①]可知此"汝公"当即商代女族的后裔。女族所在，张澍粹集补注《世本·氏姓》篇："女氏，天皇封弟娲于汝水之阳，后为天子，因称女皇，其后为女氏。夏有女艾，商有女鸠、女房。"按此汝水当指为淮河的支流汝河，《山海经·海内东经》："汝水出天息山（今河南省嵩县境），在（按：或为'经'字之讹）梁勉乡西（今河南省汝州市境），南入淮极西北（今河南省息县境）"，正位于郑州商城即王都亳邑的南方，"汤之贤臣"女鸠、女房应是来自这些地区。《孟子·离娄》下："汤执中，立贤无方。"赵岐注：汤"执中正之道，惟贤速立之，不问其从何方来"。成汤处处招贤纳士，集思广益，群策群力，从而为推翻夏王朝奠定了坚实的政治基础。

部族的归附，贤士的投效，首先使东方成为商族稳定的后方，有了这个稳定的后方，于是成汤得以有力量主动地开展推翻夏王朝的斗争。为了逐步削弱夏王桀的力量，成汤进一步向西、南、北方向发展，先礼而后兵，争取和消灭了不少部族方国和敌对政权。《史记·殷本纪》云："汤征诸侯，葛伯不祀，汤始伐之。"《集解》引《汉书·地理志》曰："葛，今梁国宁陵之葛乡。"即今河南省宁陵县境，此说不确。《孟子·滕文公》下云："汤居亳，与葛为邻。"郑州商城既为汤所居的亳邑，则宁陵葛乡西距郑州商城150余千米，不得与亳为邻，因此成汤所伐的葛国当在郑州商城附近地区。邹衡先生曾举出文献记载有5处葛地位于郑州商城的周围，认为

① 陈全方等：《西周甲文注》，学林出版社，2003年，第112页。

“其中总或有其一为孟轲所言之葛”[①]，至于那一处距离郑州商城最近，这里有必要进一步讨论如下：我们认为文献记载的这5处葛地有些似不在郑州商城周围，如《路史·国名纪》卷一云：“葛，《郡国志》：‘高阳有葛城。’今郑西北有葛乡城，一名依城，汉高阳城。”按这里所说的“汉高阳城”当在今河北省高阳县境，《续汉书·郡国志·冀州·河间国》鄚县下：王先谦《集解》引惠栋曰：鄚，“《说文》：‘从邑，莫声。’俗本作‘郑’，误”。同书《河间国》高阳县下：“高阳，故属涿，有葛城。”王先谦《集解》引清《一统志》：“故城今保定府高阳县东。”即今河北省保定市高阳县东。《水经·滱水注》：“滱水又东北迳依城北，世谓之依城河。《地说》无依城之名，即古葛城也。《郡国志》曰：‘高阳有葛城。’”唐《括地志·瀛州》高阳县下：“故葛城一名依城，又名西阿城，在瀛州高阳县西北五十里。”宋《太平寰宇记·河北道·莫州》鄚县下：“废唐兴县，在县西北五十里。本汉高阳县地，旧名葛乡城，一名依城。”唐、宋高阳县皆指今河北省高阳县。由此推测《路史》所说的“郑西北有葛乡城”，“郑”当为“鄚”字之误，就是说此葛地当在鄚州西北的高阳县即今河北省保定市的高阳县地区，而不在今郑州或新郑市区。又《路史·国名纪》卷二云：“河内修武县有葛伯城。”《通志·氏族略》：“今许州郾城县北三十里有葛伯城。”宋代河内修武县即今河南省修武县，南距郑州商城约60千米，宋代郾城县即今河南省郾城县，北距郑州商城100余千米，看来以上三地皆不与亳为邻，因之都不大可能是成汤所伐的葛伯所在地。春秋时期郑国又有长葛、繻葛两处葛地，《左氏春秋经·隐公五年》：“宋人伐郑，围长葛。”杜预注：“颍川长社县北有长葛城。”《水经·洧水注》：洧水“又东迳长社县故城北，郑之长葛邑也。《春秋·隐公五年》：‘宋人伐郑，围长葛’是也。后社树暴长，故曰长社”。《括地志·许州》长葛县下：“长葛故城在许州长葛县北十三里，郑之葛邑也。”唐代长葛县即今河南省长葛县，古长葛故城当在今长葛县北约7千米、新郑市东南约10千米，北距郑州商城50余千米。《左传·桓公五年》：“战于繻葛。”杜预注：“繻葛，郑地。”不详所在。清人高士奇《〈春秋〉地名考略》云：繻葛“或云即长葛也”，未加论定。今按“繻葛”非“长葛”，一则春秋鲁隐公五年至鲁桓公五年，前后不过十二年的时间，“长葛”一名不会这么快地变为“繻葛”；再者根据当时战争的形势，繻葛的方位也不当在长葛，《左传·桓公五年》记当时的战况云：

① 邹衡：《夏商周考古学论文集·论汤都郑亳及其前后的迁徙》，文物出版社，1980年，第200页。

秋，王以诸侯伐郑，郑伯御之。王为中军；虢公林父将右军，蔡人、卫人属焉；周公黑肩将左军，陈人属焉。郑子元请为左拒，以当蔡人、卫人，为右拒，以当陈人，曰：'陈乱，民莫有斗心，若先犯之，必奔。王卒顾之，必乱。蔡、卫不支，固将先奔。既而萃于王卒，可以集事。从之。曼伯为右拒，祭仲足为左拒，原繁、高渠弥以中军奉公为鱼丽之阵，先偏后伍，伍承弥缝，战于繻葛。

此文意谓：都于洛邑王城（今河南洛阳市）的周桓王率领诸侯东向讨伐郑国（今河南新郑市），郑庄公率师西向进行防御。周王指挥着中路军，卿士虢公林父指挥着由蔡国和卫国军队组成的右路军，大臣周公黑肩指挥着由陈国军队组成的左路军。郑国公子子元建议郑庄公将部分兵力组成左翼方阵，以对抗蔡、卫军队；另一部分兵力组成右翼方阵，以对抗陈国军队。又建议说：现今陈国新君文公篡位掌权，政局混乱，军心涣散，若首先进攻，陈军必然败逃。周王的军队见此一定动摇，蔡、卫两国的军队也不能独立支撑危局，必将先行溃退。我们从而可以集中兵力攻击周王军队，并能获得胜利。郑庄公欣然听从子元的建议，于是命曼伯率右翼方阵、祭仲足率左翼方阵，原繁、高渠弥率中路军奉戴郑庄公设鱼丽兵阵，以二十五辆战车为前驱，步兵随后跟进并填补车辆之间的空隙，双方会战于繻葛。从《左传》所记当时的战局来看，繻葛一地当在周东、郑西即今洛阳市与新郑市之间，而且从周军进攻、郑军防御的态势来看，其地当在郑国西北边境即今郑州市的西侧一带。繻葛所在，不能确指，20世纪70年代初，在新郑市郑韩故城出土的铜兵器上，铸有“格氏”地名[①]。80年代初，在今荥阳市北郊张楼村出土的战国时期陶器上，又发现众多印有“格氏”的陶文，牛济普先生据此认为“兵器上所铸造的‘格氏’当是荥阳陶文上所印记的‘格氏’”。“格”与“葛”声同韵近，可相通假，“格氏”出土的张楼村一带，疑即古文献所记的“葛”地[②]。此地与《左传》所记周、郑繻葛之战地望相符，东距郑州商城20余千米，很有可能就是古代葛国所在地，

依附于夏王朝的葛国临近于亳邑，对于迅速崛起的商族来说可谓是肘腋之患，成汤在其早期曾事于葛国（《孟子·梁惠王》下），以求有个安定发展的环境；但由于后来双方矛盾愈趋尖锐，故被成汤首先讨伐。开始时成汤想方设法劝葛伯归顺商族，均未获成功，《孟子·滕文公》下说：

① 郝本性：《新郑郑韩故城发现一批战国铜兵器》，《文物》1972年第10期。

② 牛济普：《郑州、荥阳两地新出战国陶文介绍》，《中原文物》1981年第1期。

汤居亳，与葛为邻，葛伯放而不祀。汤使人问之曰："何为不祀？"曰："无以供牺牲也。"汤使遗之牛羊。葛伯食之，又不以祀。汤又使人问之曰："何为不祀？"曰："无以供粢盛也。"汤使亳众往为之耕，老弱馈食，葛伯率其民，要其有酒食黍稻者夺之，不授者杀之。有童子以黍肉饷，杀而夺之。

上文意谓成汤居住于亳邑，与葛伯居地相邻近，葛伯放荡，不祭神祖。成汤派人责问葛伯："为何不举行祭祀？"葛伯回答说："没有牛羊牺牲作祭品。"于是成汤派人送来牛和羊，葛伯却自己吃掉，并未用来祭祀神祖。成汤再次责问葛伯："为何还不举行祭祀？"葛伯又回答说："没有谷米作为祭品。"成汤派遣亳地民众，支援葛地去耕耘播种，又让没有劳力的老者弱者为耕者运送饭菜食品。葛伯却率人拦路抢劫送来的食物，不愿交出食物者就立即杀害。特别是有一儿童在运送肉饭食品的路上，也惨遭杀害并被夺走肉饭食品。像这样荒唐无理的葛伯可说是一位"国人皆曰可杀"的人物，因此成汤灭葛的举措，受到当时广大群众的拥护。

《孟子·滕文公》下云："汤始征，自葛载（始），十一征而无敌于天下。"成汤接着还对亳邑南侧的敌对势力进行了剿灭，近年来，考古工作者在新郑市望京楼一带发现一座二里头文化时期即夏代的城址，望京楼城址位于郑州商城以南约35千米，有内城和外廓两重城垣。内城大致呈方形，"城墙墙体被破坏较为严重，仅见基槽和城墙，未见护坡"。城墙以外修有护城河，"推测护城河宽约10米，深约3米"，城址面积约40万平方米，方向北偏东13°。城内西南部发现有夯土建筑基址，基址"南北长95米，东西宽87米，残存厚度为1.7米"。夯土基址北侧发现有蓄水池，"发掘部分平面形制为椭圆形，东西长15米，南北宽13米，深2.7米，坑壁及底有加工的痕迹"。在城内还发现小型房基一座、灰坑100余个，水井两眼，墓葬一座。在城外更发现有外廓城及外护城河，"外护城河东接黄沟水，西连黄水河。望京楼遗址西、南临黄水河，东有黄沟水，只有北边与陆地相通，这样，外廓城、护城河与黄水河、黄沟水一起形成一个封闭的城圈。望京楼遗址的夏代、商代二城均在这个大城圈之内，外城面积达168万平方米"①。二里头文化遗迹内出土的"铜器有盉、爵、斝、戈，玉器器形为戈，陶器器形为花边口沿罐、深腹罐、甑、盆、刻槽盆、尊、鬲等，石器主要为铲、斧"。从其遗迹和出土遗物"初步推测城址应始建于二里头文化二期。同时该城址城墙基槽被二里岗文化下层一期城址的护城河打破，城内目前发现的二里头文化四

① 张松林等：《望京楼遗址考古新发现》，《炎黄天地》2011年第3期。

期遗存较少，据此，我们更进一步推测城址最晚在二里头文化四期就已经废弃”[①]。从其城址规模之大且出土有玉器和青铜器群来看，可知这里当是一处夏代重镇，该城址被商城所取代大约与大师姑城址同时，都在夏末商初，这是商族为保卫亳邑南侧安全所取得的又一重大胜利。

《孟子·梁惠王》下云：“《书》曰：‘汤一征，自葛始。’天下信之，东面而征，西夷怨；南面而征，北狄怨，曰：‘奚为后我？’民望之，若大旱之望云霓也。”于是许多部族方国前来归附成汤，荆伯就是一例，《越绝书》云：“汤行仁义，敬鬼神，天下皆一心归之。当是时，荆伯未从也，汤于是乃饰牺牛以事。荆伯乃愧然曰：‘失事圣人礼。’乃委其诚心。”《帝王世纪》也说：汤“凡二十七征，而德施于诸侯，……一时归者三十六国”。不过，有些则是夏王朝的坚定盟国，成汤对于这些方国，则进行坚决的讨伐，其中与韦、顾、昆吾的战争最为激烈，《诗经·商颂·长发》云：

武王载旗，有虔秉钺，如火烈烈，则莫我敢曷。苞有三蘖，莫遂莫达，九有有截。韦顾既伐，昆吾夏桀。

上文意谓成汤乘车战旗扬，手持斧钺志高昂，势如火光冲天上，无人胆敢来阻挡。夏朝犹如丛草根，韦、顾、昆吾似草秧，不顺天意难久长。九域之内皆归商。首战灭掉韦与顾，后伐昆吾、夏桀王。韦国所在，陈奂《〈诗〉毛氏传疏》云：“《郡国志》：‘东郡白马县有韦乡。’今河南卫辉府滑县东南五十里有废韦城。”清代卫辉府滑县即今河南省滑县，考古工作者在今滑县东南约30千米的妹村，发现有明嘉靖四十三年重修韦城城隍庙碑[②]，可知这里当是古韦国所在地，此地西南距郑州商城100余千米。夏代顾国即殷墟卜辞所记的雇地，陈梦家云《殷虚卜辞综述》云：“雇为夏代诸侯，《商颂·长发》：‘韦、顾既伐，昆吾、夏桀。’所伐之韦、顾，皆在黄河以北的豫北地区。韦在滑县东境，而顾即《世本》‘有扈氏与夏同姓’之有扈。”“今原武西北有扈亭故址。”[③]即上文所述杀害王亥的有扈氏，后被上甲微所灭，其首领又被河伯救出，得以复国，地在今河南省原阳县原武镇西北圈村一带，此地南距郑州商城约30千米。韦、顾两国虽是夏之与国，但是地处商族的势力范围之内，不过是夏人在这里尚存的两个孤立的据点，特别是顾国在商祖上甲微时期已被予以毁灭性的打击，成汤本着先易后难的方针，因此首先消灭韦、顾二国，从而巩固了

① 张松林：《新郑望京楼发现二里头文化和二里岗文化城址》，《中国文物报》2011年1月28日第四版。

② 张立东：《论辉卫文化》，《考古学集刊》第10集，地质出版社，1996年。

③ 陈梦家：《殷虚卜辞综述》，科学出版社，1956年，第305、568页。

后方阵地，进一步壮大了实力。但是昆吾氏确是商人的劲敌，今本《竹书纪年》云："昆吾氏伐商。"昆吾所在，《国语·郑语》云："昆吾为夏伯矣。"韦昭注："其后夏衰，昆吾为夏伯，迁于旧许。《（左）传》曰：'楚之皇祖伯父昆吾，旧许是宅。'"朱右曾《诗地理征》卷六昆吾条云："旧许，即许昌故县，在今许州东，昆吾所迁也。"清代许州即今河南省许昌市，旧许当在今许昌市东，当即夏末昆吾的居地，此地北距郑州商城约80千米。昆吾是附属于夏王桀的一个强大的方国，于是成汤乃亲率大军前往迎敌并加以消灭，《史记·殷本纪》云："汤乃兴师帅诸侯，伊尹从汤，汤自把钺以伐昆吾。"崔述《考信录·商考信录》又云："（《诗经》）称：'韦、顾既伐，昆吾、夏桀。'则是汤先伐韦、顾，次乃伐昆吾，最后乃征夏也。盖汤之初国小，其力不能伐昆吾，而桀之虐未甚，其心亦不忍伐夏。逮至韦、顾既灭，地广兵强，已无敌于天下，然后乃伐昆吾。昆吾既灭，而桀犹怙恶不悛，视诸大国之亡，蔑不以介意，然后不得已乃伐夏耳。"昆吾的覆灭，使夏王朝陷于完全的孤立，当时的夏王朝社会矛盾尖锐，统治集团内部已是众叛亲离，分崩离析，《韩诗外传》卷十云："昔者桀，残贼海内，赋敛无度，万民甚苦。"《博物志》云："关龙逢谏，桀言曰：'吾之有民，如天之有日，日亡我则亡。'以为龙逢妖言而杀之。……耆老相与谏桀，又以为妖言而杀之。"《庄子·人间世》也说："昔者桀杀关龙逢。"夏桀拒谏饰非，企图用屠杀的手段镇压敢言直谏者，反而加速了内部分化，《吕氏春秋·先识》云："夏太史令终古，出其图法，执而泣之！夏桀迷惑，暴乱愈甚。太史令终古乃出奔如商。汤喜而告诸侯曰：'夏王无道，暴虐百姓，穷其父兄，耻其功臣，轻其贤良，弃义听馋，众庶咸怨；守法之臣，自归于商。'"《淮南子·汜论训》云："太史令终古先奔于商，三年而桀亡。"就是说继太史令终古之后，当仍有成批的夏人投奔于成汤。《吕氏春秋·用民》云："汤武非徒能用其民也，又能用非己之民。"又云："汤武因夏、商之民也，得所以用之也。"《博物志》云："夏桀之时，费昌之河上，见二日在东者烂烂将起，在西者沉沉将灭，若疾雷之声。昌问于冯夷曰：'何者为殷？何者为夏？'冯夷曰：'西夏东殷。'于是费昌举族归殷。"《史记·夏本纪》云："汤修德，诸侯皆归商，汤遂率兵以伐夏桀。"由此可见，当时的成汤已是民心所向，众望所归，成汤正是在各部族包括部分夏人的支持之下，亲率大军，开始了大举进攻夏王朝的行动。根据古代礼制，国王出征之前首先要祭告于天地神祇和祖先神灵，以求获得神祖的护佑和支持，《礼记·王制》云："天子将出征，类乎上帝，宜乎社，造乎祢，……受命于祖。"郑玄注："类、宜、造，皆祭名。"又云："'受命于祖'，告祖（庙）也。"孔颖达疏："'类乎上帝'者，谓祭告天也。……'造乎祢'者，造，至也，谓至父祖之庙也。"又云："社主于地"，是土地之神。孙希旦《〈礼记〉集解》云："'受命于祖'，告于大祖之庙而卜之也。"这些都是天子出征前必行的大礼。这种大礼至迟在商代已经形成，殷墟卜辞多记有商王在这方面的占卜活动，例如卜辞云：

辛亥卜，㱿贞：伐工方，帝受［我又］？

贞：帝不其受又？（《合集》6720）

甲辰卜，争贞：我伐马方，帝受我又？一月。（《合集》6664）

己酉卜，贞：王征工方，下、上若？受我又？一月。

贞：勿征工方，下、上弗若？不我其受又？（《合集》6322）

壬午卜，亘贞：告工方于上甲？（《合集》6131）

癸巳卜，争贞：告土方于上甲？四月。（《合集》6385）

"工方""马方""土方"，皆为当时商王朝的敌对方国；"帝"即指天神上帝；"受又"即"授佑"。"下、上"，胡厚宣先生认为即指天神地祇[①]，陈梦家先生云："'上'指上帝神明先祖，'下'或指地祇。《周礼·小宗伯》：'祷祠于上、下神祇'，《论语·述而》子路引诔曰：'祷尔于上、下神祇。'"又云：卜辞"下、上若"，即指得到天地神祇的允诺[②]。"告"，祭名，指商王征伐敌方而告祭于上甲宗庙。商王出征前所举行的这些大礼，当溯源于成汤时期，《墨子·非攻下》云："天乃命汤于镳宫，用受夏之大命。""镳宫"，王绍兰以为即《孟子》所说的"牧宫"，《孟子·万章上》引《尚书》逸古文《伊训》曰："天诛造攻自牧宫，朕载自亳。"赵岐注："牧宫，桀宫。"孙诒让《〈墨子〉闲诂》据此以为"牧宫"既为"桀宫"，当"与此镳宫异，王说未确"。孙说甚是。今按："镳"，古音属帮纽霄部，"亳"，古音属并纽铎部，帮、并旁纽，宵、铎二韵旁对转，故镳、亳二字音近可相通假，"镳"当为"亳"之假借字，则"镳宫"当即"亳宫"，"天乃命汤于镳宫"，也即成汤在出征前告祭于亳邑宫庙，因而获得了上天神祖允诺征伐夏桀的明命。

成汤受天命于亳宫神庙之后，即大会各方首领于亳邑，并在这里举行了誓师大会，《左传·昭公四年》云："商汤有景亳之命。"景者，大也，《诗经·商颂·殷武》："陟彼景山"，孔颖达疏：景山"大山之上"，高亨先生《〈诗经〉今注》也说："景，大也。"是"景亳"即大亳之义。成汤在这次会上发布了讨伐夏桀的誓师

---

① 胡厚宣：《甲骨学商史论丛·殷代之天神崇拜》初集，成都齐鲁大学国学研究所专刊之一，1944年。

② 陈梦家：《殷虚卜辞综述》，科学出版社，1956年，第305、568页。

动员命令，《史记·殷本纪》引《汤誓》云：

格女众庶，来，女悉听朕言：匪台小子，敢行举乱，有夏多罪。予维闻女众言，夏氏有罪，予畏上帝，不敢不正。今夏多罪，天命殛之。今女有众，女曰："我君不恤我众，舍我啬事而割政。"女其曰："有罪其奈何！"夏王率止众力，率夺夏国，有众率怠不和，曰："是日何时丧，予与女皆亡！"夏德若兹，今朕必往。尔尚及予一人，致天之罚，予其大理女，女毋不信，朕不食言，女不从誓言，予则帑戮女，无有攸赦。

上文意谓你们大家，走近前来，认真听我发布誓师动员命令：并非是我有意挑起战争，实是由于夏王桀他罪恶深重。我虽然听到你们对我此举有些怨言，但是夏王桀他犯有罪行，我害怕违背上天的旨意，不敢不去伐夏出征。而今夏王桀已是罪行累累，是上天要我结束他的恶行。现在你们可能会说：我们的君主不体恤我们，舍弃我们的农事去进行战争。你们大家又问夏王桀罪孽究竟如何深重呢？我说他依仗权势耗尽民众的劳力，侵夺民众的居邑，民众对他切齿痛恨，他已众叛亲离。民众被他逼得走投无路，只得仰天长叹道："太阳啊，你何时死去，我们情愿与你同归于尽！"夏王朝政治如此昏庸腐败，现今我决心去推翻这个腐败政权，直到取得胜利。你们都应辅助于我，惩罚夏桀，顺应天意。这样我会重赏你们，你们应该信任于我，我说话是算数的。你们不执行我的誓言，我将重罚你们，把你们充作奴隶，决不姑息。

如上章所述（见本书第二章第四节），郑州商城宗庙区当位于商城的东北隅，成汤正在这里发布誓师动员令之后，"令师从东方出于国，西以进"。即挥师出东城门然后西进征伐夏桀，这是决定夏、商两个王朝命运的一场战争。关于这场战争的经过，以往的文献记载很少，《上海博物馆藏战国楚竹书》（二）《容成氏》一文[①]，记有商汤伐夏经行的部分地名，为我们研究这场战争的经过提供出一份新的重要资料。《容成氏》简文云：汤"然后从而攻之，陞自戎述（遂），内（入）自北门，立于中□。傑（桀）乃逃之鬲山是（氏），汤又从而攻之，降自鸣条之述（遂），以伐高神之门。傑（桀）乃逃之南巢是（氏），汤又从而攻之，述（遂）逃去，之苍梧之野"。有些学者据此对商汤伐桀的经行路线作了论述[②]，但是对于其中一些地名地望的考证多有可商之处，兹结合文献资料系统地讨论如下。

郕　《吕氏春秋·简选》云："殷汤良车七十乘，必死六千人，以戊子战于郕，

① 马承源：《上海博物馆藏战国竹简》（二），上海古籍出版社，2002年。

② 许全胜：《〈容成氏〉释地》，《上海博物馆藏战国楚竹书研究续编》，上海书店出版社，2004年；马保春：《由楚简〈容成氏〉看汤伐桀的几个地名问题》，《中国历史文物》2004年第5期。

遂禽（擒）推移、大牺。”《路史·后记》十四注引《吕览》《周书》云：商汤“戊子战桀于郕”。郕地所在，按成与郕，古今字，二者常相通用，《说文·邑部》郕字下段玉裁注：“今《春秋》三经、三传皆作成。”《风俗通义·愆礼》：“由郕人失兄。”《礼记·檀弓》下又云：“成人有其兄死而不为衰者。”陆德明《经典释文》云：“成，本或作郕。”《广韵》下平声卷二第十四清韵成字条下：成姓“本自周文王子成伯之后”。《姓氏急就篇》引《姓苑》又写作“郕氏，周文王子所封”。是其证。因此商、夏之战的郕地本作成地。此成地当即后世所称作的成皋，西周初期的《小臣单觯》铜器铭文云：“王后坂（返），克商，在成师。”郭沫若先生释云：“此武王克商时器，……成乃成皋，一名虎牢，在古乃军事重地。”[①]郭说甚是。成皋在古代曾称作虎牢和制，是古代一处战略要地。《左传·隐公元年》郑庄公曰：“制，岩邑也，虢叔死焉。”杜预注：“虢叔，东虢君也。……虢国，今荥阳县。”《左传·隐公五年》：“燕人畏郑三军，而不虞制人。”杜预注：“北制，郑邑，今河南成皋县也。一名虎牢。”《战国策·韩策》：“三晋已破智氏，将分其地，段规谓韩王曰：‘分地必取成皋。’……王曰：‘善’，果取成皋。”《史记·秦本纪》：秦庄襄王元年“使蒙骜伐韩，韩献成皋”。《正义》引《括地志》云：“洛州汜水县，古之虢国，亦郑之制邑，又名虎牢，汉之成皋。”《元和郡县图志·河南道》云：“汜水县：古东虢国，郑之制邑，汉之成皋。……成皋故关，在县东南二里。”《水经·河水注》：“河水又东迳成皋大伾山下，……成皋县之故城在伾上”，熊会贞疏引《地形志》云：“西成皋有成皋城，在汜水县西北。”《大清一统志·河南省·开封府》古迹条下也云：成皋故城“在汜水县西北”。清代汜水县即今河南省荥阳市汜水镇，古成皋当在今汜水镇周围一带。成皋在西周时期原称作“成”，这个地名当是沿袭夏商时期地名而来，殷墟卜辞记有商王在成地山区进行田猎的活动，如卜辞云：“王叀成麓藝亡灾？勿藝成麓？”（《屯南》762）此“成麓”可能即指今成皋附近的山区。近年来，考古工作者在今汜水镇北薛村一带，发现“一处重要的二里头文化晚期到早商文化时期的聚落遗址”，“聚落中遗迹的种类比较丰富，有大量的灰坑，另有少量的祭祀坑、窖穴、水井、陶窑、房子、墓葬等”[②]。该聚落背倚黄河，是古代黄河的一处重要渡口，又西邻汜水，穿过汜水可直达伊洛盆地，且与文献所记古代成地相近，或与成地有密切关系。该聚落的文化内涵有二里头文化四期至二里冈文化一、二、三期遗存，是一处夏末商初的文化遗址，可证商王成

① 郭沫若：《两周金文辞大系图录考释》，科学出版社，1958年，第2页。

② 河南省文物考古研究所：《河南荥阳市薛村遗址2005年度发掘简报》，《华夏考古》2007年第3期。

汤在成地战胜夏人之后，这里立即属于商人所有，因而成为二里冈文化的分布区域。成地东距郑州商城即亳邑约40千米，西距夏都即偃师二里头遗址约50千米，是夏王朝的东方门户，形势险要，夏王桀在此一战失败，门户洞开，遂使成汤一路势如破竹，北灭温国，西灭有洛（见今本《竹书纪年》），迅速进入伊洛平原，直逼夏王朝的政治中心，兵临夏都城下，《墨子·明鬼下》云："汤以车九辆，鸟陈雁行，汤乘大赞（挚），犯遂（逐）下（夏）众，人之高（郊）遂。"在夏都郊区，以现今发现的偃师商城为据点，经过反复斗争，终于推翻了夏王朝政权。

莘墟　夏王朝政权垮台之后，王族统治集团四散逃亡，其中以夏桀为首的大多数人西向逃至今豫西和山西南部、陕西东部一带。商人乘胜追击，双方首先在莘地遭遇，进行了战斗，《元和郡县图志·河南道》汴州陈留县下引《国语》云："汤伐桀，桀与韦、顾之君拒汤于莘之墟，遂战于鸣条之野。"该书认为此"莘之墟"当在汴州陈留县即今河南省开封县陈留镇，未必如是。因为今豫东地区早已是商族的势力范围，仓皇逃亡的夏人不可能自投罗网逃向这里，所以此"莘之墟"当在西方，它可能即该书所称作的"莘城"，在今陕西省合阳县境。《元和郡县图志·关内道》同州夏阳县下："古有莘国，汉郃阳县之地。……乾元三年改为夏阳县。县南有莘城，即古莘国，文王妃太姒，即此国之女也。"《史记·夏本纪》："禹为姒姓，其后分封，用国为姓，故有夏后氏，……辛氏、冥氏、斟氏、戈氏。"秦嘉谟辑补《世本》云："辛氏，夏启封支子于莘，莘、辛声相近，遂为辛氏。"《水经·河水注》："河水又径郃阳城东，……故有莘邑矣，为太姒之国。"杨守敬疏引"《括地志》：'古莘国城在河西县南二十里。'《世本》云：'莘国，姒姓，夏禹之后。'《郃阳县志》：'县东南有莘里'"。清代郃阳县即今陕西省合阳县，唐代河西县在今合阳县东黄河西岸，古"莘里"、"莘城"、姒姓"莘国"当在今陕西省合阳县东南一带，这里应当就是夏桀逃亡的"莘之墟"。夏桀逃到这里本是投靠同姓莘国共同抵御成汤，但是仍然遭到失败，于是渡过黄河东向进入今晋南一带。

戎遂　《容成氏》简文云：汤"又从而攻之，陞自戎遂"。古字偏旁形符有时省略，"戎遂"当即文献所记的"有娀之墟"，《史记·殷本纪》云："桀败于有娀之墟，桀奔于鸣条。"娀墟所在，《殷本纪》又云："殷契，母曰简狄，有娀氏之女。"《集解》引《淮南子》曰："有娀在不周之北。"《正义》："按《纪》云：'桀败于有娀之墟'，有娀当在蒲州也。"唐代蒲州于开元元年和乾元三年改称河中府，州治在河东县即今山西省永济县境。文献中又有成汤在陑地伐桀的记载，《尚书·汤誓序》云："伊尹相汤伐桀，升自陑。"其辞义与《容成氏》简文成汤伐桀

“升自戎遂”相同。陑地所在，《尚书·汤誓》孔传曰：“陑在河曲之南。”《太平寰宇记》云：“尧山在河东县南二十八里，即雷首山，汤伐桀，升自陑，即此。”《元和郡县图志·河东道》河中府河东县下：“雷首山，一名中条山，在县南十五里。”唐宋时期的河东县，即今山西省永济县，中条山今仍名中条山，在永济县南。由此可知陑山就是雷首山，也就是中条山。“戎遂”就是戎山的通道，许全胜先生云：“上古音‘戎’属日母冬部，‘陑’属日母蒸部，二字声母相同，而冬、蒸二部字音有关，例如《左传》昭公四年‘夏桀为仍之会’之‘仍’，《史记·楚世家》作‘有仍’，《韩非子·十过》作‘有戎’，‘仍’即属蒸部。尤可注意者，‘仍’与‘陑’、‘陾’古通。《诗·大雅·绵》：‘捄之陾陾’，‘陾陾’《诗考》引《说文》作‘仍仍’，引《玉篇》手部作‘陑陑’，据此可推知‘戎’、‘陑’二字亦可相通，故《汤誓序》之‘陑’即《简》之‘戎遂’。”[①]许说可从，因此戎山应当就是文献所称作的陑山，也即后世的雷首山和中条山。此山位于黄河由南向东的拐角以内，因此又称为河曲之地，与黄河西岸的“莘之墟”隔河相望，由此可知，夏桀东渡黄河首先逃入中条山区。

鬲山氏　《容成氏》记载夏桀在戎遂失败之后，“乃逃之鬲山氏”。鬲山氏当位于鬲山一带，鬲山，有些文献误写为章山，《山海经·大荒西经》：“故成汤伐夏桀于章山，克之。”章与鬲形近而误，章山当即鬲山。鬲山，有些文献又误写作“亭山”，《荀子·解蔽》云：“桀死于亭山。”杨倞注：“本作鬲山。”王先谦《集解》引王念孙曰：“作鬲山者是也。鬲读与历同，字或作歷。《太平御览·皇王部》七引《尸子》曰：‘桀放于历山’，……鬲、历古字通。”是鬲山故又称作历山。《淮南子·修务训》：汤“乃整兵鸣条，困夏南巢，谯以其过，放之历山”。古代历山也就是陑山即雷首山和中条山，《史记·五帝本纪》：“舜耕历山。”《正义》引《括地志》云：“蒲州河东雷首山，一名中条山，亦名历山。……此山西起雷首山，东至吴坂，凡十一名，随州、县分之，历山南有舜井。”就是说历山和陑山、戎遂一样，都是中条山的一名或其一段，夏桀既败于戎遂、陑山，又“逃之鬲山氏”，仍然流亡于中条山区。

鸣条　《容成氏》简文云：成汤伐桀“降自鸣条之遂”，与文献记载略同。《史记·夏本纪》云：“汤遂率兵以伐夏桀，桀走鸣条。”鸣条所在，《集解》引孔安国曰：“鸣条在安邑之西。”《史记·殷本纪》：“桀败于有娀之墟，桀奔于鸣条。”《正义》引《括地志》云：“高涯原在蒲州安邑县北三十里南坂口，即古鸣条陌也。

① 许全胜：《〈容成氏〉篇释地》，《上海博物馆藏战国楚竹书研究续编》，上海书店出版社，2004年。

鸣条战地，在安邑西。”《尚书序》又云：“伊尹相汤伐桀，升自陑，遂与桀战于鸣条之野。”孔传曰：鸣条“地在安邑之西”。《大清一统志·山西·解州》山川条下：“鸣条岗在安邑县北，与夏县接界。”清代夏县即今山西省夏县，安邑县即今夏县西南的安邑镇，古鸣条今称鸣条岗，位于今夏县西北和安邑镇以北地带，此地西南距历山也即鬲山约70千米，这里应当就是夏王桀向东北败走的鸣条之地。

三㚇　文献记载商汤在鸣条击败夏桀的同时，还讨伐了三㚇。《史记·殷本纪》：“桀奔于鸣条，夏师败绩。遂伐三㚇，俘厥宝玉。”三㚇可能即㚇夷氏，因居于㚇水附近而得名，是古豢龙氏的后裔。《左传·昭公二十九年》：“昔有廖叔安有裔子曰董父，实甚好龙，能求其嗜欲以饮食之，龙多归之，乃扰龙以服事帝舜。帝赐之姓曰董，氏曰豢龙，封诸㚇川，㚇夷氏，其后也。”杜预注：“㚇水上夷，皆董姓。”㚇与董声纽相同，㚇川可能即后世的董泽，《左传·宣公十二年》：“董泽之蒲，可胜既乎？”杜预注：“董泽，泽名，河东闻喜县东北有董池陂。”《水经.涑水注》：“涑水西迳董池陂南，即古董泽，东西四里，南北三里。《春秋·文公六年》：‘搜于董’，即斯泽也。”《大清一统志·山西省·解州》山川条下：“董泽在闻喜县东北四十里，古豢龙氏董父所居，故名董池，亦曰董泊。”清代闻喜县即今山西省闻喜县，位于该县东北的董泽，当即古豢龙氏的故地。此地南距古鸣条约30千米，当即商汤征伐三㚇的所在地。

高神之门　《容成氏》简文云：成汤追逐夏桀“降自鸣条之遂，以伐高神之门”。是知高神之门当距鸣条不远。此高神之门或即《山海经》所记的丰沮玉门山与灵山，《山海经·大荒西经》云：“大荒之中有山，名曰丰沮玉门，日月所入；有灵山，巫咸、巫即、巫朌、巫彭、巫姑、巫真、巫礼、巫抵、巫谢、巫罗，十巫从此升降，百药爰在。”毕沅《集解》：“此是释《海外西经》巫咸国也。”同书《海外西经》云：“巫咸国在女丑北，右手操青蛇，左手操赤蛇，在登葆山，群巫所从上下也。”毕沅《集解》：“巫咸山在今山西夏县。《淮南子·地形训》云：‘巫咸在其北方立登保之山。’《地理志》云：‘安邑，巫咸山在东。’”《水经·涑水注》云：盐水“西北流迳巫咸山北，《地理志》曰：山在安邑县南。《海外西经》曰：‘巫咸国在女丑北，……’《大荒西经》云：‘大荒之中有灵山，……十巫从此升降，百药爰在。’盖神巫所游，故山得其名矣。”灵山可能因传说古为“神巫所游”之地，故又名之为竹书《容成氏》所称作的“高神之门”，此山与鸣条，一在安邑县南，一在安邑县西，它或即成汤继鸣条战后又在高神之门伐桀的所在地。

南巢　《容成氏》简文云：夏桀在鸣条失败之后，“桀乃逃之南巢氏”。文献对此也多有记载，《国语·周语》上云："桀奔南巢。"《太平御览》卷八十二引《竹书纪年》云："汤遂灭夏，桀奔南巢氏。"南巢所在，自西汉以来，不少学者认为在今安徽省巢湖一带，但是如上所述，南巢与鸣条相近，鸣条既在今山西省夏县一带，南巢也当距此不远。今按巢与焦音同相通，故巢地又称作焦地。《淮南子·本经训》："于是汤乃以革车三百乘，伐桀于南巢。"同书《主术训》又云："汤革车三百乘，困（桀）之鸣条，擒之焦门。"高诱注："焦或作巢。"庄逵吉疏："按：焦与巢，古字通。"可知南巢也就是南焦，又称作焦门，此地当距鸣条不远，它应当就是古焦国所在地。《左传·僖公三十年》："许君焦、瑕，朝济而夕设版焉。"杜预注："焦、瑕，晋河外五城之二邑。"《史记·周本纪》："武王追思先圣王，乃褒封神农之后于焦。"《集解》引《（汉书）地理志》曰："弘农陕县有焦城，故焦国也。"《史记·秦本纪》：惠文君八年"与魏王会应，围焦，降之"。《正义》引《括地志》云："焦城在陕州城内百步，因焦水为名，周同姓所封。"《水经·河水注》：咸阳涧水"南至陕津注河，河南即陕城也。……其大城中有小城，故焦国也，武王以封神农之后于此"。《大清一统志·河南省·陕州》古迹条下："焦城在州城南。"清代陕州即今河南省陕州市，故焦城当在今陕州市南郊，此地北距古鸣条岗约50千米，它应当就是夏王桀所逃的"南巢氏"又称"焦门"一地。

苍梧之野　《容成氏》简文云：夏桀在南巢溃败之后，又逃"之苍梧之野"。这是夏桀逃亡路线上新出现的一个地名。今按豫、陕、晋交界地区古代有两个"苍野"，其一在今陕西省东南部，《左传·哀公四年》：楚"司马起丰析与狄戎，以临上雒。左师军于菟和，右师军于仓野"。杜预注："仓野在上雒县。"《续汉书·郡国志·京兆尹》："上雒有苍野聚。"《水经·丹水注》："丹水自苍野，又东历菟和山，即《春秋》所谓'左师军于菟和，右师军于仓野'者也。"杨守敬疏："菟和山在今商州东一百十里，……苍野聚在州东南一百四十里。"《大清一统志·陕西省·商州》古迹条下："苍野聚在州东南。《旧志》：在州东南一百六十里。"清代商州即今陕西省商县，苍野聚当在今商县东南武关一带，此地北距南巢即古焦国约150千米。其二在今山西省南部，许全胜先生引今本《竹书纪年》云："鸣条有苍梧之山，（舜）帝崩，遂葬焉。"当以《纪年》所说为是[①]。《左传·定公四年》："分唐叔以大路、密须之鼓……命以《唐诰》而封于夏虚。"《史记·晋世家·正义》引《括地志》："故唐城在绛州翼城县西二十里。"唐代绛州翼城县即今山西省翼城县。《史记·吴太伯世家》："周武王克殷，……乃封周章弟虞仲于周之北故夏

---

① 许全胜：《〈容成氏〉篇释地》，《上海博物馆藏战国楚竹书研究续编》，上海书店出版社，2004年。

虚。”《集解》引徐广曰：夏虚“在河东大阳县”。《索隐》又云：“虞仲都大阳之虞城，在安邑南，故曰夏虚。”总之，以今山西夏县为中心的晋南地区古称“夏虚”，可说是夏王朝统治集团的最后归宿。

《史记·殷本纪》：“汤既胜夏，欲迁其社，不可，作《夏社》。”成汤推翻夏王朝之后，不可能把夏人王室贵族斩尽杀绝，甚至没有摧毁夏王朝都邑的社稷，可见二里头夏都地区夏遗民的力量还是相当强大的。有据于此，成汤一方面分封归顺的夏人于他地，《史记·夏本纪》：汤“代夏朝天下，汤封夏之后，至周，封于杞也”。《大戴礼记·少间》又云：“成汤卒受天命，……故乃放移夏桀，散亡其佐，乃迁姒姓于杞。”即迁徙部分夏人于今河南省东部的杞县境，以分化夏王族的力量；另一方面又在夏都地区把夏人的社稷保存下来，以安抚夏人。但在夏都以北“作宫室于下洛之阳”，用作军事据点，以镇压夏人的反抗，这座“宫邑”就是现今考古工作者所发现的偃师商城。成汤在处理善后事宜之后即班师回亳，在回归途中，路过泰卷陶。《史记·殷本纪》云：“汤归，至于泰卷陶。”《尚书序》又说：“汤归自夏，至于大坰。”泰卷陶和大坰应是指的一个地方。其地所在，《尚书序》孔颖达疏以为即今山东省定陶市，其说不确。《史记·殷本纪·集解》引徐广曰：泰卷陶“一无此陶字”。《索隐》又引邹诞生云：“卷作坰，又作泂，与《尚书》同。……其下‘陶’字是衍字尔。”梁玉绳《〈史记〉志疑》云：“卷、坰声相近，泰与大，古文通。愚按：《书序》亦无陶字，《索隐》是。”由此可知，“泰卷陶”一地原当称作“泰卷”或“大卷”，泰与大为形容词，“泰卷”或“大卷”也可单称作“卷”。此卷地当指古卷县，《史记·秦本纪》：昭襄王三十三年“客卿胡伤攻魏卷”。《集解》引《汉书·地理志》云：“河南有卷县。”《正义》又引《括地志》云：“故卷城在郑州原武县西北七里。”《大清一统志·河南省·怀庆府》古迹条下：“卷县故城在原武县西北。”清代原武县即今河南省原阳县原武镇，古卷地当在今原武镇西北。此地南距郑州商城亳邑约30千米，成汤当是沿着黄河南岸东行到达此地。

成汤在卷地大概稍事停留即回到亳地，《尚书·汤诰》云：“王归自于克夏，至于亳。”《史记·殷本纪》又引《汤诰》说：“惟三月，王自至于东郊”，如前文所述，成汤之所以首先回到亳邑东郊，是由于这里距祖先宗庙甚近，国王出征凯旋之后，要向宗庙祖先举行献俘的大礼，这已成为商王朝的定制，殷墟卜辞多记有商王在这方面的活动，例如卜辞云：

贞：告执于南室三牢？（《合集》806）

其用羌方□于宗，王受有佑？弜用？

羌方囟其用？王受有佑？弜用？（《合集》28093）

甲申卜：其执二邦伯于父丁？（《合集》32287）

其用囟在妣辛升至母戊？（《屯南》2538）

“南室”“宗”与“升”皆为商人祖先宗庙建筑，“囟”即头颅，“羌方”是当时商王朝的敌对方国，“二邦伯”也是当时商王朝的敌对方国首领。“告执”，罗琨先生云：“‘告执’即后世的‘告俘’，大军凯旋，将俘虏献祭祖先，以告胜利。”又说：“作为献俘典礼，最隆重的奉献是以敌方首领人物献祭祖先。”[①]商人所行的这些大礼当源自于成汤，成汤之所以首先回到亳邑东郊，如前章所述，东门以内就是商人祖先宗庙所在，成汤从这里进入宗庙“告执”献俘是比较便当的。

成汤在举行献俘礼之后，“乃践天子位，代夏朝天下”，并立即召开了诸侯大会，《逸周书·殷祝解》云：“汤放桀而复亳，三千诸侯大会。”《史记·殷本纪》又云：“汤归至于泰卷陶，中垒作《诰》。既绌夏命，还亳，作《汤诰》。”成汤首次以中央王朝国王的身份，在王都亳邑向着各地众多诸侯发布了他著名的诰令，说：

维三月，王自至于东郊，告诸侯群后：“毋不有功于民，勤力乃事，予乃大罚殛女，毋予怨。”曰：“古禹、皋陶，久劳于外，其有功乎民，民乃有安；东为江，北为济，西为河，南为淮，四渎已修，民乃有居。后稷降播，农殖百谷。三公咸有功于民，故后有立。昔蚩尤与其大夫作乱百姓，帝乃弗予有状。先王言不可不勉。”曰：“不道，毋之在国，女毋我怨。”

上文意谓时在三月，商王班师回到亳邑东郊，告诫各地方国国君说：“如果你们不造福于民，不勤于你们的职守，我就重罚你们，你们不要对我怨恨。”商王接着又说：“古代的大禹和皋陶，长期操劳，四处奔波，他们为民众立下大功，于是民众得以安居乐业。他们在东面开发了江水，北面凿通了济水，西面治理了黄河，南面疏通了淮河，这四条大河修好之后，于是民众得以定居安身。还有后稷传下播种技术，民众得以种植百谷。这三位先贤都为民众建有功勋，因此他们的后代仍被民众拥戴为国君。与此相反，往昔又有蚩尤与其同伙祸害百姓，上天不佑，使他败亡，其事实人所共闻。因此先王的言行不可不引为教训。”商王最后说：“如果你们昏庸无道，就不允许再回去主政，你们不要对我怨恨。”成汤在东郊发布诰令，应当就是在宫殿宗庙区附近广场发布诰令的。《诰》文中所说古禹和皋陶治理的东江、北济、西河、南淮的方位，也都是以郑州商城为中心而言的，众所周知，郑州商城正位于黄河以东（古黄河由郑州西北折而东北流）、济水以南（古济水的部分水道相当于今郑州以北的黄

① 罗琨：《商代史·商代战争与军制》，中国社会科学出版社，2010年，第533页。

河河道）和淮河以北。至于“东为江”的江水，不能确指，它可能就是古代的鸿沟。按“江”与“鸿”古音同相通，《左传・文公十八年》：“帝鸿氏有不才子，……天下谓之浑敦。”《山海经・西次三经》又云：“有神焉，……浑敦无面目，是识歌舞，实为帝江也。”毕沅《集解》：“江读如鸿，《春秋传》云：‘帝鸿氏有不才子，天下谓之浑敦，此云帝江，犹言帝江子也。’”徐旭生先生又认为“鸿从江音，古字义符常常省减，迳作‘江’”[①]。因此，《汤诰》所说的“东为江”，也可称作“东为鸿”，“鸿”应指为鸿沟，《史记・河渠书》：“荥阳下引河，东南为鸿沟。”以为此沟是夏禹所开。近代学者认为鸿沟是一条古老的自然河道[②]。此沟从郑州以北黄河南岸溢出，东经今中牟、开封等地向东南流去，它应当就是成汤所说“东为江”的“江”水，由此可见，《汤诰》所说禹治理的四水，都是位于郑州商城的周围，成汤在这里之所以重点提到禹所治理的四水，旨在表明他在这里建立王都，原是继承着先王大禹的事业，此举不仅为商人所拥戴，也争取为夏人所承认，从而为他建立商王朝制造理论上的根据，以稳定新建的商王朝国家政权。

但是商王朝作为一个新建立的国家政权，并不是通过一篇文诰就能轻而易举地建立和稳定下来的，实际上它是经历着一场尖锐而复杂的斗争、克服重重困难才逐步巩固起来的，《诗经・商颂・长发》云：“昔在中叶，有震且业！允也天子，降予卿士，实惟阿衡，实左右商王。”毛传曰：“叶，世也。业，危也。阿衡，伊尹也。左右，助也。”此诗意谓：昔遭灾变世事非，商族曾经遇危机！成汤诚是天之子，上天赐他一辅弼，这位辅弼名阿衡，辅佐商王奠国基。商朝初年所面临的危机主要表现在：一是由于执政中的重大失误而引起人民群众的不满；二是遇到自然灾害给人民生活造成严重的困难。如何化解这些危机，可说是对以成汤为首的商王朝统治集团的一次新的考验。《上海博物馆藏战国竹书・容成氏》记云：“桀乃逃之南巢氏，汤又从而攻之。（桀）遂逃去，之苍梧之野。汤于是征九州之师，以雨四海之内。于是乎天下之兵大起，于是乎亡宗戮族残群焉服！当是时，强弱不治（？）諹，众寡不听讼，天地四时之事不修。汤乃尃为征籍，以征关市。民乃益怨，疟疾始生，……汤乃谋戒求贤，乃立伊尹以为佐。伊尹既已受命，乃执兵钦（禁）暴，兼得于民，遂迷而贼盗，夫是以得众而王天下。”陈剑先生释云：此文“大意是说汤虽然攻灭夏桀，但随后天下大乱，且汤行政事不善，故尚未得以王天下。汤乃立贤人伊尹以为佐，天下

① 徐旭生：《中国古史的传说时代》（增订本），文物出版社，1985年，第74页。

② 岑仲勉：《黄河变迁史》，中华书局，2004年，第183页。

遂得治，汤终于得众而王天下”[①]。就是说面对这场危机，成汤于是在伊尹的辅佐之下，首先以武力削平各地叛乱，《太平御览·皇王部》引《竹书纪年》云：“汤有七名而九征。”《孟子·滕文公》下：“（汤）十一征而无敌于天下。”《帝王世纪》又云：“汤凡二十七征，而德施于诸侯。”通过这一系列的“执兵禁暴”，使局势安定下来。在这个基础上，成汤继续打击盗贼，维护社会治安；并认真总结夏王朝灭亡的教训，在政权建设上进行“革乱补弊，移风易俗，改制作新”（《越绝书》），对群众实行“以宽治民而除其邪”（《国语·鲁语》）的政策，大力减轻了人民的负担，从而缓解了与人民群众的社会矛盾，逐步稳定了国家政权。与此同时，商王成汤又努力克服着自然灾害，《墨子·七患》引《殷书》曰：“汤五年旱。”《管子·山权数》：“汤七年旱。”《庄子·秋水》篇：“汤之时，八年七旱。”针对严重的旱灾，成汤一方面顺应当时“殷人尊神，率民以事神”（《礼记·表记》）的民俗，派人祭祀山川，《说苑》云：“汤之时，大旱七年，……于是使人持三足鼎，祝山川。”成汤更是亲自以身作牺牲祭天求雨，《吕氏春秋·顺民》云：“昔者汤克夏而正天下，天大旱，五年不收，汤乃以身祷于桑林，曰：‘余一人有罪无及万夫，万夫有罪，在余一人。无以一人之不敏，使上帝鬼神伤民之命。’于是剪其发，磿（原文作‘磨’，从陈奇猷《吕氏春秋校释》改）其手，以身为牺牲，用祈福于上帝。民乃甚说，雨乃大至。”不过祭神求雨，毕竟是一种消极的办法，即使某些地方偶尔落雨，也只能是杯水车薪，无补大局。于是成汤另一方面又命伊尹改良土地，以减轻旱灾对农业生产造成的危害，《齐民要术·种谷》引《氾胜之书·区种法》云：“汤有旱灾，伊尹作为‘区田’教民粪种，负水浇稼，‘区田’以粪气为美，非必须良田也。诸山、岭、近邑高危倾阪及丘城上皆可为‘区田’。……以亩为率：令一亩之地，长十八丈，广四丈八尺；当横分十八丈作十五町；町间分为十四道，以通人行，道广一尺五寸；町皆广一丈五寸，长四丈八尺。尺直横凿町作沟，沟广一尺，深亦一尺。积壤于沟间，相去亦一尺。……种禾、黍于沟间，……”意即商初成汤时期遇到旱灾，伊尹创作出改良土地的“区田”法，教群众将种子拌着肥料加以播种，运水灌溉。“区田”主要靠施肥成长庄稼，因此不必顾忌原来的土地是否为肥沃良田，山坡、丘陵以及城旁住地附近的高岗荒地上面，皆可开垦为“区田”。“区田”的形态大致是：假如以一亩地为标准，一亩地长十八丈，宽四丈八尺，将十八丈横分为十五块（町），每块间分出十四道田埂，作为人行小道。田埂间开挖出若干条深、宽各

---

① 陈剑：《上博简〈容成氏〉的竹简拼合与编连问题小议》，《上博馆藏战国楚竹书研究》（续编），上海书店，2004年。

一尺的小沟，挖出的土堆积于沟的两侧，形成田垄。沟内拌肥播种，天旱浇水，这样垄、沟相间，水、肥皆备，庄稼从而得以正常生长，收获于是也就有了保障。当然，伊尹所创造出的“区田”形态，未必像氾胜之记得那样整齐细密，但是垄、沟相间的农田在商代确实是存在的，甲骨文田字写作“”“”“”等，即像“区田”以内有田埂形象。殷墟卜辞记有商王命人挖土作垄的活动，如卜辞云：“其作龙（垄）于凡田，有雨？吉。”（《合集》29990）“凡”，地名，地在今河南省辉县市西南，[①]此辞所记当为商王命人在凡地农田作垄。商人在田里作垄又称作“墫田”，卜辞云：“辛未卜，争贞曰：众人……田……”（《合集》9）张政烺先生释云：“‘’字上从尊，下从土，隶古定可作墫，是一个从土、尊声的字。按以‘尊’为声的字常有聚意”，故此“墫是聚土，‘墫田’是把开荒的地上作出垄来，使它变成正式的田亩”[②]。有垄就有沟，卜辞所记的“墫田”应当就是文献所记伊尹所创作的“区田”。这种“区田”形态也可能就是后世所称作的“畎亩”，《国语·周语》下：“或在畎亩。”韦昭注：“下曰畎，高曰亩；亩，垄也。”《庄子·让王》：“居于畎亩之中。”成玄英《释文》引司马彪云：“垄上曰亩，垄中曰畎。”《史记·夏本纪》：“浚畎澮致之川。”《集解》引郑玄曰：“畎浍，田间沟也。”“畎亩”可说是对区田形态的更为形象的称呼。伊尹所创造的“区田”法，是对我国古代治理农田技术的重要继承和发展，它初步改变了我国古代原始农业完全“靠天收成”的被动状态，开始用人为方式对土地进行积极管理，以解决种植粮食作物急需的水和肥料问题，因此“区田”法的产生，在一定程度上缓解了商朝初期农业生产因旱灾减产甚至绝收情况，保障了人民群众的基本生活资料有了可靠的来源，从而缓和了矛盾，化解了危机，使商王朝初期的社会生活转向安定、发展的轨道上来。危机既已化解，社会走向安定，成汤又命伊尹进行文化建设，创作乐歌以愉悦民情，凝聚民心，《吕氏春秋·古乐》云：是时“功名大成，黔首安宁，汤乃命伊尹作为《大护》，歌《晨露》，修《九招》、《六列》以见其善”。《周礼·大司乐》贾公彦疏：“言护者，即救护也。”意谓成汤乃命伊尹创作《大护》《晨露》等新的乐歌，修订祖先帝喾时期《九招》《六列》等传统乐曲，以庆祝“革乱补弊”的成功，表达爱护群众的心意。上述所有这些举措，都赢得了当时广大人民群众的支持和拥护，同时也赢得了后世人们的崇敬和赞扬，春秋时期的《叔夷钟》云：

……虩虩成唐，有敢（严）在帝所，尃受天命，删伐夏司，败氒灵师。

① 郑杰祥：《商代地理概论》，中州古籍出版社，1994年，第41页。

② 张政烺：《释甲骨文墫田及土田》，《中国历史文献研究集刊》第三集，岳麓书店，1982年。

伊小臣惟辅，咸有九州，处禹之堵。……

杨树达先生释云："'虩虩'即'赫赫'也；'堵'当读为'土'。"[①]全文意谓：赫赫威名有成汤，俨然位居天帝傍，受天明命干戈动，征伐夏桀战旗扬，桀师败绩夏朝亡。赖有伊尹为辅佐，九州大地皆归商，居处禹迹得安康。当然，推翻夏王朝，建立和巩固商王朝，这些举措都是在商王成汤的主导之下进行并获得成功的，但是伊尹的辅佐也是不可或缺的重要因素，即使在成汤逝世之后，伊尹仍然继续辅佐着外丙、仲壬和太甲三位商王朝政，可说是商王朝的四朝元老，其对建立和巩固商王朝的贡献确实是功勋卓著，因此他同样也受到商人和后世历代人们的讴歌和敬仰，《尚书·君奭》周公曰："我闻在昔，成汤既受命，则时有若伊尹，格于皇天。"《史记·燕召公世家》云："周公乃称，汤时有伊尹，假于皇天。"《集解》引孔安国曰："伊挚佐汤，功大至天，谓致太平也。"《楚辞·天问》也说："初汤臣挚，后兹承辅；何卒官汤，尊食宗绪？"王逸注："言汤初举伊尹，以为凡臣耳；后知其贤，乃以备辅翼承疑，用其谋也。……伊尹佐汤命，终为天子，尊其先祖，以王者礼乐祭祀，绪业流于子孙。"殷墟卜辞确实记有商人"以王者礼乐"为伊尹建立宗庙进行隆重的祭祀，并将其合祭于商王祖先，如卜辞云：

丁酉贞：侑于伊祊？（《合集》32802）

……卜贞：今日其取伊祊人？（《合集》32803）

丁酉贞：侑于伊祊？（《屯南》978）

癸巳……侑于伊尹，牛五？（《合集》34240）

伊尹，岁十牛？（《合集》27655）

……御伊尹，五十……？（《屯》3132）

……黄尹，百牛？（《合集》3489）

甲申贞：其有升岁于伊？

癸巳贞：有升伐于伊，其乂大乙彡？（《合集》32103）

壬戌卜：又岁于伊、二十示又三？兹用。（《合集》34123）

"黄尹"，郭沫若先生释云："黄尹即阿衡，伊尹也。"[②]杨树达先生释"黄尹"为"寅尹"，说"寅尹殆即伊尹也"[③]，也认为指的就是伊尹。商王一次竟用上百头牛祭祀伊尹，而且还曾将其与二十三位先祖共同合祭，足见商人对伊尹的崇敬之心。

---

① 杨树达：《积微居金文说》（增订本），科学出版社，1959年，第47、48页。

② 郭沫若：《卜辞通纂》，科学出版社，1982年，第314页。

③ 杨树达：《积微居甲文说·卜辞琐记》，中国科学院，1954年，第67页。

《尚书·盘庚》记商王盘庚曾对众臣们说："兹予大享于先王，尔祖其从与享之。"意即我在隆重祭祀先王的同时，你们有功德的祖先也将随着享受同样隆重的祭祀。殷墟卜辞揭示的历史事实正是如此。《孟子·万章》上云："伊尹相汤，以王于天下。"《帝王世纪》又云："伊尹为丞相，仲虺为左丞相。"王宇信等先生据此认为是商王成汤开创了我国"辅相"制度的先河①，"辅相"制度的建立，有利于减少国王决策的专断性、片面性，有助于共商国是，客观存在的历史事实说明，以成汤为首的多位商王，正是在以伊尹等贤相辅佐之下，以郑州商城即王都亳邑为中心，"咸有一德"，共同努力，从而推动着商王朝社会迅速走向发展和繁荣的新阶段。

第二节　二里冈文化二期的郑州商城

《墨子·非攻》下云："汤奉桀众以克有夏，属诸侯于薄（亳），荐章天命，通于四方，而诸侯莫敢不宾服。"《逸周书·殷祝解》又云："汤放桀而复薄（亳），三千诸侯大会，……然后汤即天子之位。"成汤作为商王朝的开国君主，推动了当时社会的发展，因而受到商人和后世历代人们的崇敬，对他的称呼甚多，古本《竹书纪年》云："汤有七名而九征。"殷墟卜辞记载他是商代先王中唯一被称作"高祖"的人物，又称他为"成"（《合集》231）、"唐"（《合集》300）和"大乙"（《合集》14872）；金文称它为"成唐"（《叔夷钟》），文献称他为"汤""成汤""武汤"等。殷墟卜辞记载商人合祭先王多以成汤为首，单独祭祀成汤时也极为隆重，以此来颂扬他对建立殷商王朝的丰功伟绩。成汤在推翻夏王朝之后，立即建立起以王都亳邑即郑州商城为中心的商王朝国家政权。史载自成汤开始，历外丙、仲壬、太甲、沃丁、大庚、小甲、雍己、大戊凡五世九王（成汤太子太丁未立而卒未计在内），在这二百年左右的时间里皆都于此。商人在这里建都立邑，革乱除弊，改善朝政，安定民心，由是推动着商王朝迅速走向初步繁荣的阶段。进入二里冈文化二期，随着商王朝国家政权的巩固和发展，郑州商城即王都亳邑的大型建筑进一步增多起来。现已发现的该期大型建筑基址以C8F16和C8F10为主的两处建筑群规模最大。C8F16在第九夯土基址区，位于今紫荆山路东侧的中医药研究院内，房基的基础槽略呈纵长方形，东西31.2、南北长38.4米，面积近1200平方米。槽的西部边沿被二里冈文化三期灰坑所打破，南部边沿又打破了二里冈二期文化层，槽内出土遗物最晚为二里冈文化二期物

① 王宇信等：《商代史·商代国家与社会》，中国社会科学出版社，2011年，第51页。

品，因此这座房基当属二里冈文化二期的遗存。基槽直壁、平底，用红色黏土和黄灰土层层夯成台，“每层夯土厚度为10—16厘米，每层夯土面上都保留有密集的圆形尖底和圆形圜底的夯杵窝印痕，夯杵窝的大小，一般口径为2—4、窝深为1—2厘米”。现存夯土台基址的厚度约为1.5米。基础槽上的房基面被后世破坏严重，只“在夯土基址的西南角部分的夯土面上，残留有一片作拐角状的并排列有序的圆口、直壁、平底、竖穴形的柱础槽，即西面的南北行柱础槽和南面的东西行柱础槽相衔接的拐角形。残存的圆形柱础槽共有52个，其排列方法不论南面或西面都是内、中、外三行排列”。无论南面东西排列的三行柱础槽或西面南北行排列的三行柱础槽，“纵横看去都是距离均等和排列有序的，看来C8F16夯土基址四周柱础槽的设置，分别都是内、中、外三层”（图3.2）。这里发现的柱础槽与前期C8F15长方形柱础槽不同，都呈圆形，具有明显的进步性。“柱础槽的筑法是先在设计好的竖立木柱处，向下挖掘出圆形、直（或斜直）壁、平底的柱础槽竖穴坑，然后在柱础槽底部中间或稍偏处垫一块或两块柱础石，再在柱础石上竖立木柱，并用较纯净的黄土在柱础槽内的木立柱周围直打夯实。”“从C8F16夯土基址的五十二个柱础槽内保存较好的木立柱腐朽痕迹看，木立柱直径多为0.3—0.4米。与C8F15夯土基址木立柱直径近似。”“从C8F16夯土基址西南角残存柱础槽的分布排列形状看，应是一座周围带有二周回廊的重檐宫殿建筑夯土基址，也就是‘堂’一类的建筑。虽然该建筑只剩下西南角部分，但从西南角柱础槽的分布之密和柱础槽形制之大与木立柱之粗，显然也应是一座规模相当大的商代二里岗下层二期的宫殿建筑基址。”

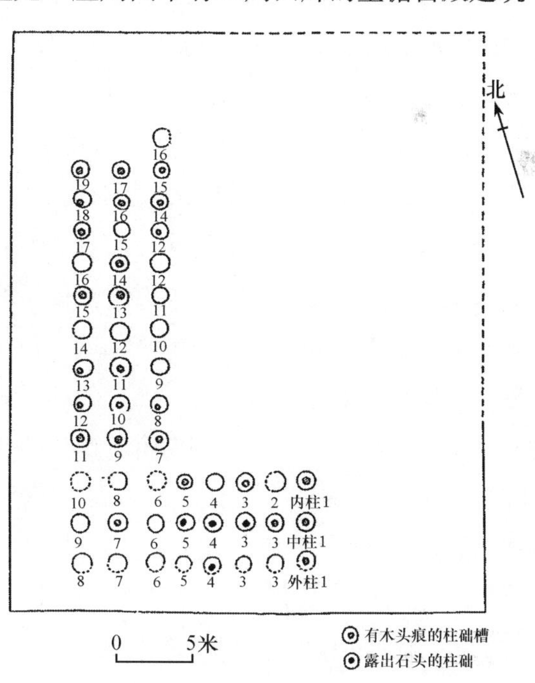

图3.2　C8F16基址平面图

另外，“在C8F16夯土基址的西南面约10余米处，曾钻探出一片呈黄灰色的夯土遗存”；“在C8F16夯土基址的东、北两面附近的密集现代建筑间，也曾钻探出有一些大小片不等的商代夯土基址遗存”①；在其东侧即今黄委会水文局院内，“发掘出一处南北长17.5米以上、东西近4米、厚约1.2米的商代夯土建筑基址，夯土为红褐色，土质坚硬，夯

① 河南省文物考古研究所：《郑州商城》，文物出版社，2001年，第281—285页。

层明显，夯印清晰，夯土层内包含少量的商代二里岗期下层时的细绳纹陶片”[①]，应属二里冈文化二期的遗迹。在其南侧即今郑州变压器厂家属院内，也发掘出一处夯土建筑基址，基址“范围较大，东西长37米左右，南北宽7米以上，厚0.5—1.2米。夯土层多为红色夯土，还有一些含灰土较多的灰色夯土和含黄沙较多的黄色夯土。这些夯土结构相同，又都包含一些商代二里岗期下层时期的细绳纹碎陶片，所以它们是属于同一时期的商代建筑遗存”（《商城》，292页），也即属于二里冈文化二期的遗存。在这座夯土基址的南侧，还发现一条灰沟，“沟口宽7米，底宽6米，深1.5米，已发掘20余米长，从出土陶片看，为二里岗下层二期”，可能为当时的排水沟。“特别是在C8F16大型宫殿建筑之北”，即今“回民中学操场内进行过粗略的钻探，发现了许多片商代夯土基址，……发掘出有商代二里岗下层二期的残夯土基址三座，分别编号为91ZSC8二T26F11、91ZSC8二T26F12、91ZSC8二T26F13”（《商城》，270页），因此，“从C8F16夯土基址的形制结构之复杂和建筑规模之大，以及周围附近还有一些商代夯土基址来看，C8F16夯土基址及其周围应是一处以商代二里冈下层二期为主体的建筑群体”（《商城》，285页）。C8F16西北距二里冈一期晚段的夯土基址C8F15约500米，而C8F15这时已被破坏，考古工作者在这座“夯土建筑基址的北部稍偏东边沿处，即北行柱础槽9与柱础槽10之间的北部靠边沿处，发掘出一个商代二里岗下层二期的椭圆形灰坑（C8H49），打破了C8F15夯土基址的夯土层”（《商城》，244页）。又在这座“夯土层基址的西部靠边沿处，（发现）有一座商代二里岗下层二期的墓葬（C8M36），打破了C8F15夯土基址的夯土层。”这些灰坑和墓葬的发现，说明C8F15这时已经成为废墟，而被C8F16所取代，C8F16北距北城墙约1000米，南距南城墙2000余米，东距东城墙约500米，西距西城墙2000余米，位于郑州商城的中部略偏东北，应当就是二里冈文化二期商王朝统治集团处理朝政的“王宫正堂”所在地，而周围附近的一些大型建筑基址，则应当属于当时的官府衙署或贵族的住地。随着商王朝的建立，王室官吏已经形成一个庞大的统治集团，《礼记·明堂位》：“夏后氏官百，殷二百”，商王朝官僚统治集团比夏王朝有了成倍的增多，《大盂鼎》所记“殷正百辟”，就是指这种统治集团。《尚书·酒诰》云：“自成汤至于帝乙……越在内服：百僚、庶尹、惟亚、惟服、宗工、越百姓里君。”商王朝为加强对国家的统治管理，实行内、外服制度，“内服”，就是指的在商王朝中央政府和王畿以内任职的官僚集团，殷墟卜辞记有“小臣”（《合集》5571）、“多尹”（《合集》27894）、宗工（《合集》19）、“司工”（《合集》5628）以及贞人等，都属于任职于商王朝中央政府的官员，

① 河南省文物考古研究所：《郑州商城》，文物出版社，2001年，第286页。以下正文中简称为《商城》。

这些官员以商王室贵族为主体，也吸收一些异姓贵族任职，《尚书·多士》云："夏迪简在王庭，有服在百僚。"任用归顺商王朝又有才干的夏人在中央王庭担任各种职务，就是一个明显的例证。上述郑州商城以内发现的以C8F16为主体的大型建筑基址群，应当就是以商王为首的统治集团处理政务的场所和宅院居地。

在C8F16东北约300米处的第四夯土基址区，发现有与其同一时期的C8F10大型夯土建筑基址，该基址位于今郑州商城工作站院内，因遭后世破坏，面积不详，现知南北残长34、东西残宽10.2—10.6米。基址的筑法是"在拟修筑殿堂基址处先向下挖掘出一个与殿堂底部大小略同的口部稍大于底部的长方形平底基槽（槽深0.5—1米），然后从基础槽底部向上逐层填置灰花土夯实"。基槽底部打破了一期的C8F9，上面有着10多层房基面堆积，"C8F10多层地坪不是同一个时期修建的，根据出土遗物看，最上面的五层房基内，发现有大口尊、瓮、盆、罐、缸、簋、鬲足等残片，以及石刀、骨簪、加工骨和人头骨碎片等。其中有些陶片或属于商代二里岗期上层，另一些属于商代二里岗下层。五层房基地坪以下的浅、深灰土层内，出有大口尊、盆、豆、瓮、缸、壶等陶片，有一些是属于商代二里岗期下层的，还有一些是属于洛达庙期的。这就表明，最上面的五层房基是属于商代二里岗期上层，而其下的多层房基不会晚于二里岗期下层"[①]。也就是说，C8F10这座大型建筑基址应当始建于二里冈文化二期。在C8F10的西侧发现有C8F11、C8F12和C8F14三座房基遗址，C8F11位于C8F10西侧偏北，南北残长12—15米，东西残宽8.5米；C8F12位于C8F10西侧偏南，南北残长14、东西宽11米；C8F14位于C8F12以西，南北残长25、东西残宽9米[②]，它们组成一处以C8F10为主的建筑群体。这组建筑群打破C8F9，是在C8F9的废墟上建造起来的，它可能是一处二里冈文化二期的宗庙建筑遗迹。《礼记·表记》云："殷人尊神，率民以事神，先鬼而后礼。"商人在祭祀神祖的活动中把祭祀祖先放在优先的地位，因而也建造出宗庙群体来祭祀祖先，殷墟卜辞记有"大宗""小宗""新宗""中宗""右宗""西宗"和"北宗"等宗庙名称[③]，其中有些应当就是指的宗庙建筑群，郑州商城发现的以C8F10等为主体的大型建筑基址群，应当就是当时位于王都亳邑的宗庙建筑群体。

---

① 河南省博物馆等：《郑州商代城址试掘简报》，《文物》1977年第1期。

② 河南省文物研究所：《1992年度郑州商城宫殿遗址区发掘收获》，《郑州商城考古新发现与研究》，中州古籍出版社，1993年。

③ 姚孝遂：《殷墟甲骨刻辞类纂》，中华书局，1992年，第753—757页。

在C8F10建筑群的附近，也发现有不少与其同一时期的建筑基址，在其东面约100米处发现有F1和F2，“这是东西并列的两处夯土基址，其形制、大小、方向、填土和结构相若，应属同一组建筑。F1在西，平面为圆角长方形，东西长19.4米，南北宽6.3米。从剖面看这是房址基槽，深近2米，西、南、北三壁均呈阶梯状内收，底部近平，填土呈深灰色，质地较细腻，平面夯窝和剖面夯层皆很清晰。……F2在东，二者相距11米，其北部边缘基本在一条线上。平面也为圆角长方形，东西长19.1米，南北宽应与F1相当，因大部分尚压在探方南壁之下，详细情况尚不尽知”。这两座房基的时代“约为二里岗下层二期偏晚”的遗迹①。在C8F10以南的今中医学院家属院内，发现出两片夯土基址，“经过试掘获知，西片夯土基址的夯层清晰，夯面上的夯杵窝印痕显著。从夯土层内包含的陶片特征看，多是属于商代二里岗下层二期的”。其中F1，平面形状呈长方形，方向105度，东西残长30米，南北宽约13米。在F1的南侧和西部共发现排列有序的柱础坑21个，南侧的一排为11个，西部的柱础坑近南北向排列，共3排。坑内一般都置有柱础石，柱础石多用天然石块稍作加工而成。F2位于F1的西侧，相距为3米，方向25度，与F1呈垂直状，与F1当为同组建筑。现存面积南北残长20米，东西宽8米。“柱础东西三排，基本上呈南北向排列。柱础结构与F1有明显区别，没有发现明显的柱础坑。”可能是F1的围廊性质的建筑。F1下面还打破有F3，“这三座夯土基址应属于商代二里岗下层二期”的遗迹。与此同时，在F1的北侧还发现有两眼水井，其中一眼91ZSC8二H104，“平面形状为圆形，井壁以外有一个近方形的井坑H105。井口距地表深3、口径2.7米；井坑东西长7.2、南北宽6.65、深5米。坑壁呈斜坡状，井坑距井口3.5米时内收成一个小平台宽0.2米。井壁下部外张，底近平，底部直径4.4米，井口距井底8.6米，井内填土为深灰色五花土”②。“这个商代二里岗下层二期应为水井的深灰坑，……其筑法可能是：由于这一带的地层堆积是上部为3—4米的风积沙层或冲积沙层，挖的井壁容易倒塌，所以在挖井前先在拟挖筑水井的地方，挖出一个东西长7.2、南北宽6.65、深5米的口大底小、四壁下部略向内倾斜、并在近底部处四壁留有窄二层台的近方形坑（H105），并在坑内填土夯实。然后再在这个H105的口部中间向下挖出口径2.7、底径4.4、深8.6米的竖井形井体”。《郑州商城》考古报告还认为：二里岗文化早期即已出现的长方形、坑壁挖有脚窝的大都达到水面以下深窖穴，也应是当时的水井，此也可备一说。由此可知，随着郑州商城人口的增加，当时人们多在住

① 杨育彬等：《郑州商城的考古学研究》。《河南考古论集》，中州古籍出版社，2002年。

② 河南省文物研究所：《1992年度郑州商城宫殿区发掘收获》，《郑州商城考古新发现与研究（1985—1992）》，中州古籍出版社，1993年。

宅区凿井取水，以满足生活上日益增长的需要，这是完全正常的现象。在这三座夯土基址的东南侧今郑州医疗器械厂内还发现有88C8F103，也是一座“属于商代二里冈下层二期”的夯土建筑基址。在C8F10以西今黄河河务局院内，也发现有二里冈文化二期的夯土建筑基址[①]。这些众多的夯土建筑基址，大多应属于当时王室贵族住宅区的遗迹。

在C8F10建筑群东北隅的城墙内侧，还发现一些小型房基，“其中在CNT1内发现的一座商代二里岗下层二期的残房基，南北残长约2.7、东西残宽约1.5米，在平整的房基面上还涂有坚硬的‘白灰面’地坪”。在与此相邻的北侧C8T25内，也发现一座“商代二里岗下层二期的残房基，东西残长2.5、宽约1.4米，在平整房基面上，也涂有一层‘白灰面’地坪，并在房内的北部还残存有烧土台的痕迹”。在与此相邻的南侧C8T24内，还发现三个与其同一时期的三个椭圆形窖穴H22、H23、H24，这里很可能就是当时守城人的住地，《墨子·备城门》云：城上“五十步一方，方尚必为关钥守之”。孙诒让《〈墨子〉闲诂》引俞樾云：“‘方’者‘房’之叚字，五十步置一房，为守者入息之所，故必为关鈅守之也。”岑仲勉先生也释云：“‘方’即‘房’，备守城者入息之所，故加以锁钥。‘方尚’犹云‘房上’。”[②]郑州商城城墙内侧发现的这些小型房基，应当就是当时守城者驻地的遗迹。

分布于城内东北隅宗庙居住区的贵族墓葬，现已发现有两座。其中C8M32，位于C8F10东北100余米处的今黄河医院院内，“墓室呈长方竖穴土坑，南北长1.8、东西宽0.5、残深0.8米。方向98度”。墓主骨架已经腐朽，随葬品计有青铜爵1件、青铜斝1件、陶鬲1件、陶斝1件、陶豆1件和陶器盖1件。所出“鬲、斝、豆都是商代二里岗下层二期中典型器”，可证该墓是一座二里冈文化二期的墓葬。随葬青铜爵、斝配套成组的礼器，始见于二里头文化四期M9[③]，C8M32出土的随葬品证明，商人至迟在二里冈文化二期仍然继承着夏人的这个礼俗。在C8M32的东北侧还发现有C8M7，“墓被挖沙时破坏，清理时仅存墓室西北角一部分。就残存的墓室结构看，略呈东北、西南向，方向35度。墓室为长方形竖穴，残长2、残宽1.3、残深0.6米。北壁与西壁还残存有宽约0.35、高约0.12米的二层台。墓室底部铺有厚约0.03米的红色沙土，并有棺灰痕迹，骨架已腐朽无存。墓内的二层台上和墓内底部残存有青铜器、玉器、石器等随葬

① 宋国定：《论郑州地区夏商文化的时空框架》，《郑州商都3600年学术论文集》，中州古籍出版社，2004年。

② 岑仲勉：《〈墨子·城守〉各篇简注》，古籍出版社，1958年，第13页。

③ 中国科学院考古研究所二里头工作队：《1994年秋河南偃师二里头遗址发现的几座墓葬》，《考古》1986年第4期。

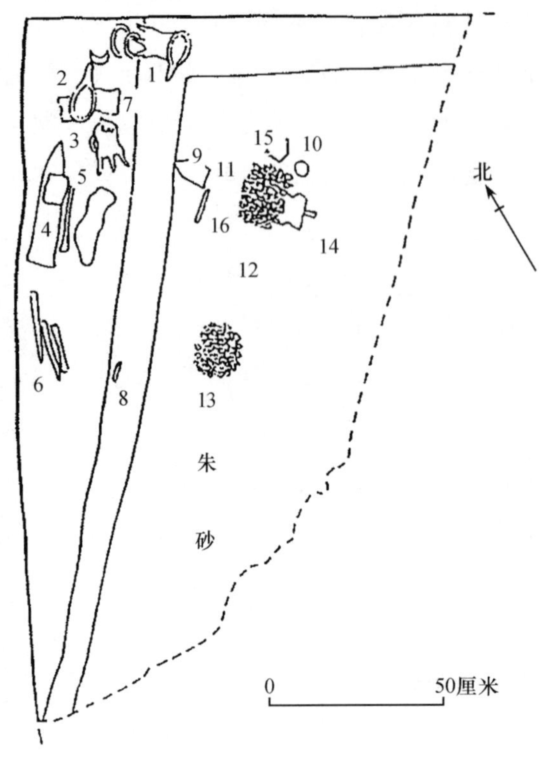

图3.3　C8M7平面图

1—3. 青铜爵　4. 石戈　5、14—16. 玉柄形器　6. 青铜戈　7. 青铜斝　8. 骨器　9. 玉戈　10. 涂朱圆陶片　11—13. 贝

器物10余件和贝等。随葬器物中有铜斝1件、铜爵3件、直援直内铜戈1件、直援直内石戈1件、玉戈1件、玉柄形器4件、涂朱圆陶片1件、骨簪1件、贝100多枚（图3.3）。据破坏该墓的挖沙者谈，他曾在该墓处拣到一件饰三弦纹的青铜盉”（《商城》，564页）。“从该墓出土的带有三周弦纹的铜斝和铜爵的形制来看”，应是一座二里冈文化二期的墓葬，也是郑州商城首次发现建有二层台的墓葬。玉柄形器和涂朱圆陶片是二里头文化墓葬中常见的随葬礼器，但是在C8M7出土的玉柄形器多达4件，这在二里头文化墓葬中还未曾见到过，可见商人已经发展了夏人的这个礼俗。

这个时期郑州商城以内主要随葬陶器的墓葬，大多分布于城墙近侧。如位于CNT1内的CNM1，位于城内东北隅的北城墙内侧并打破了城墙夯土。该墓为一长方形竖穴土坑，墓室已遭后世破坏，葬式不清。现存残长0.8、残宽0.35、深0.27米。方向60度。随葬陶豆1件、陶罐1件（《商城》，570页）。C8T24内的C8M8，位于城内东北隅的北城墙内侧并打破了城墙夯土。该墓为一长方形竖穴土坑，朱砂铺底。“墓室长1.48、宽0.42、残深0.34米。方向293度。墓内死者骨架保存基本完好，仰身屈肢，头向西北。墓内随葬陶鬲1件、陶深腹盆1件、陶浅腹盆1件和陶豆1件。就四件陶器特征看，都是商代二里岗下层二期典型的陶器。”（《商城》，565页）这两座墓都位于上述两座小型房基的近旁，可能就是两位守城者的墓葬。CWT3内的CWM7，位于西城墙内侧，打破城墙夯土。该墓为一长方形竖穴土坑，“墓室长1.7、宽0.58、残深0.96米。方向159度。墓内死者骨架保存尚好，仰身直肢，头向东南，墓底铺垫有一层朱砂。墓内随葬陶器3件，有陶鬲1件、陶深腹盆1件和陶钵1件。从陶鬲与陶盆的形制看，都属于商代二里岗下层的典型陶器”（《商城》，566页）。时代当属二里冈文化二期。CWT3内的CWM9，位于西城墙内侧并打破城墙夯土。该墓为一长方形竖穴土坑，墓内朱砂铺底。“墓室南北长

2.12、东西宽0.59、残深0.85米，方向170度。墓内死者骨架保存尚好，葬式为仰身直肢，头南足北。墓内随葬陶鬲1件、陶斝1件、陶尊1件、陶深腹盆2件和陶豆1件。从随葬的斝、盆和尊等陶器的形制看，都是商代二里冈下层二期的陶器。”（《商城》，566页）这两座墓的墓主可能与上述两座墓葬墓主的身份相同，也应是两位守城者的墓葬。不过属于该期的C8M36不靠近城墙，而是位于C8F15的废墟之上。该墓为一长方形竖穴土坑，“墓室西南部略残，残长1.2、宽0.54米。墓内死者头向西南，上部残毁，盆骨以下保存完好。墓室底部铺有朱砂”。随葬有陶斝1件、陶豆1件（《商城》，244页）。以上这五座墓葬，都有一个比较规整的长方形竖穴墓坑；除CNM1遭破坏以外，其他四座墓底都有朱砂铺底；都随葬有一定数量的当时的实用生活用具陶器，其中炊具以鬲为主，盛食具以豆、盆、罐为主，有些还随葬有酒具斝、尊等。由此可知，这些墓葬的墓主人，虽然不是贵族，但也不大可能是奴隶，而应是一些有着酒食享用的人家，这些人由于居住在国都以内，因此在周代称之为“国人”，应当就是当时社会的“国人”阶层。

适应着王都人们日益增长的需要，这里的手工业也迅速发展起来，现已发现的手工业作坊遗址都位于内城以外和外郭城以内，这是继承了二里头夏都手工业作坊的布局。这个时期的铸铜手工业作坊在一期的基础上进一步扩大了规模，《郑州商城》报告说：二期的“南关外铸铜作坊遗址”的中心以今陇海东路为界分为南、北两个铸铜场区。南铸铜区南侧有东西向壕沟一条，作为该区的南部边界。场区以内发现有白灰面地坪、铜锈面和铸铜场地土台等重要遗迹。白灰面地坪分布于场地中心的C5T69探沟和C5·3T301探方以内，因被后世破坏，残破为两处碎片，其筑法是“先在相当于商代二里岗下层二期的深灰土层上面，铺垫一层厚约0.14米的料姜石层，其上又铺垫一层厚约0.3米的碎红烧土块层，再向上又铺垫一层厚约0.06米并经过拍打坚硬的浅灰土层，在浅灰土层之上涂抹一层厚约0.02米的白灰面地坪。”推测其性质应是一处“铺垫有白灰面的建筑遗迹”（《商城》，315页）。在C5·3T301白灰面地坪的北侧，分布有“大小不等和形状各异的十一片黏附有绿色铜锈渣与铜汁凝结而成的铜锈面”。“这些铜锈面很可能是当时在这里铸造青铜器时，流在地面上的炼渣与铜汁凝固而成。……特别是在有些铜锈面层中还发现夹杂有一些木炭屑、细沙、碎红烧土块、炼铜坩埚碎片和杂草等物，更进一步证明这里残存的十一片铜锈面应是与铸造铜器场地有关。”（《商城》，317页）在C5T69白灰面地坪的西南侧，发现有铸造铜器的硬土台，“土台东西长3.1、南北宽2.8、台面高出附近地面0.2米”。土台东、西、南三面边缘处，“还分别残存有0.3米高的土墙”。“在三面土墙内，比较平坦的土台面上，都被烧成坚硬的红烧土地面。在硬土台中部的地面上，则有一片南北长约2、东西宽约1.1米的绿色铜锈面，……铜锈面的上下叠压情况一般是上下两层，但也有多达四层或五层的，特别是在上层铜锈面上，还散布有大小不等的十六个圆口尖底或圜底凹窝。”“从铸铜土台上铜锈面上下重叠之多、铜锈凹窝黏结铜锈层数之多，以及铸铜土台周围商代二里岗下层二期灰坑和商代二里岗上层一期灰坑内堆积呈靠铸铜土台处较高的倾斜状、并多包含有与铸铜有关的遗物来看，这处铸铜土台也应该是从商代二里岗下层二期延续使用到商代二里岗上层一期的一处铸铜场地遗迹。”（《商城》，317页）有些学者则认为这应是一座“烘范窑”基址，并认为它“既是烘烤大型铜器范，又是就窑坑浇铸的遗存”，说这“是已发现最早的烘烧泥质范的窑”，“郑州商代采用了烘烤泥范技术，创造了烘烤设备（烘范窑），提高和增强了泥范的性能与成品效率”①。在南铸铜场地还发现有众多的灰坑，其中以C5·3H302比较重要，此坑位于白灰面地坪的西侧和硬土台的北侧，口径南北中长1.6、东西中宽1.3、深约1.6米，“坑底铺垫厚约2厘米的黄土，土质相当坚硬。坑内除包含有二里岗下层二期的卷沿双唇鬲、罐和短颈大口尊等陶片外，还有被染成绿色的骨器与兽骨，以及爵、钁、斧等陶范45块、陶熔铜坩埚两碎块与红烧土块等。特别是在该坑内还出土了许多熔铜炉壁残块”，发掘报告据此认为该坑有可能“就是商代二里岗下层二期熔铜炉”（《商城》，318页）的遗迹（图3.4）。

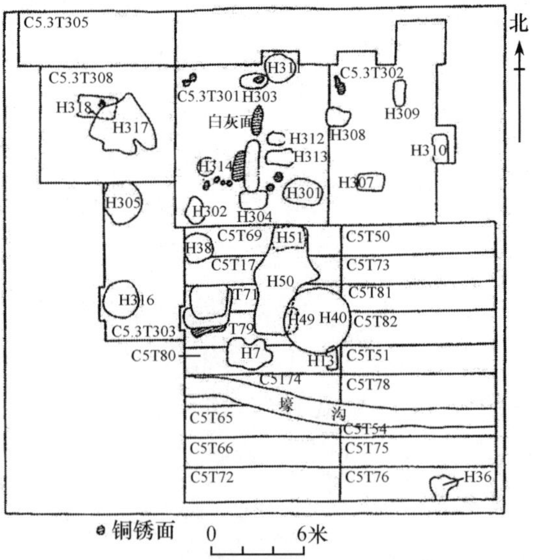

图3.4　南关外铸铜遗址南区铸铜场地探方和遗迹分布图

北铸铜场地“略呈东西长16.5、南北宽14.5米的长方形，面积约220平方米”。四周皆有壕沟相环绕。场地以内“散布着许多片铜锈地面”，每层铜锈面上“都散布有多少不等而又不甚规整的烧土或黏附有铜锈的小凹窝或小坑”，这些凹坑可能“也是作固定陶范用的。这片铜锈面应是铸造铜器的场地之一”（《商城》，328页）。有些学者认为“其中一片似小型熔炉放置的凹坑”②。在铸铜场地的中间偏北部，发现有两个盛储细沙的小坑（C9H181、C9H182），这些细

① 李京华：《中原古代冶金技术研究》（第二集），中州古籍出版社，2003年，第30、31页。

② 李京华：《中原古代冶金技术研究》（第二集），中州古籍出版社，2003年，第30、31页。

沙，“很可能是在铸造铜器时，为了防铜汁与陶范黏结，而把细沙拌水涂抹在陶范内壁上，作为铜汁与陶范的‘隔离层’使用的，所以我们认为这处铸铜场地也可能是铸造铜器过程中的‘翻沙场地’。因此，这两个储沙坑，是南关外铸铜作坊遗址中保留下来的与铸造青铜器有关的非常重要的遗迹之一”（《商城》，329页）。在这处场地范围内，也发现有众多的灰坑，有些深灰坑可能是当时的水井，如C9H177，位于场地东壕沟外北端约3米处，“口径南北长2、东西宽1.25、已发掘深度5.75米，因底已深入到水平面之下未发掘到底。在灰坑的西壁中部还残存有上下一排五个脚窝，……（它）可能是当时的废弃水井”（《商城》，332页）。冶铸青铜器，用水是必不可少的（图3.5）。

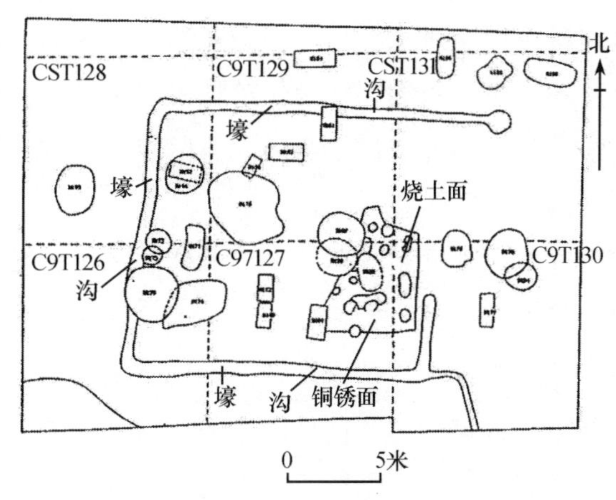

图3.5　南关外铸铜遗址北区铸铜场地探方和遗迹分布图

在南、北两个铸铜场地，还出土有众多的与铸铜有关的遗物，如铜矿石，其中“标本C5H48：24，表面呈棕红色，内含有绿色铜矿石颗粒和红色铁矿石颗粒，出土时放在一个陶盆中”（《商城》，334页）。开采出来的铜矿石必须经过粉碎和淘洗，才能进行冶炼，这些陶盆应是当时淘洗和存放粉碎过的铜矿石的重要工具。熔铜用的陶坩埚，多是用当时的短颈大口尊和陶缸略加修改而成，其中标本C5·3T302②：1，“就是用商代二里岗下层二期常见的短颈陶大口尊打掉口部制作而成的，其内壁就黏附有很厚的铜渣和铜汁凝结物，而外壁上还保存有数片厚3.5—4.1厘米的草拌泥，并已被烧成砖红色和坚硬的青灰色”（《商城》，335页）。铸造青铜器所用的陶质模、范，“都是采用质地比较纯净的沙子和经过淘洗、质地比较纯净的黏土掺和后制作而成”（《商城》，339页）。“其中能够看出所铸青铜器品种的陶范（包括模）近70块，计有生产工具类的䦆外范、䦆范芯、斧外范、斧范芯、刀范和凿范；武器类的镞范和戈范；容器类的鬲外范、鬲范芯、斝外范、爵外范、爵范芯和花纹范等。”（《商城》，338页）值得注意的是这里出土了近50块铸造生产工具的陶范，约占出土陶范总量的40%以上，其中又以农业生产工具的䦆范为最多，有40件，占出土生产工具范总量的80%，其比例如此之大，在我国考古学文化史上可说是空前的，也是绝后的（图3.6）。当然古

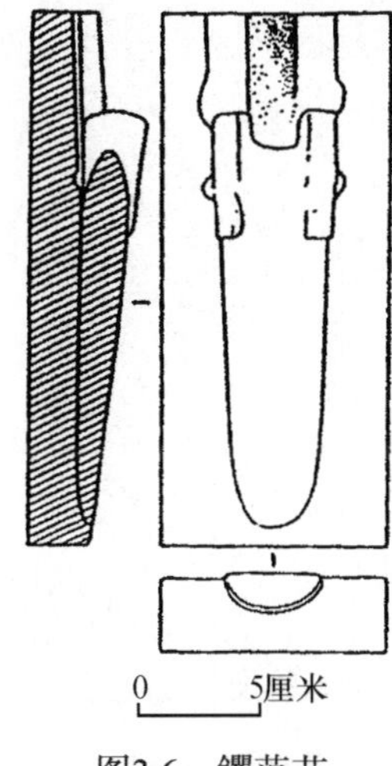

图3.6　䦆范芯
C5H50：31（复原图）

代这些生产工具战时也可当做武器（见《墨子 · 备城门》篇），但主要是用作生产工具。用当时贵重的青铜制作消耗量较大的生产工具，表明商王朝对农业和手工业生产的重视，这显然促进了当时农业的发展，这对于提供王都众多人口的生活资料是非常必要的。

这个时期烧制陶器的手工业作坊基址，发现于内城西城墙外今铭公路西侧郑州市第十四中学院内，故称作“铭公路西制陶作坊遗址”（图3.7）。《郑州商城》报告说：这里二期制陶遗迹发现有壕沟、陶窑、制陶场地、房基、墓葬、灰坑和水井等。一条较大的壕沟位于遗址的中部，沟壁土质都是可以用作制陶原料的红色黏土，因此有些学者认为这条壕沟可能就是当时的人们挖取陶土而形成的。这个时期残存的5座陶

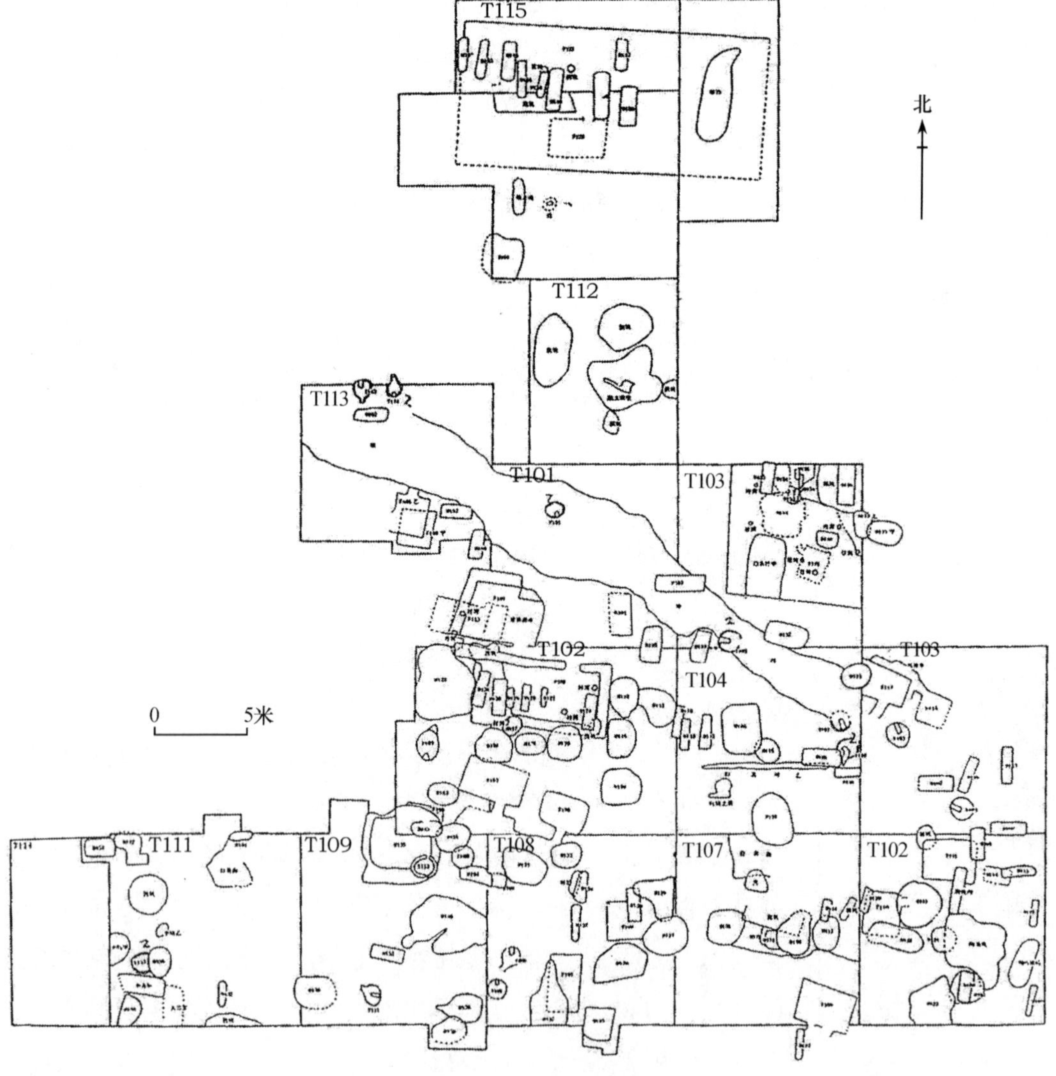

图3.7　铭功路西侧制陶遗址平面图

窑多分布于壕沟两侧，陶窑都有火门、火膛、窑柱、窑箅和窑室组成，整体呈一不规则的圆鼓形（图3.8）。窑室的空间约为一个立方米，可见每窑一次烧制的陶器仍然是不多的。在一些陶窑的附近，还发现有残存的白灰面地坪场地，在一片较大的场地上“堆放着一大堆似经过精心淘洗与沉淀过的、质料细腻的呈红褐色的制陶原料陶泥”，据此判断，这里很可能就是“商代二里岗下层二期制造陶器的场地”（《商城》，404页）。陶窑的周围发现有该期残存的9座房基，其中以C11F121为最大，它位于制陶遗址的北侧，东西宽16.2、南北长7.5米，铺有六层坚硬的白灰地坪和烧土面，各层多是在原来损坏的层面上重新铺垫起来的。从此房基的“规模之大和房基面每层都涂抹有坚硬而平坦的地坪来看，显然不是作为一般住房使用的”，而“很可能是一处制作陶器胚胎的作坊遗址”（《商城》，396页），也是当时存放未烧陶器的场所。由此“可以看出商代制造陶器要经过取土、淘洗制陶的陶泥、轮制陶器胚胎和入窑烧制这样大体几个过程”。另外，在这里还发现有陶拍子、陶印模、陶漏斗形器和锤形器等约30件制陶生产工具，以及大量烧坏的残次陶器。有些房基则可能是当时人们的住房基址，如C11F102，它位于遗址的中部，东西宽约8.4、南北长3.7—3.9米，北边残墙的东部有一缺口，应是向北的房门所在。此房基也是接连铺有六层地面，“值得注意的是，在该房基内铺垫的数层地面下，分别叠压有六座头朝南方向在185度—194度之间呈南北长方形竖穴的小型商代墓葬。墓内的死者有成人、少年与小孩”（《商城》，397页）。少年与小孩墓内无任何随葬品，三座成人墓中有两座随葬有陶鬲等生活用具，此房废弃以后，还有一位女性墓葬（C11M131）打破最上层白灰面埋在这里，随葬有陶鬲1件、陶尊1件、陶盆2件，他们可能都是住居于此屋的制陶生产者及其家属的遗体。在遗址的东部，也发现有五座随葬陶质生活用具的成人墓葬，其中C11M113墓内，随葬有陶鬲、陶斝、陶爵、陶簋、陶豆和陶尊各1件，是该遗址随葬陶器最多的一座墓葬。

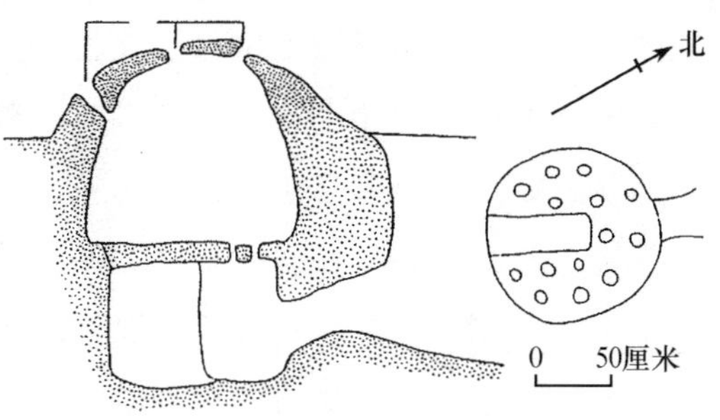

图3.8　陶窑（C11Y110）复原图

陶器是处于定居生活的人类普遍使用的最基本的生活用具，但是随着人们生活水平的提高，陶器也显现出各种缺点给人们生活带来不便，如吸水性强，“储存液体易于渗漏；在使用时易于沾污，不易清洗；质脆易裂；外观粗糙，不合人类的审美要求等等。为了克服这些缺点，我们的祖先曾经想了不少办法予以补救”①，硬陶和瓷器的

① 张福康：《铁系高温瓷釉综述》，《中国古代陶瓷科学技术成就》，上海科学技术出版社，1985年。

发明，就使这问题得到了进一步地解决。《郑州商城》报告说：二里冈文化二期各类遗迹中出土有硬陶和原始瓷器片，“从残片中可以看出器形多为尊、罍和罐等。其胎质坚硬细腻，颜色多呈灰白或棕白色，……原始瓷器的器表施釉多呈青绿或豆绿色，因其属瓷器的初创阶段，故称‘原始瓷器’”。硬陶在中原地区的二里头文化时期已经出现[①]，其特点是较之一般陶器胎质更加“坚硬细腻”，吸水性弱，初步解决了一般陶器的吸水性强、质脆易裂的缺点，而且器表多拍印有各种几何纹饰，因而又称作“印纹硬陶”，这是当时人们在长期的烧制陶器的实践中，不断地总结经验，所创造出来的主要用来盛储实物的一种新型陶器。这种陶器由于胎质坚硬细腻，吸水性弱，其烧制的工艺过程也比一般陶器要求较为复杂和严格。根据现今的科学测定：首先是制作硬陶的原料已不是一般制作陶器的含铁量较高（约为6%）的易熔黏土，而是选择含有少量氧化铁（含量约为2%）的高岭土（又称“瓷土”）；其次是烧制硬陶的火候比烧制一般陶器要高，必须在1100°C以上，因而对烧制一般陶器的窑炉也必须加以改进以提高烧制温度。不过“印纹硬陶无论在化学成分上、显微结构上或是烧制工艺上，确是介乎原始瓷和陶器之间，在从陶发展到瓷的过程中而起到了桥梁作用”[②]，它是人们从烧制陶器到烧制瓷器的一个过渡阶段。人们在烧制硬陶的过程中，由于逐步加深了对于瓷土的认识和利用，加上对改进高温窑炉的成功，特别是对瓷釉的发明，从而为发明原始瓷器创作出必要的条件。原始瓷器在二里头文化时期也已出现，二里冈文化二期的原始瓷器烧造技术正是在二里头文化的基础上继承和发展起来的。该期原始瓷器在20世纪50年代初首次发现于二里岗C1H17灰坑中（编号为H17：136）[③]。当时的李文信等先生已经明确地认为这应是我国原始的瓷器[④]。60年代初，安金槐先生又为之详加论述[⑤]，现在学术界对于这个时期出现瓷器的认识已经基本上达成了共识。瓷器是在人们烧制硬陶的基础上发明和创造出来的，但是其质量大大高于硬陶器，二者的不同是烧制瓷器的条件要求更为严格，“第一是原料的选择和加工，主要表现在Al_2O_3的提高和Fe_2O_3的降低，使胎质呈白色；第二是经过1200度的高温烧成，使胎质烧结致密、不吸水分，击之发出清脆的金石声；第三是器表施有高温下烧成的釉，胎、釉结合牢固，厚薄均匀。三者之中，原料是瓷器形成的最基本的条件，是瓷器形成的

---

① 中国科学院考古研究所二里头工作队：《河南偃师二里头早商宫殿遗址发掘简报》，《考古》1974年第4期。

② 李家治：《原始瓷的形成和发展》，《中国古代陶瓷科学技术成就》，上海科学技术出版社，1985年。

③ 河南省文化局文物工作队：《郑州二里冈》，科学出版社，1959年，图版拾。

④ 李文信：《关于我国陶瓷的几种新资料》，《文物参考资料》1954年第10期。

⑤ 安金槐：《谈谈郑州商代瓷器的几个问题》，《文物》1960年第8、9期。

内因，烧成温度和施釉则是属于瓷器形成的外因，但也是不可缺少的重要条件”[①]。据调查，“在郑州附近的密县（按：今称新密市）、荥阳、巩县（按：今称巩义市）等地，高岭土和釉料埋藏相当丰富”[②]，如在巩义市钟岭发现的瓷土，“矿体呈层状产生，长1600米，宽2000米，矿物成分为硬高岭土，含Al_2O_3量为39.8%，含SiO_2量为43.5%，含Fe_2O_3量小于3%”[③]。这些都为为商代人们在这里烧制原始瓷器提供出充足的物质条件。瓷釉的发明是原始瓷器产生的一个重要标志，也是瓷器出现的三个必备条件之一。“釉是一种烧结在瓷坯表面（包括器里）的玻璃态物质，它可以使坯体表面更加坚致，不吸水，具有光泽，且易于保持洁净，还能增强其机械强度，避免磨伤”，是古代制陶者为了克服陶器的粗糙、吸水、易沾污表面等缺点，经过长期的反复实践而创造出来的。早在新石器时代，原始人在烧制陶器的过程中，由于偶然地加薪过多、风力过猛而形成高温的情况下，使一些窑内的易熔黏土、草木灰和陶器上的部分白色涂层生成坚硬而光亮的玻璃态，这种“玻璃态”就是最早的自然“釉”面。受此启发，随着高温窑的改进成功，夏、商时代陶工们因此就有意识地把一些草木灰调成粉浆，涂抹在硬陶的器表上，加以高温烧制，从而就产生了最早的人造釉面。“实验室试验的结果表明，有好多种常见的草木灰，如松木灰、杉木灰等，经适当磨细，加水调成浆状，涂在陶瓷坯体的表面，在1200°C左右和适当的还原气氛下就能熔融成青绿色的釉。”“作为初创期的制釉原料来说，草木灰还具有不少可取之处：一是原料易得，因为每个窑场都用柴草烧窑；二是使用方便，草木灰不像某些石质原料那样，需要碾磨，只要略为处理一下就可使用。这些优点使草木灰成为当时各地窑厂普遍采用的一种主要制釉原料。”[④]这种原始的瓷釉，学术界又称之为“草木灰釉”，郑州商城二里冈文化二期出土的原始瓷片，正是涂有这种“草木灰釉”的瓷片。众所周知，我国是世界上最早发明瓷器的国家，现有的考古资料表明，瓷器的发明至迟可上溯到夏、商二里头文化和二里冈文化时期。这是当时手工业者在长期烧制陶器的基础上，不断总结经验而发明创造出来的一种新型的产品，是当时劳动者对人类物质文化发展的一个重大贡献。

在郑州商城内城的北城墙以外，发现有制骨作坊遗址，因其位于今紫荆山的西北，故称作“紫荆山北制骨作坊遗址”。《郑州商城》报告说：二期制骨遗址内出土有夯土基址、壕沟、灰坑和墓葬等遗迹，“夯土遗迹残存范围南北长2.5、东西宽

① 中国硅酸盐学会：《中国陶瓷史》，文物出版社，1982年，第76页。

② 安金槐：《谈谈郑州商代瓷器的几个问题》，《文物》1960年第8、9期。

③ 张来友：《郑州地理环境与经济发展》，农村读物出版社，1994年，第50页。

④ 宋伯胤：《关于我国瓷器渊源问题的探讨》，《中国古陶瓷论文集》，文物出版社，1982年。

2.1、夯土厚1.46米"，"应属二里岗下层二期的小型房屋基址遗存"（《商城》，466页）。残存的两条壕沟南北并列，靠近夯土基址，最宽的一条东西长4、宽0.84、深0.92米，应与当时住房居民取水或排水有一定关系。夯土基址的旁侧还发现一座墓葬（ZBM5），"墓坑呈不规整的长方形，方向22°，长1.78、宽0.86、深0.2—0.4米。墓内死者为仰身直肢葬，无随葬品"（《商城》，467页），或为此住房居民死者的墓葬。遗址内特别是灰坑中出土有制作骨器的骨料、砺石、骨器和半制成品骨器等。这里出土的骨料"数量很多，C15H8内出土骨料粗略估计就有千余件，计有猪骨、牛骨、鹿骨、鹿角和人骨等"（《商城》，469页）。作为制骨工具的"砺石，是制作骨器用的磨制工具，出土数量也较多。石质分红色砂质板岩与青绿色砂质板岩两种，……在绝大多数砺石的一面上都保留有一道或两道磨制骨器时遗留下来的凹槽形磨制痕迹"（《商城》，473页）。当然，切割骨料的青铜刀锯，也是重要的制骨工具，但是青铜质料当时属于贵重物品，人们不会轻易丢弃，现今虽未发现，想来当时应是必不可少的。制骨遗址出土的骨器中以骨簪为最多，"C15H8内就出土残骨簪27件"。其次是骨镞、骨锥等，另外还出土较多的骨器半制成品和废骨料等。另外，在郑州商城东南郊的二里冈，也发现有众多的完整骨器、半制成品和废弃骨料等，这里也应有一处制骨作坊遗址[①]。骨器如骨簪、骨锥、骨镞、骨针等，都是当时各阶层人们的常用物品，而且它比铸造青铜器取材方便，制作简易，加以切、削、琢、磨即可成器，因此当时对它的需要量较大，而且质料坚硬，不易腐烂，因此留存于至今的遗物也比较多，"在郑州二里岗遗址的发掘中，骨器的出土数量若按骨器的整残件计算，仅略少于同期陶器的出土数量"。当时相当多的成品骨器，都应是从这两座制骨作坊生产出来的。

在郑州商城以内除发现有商人祭祀祖先的宗庙遗迹以外，在内城的南、北郊区，还多发现有二里冈文化二期与祭祀有关的重要遗迹。《郑州商城》报告说：南墙外的祭祀遗迹为一群残存的窖穴，它们位于今城东路西侧和陇海路南北两侧的河旁台地上，其中C9 · 1H110"是一个略呈东西向的长方形竖穴坑。坑口东西长2.4、宽1.3、残深3.15米（遇水未挖掘到底）。坑的南北两壁还保留有可供上下的脚窝。……在由坑口深约0.85米处，出土较完整的灰陶罐和灰陶瓮各一件，并在陶瓮内装一件较大的带有灼痕的牛肩胛卜骨。在陶瓮之下又叠压着一堆狗骨和一件牛卜骨。再向下深约1.2米处，又放置着较为完整而又为郑州商代二里岗下层二期陶器中少见的口沿带对称双拱形竖耳、颈部饰乳钉纹的灰陶素面鬲1件、卷沿细绳纹底带烟熏痕的灰陶鬲1件和浅盘扁足

① 河南省文化局文物工作队：《郑州二里冈》，科学出版社，1959年，第34、35页。

素面磨光陶鼎1件。这些完整或近于完整的陶器比较集中填埋在灰坑中的现象，在商代灰坑中是不多见的”（《商城》，489页）。在C9·1H110的旁侧，有C9·1M106，墓内“埋有一具俯身葬人骨架”，“双手捧在头前，两足则并在一起，形态也好像手与足都是被捆缚着埋入坑内的”。M106的近旁有C9·1M122，“墓”内埋有一只“猪骨架基本完整，而前后蜷缩在一起，形似捆绑着姿态”。M122的南侧有C9·1M102，埋有一具“双脚残损”人骨架（《商城》，491页）。M102的东侧有C9·1M123“埋有一只狗”（《商城》，492页）。又有C9·1M124“埋着一具猪骨架”（《商城》，493页）。在C9·1M124的东侧有C5·1H171，这是一个圆形的深窖穴，“在距坑口向下约3米深处，就发现有一个完整的人头骨；再向下约距坑口3.6米深处，又发现两具较为完整的人骨架”（《商城》，493页）。在H171的西侧有C9·1H111，这是一个长方形的深窖穴，“在这个深坑内竟填埋有完整或比较完整的成年人骨架两具、小孩骨架6具、大猪骨架5具、小猪骨架3具、狗骨架1具和狗头一个，另有一些人的零散盆骨、股骨和猪骨、狗骨等”。“从这些人骨架与兽骨架的姿态看，多数都很不自然，其中有些骨架好像是作捆绑状。”（《商城》，488页）在H111的南侧有C9·1M121，“埋着三具比较完整的猪骨架”。M121下面还叠压着一座单人墓葬M101（《商城》，491页）。上述这些人和动物的骨骼，可能都是当时的统治者“用人与牲畜祭祀后，把这些人与牲畜埋到坑中的”（《商城》，488页）遗物和遗迹，这里应是当时的一处大型祭祀场地。《礼记·曲礼》云：“祭服敝则焚之，祭器敝则埋之，龟、筴敝则埋之，牲死则埋之。”郑玄注：“此皆不欲人亵之也。”孔颖达疏：“若不焚、埋，人或用之，为亵慢鬼神之物。……牲、器之类，并为鬼神之用，虽败，不知鬼神用与不用，故埋之。”古人在祭过神灵之后，有把祭器、牺牲埋藏的习俗，郑州商城南墙外发现的卜骨、陶器和人与动物的骨骼，应当就是商人在这里祭过神灵之后所埋藏的牺牲和祭器。不过这里有一个问题需要讨论的是，所谓“龟、筴敝则埋之”，应是指龟、筴作为古代主要占卜工具才加以埋藏的，重点是“主要占卜工具”，而不是龟、筴本身。古代人们所用的主要占卜工具常常是因时、因地而有所不同，据现有考古资料所知，在古代中原地区，自河南龙山文化以来，至二里冈文化初期，所发现的主要占卜工具皆为牛、羊、猪（间或有鹿）的肩胛骨（筴为草类易腐，已不能被发现），多用龟甲占卜吉凶，则是晚商以后的事情。到二里冈文化二期才发现有少量的龟卜甲，以郑州商城出土的资料为例，《郑州商城》考古报告说：这个时期共出土“卜骨与卜甲106件”，其中“牛卜骨56件”，“羊卜骨33件”，“猪卜骨7件”，龟“卜甲10件”，可知这个时期的商人仍以牛肩胛骨为主要占卜工具，所以说上述C9·1H110之中，商人埋藏的主要占卜工具是牛肩胛卜骨，而不是龟卜甲，这与后世所记埋龟卜甲的性质则是完全相同的。

郑州商城北墙外的祭祀遗迹，出土于制骨遗址附近，《郑州商城》报告说：在“制骨遗址东南部的商代二里岗下层二期的文化堆积层中，也曾发现掷埋有五具人骨架与五具猪骨架。其中有一具无头的人骨架与五具猪骨架掷埋在一起。……我们认为这些人骨架与猪骨架掷埋在一起的情况，也可能与祭祀后的掷埋有关”（《商城》，493页）。考古发掘者又说：制骨作坊遗址范围内“发现了一些非正常死亡的人骨架，有的有身无首，有的与猪骨架掷埋在一起，很可能是商代中期祭祀的遗存。这与郑州二里岗C5M1商代人、猪乱葬坑和C5·1H171被捆绑乱葬人骨架的情况有些近似”①。

古人祭祀神灵有着“内事”和“外事”的区别，《礼记·曲礼》云：“外事以刚日，内事以柔日。”又云：“践祚，临祭祀，内事曰孝王某，外事曰嗣王某。”孔颖达疏：“内事宗庙是事亲，事亲宜言孝，故升祚阶祭庙，则祝辞云孝王某；外事，郊、社也，天地尊远，不敢同亲云孝，故云嗣王某。”孙希旦《〈礼记〉集解》引吴澄曰：“宗庙所祭者，一家之亲，内神也，故曰内事；郊、社、山、川之属，天下一国之神，皆外神也，故曰外事。”“外神”是古人自然崇拜的产物，其祭祀对象包括自然界各种重要的物体，但是多以天、地概括之，《太平御览》引《礼统》云：“天地者，元气之所生，万物之自也。”因此古人多以祭祀天地作为祭祀万物的代表，故《礼记·表记》引孔子曰：“昔三代明君，皆事天地之神明。”而古人祭祀天神多在南郊，祭祀地神多在北郊，《周礼·春官·大司乐》：“乃奏黄钟，歌大吕，舞云门，以祀天神。乃奏大蔟，歌应钟，舞咸池，以祭地祇。”郑玄注：“天神谓五帝及日月星辰也。王者又各以夏正月祀其所受命之帝于南郊，尊之也。《孝经》说曰：‘祭天南郊就阳位’，是也。……地祇，所祭于北郊，谓神州之神及社稷。”据此推知，上述郑州商城南北城墙以外发现的祭祀遗迹，可能就是商人举行“外事”祭祀天、地等外神的场所。

第三节　二里冈文化三期的郑州商城

一、建筑遗迹

二里冈文化三期，是郑州商城作为王都亳邑的繁荣和鼎盛时期，《史记·殷本

---

① 河南省文物研究所郑州商城工作站：《近年来郑州商代遗址发掘收获》，《中原文物》1984年第1期。

纪》云："帝太戊立，……殷复兴，诸侯归之，故称中宗。"《太平御览》卷八十三引《史记》云："中宗在位七十有五年崩。"二里冈文化三期大约属于这个时期。这个时期城内大型建筑基址发现的并不很多，其原因正如《郑州商城》考古发掘报告所说："这是不是说商代二里岗上层一期夯土基址修建得就少呢？我们认为（许多）郑州商城宫殿区遗址是开始修建于商代二里岗下层二期，而到了商代二里岗上层一期时，除新建了一些商代二里岗上层一期的夯土基址外，多数都利用了原来商代二里岗下层二期的夯土基址。加之战国时期又在这里修建夯土基址，位于上部的商代二里岗上层一期的夯土基址被战国时期的建筑严重破坏。"①所以保留于现今的并不是很多。实际上，郑州市区自商代以后历代都是地方重镇，因而也是居民的聚居区，整个郑州商城以内特别是古管城以内，由于各个历史时期的建筑重复修建，商代二里冈文化各期特别是晚期的建筑遭到不同程度的破坏显然是不可避免的。再者，郑州当今为河南省会，大型现代化建筑鳞次栉比，一些二里冈文化时期的建筑基址即使未被破坏，但却压在这些现代建筑之下，一时不可能被发现，这个事实也同样是客观存在的。不过虽然如此，现已发现的二里冈文化三期大型建筑基址总的来说仍然多于其他各期，而且分布范围也较二期有所扩大，当然分布的疏密有所不同。在郑州商城的中部偏北即今城北路的南侧，横贯着古管城的北城墙，考古发掘表明，这座"北城墙是东汉时期修建的；到了唐代，在城墙南侧（即内侧），进行了修补；到了宋代，在城墙的内外两侧均进行了补修"。现存"城墙剖面呈梯形，高7、顶宽11、底宽26.1米"②。因此在这个地区不可能再发现商代夯土建筑基址。但在郑州商城的中部偏南，即今商城路的中段修路工程中，"发掘出一片商代二里岗上层一期的残夯土基址和文化堆积层"③。在商城路东段南侧，即今郑州电力学校院内，也发现有该期的建筑基址89ZDF1，"该夯基面积较大，揭露部分东西残长34、南北宽20米。……夯基仅残留基础部分，原活动面和位于活动面上的柱础、墙基等建筑设施均已无存"④。F1与商城路中段的夯土基址东西并列，都是位于郑州商城以内比较靠南的两处建筑基址。

考古发掘表明，这个时期的大型建筑基址仍然较多地发现于商城以内的东北隅，

① 河南省文物考古研究所：《郑州商城》（上册），文物出版社，2001年，第295页。

② 河南省文物研究所郑州工作站：《近年来郑州商代遗址发掘收获》，《中原文物》1984年第1期。

③ 河南省文物考古研究所：《郑州商城》（上册），文物出版社，2001年，第288页。

④ 河南省文物研究所：《郑州电力学校考古发掘报告》，《郑州商城考古新发现与研究》，中州古籍出版社，1993年。

因为如上所述，这里是商人的王宫、宗庙和住宅区，再者自商代以后，这里属于古管城的东北郊，相当长的时间内不属于繁荣市区，所以相对来说，被后世破坏较轻，因而保留下来一些较多的早商建筑遗迹。位于第四夯土基址区始建于二里冈文化二期的C8F10，这个时期经过重新修建仍然继续沿用着，如上节所述，此“房基面有十多层堆积”，“由此看来，C8F10多层房基地坪不是同一个时期修建的，根据出土遗物看，……最上面的五层房基属于商代二里岗上层，而其下的多层房基不会晚于商代二里岗期下层”①，就是说最上面的五层房基属于二里冈文化三期。“每层地面的筑法都是先铺垫一层厚0.1—0.15米的灰花夯土，然后在灰花夯土上面再铺设一层厚0.5—1厘米料姜石碎块加料姜石粉末掺水搅拌而成的类似‘白灰面’的地坪面。看来这五层地坪的先后铺设，都是由于下层地坪使用一段后，因部分损毁，才在残损的地坪上再铺垫一层灰花夯土，并在灰花夯土面上再铺垫一层料姜石小碎块加料姜石粉末掺水搅拌而成的地坪。”该房基被后世破坏严重，现已发现的C8F10基址地坪面为“南北残长34、东西残宽10.2—10.6米”。地坪面上“除东西两侧边各有一行南北排列的13个料礓石柱础窝外，在基址的中部，还发现有七行作东西向排列的柱窝，每行残存的柱窝多者一行4个，少者为一行2个。在中部作东西向排列的部分柱窝与柱窝之间，还发现有草拌泥墙遗存。因此，我们认为C8F10夯土基址东西两侧的南北两行柱窝，可能是作为外墙竖立木柱骨架用的，而中间作东西向的柱窝则是作为内界墙竖立木柱骨架用的”②。据此推测，现存二里冈文化三期的C8F10，应是一座保留有南北纵长方形的建筑基址。在C8F10的东侧发现有与其同一时期的C8F8夯土建筑基址，该基址“残存南北长21—29、东西宽6米”③，基址面破坏严重，布局不详。在C8F10的西侧，发现有与其同一时期的C8F13，该基址“南北残长11—14、东西宽9米”④，基址面破坏严重，布局不详。这三座房基组成一处以C8F10为主的大型建筑群体。“值得注意的是，在（C8F10）夯土基址之上的相当于二里岗上、下层的文化和壕沟中，出土了一些青铜簪、玉簪和一件较完整的玉铲。这些珍贵遗物在这一带出土较多，而在郑州商代城内、外的其他二里岗期遗址中，至今还没有或绝少发现过青铜簪和玉簪，说明这些装饰品与商代奴隶主的生活有着密切的关系。”⑤另外，《报告》又说：自“1954年和1975年，在商代城内东北部一带发掘的两个探沟（约五十平方米范围内），就清

① 河南省博物馆：《郑州商代城址试掘简报》，《文物》1977年第1期。

② 河南省文物考古研究所：《郑州商城》（上册），文物出版社，2001年，第264页。

③ 河南省文物考古研究所：《郑州商城》（上册），文物出版社，2001年，第266页。

④ 河南省文物考古研究所：《郑州商城》（上册），文物出版社，2001年，第265页。

⑤ 河南省文物研究所：《郑州商代城内宫殿遗址区第一次发掘报告》，《文物》1983年第4期。

理出玉簪和青铜簪残、整百余根，这显然是当时奴隶主阶级使用的残留”[①]。簪在古代又称作笄，是古代男女头上的必备的发饰和冠饰物品，《说文·竹部》：“笄，簪也。”朱骏声《〈说文〉通训定声》云：“按笄有二芥，安发之笄，男女皆有之；固冕弁之笄，惟男子有之。”笄在古代多用青铜、玉或骨器作成，人死以后也有用桑木作笄以束发者，《仪礼·士丧礼》：“鬠笄用桑。”郑玄注：“桑之为言丧也，用为笄，取其名也。”贾公彦疏：“为丧所用，故用桑以声名之。”胡培翚《正义》引蔡德晋曰：“生时固发之笄，用骨为之，今用桑，变于生也。”不过桑木易朽，至今很难见到，所见到者，多为铜、玉和骨质之笄，安阳殷墟妇好墓就发现有青铜簪28枚、骨簪499件及少量玉簪[②]，殷墟小屯北地发现的一座贵族墓葬中（M18），在墓主头部就出土有骨簪25枚、玉簪2枚[③]，郑州商城东北部众多的青铜簪和玉簪的发现，从一个侧面说明以C8F10为主体的建筑群到了二里冈文化三期，仍是一处商王室贵族盛放先人“衣冠、几杖、象生之具”的寝庙所在地，以后随着寝庙的废弃，这些簪类器具才弃置于灰坑中的。还有值得注意的是，在C8F10的废墟之上发现有两件板瓦残片，这些板瓦出土于打破该建筑基址的一条堆积人头骨的壕沟之内，以其中一件（86人头骨壕沟②：1）为例：该瓦“泥质深灰陶，手制。瓦体正面明显隆起，胎质较薄且均匀，火候较高。左侧面自外向里上下切割，……切口平整光滑。……器表装饰有印痕较浅的杂乱中绳纹，内壁为极碎细的小麻点纹。残长16.8厘米，残宽14.3厘米，厚1.5厘米”。与其他基址出土的瓦片相比（详下），这里的瓦片“制作讲究，胎质较薄，火候较高，厚薄均匀，切割技术比较娴熟”。“从沟内填土中出土的陶器残片反映出壕沟废弃的年代不晚于二里岗上层二期，即白家庄期。板瓦出土于沟内填土的二层堆积中，那么其年代至少不会晚于白家庄期。由此我们推测这两件出土于宫殿区废弃堆积中的板瓦的使用年代，也应大致相当于二里岗上层一期前后，其使用也应与宫殿建筑有关。”[④]这是我国迄今所见出土最早的板瓦，它可能原是覆盖C8F10大型建筑屋顶的部件，又随着这座建筑的废弃而散落于壕沟之内的（图3.9）。

在C8F10建筑群的周围，也发现有多座与其同一时期的夯土建筑遗迹。在其东南部的第八夯土基址区，考古工作者曾“在该区内配合10余家单位的建筑工程进行过考古钻探与发掘，这些单位有省中医学院家属院、省中医研究所家属院、黄委会第二宿舍

① 河南省博物馆等：《郑州商代城遗址发掘报告》，《文物资料丛刊》第1期，注8。

② 中国社会科学院考古研究所：《殷虚妇好墓》，文物出版社，1980年。

③ 中国社会科学院考古研究所安阳工作站：《安阳小屯村北的两座殷代墓》，《考古学报》1981年第4期。

④ 河南省文物考古研究所：《郑州商城宫殿区商代板瓦发掘简报》，《华夏考古》2007年第3期。

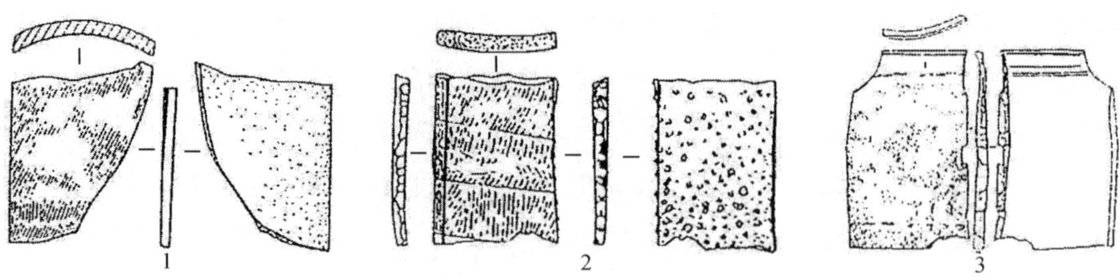

图3.9　板瓦形制比较图

1. 壕沟内出土　2. 丝钉厂遗址出土（97ZSC8②T153H30：95）　3. 中医学院家属院遗址出土（2000ZSC8②T304Z1）

区、……市医疗器械厂与鸿达房地产开发公司等。我们在这里了解到埋藏有丰富的商代夯土基址，其中有不少夯土基址属于商代二里岗期的大型宫殿基址”（《商城》，272页）。例如在今省中医药研究所家属院内，“发掘出一处夯土保存较好的商代二里岗上层一期的夯土基址。这处夯土基址的方向较为特殊，略呈东南—西北向。现仅发掘出基址的南部边沿的一部分，东西残长18、南北残宽0.5—7米不等。……在靠近南部边沿处，有一排呈东南－西北向的柱础坑 7 个，柱础坑均为圆角方形，坑的中间有一个圆形碎裂洞，柱洞底部有柱础石”（《商城》，296页）。在这座夯土基址以东，即今郑州医疗器械厂院内，发现有两座“商代二里岗上层一期的夯土基址，编号为88C8F101、88C8F102”。F101“是一座保存比较规整的商代夯土基址，呈东西长方形，东西长约31.2、南北宽11米。在夯土基址面上的靠南部边沿处，发现残存有七个东西排列有序的圆形柱础石，就保存较好的柱础石与柱础石的间距看，一般为2.5—3米。……如果复原88C8F101夯土基址面上的柱础石布局，就应该是南北两侧边沿处各有十一个相对称的柱础石”（《商城》，272、278页）。F102“位于F101夯土基址西面，相距仅0.3米。这处基址呈南北长方形，南北长9.7、东西宽4.7米。基址夯土的厚度最厚处达1.7米”（《商城》，279页），应是一座F101的附属建筑基址。在中医药研究所家属院以北，即今省中医学院家属院内所发现的二期夯土建筑基址F1、F2和F3，“可能延续使用到二里岗上层一期”（《商城》，276页）。另在配合该院二号家属楼施工场地发掘中，也发现一座夯土建筑基址，该基址“平面形状略呈长方形，东西残长30余米，……南北宽约为12米，方向105° 左右。在夯基表面的南北两侧，均发现有排列有序的柱础坑”。坑的“平面形状近方形，边长1米左右，近中间部位有一个圆形柱洞，柱洞底部铺设一块近方形柱础石”（《商城》，296页）。“从打破该夯土建筑基址的灰坑以及对夯土解剖所得包含物的分析，该基址的使用时间大致相当于商代前期的稍晚阶段”，即相当于二里冈文化三期。在这座夯土基址之上也发现有不少的板瓦，这些板瓦"形制较大，胎体厚重。多为泥质陶，……作瓦所用的陶土均没有经过淘洗，偶见夹带砂粒。陶色以灰色为主，偶见灰褐色"。整体用泥条盘筑法制成，瓦头部位经过慢轮修整，器表饰以绳纹，有些内壁饰以麻点纹。其中复原的一件板瓦（2000ZSC8②T304Z1∶1）为："泥质灰陶，胎体从瓦头到瓦尾逐渐加厚，瓦头微内勾后外斜，形成一个斜折沿，圆唇，瓦头以下胎质最薄；……瓦尾部位最厚，局部内勾。……头部以下饰斜向兼竖向杂乱的中绳纹，瓦头有轮旋痕迹，内壁为素面。长42.5厘米，宽23厘米，厚1—2.4厘米。"其制造和使用年代与建筑基址年代相同，"应不晚于二里岗上层一期"，也即相当于二里冈文化三期（图3.9）[①]。这些瓦件多发现于柱础坑附近，且又大而厚重，可能是用于防护木柱根基的物品，因为木柱触地部位容易受潮腐烂，用陶瓦加以维护，能够起到防潮作用。该夯土基址以南的第十夯土基址区，即今水电部第十一工程局郑州办事处院内，发现一座夯土基址和一眼水井，基址被后世破坏严重，面积和布局不详，"该夯基和水井的时代均为二里岗上层一期"。在这座夯土基址的东侧，即今郑州丝钉厂院内，发现有与其同一时代的夯土建筑基址94ZSC8②F1，该基址"略呈东西长方形，东西残长30多米，南北残宽 7 米多。在残存的夯土基址面中间，有一排挖破夯土面而筑的东西向十三个柱础坑。坑的形状多数为圆角方形，少数为不规则形。柱础坑的中间部位多有圆形木柱窝痕，柱窝的底部又多铺垫有柱础石"。在F1的南侧，"又发现一条带状建筑设施，方向基本与F1相平行。其结构是：在已发现的东西长60、南北宽2.2米的带状建筑遗迹面上，较均匀地分布着一排呈东西向的窄条状柱础槽。每个柱础槽南北长1.1米左右，东西宽0.2—0.4米，柱础槽间距一般为0.7米左右，在每个柱础槽的两端，都有一个直径约10—15厘米的圆形小柱洞"。这可能是廊一类的建筑。"另在F1和带状建筑设施的周围，还发现有三片商代二里岗期的夯土基址残片和灰坑，就夯土基址残片的位置看，有些可能是F1的附属建筑基址，而有些也可能是基址外的活动面"[②]，它们共同组成以F1为主的建筑群体，时代均属二里冈文化三期。另外，考古工作者在这里也发现有板瓦遗物，这些板瓦"与河南中医学院家属院所见有着明显的不同：它们个体较小，规格不一，胎质厚薄不均，制作方法相对原始"。由于发现数量不多，"这些板瓦很可能用在大型宫殿建筑的局部屋面，……估计用于屋脊和两侧歇山或前后屋檐附近易被风吹松动或开裂的

---

① 河南省文物考古研究所：《郑州商城宫殿区商代板瓦发掘简报》，《华夏考古》2007年第3期。

② 河南省文物研究所：《1992年度郑州商城宫殿区发掘收获》，《郑州商城考古新发现与研究》，中州古籍出版社，1993年。

部位”。时代与建筑基址相同，“大致相当于商代早期晚段的二里岗上层一期”[①]，即二里冈文化三期。陶瓦是用以覆盖屋顶的一种重要建筑材料，人们早期的房屋，皆用泥、草和木头架构成屋顶，古代称此为“茅茨”，《汉书·司马迁传》：“《墨》者亦上尧舜，言其德行曰：堂高三尺，土阶三等，茅茨不剪”，颜师古注：“茅茨，以茅盖屋也。”这种屋顶遇到风吹雨打，极易漏水坍塌，而陶瓦则坚硬、耐磨，吸水性弱，有着很好的防水和挡风性能，制作出陶瓦覆盖屋顶，进一步改善了人们的起居生活，这是一项重大的发明创造，故数千年来沿用不息，从现有资料来看，这项发明创造当开始出现于早商王朝的二里冈文化时期。

在C8F10建筑群的西北侧，即今黄委会62号宿舍楼下，发现一处与其同一时期的较大的夯土建筑基址，“形状为窄长方形，方向为东北、西南向。……南北残长47米，东西宽11米，面积残存517平方米。在夯土台基平面发现有南北纵列的三排柱础坑，保存完好的34个，柱础坑一般呈圆角方形，近柱础坑中间位置有一个圆形柱窝痕，柱窝的底部经过钻探和解剖，均发现有支垫柱子的柱础石，柱础石均稍作加工，上面平整，柱子周围的填土均经过夯打”[②]。在这座夯土基址的北侧，即今黄委会43号家属院内，“发现二里岗上层一期夯土台基两处”[③]。其西侧，即今黄委会邮电所附近，也发现有一座比较残破的二里冈文化三期的夯土基址。这几座建筑基址相距较近，形成又一处夯土建筑群体。

在C8F10建筑群的东北侧，即今黄河中心医院内，发现有三座与其同一时期的夯土建筑基址，其中一座在医院西部，“这座商代夯土台基，东西长约40、南北宽为20米。在夯土西半部，还发现有两个圆形柱基槽，直径为1.1米，二者相距为5.3米”[④]。在其东侧，“还发现两座并列的二里岗上层一期夯土建筑基址，均呈东南—西北向。一座长25米，宽10米，其上有18个料礓石柱础。另一座长23米，宽约10米，发现柱础槽7个，间距2.3—2.5米，槽内底部均有石柱础”[⑤]。这三座基址也构成这里一处夯土建筑群体。

以上我们约略地介绍了郑州商城以内现已发现的20多座二里冈文化三期的大型夯土建筑基址，这些基址大多分布于城内的东北部，又三五成群的组成一个个基址群体。其中有些基址应是当时的王宫、宗庙建筑，有些则应是官府和贵族的住宅建筑区。《尚书·酒诰》记载成汤至于帝乙时：“越在内服，百僚、庶尹、惟亚、惟服、

① 河南省文物考古研究所：《郑州商城宫殿区商代板瓦发掘简报》，《华夏考古》2007年第3期。

② 河南省文物考古研究所：《郑州商城》（上册），文物出版社，2001年，第257页。

③ 宋国定：《论郑州地区夏商文化的时空框架》，《郑州商都3600年学术论文集》，中州古籍出版社，2004年。

④ 河南省文物考古研究所：《郑州商城》（上册），文物出版社，2001年，第266页。

⑤ 杨育彬等：《郑州商城的考古学研究》，《河南考古探索》，中州古籍出版社，2002年。

宗工越百姓里君（原文作‘里居’，从王国维说改）。”这些都是任职于王府的百官和宗室贵族，他们的官府和住地均当在王都以内。这些官府和住地后世又称之为“国宅”，《周礼·地官·载师》云：“凡任地，国宅无征。”郑玄注：“郑司农云：‘国宅，城中宅也。’国宅，凡官所有宫室、吏所治者也。”孙诒让《正义》引沈彤曰：“国谓城中，宅即公卿大夫士之所居也。”郑州商城以内所发现的大型建筑基址群，有相当一部分应是当时官府和贵族居住的“国宅”区。

在大型建筑基址群的东北隅即今黄河中心医院以内，还发现有“石板蓄水池”的遗迹（图3.10）。“石板蓄水池为长方形，略呈东南—西北走向，东西长约100米，南北宽约20米。从其解剖情况看，水池建在生土上，然后人工回填白色掺有料礓的土，分层铺垫，层次明显，每层厚0.1—0.15米，垫厚至1米，四周修筑水池的池壁，水池底部则用石板平铺。……最大的石板长、宽60—100厘米，最小的为10—30厘米，厚5—8厘米。在水池底部边缘处还见有较为零乱的圆形石块，一般直径在10—30厘米之间，这些石头最初可能是垒砌在池壁上的，当水池废弃后，池壁坍塌而滚落下来”的。“该石板蓄水池从其层位关系看”，时代应“属于二里岗上层时期”，即二里冈文化三期。“从石板蓄水池的形状和结构分析，其建造还是十分讲究的，首先要挖一个长方形的土坑，四壁有一定坡度，然后将坑底及坑壁护坡用掺料礓颗粒的灰黄土铺垫平整，再将坑底铺砌石板，两侧护坡则多为不规则卵石，……所用石板均经过粗略加工，正面比较光滑，背面有棱角，平面有长方形、方形、不规则形几种。该遗迹规模大，且位于宫殿区的中心区域附近，周围距宫殿遗迹较近，所处位置十分重要，从遗迹形状分析，估计该遗迹应与宫殿区的蓄水有关。”①“此外，如上所述，在石板

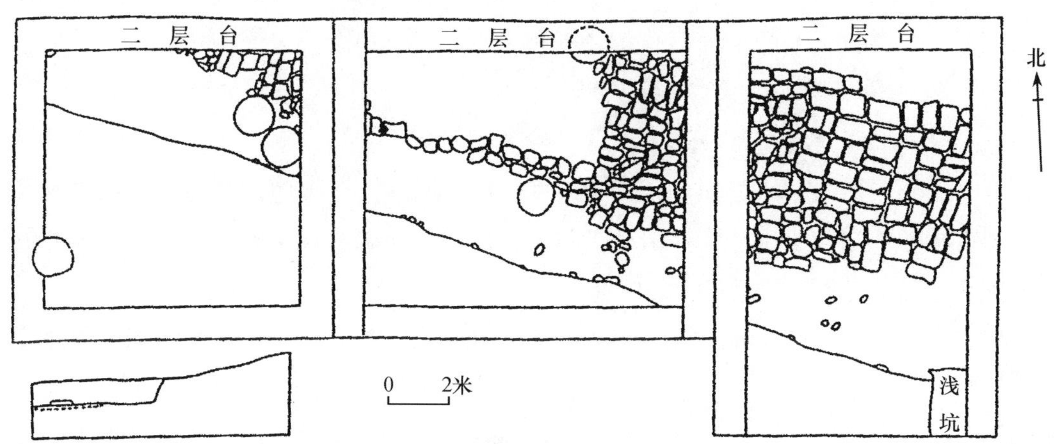

图3.10　石板蓄水池部分遗迹平面图

① 河南省文物研究所：《1992年度郑州商城宫殿区发掘收获》，《郑州商城考古新发现与研究》，中州古籍出版社，1993年。

蓄水池的北侧，还发现两座并列的二里岗上层一期夯土建筑基址，均呈东南—西北向，一座长25米，宽10米，其上有18个料礓石柱础。另一座23米，宽约10米，发现圆柱础槽7个，间距2.3—2.5米，槽内底部均有石柱础。”[①]据此推测，这座蓄水池，除了供应宫殿区人们的日常用水以外，可能还具有美化生态环境的池苑性质。古代王宫宗庙附近多建有园林池苑以供统治集团游览观赏，《周礼·天官·叙官》云：“阍人，王宫每门四人，囿游亦如之。”郑玄注：“囿，御苑也。”孙诒让《〈周礼〉正义》：“《（礼记）月令》孔疏云：‘路门内虽是宫室所在，亦有林苑。’焦循亦云：‘《左·襄十四年传》：卫献公戒孙文子、宁惠子食，皆服而朝，日旰不召，而射鸿于囿，二子从之。’是时二子应召至朝，久待不召，乃知公在囿，故往见，是囿在宫中也，按：依孔、焦说，王宫中亦有苑囿，然其地当甚小，……此阍人守宫门，亦得兼掌之矣。”除了“阍人”之外，古代还设有专门管理苑囿的职官，称之为“囿人”，《周礼·地官》：“囿人掌囿游之兽禁。”郑玄注：“囿游，囿之离宫小苑观处也。”贾公彦疏：“言离宫者，谓于王宫之外，于苑中别离为宫，故名离宫。”郑州商城所发现的这座池苑，正位于宫庙建筑区的北侧，水池旁侧的建筑基址，可能就是当时的“离宫”。《吕氏春秋·重己》云：“昔先圣王之为苑囿园池也，足以观望劳形而已矣。”高诱注：“大曰苑，小曰囿，《诗》云：‘王在灵囿。’树果曰园，《诗》曰：‘园有树桃。’有水曰池，可以游观娱志，故曰：‘足以劳形而已。’”陈奇猷《校释》引李宝洤云：“古人以劳形为养生，故华佗语吴普曰：‘人体欲得劳动，但不当使极耳。动摇则谷气得销，血脉流通，病不能生，譬如户枢终不朽也。’”殷墟卜辞也记有商王前往囿苑的活动，其辞云：

……酉卜，……贞：翌……王往囿，无……（《合集》9488）

……王往囿。（《合集》9490）

癸卯卜，亘贞：呼囿叀之？（《合集》9489）

最后一辞“呼囿”之“囿”，或即指当时的“囿人”。郑州商城宫庙区附近发现的大型石板蓄水池和建筑基址，正是当时王室统治集团游览观赏的场所，可能就是商代最早的“苑囿园池”的遗迹。

随着商城以内住宅区的扩大，居住人口的增多，对生活用水的需求量也随之增多。为此，商人不仅建造了蓄水池，而且建造了输水管道并开凿水井，以解决当时人们的用水和排水问题。考古工作者在今“黄河中心医院、东里路东段北侧北大街农业队宿舍区、黄委会一号高楼宿舍、郑州医疗器械厂西院等处，均发现有商代输水设

---

① 杨育彬等：《郑州商城的考古学研究》，《河南考古探索》，中州古籍出版社，2002年。

施。大致为西北—东南走向，……并有汲水井或控制水量的插木板闸阀等设施”（彩版二，1），时代均属“二里岗上层一期”。在上述的石板蓄水池东南，即今北大街农业队宿舍区，也有“商代输水管道，已发现长约40米，由地下石板输水管道、夯土和汲水井三部分组成”。由此向南，即今黄委会一号高楼宿舍区发现的输水管道，“已发掘长约20余米，为坐落在生土上的倒梯形沟，底部和两壁均经夯筑，顶部盖石板”。由此向东南，即今医疗器械厂院内发现的输水管道，“仅发掘4米多长，其两端尚压在探方外的房屋下，为东北—西南走向，与北大街农业队宿舍区商代输水管道相似，但方向垂直”①。商人在这里修建蓄水池和输水管道的同时，还开凿了多座水井，在今郑州医疗器械厂、水电部第十一工程局郑州办事处和电力学校等二里冈文化三期建筑基址区，都发现有与其同一时期水井的遗迹②，其中以在电力学校发现的水井89ZDJ3结构最为复杂和典型（图3.11）。该井分井坑和井筒两个部分，井坑H10，“是在拟建筑89ZDJ3的地方先挖一个口径约7.2、深7.8米，口大底小的圆口圜底不规则形土坑，然后在坑内填土夯实，即形成夯土坑H10。嗣后再在夯土坑口部中间略偏北处”挖出井筒。井筒“呈圆角长方形，方向为东西向，井口长2.1、宽1.3米，井口距地表深度为2.7米。井壁下部外张，井底长2.68、宽1.42米，井口距井底深7.8米”。“在接近井底近2米深的位置，有木结构框架，用在井框上的木结构件均经过加工，纵横叠套呈‘井’字形，木构件之间相互咬合迭压，在木构井框的底部，为四块长方条形木拼成的井盘，这种方木的宽度和厚度均为40厘米，将圆木经过加工而成，井盘的长度为2.42、宽度为1.34米，从结构看，井盘的制作十分讲究，在四角相接的地方，作成榫卯状结构，而且在方木的上下两面穿孔，推测是纵向插入圆木上可连接井框下可固定井盘。在井盘的外侧及井框周围，维护一周高0.3—1.1米的青膏泥层，……这层青膏泥是为了加固井框，防止沙土塌陷的一种措施。在井盘内侧，相当于潮水层的沙土层上，铺垫有0.2—0.3米厚的破碎陶片，可能起着过滤井水，防止泥沙上翻荡混井水的作

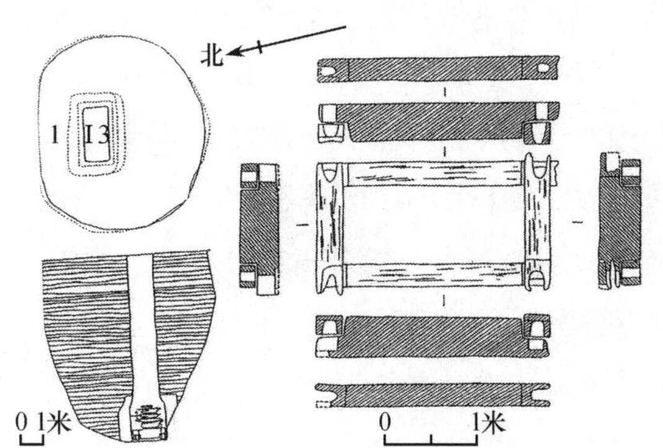

图3.11　水井（89ZDJ3）剖视图及井框木构件形制图

① 杨育彬等：《郑州商城的考古学研究》，《河南考古探索》，中州古籍出版社，2002年。

② 宋国定：《论郑州商代水井的类型》，《郑州商城考古新发现与研究》，中州古籍出版社，1993年。

用。”[①]这是二里冈文化时期的人们，在前人基础上，进一步加工改进的一种装有木结构框架的水井，殷墟卜辞中的“井”字即由此象形而产生，它适用于郑州松软的沙壤土地区，可防止坍塌，长久耐用，是一种先进结构的水井。水井的多处开凿，进一步解决了当时这里日益增多的人们生活用水问题。

郑州商城内东北隅的宫殿宗庙区，是当时商王朝统治集团的核心地区，为了保证这里的安全，商人采取了多项措施，据现有的发掘资料所知：一是增高加固商城东城墙。考古工作者通过对东城墙北部CET7的发掘，“发现叠压有一部分修筑在商代二里岗下层二期夯土城墙之上的商代夯土城墙。在这部分修筑的商代夯土城墙内包含的陶片中，除有商代二里岗下层二期的陶片外，还有一部分明显是属于商代二里岗上层一期的碎陶片，在这部分修筑的商代夯土城墙的内侧上部，又叠压有商代二里岗上层一期的文化堆积层，从而证明这段修筑的商代夯土城墙，应是商代二里岗上层一期修补的商代夯土城墙”[②]。二是在加固的东城墙内侧，新建一道夯土墙，有些学者称之为“宫城墙”。“宫城墙位于郑州商城宫殿区的东北部，揭露长度60余米，宽3米左右，深1.1—1.4米，方向呈西北—东南向，仅存墙基下的基槽部分。墙基直接打破生土，上部被二里岗上层二期遗迹打破。填土逐层夯打，结构坚硬，时代应为二里岗上层时期”[③]，即二里冈文化三期。另外，“在商城宫殿区西北部的黄委会科研所院内的发掘中，曾发掘出一条呈东西向的大壕沟”，“已经钻探出壕沟东西长80余米”。“残存的商代壕沟口部距现今地表深约4.4—5.9米，形制为口部稍大于底部的斜壁平底形。残存壕沟下部的南北两壁和平底，大都还保存得相当整齐，说明这是当时人工挖筑比较规整的一条大壕沟。”从该沟所在地层关系来看，“应该说这条商代大壕沟开始挖筑与使用于商代二里岗下层二期，延续使用到二里岗上层一期。这条呈东西向的商代大壕沟的位置正处于商代宫殿区西北角的北部边沿处，在其南侧又发现有许多商代二里岗下层二期与商代二里岗上层一期的夯土基址与灰坑等遗迹，而在壕沟的北侧则没有或很少发现商代二里岗期夯土基址，所以这条商代大壕沟很可能与商代宫殿区西北角北部边沿处的防御设施有关”[④]。上述所有这些防御设施，应是为加强商人宫殿宗庙区的安全而建造起来的。

---

① 河南省文物研究所：《郑州电力学校考古发掘报告》，《郑州商城考古新发现与研究》，中州古籍出版社，1993年。

② 河南省文物考古研究所：《郑州商城》（上册），文物出版社，2001年，第189、190页。

③ 宋国定：《论郑州地区夏商文化的时空框架》，《郑州商都3600年学术论文集》，中州古籍出版社，2004年。

④ 河南省文物考古研究所：《郑州商城》（上册），文物出版社，2001年，第239页。

分布于城内东北部宗庙、国宅区的二里冈文化三期贵族墓葬现已发现两座。其中C8M39位于今黄委会第二宿舍区大型建筑基址附近，该墓“是一座南北长方形竖穴土坑墓，墓室南北长1.7、东西宽0.44米，残深不详。墓内随葬器物共4件，其中青铜容器2件，即铜鼎1件和铜斝1件，另有玉戈2件，分别用白色与墨绿色玉器磨制而成”[①]。C8②T143M1位于今黄委会43号院内大型建筑基址附近，该墓“为一长方形土坑竖穴墓，长2、宽0.8、深0.6米，方向8°，墓内人骨架已朽”，出土随葬器物7件，即铜鬲1件、玉饰1件、玉璧2件、玉料3件[②]。另外，在郑州商城西城墙内侧，即今省新华书店院内，也发现一座该期的贵族墓葬T17M2，该墓“为长方形土坑竖穴。墓口距地表1.98、平面长1.85、宽0.56、墓深0.42米，方向17度。壁竖直，底较平并铺有一层朱砂，骨骼保存较差，头向北，仰身直肢，性别、年龄不详”。出土随葬器物5件：即铜斝1件、铜爵1件、铜觚1件、铜簪1件、玉饰1件。这座墓葬的附近也发现有夯土基址[③]，应当也是埋葬于当时大型建筑附近的一座墓葬。

与上述大型建筑基址形成鲜明对照的是，在这个时期的郑州商城以内，还发现一些小型房基。这些小型房基现已发现有九座，它们分布于东城墙、西城墙和北城墙的内侧，背靠城墙，面向城内，房基面直接叠压或间接叠压着夯土城墙。“房子的筑法一般是先由地面向下挖出一个方形或长方形浅坑，然后将坑底夯实作为地坪，并在坑的周围堆筑出墙壁。……在房内的迎门靠后墙处的地坪上用泥土堆筑一个低矮的长方形土台。地坪和土台分别用‘细黄泥’和‘白灰面’涂抹一层薄面，台面和地坪上常发现有火烧的痕迹。”九座房基中以C8F5和CWF1保存的较好，位于北城墙内侧的C8F5“呈正方形，南北进深和东西宽皆为2.35米，房基周围还残存一些墙壁痕迹。……在南墙的偏东部留下一个内宽外窄的房门，房门内宽0.5、外宽0.43米”。房门底部筑有门槛，门外东西两侧发现有柱洞，当为擎檐柱的柱洞。房内应门北墙处有一个长方形的土台，房外西侧和北侧发现有壕沟，“可能与房子的周围排水有关”。位于西城墙内侧的CWF1，“是一座近正方形的半地下房基，东西进深2.3、南北宽2、周壁高约1.4米。在房基东壁挖出了一个台阶式的房门走道，门宽0.75米，每个台阶宽0.3—0.4、高0.2米。在房基内壁东南角、西南角和东北角的靠下部，各挖有一个平面为梯形的小壁龛，在北壁中部又挖一个方形龛，在西壁挖有两个圆形龛”。这些小型房基性质和二期一样，可能都是当时守城人住房的遗迹。“值得注意的是在该房基

① 河南省文物考古研究所：《郑州商城》（上册），文物出版社，2001年，第578页。

② 河南省文物考古研究所：《郑州商城新发现的几座商墓》，《文物》2003年第4期。

③ 河南省文物考古研究所：《郑州商城新发现的几座商墓》，《文物》2003年第4期。

（CWF1）北壁的下面埋有一具猪骨架；在房基的中部叠压一座商代墓（CWM10），这座墓内埋一具完整的人骨架和一个人头，人骨架俯身屈肢葬，头向北，面向下，上肢交叉压在腹下，形似被捆绑的样子。从墓内无随葬品可推知死者的身份应是奴隶。”《郑州商城》发掘报告推断该墓主人“可能是由于建筑房子而杀殉奠基的牺牲”①，此说可商。今按郑州商城迄今所发现的多座大型房基中，还未有一座房基下面发现有作为奠基而杀殉的牺牲，而CWF1房基甚小，不大可能用牺牲进行奠基，因此即使CWF1下面叠压的猪骨架和人骨架是被“杀殉奠基的牺牲”，很可能是用来祭祀城墙的牺牲，应与CWF1并没有什么关系。

这些房基的周围，也发现一些小型的墓葬，这些墓葬均直接或间地叠压着夯土城墙，顺着城墙埋葬。在东城墙的CEF1南侧发现有CEM4，此墓为长方形竖穴土坑，长1.28、宽0.42、深0.3米，方向18° 。仰身屈肢葬，无随葬品。其北侧发现有CEM6，此墓为长方形竖穴土坑，长1.36、宽0.36、深0.4米，方向25度。仰身直肢葬，随葬有陶器盖1件，加工鹿角1件。在西城墙的CWF1附近发现有CWM6，此墓为长方形竖穴土坑，长1.78、宽0.47、深0.65米，方向24° 。仰身直肢葬，墓底铺有朱砂，无随葬品。在北城墙的CNF1和F2附近发现有CNM13、CNM14和CNM15，此三墓墓室皆为长方形竖穴土坑，头向东，M14无随葬品，M13随葬陶鬲、陶簋各1件，M15为儿童墓，墓底铺有朱砂，随葬陶鬲、陶簋和陶豆各1件②。这些墓葬可能都是一些守城者及其家属的墓葬遗迹。

二、手工业和农业遗物、遗迹

这个时期的手工业作坊仍然分布于内城以外和外郭城以内的地区。南关外铸铜作坊在二期的基础上有了进一步地扩大和发展，作坊的面积已达2.5万平方米。《郑州商城》报告说：二期南北两个铸铜场地在三期仍在继续沿用着，二期的铸铜场地、土台、白灰面地坪和铜锈面上都发现有三期的遗物和遗迹。不过三期的文化内涵较之二期更为丰富，如二期灰坑现已发现16个③，三期则发现有28个，三期出土的各种陶范较之二期有成倍的增加，显然可见该作坊已经扩大了生产规模。但是即使如此，仍然不能满足当时人们日益增长的需要，于是商人在商城北郊又新建了一座冶铸青铜器的手

① 河南省文物考古研究所：《郑州商城》（上册），文物出版社，2001年，第207页。

② 河南省文物考古研究所：《郑州商城》（上册），文物出版社，2001年，第587页。

③ 《郑州商城》考古发掘报告公布为21灰坑，但其中有5个当属一期晚段，见陈旭《郑州商代铸铜遗址的年代及其相关问题》，《中原文物》1992年第3期。

工业作坊，因为该遗址位于今紫荆山的北侧，现称之为“紫荆山北铸铜作坊遗址”（图3.12）。遗址的中部发现了六座小型房基，房基面上都发现有铜锈面、烧土面和土台等，可知“这些房基的用途应是作为铸造铜器的作坊场地”。另在C15F5房基以内，还发现有5件完整的刀范，看来有些房屋应是当时存放陶范的场所，也是烘烤陶范的场所[①]。这里出土的冶铸青铜器有关的遗物与南关外铸铜遗址基本相同，计有“铜矿石、铅块（铅矿石）、熔铜陶坩埚、木炭、铜炼渣、铸造铜器的陶范、残铜器、砺石、红烧土块及一些陶、石、骨器等”。通过化学分析，这里出土的铜矿石不含铅、锡，铅矿石也不含铜、锡，而这个时期的青铜器则是铜、铅、锡的合金铜，科技工作者通过对这里出土的青铜容器的分析，认为“二里岗期商王都地区青铜容器的合金技术，继承了二里头晚期青铜容器以铅锡为主、以锡青铜为辅这一合金配比路线”，“二里头晚期青铜的合金技术，特别是铅锡青铜和锡青铜的合金配比，在二里岗时期得到了很好的继承和发展”[②]。推动着这个时期的合金技术进入一个新的阶段。这里出土的陶范主要为青铜容器范、刀范和镞范，另外还新出现了车轴头范，也出土有众多的以䦆为主的生产工具范。“从南关外和紫荆山两处铸铜遗址出土的陶范所铸铜器品种来看，其中铸造各种生产工具范151件、兵器范46件、容器范71件、其他17件（郑按：《郑州商城》统计的这些数字包含二里冈文化二、三期出土总数）。……两处遗址都是以铸造铜生产工具范为主的。”在二里冈文化三期遗存中所出土的生产工具范仍以䦆范为最多，在所发现的81件生产工具范中，䦆范计有60件，约占出土生产工具范总量的74%。南关外铸铜遗址中还出土有两件青铜䦆，其中“标本C5T58①：93，保存基本完整，顶端有近方形銎，銎的周沿作棱形凸起，下为长方楔形䦆身，䦆身正背两面各有一个凸起的‘十’字纹，薄刃锋利。通长16.4厘米。……标本C5T59①：3，下部残。顶端为扁长方形銎，銎的周沿也呈方棱形凸起。下为长方楔形䦆身，䦆身上部略向内收，向下逐渐加宽。正背两面靠上部，各铸有一凸起的‘十’

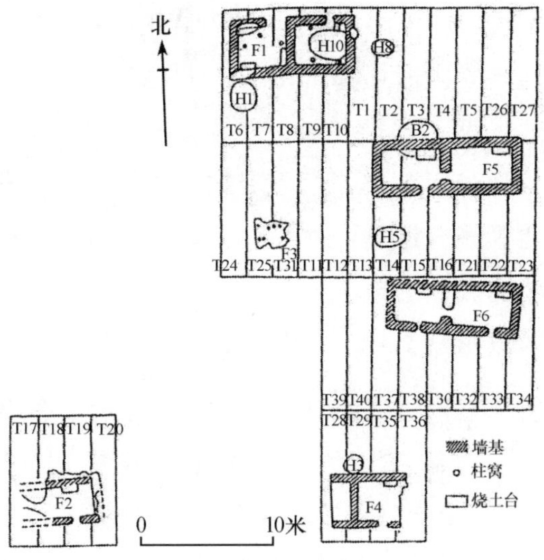

图3.12　紫荆山北铸铜遗址探沟及遗迹分布图

① 李京华：《中原古代冶金技术研究·郑州商代铸铜遗址发掘与研究》，中州古籍出版社，2003年。

② 田建花等：《郑州二里岗期青铜礼器的合金成分研究》，《中原文物》2013年第2期。

字纹。残长10.5厘米。这种青铜钁在铸铜遗址中出土数量较多”（图3.13）[①]。与此同类，安阳殷墟遗址出土有“1式锛”，“锛的数量较多，约60余件。大致有两种形式：第一式长方形，平顶弧刃，顶端有长方形銎，表面有‘十’字形纹。长8.5—11厘米间”[②]。这里所说的“锛”，与郑州商城出土的钁形制相同，因此也应当称之为钁。钁是一种复合工具，钁銎以内安上木柄，即可手持挖土，成为我国古代重要的农业生产工具，《淮南子·精神训》：“今夫繇者揭钁、臿，负笼土。”曹植《藉田赋》：“执锄、钁于畦町。”钁已是古代人们经常使用的农具。殷墟卜辞记有“”（《合集》9486）字，董作宾先生释云：“武丁时又有‘’字，作‘’，疑是‘’字繁文，从‘用’，当为农具。农具乃人所常用，故以为用字。此字从‘’，从‘’，中增农具，亦非耕殖之事莫属。”“”字正象双手持钁挖土之状。此字简体又写作“”，余永梁、郭沫若释作“圣”[③]，兹从其说。《说文·土部》：“圣，汝、颍之间谓致力于地曰圣。从土，从又，读若兔窟。”卜辞所记此字多与治田有关，兹略举数例如下：

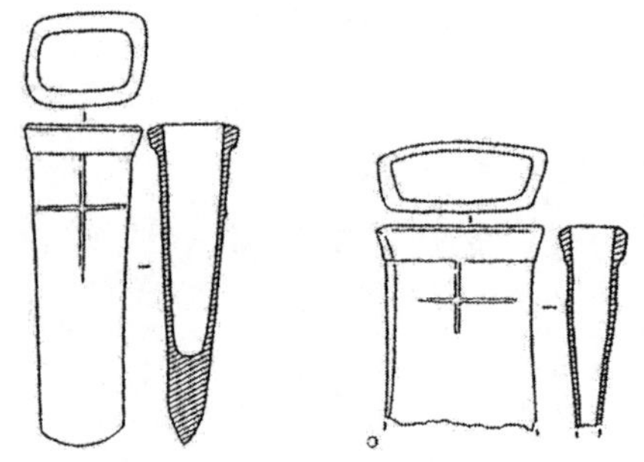

图3.13　南关外铸铜遗址出土的铜钁（C5T58①：93、C5T59①：3）

癸巳卜，宾贞：令众人聿入羌方圣田？（《合集》6）

乙丑贞：王令圣田于京？（《合集》33209）

贞：王令多羌圣田？（《合集》33213）

戊戌……王令圣田……（《屯》65）

这些记载说明商人确实是用钁作为工具进行挖土治田，商都遗址发现钁器众多，可知它已经成为当时主要的农业生产工具，商人造此“”字，正是准确地反映了当时的实际情况。当然，使用钁具不仅手持，还须脚踏，《淮南子·齐俗训》云：“故

① 河南省文物考古研究所：《郑州商城》，文物出版社，2001年，第365页。

② 中国社会科学院考古研究所：《殷墟的发现与研究·殷墟出土的文化遗物》，科学出版社，1994年。

③ 于省吾：《甲骨文字诂林》，中华书局，1996年，第1212号、1236页。

伊尹之兴土功也，脩胫者使之跖钁。”高诱注：“长胫以蹋插者，使入深。”《太平御览》卷七百六十四又引高注云：“长脚者蹠得土多，锸入土深也。”手持、脚踏使用钁具更能提高效益。另外，钁不仅用来垦田，还用来挖坑，如卜辞云：

丁卯卜，在去贞：𠭰告曰：兕来羞，叀今日圣，无灾？擒。（《合集》37392）

戊午卜，在潢贞：王其圣大兕，……（《合集》37514）

于省吾先生释云：“以上两条的‘圣’字应读作窟，……凡《说文》的某字读若某，两个字往往通借。窟作动词用，即用窟穴以陷兽。”[1]可知这两条卜辞的内容应即商人用钁挖坑穴作陷阱以擒兽之意。再者，钁也可以用作兵器，《六韬·农具》篇引姜太公曰：“战攻守御之具尽在于人事，……钁、锸、斧、锯、杵臼，其攻城器也。”同书《军用》篇又云：“棨钁刃广六寸，柄长五尺以上，三百枚”，以作为常备兵器。因此，商都遗址出土钁具如此之多，在于它的用途广泛，除了主要用作农具之外，还可用作其他劳作或用作兵器。

紫荆山北铸铜遗址出土的两件车轴头范也是商人的一个新的创造，这两件范整体呈扁长方形，其中一件“C15T27②：53，面上有两个并列的车轴头印，……范长32.8、残宽9.2、厚11厘米”；另一件“C15T27②：54，在范面中部有有两个车轴头印，一个粗端朝上，另一粗端朝下。范残长37、残宽12、厚8厘米，这两件范皆是外范”（图3.14）[2]。这是我国迄今所发现的最早的铸造青铜车轴头饰器的两件陶范。车轴头古代文献又称之为“轵”和“軎”，《周礼·考工记》：车“六尺有六寸之轮，轵崇三尺有三寸也”。郑玄注：“郑司农云：‘轵，軎也。……玄谓：轵，毂末也。”贾公彦疏：“轵是轴头，处轮之中央。”《说文·车部》：“軎，车轴耑也。”“车轴耑”就是车轴头。车轴上托车厢，两侧固定着转动的车轮，是构成古代车辆的关键部件，车轴头暴露在车子两旁的最外侧，最易受到碰撞和磨损，商人制造出青铜軎器套嵌在车轴头之上，既保护了车轴，又加固了车轮的稳定性，使其能够更好地滚动和旋转，这是商人对改进车辆的一个重要贡献。

车是古代人们在陆地特别是在平原地区使用的主要交通工具，《尚书序》说：“自契至于成汤，八迁。”有着长期迁徙历史的商族也很早就已使用着这种交通工具，首先是“肇牵车牛远服贾”，早已用来运输交换商品。其次也用来进行战争，史载商汤攻伐夏王桀就动用了车兵，《墨子·明鬼》下：“汤以车九十辆（原文为

---

① 于省吾：《从甲骨文看商代的农田垦殖》，《考古》1972年第4期。

② 河南省文物考古研究所：《郑州商城》，文物出版社，2001年，第381页。

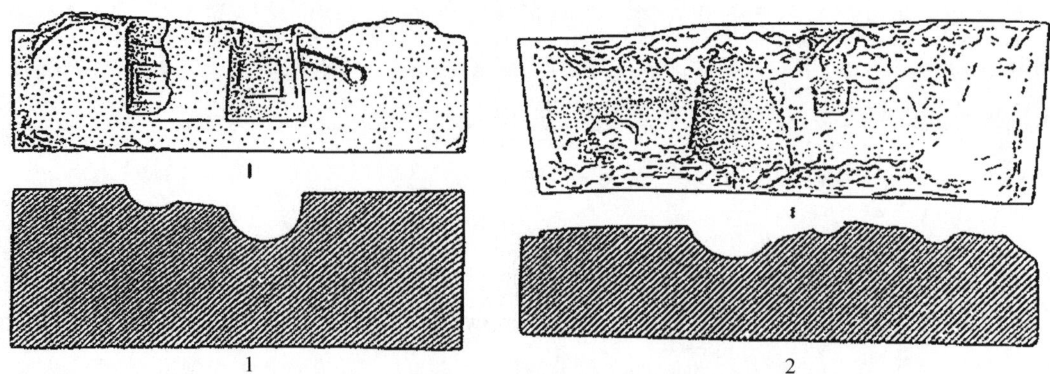

图3.14　紫荆山北铸铜遗址出土的车轴头范
1. C15T27②：53　2. C15T29②：54

‘九辆’，孙诒让《墨子闲诂》‘疑为九十辆’，兹从孙说），鸟陈雁行，……犯遂（逐）下（夏）众，人之縞（郊）遂。”《吕氏春秋·简选》又云：“殷汤良车七十乘，必死六千人，以戊子（与桀）战于郕。”由于车辆在人们的社会生活中日益显得重要，于是商人在前人的基础上不断地加以改进，如前章所述，成汤左相仲虺就是古代造车良匠奚仲的后裔，可说是出自造车世家，仲虺的参与，必将有助于商王朝对车辆更好地的改进，青铜质车轴头的发明就是其中之一。安阳殷墟及其他晚商遗址多发现有车马坑，坑内多为一车两马，也有一车四马者，还发现有铸造精美的车轴头铜軎器[①]，《诗经·商颂·烈祖》云：“约軝错衡，八鸾鶬鶬。”郑玄笺：“‘约軝’，毂饰也。鸾在镳，四马则八鸾。”《说文·车部》軝下段玉裁注：“《考工记》此‘轵’字即毛《诗》之‘軝’字，‘轵’者，同音假借字也。”是“约軝”也就是指的车轴头的饰器，从安阳殷墟出土的车马坑及其车饰器件来看，《诗经》所记是符合商代事实的，而紫荆山北铸铜遗址出土的车轴头范，说明青铜质的用以加固车轴头饰器的出现，至迟应开始于二里冈文化时期。

青铜工具是商代最先进的生产工具，青铜容器也是商代最重要的礼器，因此，商人对于青铜器的铸造是非常重视的。殷墟卜辞记载冶炼出新的铜料块，铸造出新的礼器，商王都要求神问卜[②]，如卜辞云：

王其铸黄吕，奠血，叀今日乙未利？（《英》2567）

丁亥卜，大……其铸黄吕……作凡（盘）利叀……（《合集》29687）

上述两辞一是商王卜问：为炼出新的铜料块，于今日乙未血祭神灵是否吉利？二

① 中国社会科学院考古研究所：《殷墟的发现和研究》，科学出版社，1994年，第142页。

② 燕耘：《商代卜辞中的冶铸资料》，《考古》1973年第5期。

是商王卜问：要用冶炼出的铜料块铸造铜盘是否吉利？考古工作者在南关外铸铜遗址就发现有“先钻后灼的牛卜骨、龟卜骨和只灼不钻的羊卜骨”。在C5·3H307坑内不仅发现有“大量与铸铜有关的残陶范块、铜炼渣、木炭屑和绿色灰烬等遗物。特别是在灰坑底部还填埋有两具完整的猪骨架，其中有一具猪骨架的两前肢作交叉状，形似捆缚的模样”。这两具猪骨架可能“与铸铜场地的祭祀有关”。与此同时，在紫荆山北铸铜遗址的C15F1东间C15H10坑内也发现有卜骨，其“西间的中间挖有一个长0.3、深0.12米的坑，坑内埋一狗头”[①]。所有这些都说明早在商代前期，商人对冶铸青铜器极其重视，冶铸时有着求神问卜、祭告神灵的习俗。

这个时期的制陶作坊生产规模也比以前扩大许多，《郑州商城》报告说：铭功路西制陶作坊遗址面积已达12万平方米。这里的陶窑已发现有10座，比二期的数量增加了一倍；“残房基或作坊遗址还是比较多的，但多遭到后世的破坏”，能看出大体型制的也有六座；灰坑发现有45个（有些可能是水井），比着二期多出一倍以上。该期房基皆分布于壕沟以南或壕沟以内，其中C11F103、F104和F105位于遗址的中南部，相距甚近，形成一组建筑群体。F103是一座“东西长3.35、南北宽1.94、深0.3米的四角较直且整体规整的长方形房基。房基南墙东部有一个宽0.6、南北长1.1米的槽形缺口，似为房门。在房基内与房门相应的地面上，有一片火烧地面遗存”。F103东侧的F105，是一座“北壁长2.45、南壁宽1.63、西壁宽1.6、残深0.3米，呈南窄北宽四角圆弧近长方梯形”的房基，应是附属于F103的一间侧室。而F104实际上“应是F103与F105南面的一个场地。该场地的西南部不仅有相当于商代二里岗上层一期的一座残烧陶窑炉（C11Y108），而且还有两个商代二里冈上层一期的灰坑（C11H131、H132）。在两个灰坑内部堆积有灰土，……有一些与烧制陶器有关的陶拍子、烧坏的陶器废品残片与残窑壁、残窑渣等遗物。这三座房基的确是与制陶作坊有关的遗迹”。在这三座房基的东侧，分布着一片约60平方米的白灰面地坪，现称之为“白灰面场地甲”。场地“之上及其周围还残存有一些商代二里冈上层一期与制陶有关的遗迹和遗物”。在场地的西南部，发现“一个直径约0.45、深约0.32米的圆形竖穴坑，坑内放置着一件底部稍残的大口斜壁粗砂质厚胎红陶缸，口径0.34、高0.6米，缸的底部有水渍痕。在埋有此缸附近的坚硬地面上，有一堆经过精细淘洗和沉淀过的纯净制陶原料——红褐色陶泥”。场地的东北部，发现有三期的残房基C11F114、F115和三座残陶窑C11Y103、Y104与Y107，场地周围的壕沟和灰坑以内，都出土有众多的陶器胚胎残片和烧坏的陶器，由此可知，这是一处烧制陶器的场地。在这三座房基的西侧，

---

① 河南省文物考古研究所：《郑州商城》，文物出版社，2001年，第373页。

也分布着一片白灰面地坪，现称之为“白灰面场地乙”。“在这片白灰面场地附近，分布着商代二里冈上层一期的六座残烧陶窑炉C11Y103、Y105、Y106、Y109、Y111、Y112和六个商代二里冈上层一期的灰坑C11H146、H152、H143、H141、H148、H150，灰坑内大都填埋有很多能够复原的陶器。”附近一些小坑之中，“也掷埋着大量被烧坏的陶器、残窑炉壁与炼渣等物”。显而易见，这里也是一处烧制陶器的场地。“从这处制陶作坊遗址区内出土的大量陶器残品、烧坏的陶器废品、陶器胚胎残片和各种花纹陶印模及其纹样来看，这里应是以烧制盆、甑、簋、豆、罍、瓮等泥质陶器为主的制陶作坊遗址。而郑州商代二里冈下层二期和上层一期遗址中出土的大量鬲、砂质罐、斝、甗、缸等砂质陶器，必然另有专门烧制砂质陶器的制陶作坊从事生产。依此说明商代二里冈期的各种手工业中，不仅在制造陶器、铸造青铜器、制作骨器等手工业之间有了分工，而且烧制泥质陶器与烧制砂质陶器之间也有了进一步地分工。”[①]陶器是当时人们普遍应用的而且又是必需的生活用具，制陶作坊必定不少，现已发现的铭功路西制陶作坊遗址，不过是当时众多制陶作坊其中的一处。分工促进了烧制陶器技术的提高，这个时期的陶器较之前期胎质坚硬厚重，形状典雅匀称，各种陶器多饰有拍印的绳纹、方格纹和仿铜器的夔纹、饕餮纹，使其更加美观漂亮，显示着这个时期的制陶技术达到一个新的高峰。

这个时期出土的原始瓷器较之前期有所增多，现已发现能“分辨出口部、颈部、肩部或腹部残片者共80多件”，而且还“出土了少量能够复原看出大部器形的原始瓷器”约9件。它们“多是属于敞口、长颈内收、宽折肩、深腹或浅腹略鼓、圜底或底微内凹的尊类器”（图3.15；彩版二，3）[②]。科学工作者对这些瓷片与宋代龙泉窑烧制的黄釉瓷片进行了科学化验，二者的化学成分化验结果对比如下（表3.1）：

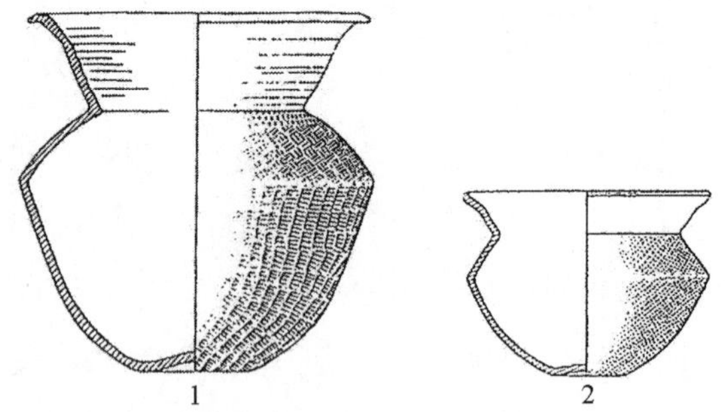

图3.15　二里冈文化三期的原始瓷尊

1. 折肩深腹尊（MCM2：1）　2. 折肩浅腹尊（C5T4①：18）

① 河南省文物考古研究所：《郑州商城》，文物出版社，2001年，第460页。

② 河南省文物考古研究所：《郑州商城》，文物出版社，2001年，第791页。

表3.1

标本	化学组成（%）									烧成温度（℃）	孔隙度（%）
	SiO_2	Al_2O_3	Fe_2O_3	TiO_2	CaO	MgO	K_2O	Na_2O	MnO		
商代郑州二里冈	76.38	14.91	2.27	0.91	0.67	1.18	2.06	0.79	0.09	1180 ± 20	
南宋龙泉窑	73.93	18.36	2.43	0.39	0.31	0.67	3.16	0.22	0.15	1200 ± 30	9.45

有比较才有鉴别，郑州商城出土的这些器物应属原始瓷器，看来是无可置疑的①。

这个时期的制骨手工业也有所发展，考古工作者在原制骨作坊遗址的西北部发掘的10个灰坑中，出土有众多的骨锥、骨镞和骨笄等，并且出土了骨梳一件。“还出土了大量的废骨料，一般多为牛骨、猪骨等动物骨骼的两头关节及鹿角，均为锯掉抛弃之物。还出土了一些残砺石块。……值得注意的是，这里属二里冈上层的地层与灰坑之中废骨料数量很多，而在二里冈下层的堆积中没有发现带有锯痕的废骨料。”②在郑州商城东南郊的二里冈制骨作坊遗址中，考古工作者在这里已发现二、三期的完整骨器544件，“带有锯痕或残留的废骨料，出土的相当多”③。如上文所述，笄是古代人们用作发饰和冠饰的必备物品，骨笄原料丰富，易于制作，广大平民群众对此的需求量也最多，因此这两座制骨作坊均出土有众多的骨笄，在紫荆山北制骨作坊遗址出土的完整骨器中，二期笄的“出土数量最多”，三期“出土数量比较多”④。在二里冈制骨作坊遗址出土的544件完整骨器中，骨笄有258件，“为骨器中出土最多的一种”⑤。可知这两处制骨作坊都是当时制作骨笄的生产基地。

郑州商城即王都亳邑所建立的这些作坊特别是冶铸青铜器的作坊，主要应是为王室服务的，所谓“庶人工商各守其业以供其上”（《国语·周语》），它们都属于王室所有的手工业。从事生产的手工业者，在殷墟卜辞中称作“百工”（《屯南》2525）和“多工”（《合集》19433），管理他们的官吏称作为“司工”（《合集》

① 宋伯胤：《关于我国瓷器渊源问题的探讨》，《中国古陶瓷论文集》，文物出版社，1982年，第124页。

② 郑州市博物馆：《郑州商代遗址发掘简报》，《考古》1986年第4期。

③ 河南省文化局文物工作队：《郑州二里冈》，科学出版社，1959年，第36页。

④ 河南省文物考古研究所：《郑州商城》，文物出版社，2001年，第468—474页。

⑤ 河南省文化局文物工作队：《郑州二里冈》，科学出版社，1959年，第36页。

5628）[①]，生活资料也由官府供应，即所谓“工商食官”（《国语·晋语》）。这些手工业者大多属于平民百姓，即国人阶层，一部分属于奴隶，《左传·定公四年》云：分鲁公“殷民六族：条氏、徐氏、萧氏、索氏、长勺氏、尾勺氏，使率其宗氏，辑其分族，将其类丑，……是使之职事于鲁”。分康叔“殷民七族：陶氏、施氏、繁氏、琦氏、樊氏、饥氏、终葵氏，……而封于殷虚”。其中索氏即制绳工之族，陶氏即制陶工之族，施氏即制旗工之族，等等；“类丑”则是指的各族中的奴隶。他们都是商代以族为单位的专职手工业者群体，平时在家族长统领之下，聚居于固定的地区，从事着专职的手工业生产。《逸周书·程典》云：“工不族居，不足于给官。”同书《作雒解》又云：“凡工贾胥市臣仆，州里俾无交为。”孔晁注：“工商百胥人臣僕，各异州里而居，不相杂交也。”郑州商城发现的制陶、制骨和冶铸青铜器的手工业作坊遗址，应当就是聚族而居的专职手工业者工作的场地和居地。由于他们属于王室所有，因此商王又称他们为“我工”，意即“我的工”，如卜辞云：“己酉贞：王其令山……我工？”（《合集》32967）商王有时也关心着他们的安危，如卜辞云：“甲寅……史贞：多工无尤？”（《合集》19433）“癸未卜：有祸百工？”（《屯南》2545）当时的手工业者，聚族而居，世代相传，即所谓“工之子恒为工”（《国语·齐语》），从而不断地提高着技术，在当时的历史条件下，促进了生产技艺的迅速进步，因此到了二里冈文化三期，制陶、制骨，特别是铸造青铜器等各种手工业产品质量空前提高，成为商代前期经济、文化繁荣昌盛的主要标志之一。

为了保证王都亳邑的生活需要，在郑州商城的外郭城内，这个时期除生活着众多手工业者以外，还生活着大量平民群众，这些平民群众平时从事农业生产等各种劳动，战时则参与军事斗争。考古工作者在内城南郊今市木材公司院内发掘的一个灰坑中，“出有一件折沿大口罐，罐内放有19件石镰。其中小型石镰一件，石料甚佳，表面磨光，隐约可以看出蓝灰色和白灰色斑块。直背曲刃圆尖，长11、宽3、厚0.8厘米。大型石镰18件，全用青石磨成。长条形，凸背直刃，刃部较锋利，前端为弧形尖，后部直平。长20—26.5、宽6—6.5、厚0.6—0.8厘米”[②]。另外，据《郑州商城》考古发掘报告的统计，历年来在商城遗址出土了二里冈文化三期的石铲59件、骨铲23件、蚌铲36件、石刀69件、骨刀25件、蚌刀35件、石镰79件、蚌镰39件，共365件。它们主要分布于内城以南、以北、以西的郊区，还有上述的部分青铜生产工具，这些都应是当时生活于郑州商城地区部分农民所用的的农业生产工具。我国古代国都及其郊区居住

① 肖楠：《试论卜辞中的“工”与“百工”》，《考古》1981年第3期。

② 河南省文物研究所商城工作站：《近年来郑州商代遗址发掘收获》，《中原文物》1984年第1期。

有众多的农民从事农业和园圃一类的生产活动，以供王府享用，《周礼·地官》云："闾师掌国中及四郊之人民、六畜之数，以任其民力，以待其政令，以时征其赋。凡任民：任农以耕事，贡九谷；任圃以树事，贡草木；……"这些"人民"大多和商王有着一定程度的血缘关系，《左传·桓公二年》："天子建国，诸侯立家，卿置侧室，士有隶子弟，……"他们组成一个以国王为首的宗族系统。《礼记·少仪》云："问士之长幼，长，则曰：能耕矣；幼，则曰：能负薪，未能负薪。"郑玄注："士禄薄，子以农为业。"因此这些"士"就成为王都地区农民的家族长，也是这里的基层官吏负责管理着这里的农业生产，《礼记·曲礼》上云："四郊多垒，此卿大夫之辱也。地广大，荒而不治，此亦士之辱也。"孔颖达疏："士则职卑位下，为君邑宰，劝课耕稼，故地荒，为士之辱也。"郑州商城发现的众多的农业生产工具，都应是这些以士为首的广大基层群众所使用的器具。另外，考古工作者还在郑州商城"外郭城墙的内侧（即市木材公司院内）发现有二里岗上层青铜爵和石戈等。铜爵系零星墓葬出土。……石戈约30件，成叠地堆放在窖内。每戈长约16厘米，直刃曲背，为青石制成"[①]。这批石戈正出土于存放石镰灰坑的近侧，应当就是王都基层群众的备用武器。《周礼·地官》云："县师掌邦国、都鄙、稍、甸、郊里之地域，而辨其夫家人民田莱之数，……若有军旅会同田役之戒，则受法于司马以作其众庶，……使皆备旗鼓兵器以帅而至。"意思是说遇到战争或参加国王的田猎活动，广大"众庶"就需要带着兵器到军事首领司马那里去报到，听候司马的训诫和调遣，参与军事斗争和田猎活动。这些基层群众在商代又称作"众"，《孟子·滕文公》下："汤使亳众往为之耕。"记述成汤曾令亳邑"众"人前往葛地耕种土地；《尚书·汤誓》又云："格尔众庶，……尔尚辅予一人致天之罚"，记述成汤曾令亳邑"众"人参加讨伐夏王桀的斗争。殷墟卜辞多记有商王及其官吏令"众"人从事农业生产劳动，例如卜辞云：

……大令众人曰：劦田，其受年？十一月。（《合集》1）

辛未卜，争贞：曰众人……壿田。（《合集》9）

贞：王……众于黍……（《合集》75）

贞：惟小臣令众黍？一月。（《合集》12）

"劦田"即令"众"人同心协力耕作土地。"壿田"即前文所述令"众"人在田里起土作垄，整理土地。"黍"即令"众"人种植黍米。陈梦家先生云："黍即黍子，因其色黄，故又叫作黄米、大黄米。《说文》：'黍，禾属而黏者也，以大暑而

---

① 裴明相：《郑州商代王城布局及其文化内涵》，《郑州商城考古新发现与研究》，中州古籍出版社，1993年。

种，……’孔子曰：黍可为酒”[①]，是一种黏性谷米。黍是古代北方人们的主食，商人又饮酒成风，故对种植黍米非常重视。商王也令“众”人参加田猎活动，例如卜辞云：

甲子卜：令众田，若？（《屯》395）

其以众田，湄日无灾？不擒。（《苏德美日·柏俗》253）

贞：呼众人出麋，克？（《合集》15）

贞：惟众涉兕？大吉。（《合集》30439）

“田”即令“众”人田猎，因此才有“擒”与“不擒”的占卜。“出麋”即令“众”人赶出隐藏的麋鹿，以便擒获。“涉兕”即令“众”人搬运猎获的兕牛。商王也令“众”人参加军事斗争，例如卜辞云：

丙子贞：令众御召方，执？（《屯》38）

丁巳卜，𣪘贞：王学（教）众伐于蒙方，受有佑？（《合集》325）

己卯贞：令亩以众伐龙，灾？（《合集》31972）

……王其以众合右旅……旅亩于舊。（《屯》2350）

“御”即令“众”人迎击召方之敌，并贞问有无俘获。“学”即教令晓谕“众”人征伐蒙方之敌。林义光《文源》云：“古教、学同字。”“旅”，姚孝遂先生释云：“‘旅’指军旅，此‘众’指王族之军旅，国家无事，则农耕于田亩；国家有事，则执干戈以卫社稷。”[②]另外，商王也要求“众”人缴纳贡赋，并关心着他们的安危，例如卜辞云：

戊寅卜，争贞：今春众有工（贡）？十月。（《合集》8）

贞：众有灾？九月……稣。（《合集》48）

有祸众？（《怀》1654）

……告余不米众？（《合集》72）

陈梦家先生释云：“‘米’或是‘敉’或‘侎’字，《说文》：‘抚也’。”[③]于省吾先生也云：米“与弥、弭、敉字通，《周礼·小祝》：‘弥灾兵。’郑玄注：‘弥，读曰敉，敉，安也”[④]。由此可知，“米众”当是安抚“众”人之义。综上所述，商代“众”人是一个广大的社会群体，他们是商王朝统治的社会基础，特别是居

---

① 陈梦家：《殷虚卜辞综述》，科学出版社，1956年，第526页。

② 姚孝遂等：《小屯南地甲骨考释》，中华书局，1985年。

③ 陈梦家：《殷虚卜辞综述》，科学出版社，1956年，第608页。

④ 于省吾：《双剑誃殷契骈枝》第三册，1943年，石印本。

住于王都的“众”人，多与商王族有一定的血缘关系，商王的一些重大举措，有时还要争取他们的支持和拥护，《尚书·盘庚》上：“王命众，悉至于庭。”就是要求“众”人支持和拥护迁都和迁移新居。赵锡元先生云：由此“我们大致可以看到，商代的众人是殷人本族的成员，他们以族人的身份参与宗教活动和民主集会，以族作为军事组织的基本单位，是商王国的主要战斗力量。商王出于维护自己统治的目的，对他们关怀安抚和教导。他们虽然是被剥削被统治的群众，但在政治权利上还保留着较多的自由”[①]。姚孝遂先生也认为：商代的众人“是商代从事劳动生产及参加军事组织的基本人员，是具有自由身份的氏族成员”[②]。今按赵、姚二说，可信可从，商代的“众”人有一定的社会地位，他们平时从事生产劳动，战时参军打仗，殷墟卜辞的“众”写作“[illegible]”，呈日下立三人之形，是一个群体的形象，而卜辞所记“众”人行动的特点一是受命行事，二是集体行动[③]，郑州商城南郊出土的生产工具窖藏坑和兵器窖藏坑，应当就是为生活在这里的“众”人受命集体行动时，随时备用的生产工具和武器窖藏坑。

不过在当时的经济条件下，渔猎或畜牧业仍是不可或缺的，考古工作者仅在商城东南郊区二里冈遗址中，就发掘出许多动物骨骼的碎片，计“灰坑中出土共12802片，探沟出土20116片，……一般以猪骨为最多，牛、羊骨次之，狗、马、鹿及禽兽骨较少。也有少量鱼类的骨骸和鱼牙……龟腹甲。这些骨骸，无疑的都是研究当时畜牧和狩猎情况的重要材料”[④]。这数万件骨片的出土，反映出渔猎和畜牧在当时人们的社会经济生活中，仍占有一定的地位。

三、墓地和墓葬遗迹

郑州商城二里冈文化三期的墓葬现已发现了100余座，可以分为主要随葬青铜器、主要随葬陶器以及无任何随葬品的三种不同类型的墓葬。前两种墓葬主要分布于商城以外、外郭城以内的五个处所，即第一，分布于商城东北郊今白家庄一带的现称之为“白家庄墓地”；第二，分布于商城东南郊今杨庄一带的现称之为“杨庄墓地”；第三，分布于商城南郊今郑州烟厂一带的现称之为“烟厂墓地”；第四，分布于商城西郊今杜岭一带的现称之为“杜岭墓地”；第五，分布于今商城西郊今铭功路一带的现

① 赵锡元：《再论商代“众”人的社会身份》，《吉林大学社会科学学报》1982年第4期。

② 姚孝遂：《甲骨刻辞狩猎考》，《古文字研究》第六辑，中华书局，2005年。

③ 杨宝成等：《从殷墟小型墓葬看殷代社会的平民》，《中原文物》1983年第1期。

④ 河南省文化局文物工作队：《郑州二里冈》，科学出版社，1959年，第35页。

称之为“铭功路西侧墓地”[①]。由此可知，商人聚族而居，也聚族而葬，现已发现的这五处墓地，应当就是商人的族葬墓地。文献记载古代的族葬墓地分为两种，一是埋葬国王的王陵墓地，称之为“公墓”，二是埋葬国人的墓地称之为“邦墓”。王陵墓地由“冢人”管理，《周礼·春官·冢人》：“冢人掌公墓之地，辨其兆域而为之图，先王之葬居中，以昭、穆为左右。”在郑州商城迄今尚未发现王陵“公墓”，现在所发现的这五处墓地当属于“邦墓”一类。邦墓由墓大夫管理，《周礼·春官·墓大夫》：“墓大夫掌凡邦墓之地域，为之图。令国民族葬而掌其禁令，正其位，掌其度数，使皆有私地域。”郑玄注：“凡邦中之墓地，万民所葬地”；“族葬，各从其亲”；“位，谓昭、穆也”；“度数，爵等之大小”；“私地域”即“分其地，使各有区域，得以族葬”。贾公彦疏：“凡万民墓地，亦如上文预有昭、穆为左右。”又云“爵等之大小：其见有爵者，谓本为庶人设墓，其有子孙为卿大夫士，其葬不离父祖，故（邦墓）兼见卿大夫士也”。孙诒让《〈周礼〉正义》云：“古者自公卿以下至于齐民，葬地皆官授之。”又云：“凡邦国都邑，各有广阔之墓地数区，合万民皆葬于其处，是为公地域。……公地域之中，分别区界，为某族之墓地，使合族同葬，足以相容，是为私地域也。”周人的族葬墓制当是沿袭着商人的墓制，郑州商城发现的这五处墓地，可能就是某族商人分得的族葬墓地。如杨庄墓地出土有一件“[illegible]”纹铜爵（图3.16），曹淑琴先生认为此纹“或即商周金文中常见的‘[illegible]’字”，曹氏文云：此“爵长流，尖尾，平底，双柱矮小，钮不明显，三棱形锥足，扁平鋬无獸头。通高15.2、流长13.2厘米。该爵一侧饰饕餮纹，一侧为两个对称的双目，有人称为‘目’纹。考虑到在数以百计的商周铜爵中，凡有饕餮纹带做装饰的，仅此一件在爵的腹部作这种安排，当不排除另有寓意。从双目所在的部位看，在鋬的两侧。虽然后来有名铜爵的铭文多在鋬内，但也有的尚保留了在腹壁刻铸铭文的做法，如《御正良爵》《隹爵》等。这些一致之处，使我们怀疑这对双目很可能是象形文字，或即商周金文中常见的‘[illegible]’字。《说文云》：‘[illegible]，左、右视也，从二目。读若拘。’这件爵上的二目形象与《说文》所记述的‘左、右视也’的说法也颇一致”[②]。此说可从，

图3.16　杨庄墓地出土“[illegible]”纹铜爵（C2：豫1187）

① 河南省文物考古研究所：《郑州商城》，文物出版社，2001年，第573、574页。

② 曹淑琴：《商代中期有铭铜器初探》，《考古》1988年第3期。

《金文编》“䀠”字条下引《䀠父丁簋》《且癸鼎》等铭文“䀠”字皆写作双目相对形[①]，与此爵所铸的双目形相同，它应当就是“䀠”字最早的象形文字，安金槐先生论定此爵为二里冈文化二期[②]，甚是，因而其铭文也应是迄今所见最早的青铜器族徽铭文，据此推测，这处墓地很可能就是当时“䀠”族的墓地。此字周初金文又写作“䀠”，《沬司徒疑簋》云：

王来伐商邑，诞令康侯鄙于卫，沬司徒疑眔鄙，作厥考尊彝。䀠。

此铭意谓：成王帅军来讨伐武庚据以叛乱的商邑，胜利后即令康侯镇守商邑边鄙卫地，沬邑司徒“䀠”氏协助镇守，为此作了这件纪念父亲的祭器。唐兰先生释云：“䀠，应是氏族名。”又云：䀠族铜器群“约在1931年出土于河南浚县”[③]。可知到了商代后期，随着王都北迁至今安阳殷墟，䀠族也迁居于殷都附近今河南浚县一带，西周初期，该族归顺于周王朝，协助康叔治理卫邑，春秋时期卫国大夫蘧伯玉当是该族的后裔[④]。

不过商人虽然聚族而葬，但是族内人际却有着明显地社会地位的分化，因此依据墓葬的形制及其文化内涵将可其分为三种不同的类型。第一类型的墓葬据《郑州商城》发掘报告的统计，现已发现有30余座，经过正式发掘的有14座。其中以BQM1为代表，该墓位于郑州商城西城墙外侧，属于杜陵墓地。“墓口南北长2.7、口宽1.4—1.5、残存深0.15米。方向5°。”墓底铺有厚约1厘米的朱砂，底部中间之下挖有腰坑，殉葬一狗。墓底并“残存有南北长约1.95、东西宽约0.5米的木棺腐朽痕迹。墓内葬一死者，……葬式为头北足南，仰身直肢，面部略侧向西”。墓内随葬器物计有铜鼎1件、铜斝3件、铜爵1件、铜觚2件、铜刀1件、铜片1件，另有玉戈3件、玉铲4件、玉柄形器3件、玉璧1件、玉饰1件、石戈7件、石柄形器1件、石钵1件、骨匕2件、骨镞1件、骨簪2件、圆陶片3件、牙饰1件，共39件，是迄今所见郑州商城地区该期形制最大、出土青铜容器最多的一座墓葬（图3.17）。该墓“墓坑之上直接叠压有相当于商代二里岗上层一期的文化堆积层，墓坑内填土中也包含有相当于商代二里岗上层一期的折沿鬲和长颈大口尊等典型陶片，……故而把BQM1的时代定为商代二里岗上层一期”[⑤]，也即二里冈文化三期。

---

① 容庚等：《金文编》，中华书局，1992年，第237页。

② 安金槐：《对郑州商代二里冈期青铜容器分期问题的初步探讨》，《中原文物》1998年第3期。

③ 唐兰：《西周青铜器铭文分代史徵》，中华书局，1986年，第27、32页。

④ 郑杰祥：《瞿族考》，《纪念殷墟甲骨发现一百周年国际学术研讨会论文集》，社会科学文献出版社，2003年。

⑤ 河南省文物考古研究所：《郑州商城》，文物出版社，2001年，第576、577页。

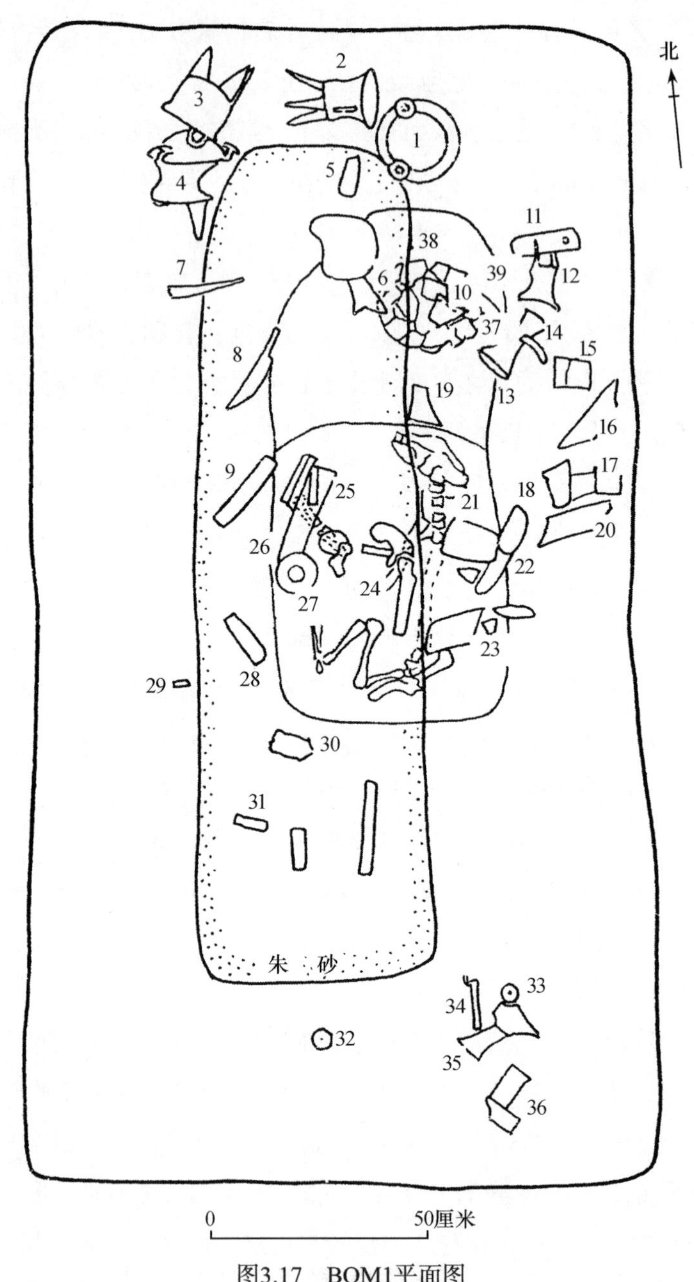

图3.17　BQM1平面图

1、2、4. 青铜斝　3. 青铜鼎　5. 青铜片　6、16～23、26. 玉戈　7、9. 骨匕　8. 青铜刀　10、11、15、36. 玉铲　12. 青铜爵　13、35. 青铜觚　14. 牙饰　24、25、28、31. 玉柄形器　27. 玉璧　29、32、33. 圆陶片　30. 玉蝉形饰　34、39. 骨簪　37.骨镞　38. 石钵

第二种类型的墓葬“经过正式发掘的有22座。墓葬形制均为长方形竖穴土坑，墓内随葬的陶器计有鬲、斝、爵、豆、簋、尊、盆、罐、罍和器盖等，以鬲、斝、爵、豆、簋的数量最多。另有一些骨器、石器、玉柄形器和圆陶片等”。其中以CNM5为代表：该墓位于白家庄墓地。墓室南北长2.39、宽0.69、残深0.99米，方向310度。墓底铺有朱砂，周围有棺木灰痕迹。墓底中间有一腰坑，殉有一狗。墓主骨架腐朽，葬式不明。殉葬陶器6件，计有鬲、斝、爵、豆各1件，簋2件；另有玉器和圆陶片各1件①。此墓是在郑州商城地区所发现的该期形制最大、随葬品最多的一座主要随葬陶器的墓葬，也是这类墓中少有的一座有殉狗腰坑的墓葬。这类墓的特点是未发现青铜器、礼器和武器；但是随葬有食器和酒器，食器多以鬲、豆、簋相组合，酒器多以爵、斝相组合。可见这类墓的墓主人生前不是显赫贵族，而是属于有着酒食享用的“国人”阶层。

第三种类型的墓葬现已发现有50余座，这些墓葬零星地分布于商城内外各地，既无随葬品，墓坑狭小又不规整，特别是多数死者的姿态很不自然，“好像是被缚着埋葬的”，它们与前两种类型的墓葬差别悬殊，反映着墓主人之间生前社会地位的悬殊差别。

在族葬墓地以内，墓主人都是按亲疏关系不同、身份地位高低有序地排列在一起的。现在所见到的这五处墓地的墓葬，以铭功路墓区出土的M146—M153排列的比较有序②，这八座墓“均是南北长方形的竖穴土坑墓”，分布于约100平方米的前期F121房基面上，大致呈东西向排列在一起，组成一个小型的墓葬群体。其中以M146和M148为最大，二者左右位置对称，相距约2米，基本上处于墓群的中间地位，可能就是按照昭、穆的位置排列的。位于左侧的是M146，该墓方向5°，“墓室南北长2.26、宽0.7、残深0.65米。有腐朽木板痕，死者身下铺有朱砂。墓底中间挖有一个腰坑，腰坑内随葬一狗。墓内死者身旁随葬有铜鼎、陶鬲、陶斝、陶觚、陶爵各一件，并有圆陶饼、玉柄形器各一件”。其东侧有M150，二者相距约0.5米，墓室南北长2、宽0.63、残深0.58米，方向182°。“墓室内有一个南北长1.6、宽0.4米的长方形木棺腐朽灰痕迹。在木棺的墓室底部中间，还挖有一个南北椭圆形腰坑，腰坑内殉葬一狗，作趴卧状。”死者的葬式为仰身直肢，随葬有铜斝、陶鬲、陶斝、陶纺轮、圆陶片、玉柄形器各一件，陶深腹盆2件。M146的北侧还有M147，二者相距约0.3米。此墓南北长1.52、宽0.6、残深0.5米，方向185°。无棺痕，无腰坑，随葬陶鬲、陶盆各一件。这

① 河南省文物考古研究所：《郑州商城》，文物出版社，2001年，第586页。

② 河南省文物考古研究所：《郑州商城》，文物出版社，2001年，第437页。

三座墓的墓主随葬品不等，身份当有区别，但是相距甚近，根据“坟墓相近，民乃有亲”（《逸周书·大聚》）的古代习俗，可能是族内一个小家庭的葬地。位于M146右侧的是M148，该墓“墓室南北长2.32、宽0.7、残深0.65米。墓底有木板痕并铺有朱砂。中间挖一腰坑，坑内殉一狗。墓内死者为仰身直肢”，方向5°。“墓内随葬有铜爵、陶鬲、陶斝、陶觚和陶盆各一件；并有骨饰、玉柄形饰、骨匕、蚌饰各一件。”其西侧有M151，二者相距约1.2米。M151西侧相接有M149，该墓墓室南北长1.9、宽0.58、残深0.85米，方向185°。葬式仰身直肢，随葬陶鬲、玉簪各一件。M149西侧有M153，二者相距约0.8米。该墓南北长2、宽0.5米，深度不详。方向5°。随葬器物有陶鬲、陶爵、陶簋、陶斝、陶盆各一件。M153西侧有M152，二者相距约0.5米。该墓墓室为“椭圆形竖穴土坑，方向185°。中长1.64、中宽0.52、残深0.3米”。随葬器物有陶鬲、陶斝、陶簋、陶豆、陶罍、陶盆各一件。以M148为首的这五座墓葬，由东向西呈“一”字形排列，其中M149与M151相近，M152与M153相近，其墓主人之间当有着更为密切的关系。总的来看，上述的这八座墓葬，以M146和M148形制较大，随葬品较多而且档次也较高，显而易见，这里应是一处以M146和M148为主的家族墓群体（图3.18）。

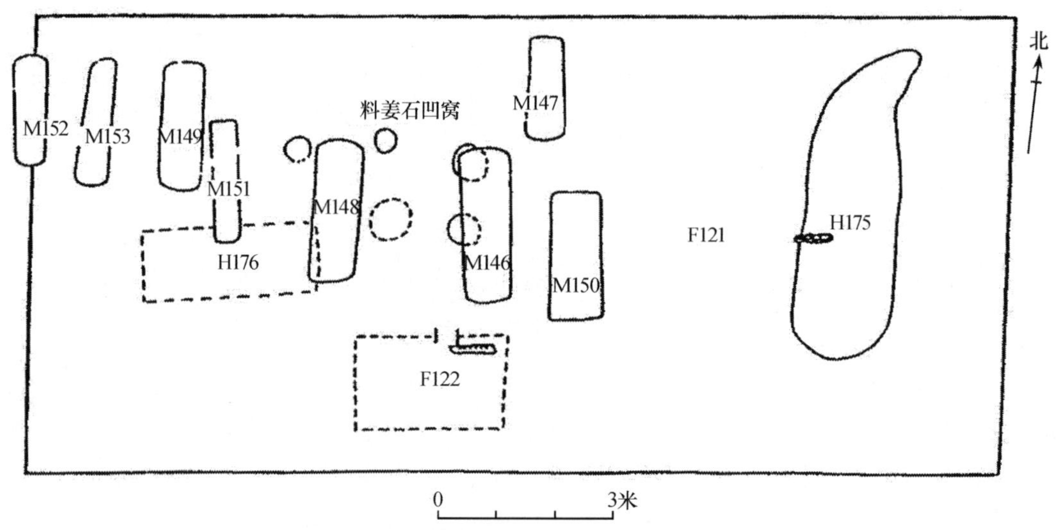

图3.18　铭功路西制陶遗址C11F121基址发现的墓地平面图

值得注意的是这八座墓中的M151，该墓“墓室南北长1.64、宽0.44、残深0.68米。墓内死者葬式比较特殊，它是把死者尸体经过火烧后，装入一个陶瓮和一个陶尊相扣组成的瓮棺内埋入墓坑的，并在墓底中部挖一腰坑殉一狗”（图3.19）。按我国古代中原地区没有将尸体火化的习俗，周围的少数民族则有之，《荀子·大略》：“氐羌之虏也，不忧其系累也，而忧其不焚也。”杨倞注：“氐羌之俗，死则焚其尸。”《吕氏春秋·义赏》：“氐羌之民，其虏也，不忧其系累，而忧其死不焚也。”《墨子·节葬下》：“秦之西有义渠之国者，其亲戚死，聚柴薪而焚之，熏上，谓之登遐，然后成为孝子，此上以为政，下以为俗。”（此俗记载也见于《列子·汤问》和《博物志》）“登遐”，《礼记·曲礼》写作“登假”，郑玄注：“登，上也；假，已也。上、已者，若仙去云耳。”《释文》云：“假音遐。”是“登遐”即认为灵魂升天成仙之意。孙诒让《〈墨子〉闲诂》：“仪渠在秦西，亦氐羌之属。”又引毕沅云：“仪渠，戎国之地，今甘肃庆阳府。”20世纪40年代，考古工作者曾在甘肃临洮寺洼山史前文化遗址中，发现有存放人体火化成骨灰的陶罐[①]，证明甘肃地区在上古时期确有将尸体火化的习俗。那么郑州商城所发现的M151，其墓主人是否就是一位少数民族呢？这不大可能。因为如上所述，这是一处族葬墓地，八座墓中唯独此墓为罐装烧骨，其他七座皆为中原地区传统的土葬，此墓只是唯一的例外。而且此墓墓底还发现有殉狗的腰坑，按墓底挖有腰坑殉狗的习俗，为二里冈文化时期商人所首创，它主要流行于当时随葬青铜器的贵族墓葬中，随葬陶器的平民墓葬中尚不多见。据此推测，M151陶罐所盛放的烧骨，或者不是尸体火化的结果，它很可能是墓主生前自焚或被焚而死的遗物。按我国古代有焚人祈求天神降雨的习俗，《后汉书·谅辅传》：谅辅“仕郡为五官掾，时夏大旱，太守自出祈祷山川，连日而无所降（雨）。辅乃自暴庭中，慷慨咒曰：‘……今敢自祈请，若至日中不雨，乞以身塞无状。’于是积薪柴，聚茭茅以自环，拘火其旁，将自焚”。《左传·僖公二十一年》：“夏，大旱，公欲焚巫尪。”杜预注：“巫尪，女巫也，主祈祷请雨者。”《太平御览》卷十引《庄子》曰：“昔者，宋景公时大旱，卜之：以人为祠。公下堂顿首曰：‘吾所求雨者，为人，杀人不可。’将自当之。言未毕，天大雨，方千里。”宋景公此举，应是模仿着先人商王成汤的榜样，《吕氏春秋·顺民》云：“昔者汤克夏而正天下，天大旱，五年不收。汤乃以身祷于桑林，曰：‘余一人有罪，无及万夫，万夫有罪，在余一人，无以一人之不敏，使上帝鬼神伤民之命。’于是剪其发，磨其手，以身为牺牲，用祈福于上帝。民乃甚悦，雨乃大至。”《文选·思玄赋》注引《淮南子》佚文也说：“汤时大旱七年，卜用人祀天。汤曰：‘我本卜祭为民，岂乎自当之！’乃使人积薪，翦发及爪，自洁居柴上，将自焚以祭天，……”殷墟卜辞确实记有商王焚人求雨的活动，

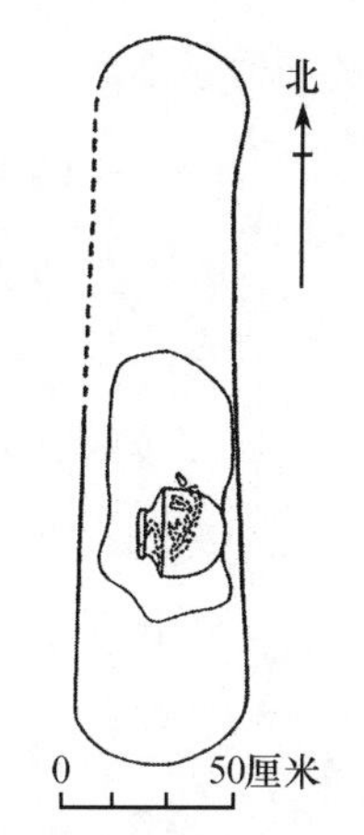

图3.19　C11M151平面图

① 夏鼐：《临洮寺洼山发掘简报》，《中国考古学报》1949年第4期。

兹略举数例如下：

贞：烄，有雨？勿烄，无其雨？（《合集》1121正）

口卜，争贞：烄？（《合集》1125）

贞：烄，有雨？勿烄，无其雨？（《合集》12842正）

勿惟烄，无其雨？（《合集》12851）

壬辰，其烄，雨？（《合集》33317）

戊辰卜：烄，雨？于寻烄，雨？于舟烄，雨？（《合集》34483）

乙卯卜：今日烄，从雨？（《合集》34485）

卜辞“”字，从“火”，从一交胫之人形，罗振玉《殷虚书契考释》释为“烄”，释文云：“《说文解字》：‘烄，交木然也。’《玉篇》：‘交木然（燃）之，以燎祡天也。’此字从‘交’，下‘火’，当即许书之‘烄’字。”[①]按罗释此字为“烄”，甚是，惟其字义，并非燃木，叶玉森先生《殷虚书契前编考释》云：此字“象投交胫人于火上”之形，又云：“《尸子》曰：‘汤之救旱也，素车白马布衣，身婴白毛，以身为牲。’是殷初祈雨以人代牲之证。后世变而加厉，乃投罪人于火，示驱魃意。”[②]陈梦家先生《殷虚卜辞综述·宗教》云：烄，“象人立于火上之形”，“烄与雨显然有着直接的关系，所以卜辞之烄所以求雨，是没有问题的。由于它是以人立于火上，与文献所记‘暴巫’、‘焚巫’之事相同”。又云：“卜辞烄以求雨之妏、婞等，系女字，乃是女巫，其他有可能是男巫。”[③]姚孝遂先生云：“按‘烄’象以火焚人之形，乃祈雨之祭。《说文》以为‘交木然（燃）’，非其本义。文献所记之‘暴巫’，犹‘烄’之遗风。”[④]由此推知，郑州商城出土的M151墓主人，生前很可能是一位巫者，他（她）因为祈求上天降雨而自焚献身，死后用陶罐盛装烧骨埋葬于本家族墓地，墓底挖有殉狗腰坑，应是当时人们对他（她）的一种礼遇。因为巫者在古代被认为能够通达神灵，素被人们所尊重，在社会上有一定的或相当高的地位，正如裘锡圭先生所说：“在上古时代，由于宗教上或习俗上的需要，地位比较高的人也可以成为牺牲品。……根据传说，商汤自己就差一点成了求雨的牺牲。”[⑤]《说文·巫部》：“巫，祝也。女能事无形，以舞降神者也。……古者巫咸初作巫。”段玉裁注：“按‘祝’乃‘觋’之误。”又云：“《书序》曰：‘伊陟赞于巫咸。’马

---

① 罗振玉：《殷虚书契考释》增订本中册，东方学会石印本，1927年，第50页。

② 叶玉森：《殷虚书契前编考释》第五卷，上海大东书局，1933年，第35页。

③ 陈梦家：《殷虚卜辞综述》，科学出版社，1956年，第602、603页。

④ 于省吾：《甲骨文字诂林》，中华书局，1996年，第1236页。

⑤ 裘锡圭：《说卜辞的焚巫尪与作土龙》，《甲骨学与殷商史》，上海古籍出版社，1983年。

(融)云:'巫，男巫名咸，殷之巫也。'"《尚书·君奭》:"巫咸乂王家。"巫咸，既是商代巫者，又是一位名臣。当然，M151墓主人生前不大可能有巫咸那样尊贵，但是从其墓底挖有殉狗腰坑来看，在社会上应有一定的地位，至少也是一位当时"国人"的墓葬。根据殷墟卜辞所记，商人求雨以用烄祭即用焚人祭神的仪式最多，该墓的发现，可能就是焚人求雨的又一实例。

四、祭祀遗迹

《礼记·祭法》云:"有天下者祭百神。"殷墟卜辞所记表明，商王不仅频繁地祭祀祖先，而且"事天地、山川、社稷、先古(自己的祖先及有功于民者)"(《礼记·祭义》)，商代盛行着对祖先神和自然神的多神崇拜，正所谓"国之大事，在祀与戎"(《左传·成公十三年》)，祭祀确实已是商王朝的"国之大事"。郑州商城作为王都亳邑，这个时期也发现有较前数量更多、内涵更为丰富的祭祀遗迹。其中较为引人注目的是在郑州商城东北隅发现的一处祭石遗迹，这处遗迹背倚商城北城墙，南临宗庙区，位于一片平坦的高地上。曾经参与发掘郑州商城的裴明相先生，首次著文公布了该遗址的详细资料，并指出这"是郑州商城里面的一座颇为壮观的祭祀遗迹"[①]。这些资料后来编入《郑州商城》报告中，《郑州商城》报告说:在现已发掘的"100余平方米的范围内，共发掘出排列有序埋在地下的石头6块，烧土坑1个，烧土面1片，并有殉狗坑8个，无随葬器物的单人墓12座，以及随葬很少陶器与其他器物的小墓2座"。6块石头"均为不甚规整的扁平状红色砂石块，其中有3块红砂石埋于这片祭祀场地的靠西南部空地中间，较大的一块高约30、宽约45、厚约15厘米。石的上面较平滑，并略朝西南方向，石的下面埋入地下;另有3块较小的红色砂石块散布在祭祀场地的东南部"。"在祭祀场地的残存的遗迹中，除有以埋石为中心作为祭祀标志外，围绕着中心石的北侧、东侧和南侧，则有排列有序的烧土坑两个，殉狗坑8个，殉狗100余只，还有无任何随葬器物和有很少随葬器物且仅能容下人身的单人墓14座，这些人与狗的埋葬于此，显然是与祭祀时的杀殉有关;特别是两个殉狗的坑内还埋有三具人骨架，进一步证明这些死者都是奴隶。"[②]这些被杀的殉人、殉狗所祭祀的对象显然就是6块埋石，特别是埋于场地中心的大石(图3.20)。

关于商人祭石的遗迹，以往在江苏省的铜山丘湾已有发现，俞伟超等先生以为实

① 裴明相:《略谈郑州商代祭祀遗迹》，《中原文物》1987年第2期。

② 河南省文物考古研究所:《郑州商城》上册，文物出版社，2001年，第494、500页。

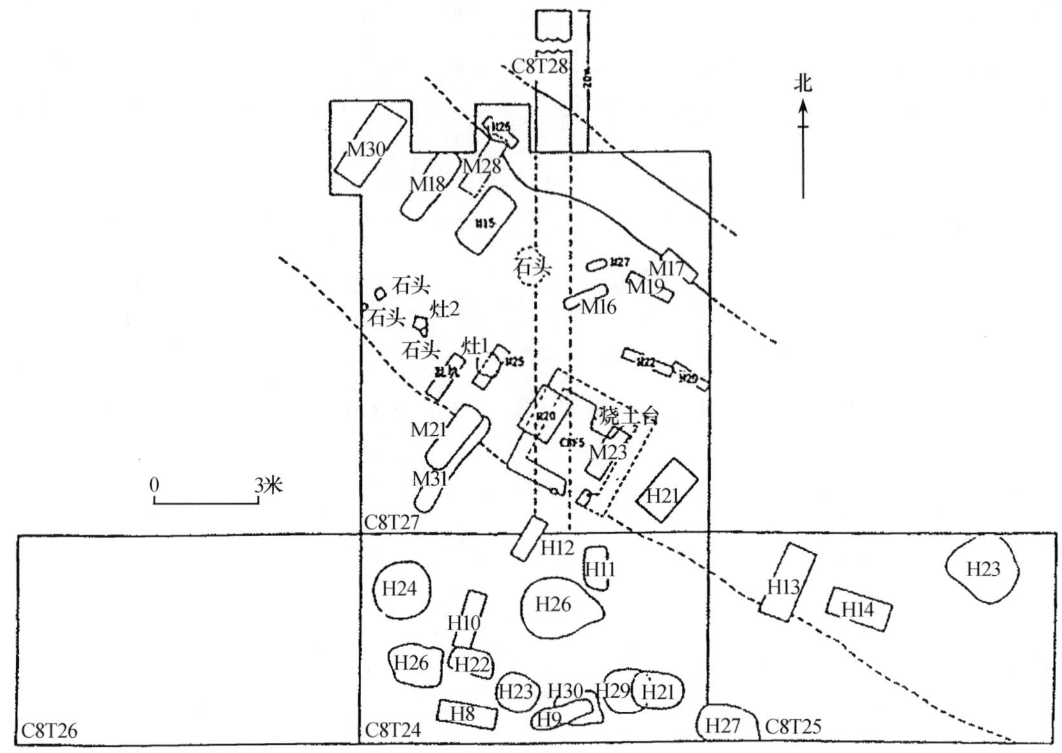

图3.20　祭石遗址殉狗坑、埋石、单人坑等祭祀遗迹平面图

际应是商人祭社的遗迹。俞氏文云：丘湾“遗址的中心是矗立于地上的四块天然大石，周围有人骨架20具、人头骨两个、狗骨架20具。……而全部人架和狗架的头向又都对着中心大石”。这些现象“应是社祀的遗迹”，其根据有二：其一，商周时期有立石为社神的习俗，《周礼·春官·小宗伯》郑玄注：“（军社）社主盖用石为之。”《吕氏春秋·贵直论》：晋文公“围卫取曹，拔石社。”《淮南子·齐俗训》：“殷人之礼，其社用石。”高诱注：“以是为社主也。”二、祭社之法，古用“血祭”，《周礼·春官·大宗伯》：“以血祭祭社稷五祀五岳。”丁山先生认为“血祭即人牺”，“春秋时代用俘虏于社，正是殷周野蛮风俗的遗俗”①。今按俞说可从，郑州商城所发现的这处祭石遗址，也应当是商人祭社的遗迹。《礼记·郊特牲》：“天子大社，必受霜露风雨，以达天地之气也。”孔颖达疏：“达，通也。风雨至则万物生，霜露降则万物成，故不为屋，使天、地气通也，故云达天地之气也。”这处祭石遗址周围未发现房基，正是一座露天的大社的遗迹。裴明相先生首先

① 俞伟超：《铜山丘湾商代社祀遗迹的推定》，《考古》1973年第5期；王宇信等：《关于江苏铜山丘湾商代祭祀遗迹》，《文物》1973年第2期。

注意到这个问题，他将二者联系起来，指出“郑州商城（祭石遗址）和江苏铜山丘湾的祭祀遗迹，都是以主石为中心进行祭祀的”[①]。郝本性先生遂明确认为郑州商城这处祭石遗址“不是一般的祭祀遗址，而是郑州商城亳社的所在地”[②]。我们以往根据郑州商城东北部出土众多的“亳”字和“亳丘”陶文曾经推断，“这个地方就是早商时期的亳社所在地”，因此以后称此地为“亳丘”即亳社的丘墟[③]。祭石遗址即社祭遗迹的发现及其以后公布的详细资料，证明这个推断是符合事实的。

《周礼·春官·小宗伯》：“小宗伯之职掌建国之神位，右社稷，左宗庙。”同书《考工记》也说：“匠人营国，……国中九经、九纬，经涂九轨，左祖右社，面朝后市。”郑玄注：“王宫所居也。……王宫当中经之涂（途）也。”贾公彦疏：“‘王宫所居也’者，谓经左、右、前、后者，据王宫所居处中而言之。”意即古人营建国都的布局是王宫居中，把宗庙社稷分别建置于王宫的左右两侧。以前我根据这个记载在郑州商城的西侧今杜陵一带寻找亳社所在，但是资料薄弱，不足为据。从现有考古资料来看，楚都纪南城发现有王宫居中、左宗庙、右社稷的建置布局[④]，此为春秋早期遗址，就是说这种布局大致开始出现于春秋早期，以后继续沿用到清王朝，而在此以前特别是夏、商时期，尚不存在这种建置布局。众所周知，偃师二里头遗址是我国迄今所发现的最早的一座王都遗址，即夏代后期王都遗址。该遗址的中心区发现有一座宫城，其周围有城墙和道路相围绕。城外分布着手工业作坊和一般聚落遗址；城内西侧有以一号为主的大型建筑基址群，应为当时的王宫所在，东侧有以二号为主的大型建筑基址群，此应为当时的宗庙所在地；“宫殿区北部和西北部一带，……集中分布着一些可能与宗教祭祀有关的建筑和其他遗迹”[⑤]，其中有一部分当为夏人祭社的遗迹[⑥]，从而形成一座以宫殿、宗庙宗教祭祀包括社祭为核心的大型王都基址区，并未发现“左祖右社”的建置布局。郑州商城作为商初亳都，是在二里头遗址即夏代王都的基础上，继承和发展起来的迄今所见我国第二座王都遗址。城内东北隅发现有大型建筑基址群，应是商初王宫和宗庙的所在地，其北侧就是祭石遗址也就是商人祭社的遗迹，正如裴明相先生所说：祭石遗址“坐落在北高南低的紧靠城墙南侧的地坪上，揆诸当时的地形，北倚高耸的城墙，南邻巍峨的宫殿（宗庙），这个地区应为奴隶主

① 裴明相：《郑州商代王城布局及其文化内涵》，《郑州商城考古新发现与研究》，中州古籍出版社，1993年。

② 郝本性：《试论郑州出土商代人头骨饮器》，《华夏考古》1992年第2期。

③ 郑杰祥：《二里头文化商榷》，《河南文博通讯》1978年第4期。

④ 杨鸿勋：《宫殿考古通论》，紫禁城出版社，2001年，第125、126页。

⑤ 许宏等：《二里头遗址聚落形态的初步考察》，《考古》2004年第11期。

⑥ 郑杰祥：《新石器文化与夏代文明》，江苏教育出版社，2005年，第418页。

贵族定期祭祀禁地”[①]。由此可见，我国古代最早的王都建筑布局并非王宫居中、左祖右社，而是三者相距邻近，不大规则地并存于一个地区。我国古代人们聚族而居，过着以农业为主体的经济生活，因此盛行对组先和作为土地神象征的社坛的崇拜和祭祀，为方便这些活动，古人特别是商人应是将祖庙和社坛建造在彼此邻近的地区。这种建置也见于文献记载，《吕氏春秋·诚廉》云：“召公就微子开于共头之下，而与之盟曰：‘世为长侯，守殷常祀，相奉桑林。’”高诱注：“相，犹使也，使奉桑林之乐。”同书《慎大》又云：武王胜殷，“立成汤之后于宋，以奉桑林”。高诱注：“桑山之林，汤所祷也，故使奉之。”陈奇猷校注：“‘桑林’既为祀神之所，亦为乐舞之名。《墨子·明鬼下》云：‘燕之有祖，当齐之社稷，宋之有桑林。’以‘桑林’比之‘祖’与‘社稷’，其为祀神之所甚明。”这里所指商人在“桑林”所祀之神就是自己的祖先神，《礼记·郊特牲》云：“天子存二代之后，犹尊贤也。”孔颖达疏：“天子继世而立，子孙以不肖灭亡，见在子孙又无功德，仍须存之。所以存二代之后者，犹尚尊其往日之贤所能法象。”孙希旦《集解》：“存二代之后，谓周存夏、殷之后，使得用天子之乐，以祭其先世，所谓‘脩其礼物，作宾王家’也。犹尊贤，言犹尊其先世之贤也。尊贤不过二代，……夏、殷之后，谓之二代，此言‘存二代之后’是也。《乐记》：‘武王克殷，未及下车，而封黄帝之后于蓟，帝尧之后于祝，帝舜之后于陈’，所谓三恪也；‘下车而封夏后氏之后于杞，投殷之后于宋’，所谓二代也。杞、宋皆郊，而黄帝、尧、舜之后未闻有此，则三恪之礼杀于二代矣。郑氏驳许叔重《五经异义》又云：‘存二代之后者，命之郊天，以天子之礼祭其始祖受命之王，自行其正朔服色。’”可知周人命微子“守殷常祀”，就是让商人“以天子之礼祭其始祖受命之王”，故《史记·宋微子世家》云：周公“乃命微子开代殷后，奉其先祀，作《微子之命》以申之”。意即周公乃命微子开代替武庚，作为殷人的后嗣，建立宋国，供奉殷人先祖宗庙的祭祀，并作《微子之命》以申述其事。因此文献所记“守殷常祀，相奉桑林”，“立成汤之后于宋以奉桑林”。就是要殷人继续供奉祖先宗庙的祭祀，“桑林”在这里已成为商人祖先宗庙的代名词。而桑林同时也是商社所在，《左传·襄公十年》：“宋公享诸侯于楚丘，请以桑林。”孔颖达疏引《尚书大传》曰：“汤伐桀之后，大旱七年，……自以为牲而祷于桑林之社。”《帝王世纪》也说，汤“祷于桑林之社”。是知桑林之地既有商庙，又有商社，也就是说二者同位于一个地区。不过宋人相奉的“桑林”，乃是微子迁宋以后，沿用旧名新建

① 裴明相：《郑州商代王城布局及其文化内涵》，《郑州商城考古新发现与研究》，中州古籍出版社，1993年。

的宗庙、社稷，正如清人梁履绳所说，“殷人尊神，汤以身祷得雨，其子孙必立桑林之社于宋”[①]，而并非郑州商城的社祭遗迹。

早期的社坛多建于丛树密林之中，《墨子·明鬼下》：“昔者虞夏、商、周三代之圣王，其始建国营都日，必择国之正坛置以为宗庙；必择木之脩茂者，立以为丛社。”“丛社”即丛林中的社。《白虎通》云：“社稷所以有树何？尊而识之，使民人望见敬之，又所以表功也。”商社当建于桑林之中，故文献多称其为“桑林之社”，此社因位于王都亳邑以内，又称之为“亳社”，《礼记·郊特牲》郑玄注：“薄（亳）社，殷之社，殷始都薄（亳）。”郑州商城东北隅发现的祭石遗址当即商代最早的“桑林之社”和“亳社”的遗迹。社本是古人所记的土地神的象征，又称“后土”，《尚书·武成》云：“告于皇天、后土。”孔传曰：“后土，社也。”《礼记·月令》郑玄注：“社，后土也，使民祀焉，神其农业也。”因此殷墟卜辞“社”字皆写作“土”，王国维《殷礼征文·外祭》云：土，“卜辞假为‘社’字，《诗（经）·大雅》：‘乃立冢土’，《传》云：‘冢土，大社也。’《商颂》：‘宅殷土茫茫’，《史记·三代世表》引作‘殷社茫茫’。《公羊僖·三十一年传》：‘诸侯祭土’，何注：‘土，谓社也。’是古固以土为社矣。”王说甚是。殷墟卜辞多记有商王祭“土”也即祭社的活动，首先是祭社祈求农业丰收，如卜辞云：

……其求于亳土（社）？（《屯》59）

贞：勿求年于邦土（社）？（《合集》846）

……贞……土（社），受年？（《合集》5158）

其次是商人祭社以祈求风调雨顺，如卜辞云：

丙辰卜：于土（社），宁风？（《合集》32301）

己未卜：宁雨于土（社）？（《合集》34088）

商人也祭社以祈求消灾免祸，如卜辞云：

壬辰卜：御于土（社）？癸巳卜：御于土（社）？（《合集》32102）

于亳土（社）御？（《合集》32675）

杨树达先生《释御》云：御“为祭名，……甲文用此字为祭名者，往往有攘除灾祸之义寓于其中。”又云：“‘御’为攘灾之祭，……甲文记‘御’祀，往往具禳疾之义。”[②]其实商人主要还是用“燎”祭的方式祭祀社神，[③]例如卜辞云：“贞：

---

① 吴静安：《春秋左氏传旧注疏证续》，东北师范大学出版社，2005年，第89页引。

② 杨树达：《积微居甲文说·卜辞琐记·释御·御妇好》，中国科学院，1954年。

③ 姚孝遂：《殷墟甲骨刻辞类纂》，中华书局，1992年，第463页。

燎于土（社）？勿燎于土（社）？”（《合集》14398）“辛巳贞：雨不既，其燎于亳土（社）？”（《屯665》）《说文·火部》：“尞，柴祭天也。”同书《示部》又云：“祡，烧柴尞祭天也。”段玉裁注：“柴与祡同‘此’声，故烧柴祭曰祡。《尔雅·释天》曰：‘祭天曰燔柴。’《（礼记）祭法》曰：‘燔柴于泰坛，祭天也。’……《郊特牲》曰：‘天子适四方，先祡。’（郑玄）注：‘所到必先燔柴有事于上帝也。’”朱骏声《说文通训定声》云：尞，“《经》、《传》皆以燎为之，《白虎通·封禅》：‘燎祭天，报之义也’”。“燎”祭本是古人用来祭祀天神和祖先的活动，卜辞所记商人也用来燎祭于社，可知社神在商人的心目中有着与天神、祖先同等重要的地位。《吕氏春秋·季冬纪》：“收秩薪柴，以供寝庙及百祀之薪燎。”高诱注：“燎者，积聚柴薪，置璧与牲于上而燎之，升其烟气。”郑州商城祭石遗址内已发现有“烧土坑两处，坑的平面形制略呈一头近尖、一头较直、两侧边斜直的圭‘形’。坑的中部下凹，坑壁与坑底均被烧成坚硬的红色”。其中一坑“纵长0.7、中宽0.6米，坑内堆积有深灰色油腻灰烬，手触异常光滑”。“这种异常现象，应为坑内牲体于焚烧时，浸及坑壁所致。”[①]这两处烧土坑显然应是当时人们祭祀“社石”的遗迹。“社石”的周围还发现有8座殉狗坑，“这8座殉狗坑的布局，显然是围绕着中间最大的‘埋石’而挖筑的”。殉狗坑从西北向东南，分三横行有序地排列着，方向与中间最大的埋石一致，向着西南宫殿区。《尔雅·释天》云：“祭地曰瘗埋。”商人常用埋犬的仪式祭祀神灵，如殷墟卜辞云：“辛巳卜，宫贞：埋三犬、燎五犬、五豕、卯三牛？一月。”（《合集》16197）这里祭石遗址发现的众多殉狗坑即其实例，其中M30号坑内殉狗达23只之多，这在商代也是少见的。坑内“从有些狗骨架的姿态形状看，埋葬时有些狗腿似被捆缚着，并有挣扎的样子”，可见这些狗是被活着埋祭于此的。商人也杀犬祭祀神灵，如卜辞云：

贞：五……岁一犬……年？（《合集》28208）

辛巳卜：乇羊百？犬百？……百？（《屯》917）

上引卜辞“岁”读如“刿”，祭名，指割裂牲体祭祀神灵[②]。“乇”即“磔”，也指割裂牲体磔祭神灵[③]。郑州商城祭石遗址内发现有些殉狗坑里狗骨架破碎凌乱，应“是在处死以后扔进坑内的”[④]，也应是在肢解以后祭祀圣灵的。在M15和M18殉狗坑内还发现有人牲，殷墟卜辞记有商王用羌方俘虏祭社者，如卜辞云：“乙丑卜：有

① 裴明相：《略谈郑州商代祭祀遗迹》，《中原文物》1987年第2期。

② 唐兰：《天壤阁甲骨文存》，北京辅仁大学丛书，1939年，第30页。

③ 于省吾：《甲骨文字诂林》，中华书局，1996年，第3308页。

④ 裴明相：《略谈郑州商代祭祀遗迹》，《中原文物》1987年第2期。

燎于土（社），羌？宜小牢？”（《合集》32118）“庚申卜：有土（社），燎羌？宜小牢？”上述殉狗坑发现的人牲，可能也是当时的战俘或奴隶。殉狗坑的近侧发现有14座单人墓葬，其中M16、M26墓底铺有朱砂，M10随葬有残陶豆柄和陶爵，M13随葬一件玉柄形饰，这些墓的墓主人生前不像是奴隶，而可能是后世文献称作的“犬人”及其从属人员，《周礼·秋官·犬人》云：“犬人掌犬牲，凡祭祀共（供）犬牲，用牷物，伏、瘗亦如之。……凡相犬、牵犬者属焉。”郑玄注：“郑司农云：‘牷，纯也；物，色也。伏谓伏犬，瘗谓埋祭也。’相谓视，择知其善恶。”贾公彦疏：“按《尚书·微子》：‘牺，牷牲用。’注云：‘牺，纯毛；牷，体完具。’……此无牺，故以牷兼纯也。犬有三种：一者田犬、二者吠犬、三者食犬，田犬、吠犬观其善恶，若食犬观其肥瘦，故皆需相之。牵犬者谓呈见之。”意即“犬人”担负掌管犬牲的职责，祭祀需要时，负责供应体格完整、毛色纯正的犬牲；用来伏祭和埋祭的犬牲，也以同样的标准加以供应。用来祭祀的犬牲分为三类：一类用于田猎，一类用来鸣叫示警，第三类用来食用。这些都由负责“牵犬”者送上，由“相犬”者负责鉴定。《墨子·明鬼》下也说：古代圣王祭祀庙、社，“必择六畜之腯肥倅毛以为牺牲”，意即必定要选择体格肥壮、毛色纯正的六畜作为牺牲，来祭祀祖先社神。商王在这里埋葬“犬人”等人员，可能是要这些人向社神说明，所殉之犬都是经过慎重挑选出来的牺牲。特别是在M24殉狗坑中，还“出土了一件扭成一个圆团的夔纹形薄金片装饰品（C8T27M24：1），面呈金色黄亮，净重18.5克。它不仅是八座埋狗坑中出土的一件很珍贵的金质艺术品，而且也是郑州商代二里岗遗址中仅有的一件金器”[①]，也可说是我国迄今所见最早的一件金质夔龙纹装饰品。河南是我国重要的黄金矿藏省区之一，《山海经·中山经》对此多有记载，至今豫西灵宝一带仍建有黄金开采矿区，M24出土的金片质料当源出于今河南省区。黄金硬度不高，却有着“极好的延展性能，每克可拉拔成长达1800米的金丝；又可制成厚仅0.002微米的金箔”[②]，M24出土的“薄金片装饰品”，表明这个时期的商人已经掌握了黄金“延展”的性能。黄金还具有较好的化学稳定性，不易被氧化，也不溶于一般的化学溶剂，能够长久的闪亮发光，因而被人们所喜爱，当做财富加以储存，又被制作成各种珍贵的装饰品，以显示和美化自己的尊荣，M24出土的“夔龙纹薄金片装饰品，面呈金色黄亮”，可能是商人将其金片包装于某些祭器之上的遗物，所有这些都说明商王朝统治集团对祭祀社神的虔诚和崇敬之心。

---

① 河南省文物考古研究所：《郑州商城》（上册），文物出版社，2001年，第500页。

② 华觉明：《中国古代金属技术——铜和铁造就的文明》，大象出版社，1999年，第462页。

图3.21　殉狗坑（CW狗坑1）平面图

在郑州商城西城墙的内侧也发现祭祀遗迹，考古工作者于西城墙中段CWT2探方之中，“发掘出一个东西残长2.6、南北宽约2.31、残深约0.75米的近方形竖穴土坑（CW狗坑1）。坑的西壁、南壁与北壁，还各挖筑有二层台（郑按：东壁已残，原当有之）。在二层台内的坑底四角，各埋狗一只，都作侧身屈肢姿态”（图3.21）。四只狗的狗头，两两南北相对。另在该坑以南约百余米处，“还发掘出一座无任何随葬器物且仅能容下人身的奴隶单人坑”。《郑州商城》发掘报告由此正确地认为这是“商代二里岗上层一期的一处用人与狗祭祀的遗存”[①]。狗以灵敏、凶猛和忠实于主人而著称，因此人们养狗多用来守御自己的安全。应劭《风俗通义·祀典》又云：“俗说狗别宾主，善守御，故著四门，以辟盗贼也。”古人又有用狗作为守城的工具，《墨子·备穴》篇云：置“穴垒之中各一狗，狗吠即有人也”。意即在城墙所挖的穴垒之中各放置一条狗，敌人攻城时，耳目聪颖的狗立即就可听到并鸣叫报警。同书《迎敌祠》篇又云：“令昏纬狗、纂马，……静夜闻鼓声而譟，所以阉客之气也，所以固民之意也，故时譟则民不疾矣。”意即到黄昏以后要用绳索拴住狗，套住马；至夜深人静时刻，闻鼓声警报敌人来犯时，就立即解绳，让狗马尽情喧乎鸣叫，这样可以压制敌人的气焰，稳定自己的民心，城内群众也不会惊慌不安。狗在古代作为守城工具所起到的积极作用，引起人们的重视，从而使人联想到用狗祭祀四方神灵就能保佑安全，《史记·封禅书》说：秦德公时曾“磔狗邑四门，以御蛊灾”。殷墟卜辞也记有商人用狗祭神以祈求四方安宁的活动，如卜辞云：

甲申卜，宾贞：燎于东，三豕、三羊、宜犬、卯黄牛？（《合集》14314）

戊寅卜，九犬，帝于西？二月。（《合集》21089）

庚戌卜，宁于四方，其五犬？（《合集》34144）

壬辰卜，其宁疾于四方，三羌？侑九犬？（《屯南》1059）

商人在郑州商城西城墙内侧用狗祭祀城墙或城门，也应当有着祈求王都亳邑安

① 河南省文物考古研究所：《郑州商城》（上册），文物出版社，2001年，第506页。

全的意义。用犬置于墓主腰坑之中以及用犬祭祀祖先、神主，是商族习俗的一大特色，殷墟卜辞记有商王一次竟用百犬（《合集》32674）、甚至用三百犬（《合集》16241）祭祀神、祖者，这在我国历史上可说是空前绝后的现象。

在郑州商城内城以外，也发现有重要的祭祀遗迹。考古工作者于内城南郊铸铜遗址的东侧，发现有殉猪的灰坑（C5·3H307），这“是一个东西向的长方竖井形坑”，“在坑内距坑口约1.4米和1.9米处，分别填埋了两只躯体完整的猪骨架，其中靠下面的猪骨架两前肢与后肢均作交叉状，好似捆绑的模样”。“另在二里冈附近一些探方的商代二里冈上层一期的灰层内，也发现出一些堆填人骨架坑和和殉牛坑等，这些都可能与举行杀殉后的祭祀有关。”[①]《礼记·郊特牲》云：“兆于南郊，就阳位也。”孔颖达疏引《孝经纬》曰：“祭帝于南郊，就阳位也。”殷墟卜辞也记有商王用人、牛和猪等动物在南郊祭祀南方天神的活动，如卜辞云：

贞：御于南？（《合集》14321）

贞：燎东、西、南，卯黄牛？

燎于东、西，有伐？卯南，黄牛？小告。（《合集》14315）

郑州商城南郊发现的这些人骨架、殉牛和殉猪的灰坑，可能就是当时商人祭祀南方天帝的遗迹。

在商城的西郊今人民公园的西部，发现有3个殉牛的灰坑（C7H125、C7H127、C7H131），这些牛坑集中地分布于一块约25平方米的地势较高的漫平土丘上，每坑“仅能容下牛身，说明这些坑应是专为埋牛而挖筑的”（图3.22）[②]。殷墟卜辞记有商王用牛祭祀日出和日入的活动，如卜辞云：

戊戌卜，内：乎雀朿于出日？于入日？

戊戌卜，内：乎雀朿一牛？

戊戌卜，内：朿三牛？（《合集》6572）

癸未贞：甲申酒出、入日，岁三牛？兹用。三。

癸未贞：其卯出、入日，岁三牛？兹用。三。（《屯南》890）

……出、入日，岁三牛？（《合集》32119）

众所周知，太阳的出没运行对人类的生产和生活都有着重大影响，因此人类为了合理地安排自己的生产和生活很早就开始了对日出、日没运行的观测。《尚书·尧典》就曾系统地记载着帝尧“分命羲仲宅嵎夷，曰暘谷，寅宾出日，平秩东作。日

① 河南省文物考古研究所：《郑州商城》（上册），文物出版社，2001年，第510、511页。

② 河南省文物考古研究所：《郑州商城》（上册），文物出版社，2001年，第510页。

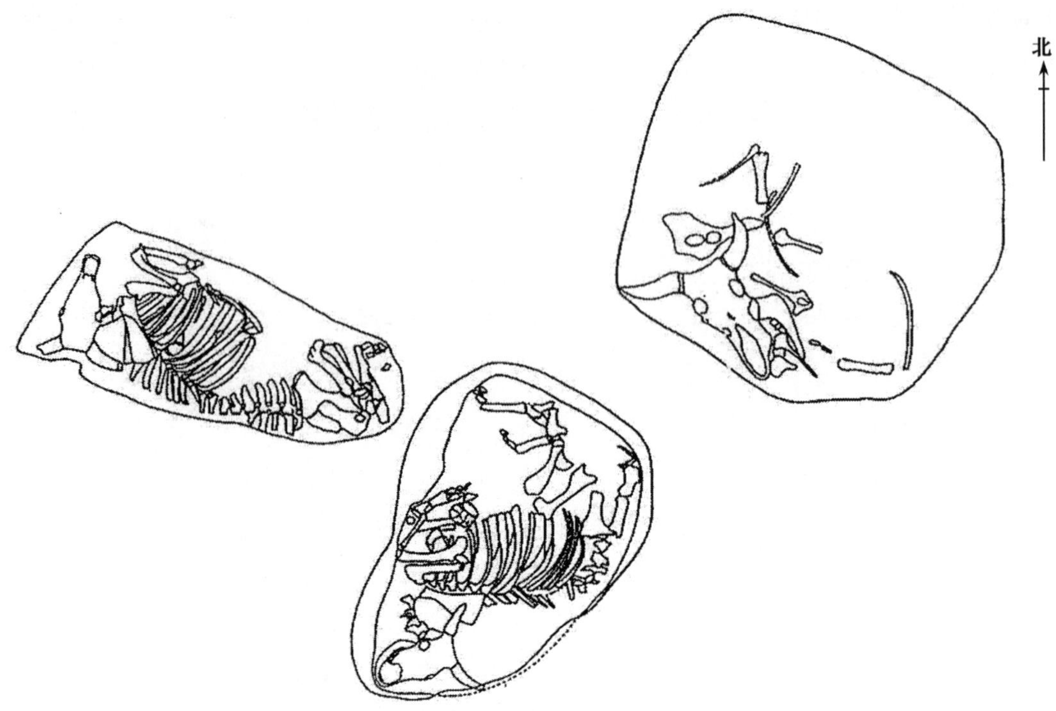

图3.22　牛祭坑C7H125、C7H127、C7H131位置关系图

中、星鸟，以殷仲春”，即命羲仲其人宅居东方暘谷之地，于春分时节祭祀日出，以此通告各地群众开展春耕生产。又“分命和仲宅西，曰昧谷，寅饯纳日，平秩西成。宵中、星宿，以殷仲秋”。即命和仲其人宅居西方昧谷之地，于秋分时节祭祀日落，以此通告各地群众进行秋收。《国语·周语》上：“獸三为群”，《吕氏春秋·召类》：“群者，众也。”郑州商城西郊发现的这三头牛祭灰坑与卜辞所记商人“束”祭、“岁”祭“出、入日”用牛数量相同，可能就是商人于某个时日用众多的牛牲祭祀“入日”，即“纳日”，也即日落的遗迹。

《周礼·小宗伯·龟人》云：“若有祭祀，则奉龟以往，旅亦如之，丧亦如之。”郑玄注：“奉，犹送也。”孔颖达疏：“祭祀不辨外内，则外内俱当卜，皆奉龟以往所当卜处也；旅谓祈祷天地及山川，丧谓卜葬宅及日，皆亦奉龟往卜处也。”在郑州商城发现有二里冈文化三期的卜骨70余件，龟卜甲近40件都是当时商人占卜的遗物。《郑州商城》发掘报告说：“卜骨中主要是用牛、猪、羊、鹿等动物的肩胛骨经过休整后进行火灼的。其中对牛肩胛骨的卜法多是先钻出圆坑，然后再在圆坑内进行火灼，而对于猪、羊、鹿等兽的肩胛骨，除有极少数的钻后再灼外仍多是用火直接在骨面上灼制的。而对龟甲的卜法，则和牛肩胛骨的卜法一样，也是先钻出圆坑，然后在圆坑内火灼。从商代二里岗上层一期的牛卜骨和龟卜甲来看，显然是有了很大的发展。”[①]从现有资料可知，在此以前发现的卜骨皆为直灼，而无钻凿，二里头文化的卜骨多为羊骨和猪骨，牛骨不多，没有龟甲；二里冈文化二期的牛卜骨开始增多，而且有了龟卜甲；三期更有了钻坑，这既是一个重大进步，同时也显现出两个文化之间的区别。这种钻坑可能是用该期出土的青铜钻（C5T21①：8）和青铜刻刀（C5T21①：27）一类的工具钻成，它为后世先钻后灼的占卜方法开了先河，商人学会用青铜钻、刀加工卜用甲骨，从而为运用这些工具刻写甲骨卜辞奠定了基础。

更为重要的是在郑州商城还发现了刻骨卜辞。1953年，考古工作者在郑州二里冈发现和发掘出两片刻着文字的字骨，其中一片是在牛肱骨的正面上刻着一个“㞢”字，另外一片则更为引人注目，这是一片牛肋骨，骨的两端残缺，现存“骨长7.3、宽3.8、厚0.3厘米”[②]。骨片“上面有十四处经过刻工，刻字较小屯甲骨文字稍浅而略粗”，表现出比较原始的契刻特点（图3.23）。关于这片字骨的发现以及当时人们对其研讨的情况，赵全嘏先生首先著文介绍云：

> 这片甲骨文的发现，是四月中旬，河南文管会的张建中同志在二里岗黄河水利委员会建筑区的西部发掘时，在一个发掘坑的旁边地面随手捡到的。这里的地面，曾经用铲土机铲去了厚约一公尺许的表土，同时并用铲土机从东边较高的地方推土，把铲过了的地面加以平铺过了的。根据这样的情况，这片甲骨的原来存在地，应该是在发现地东南约一百公尺，距原始地面约一公尺的地方[③]。

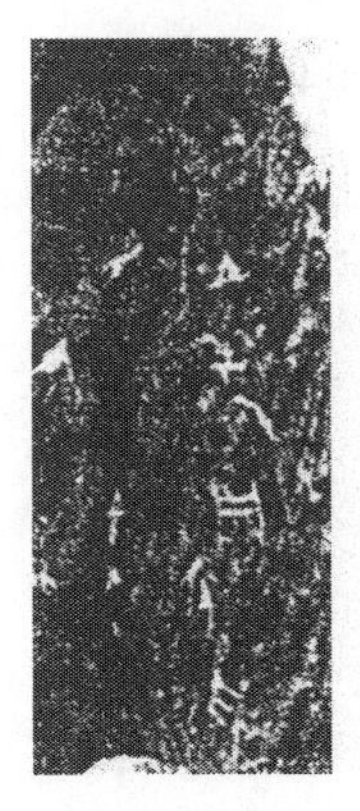

拓本

摹本

扫描影像

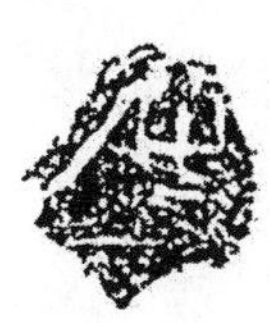

骨臼刻辞

图3.23　二里冈遗址出土的牛肋骨卜辞拓本、摹本、扫描影像和骨臼刻辞拓本

---

① 河南省文物考古研究所：《郑州商城》上册，文物出版社，2001年，第834页。

② 河南省文化局文物工作队：《郑州二里冈》，科学出版社，1959年。

③ 赵全嘏：《郑州二里岗的考古发现》，《新史学通讯》1953年第6期。

关于这片字骨的性质，当时的发掘组曾请陈梦家先生进行鉴定，陈先生发表意见云：

这是一片牛肋骨上刻着练习契刻卜辞的10个字。占卜只用肩胛骨，不用肋骨，在肋骨上习刻，从前小屯发掘中也出土过一片。安阳出土用甲骨的区域并不限于小屯，但只有小屯和侯家庄出的刻了卜辞。小屯的周围附近出很多无字甲骨和少数习刻字骨。这片肋骨所刻的字，和小屯殷代晚期的卜辞近似，可能也属于这个时期。①

陈先生释出的这10个字，为"又土羊乙屮贞从受十月"。1959年出版的《郑州二里冈》考古发掘报告摘录了陈先生所释的这10个字，重述了陈先生对这片字骨所在时代的判断，说是其"字迹和安阳小屯殷虚出土的甲骨文很相近"，并首次发表了这片牛肋字骨的照片和摹本②，但是摹本中增加了一个"乇"字，因此全文当为11个字。1984年，参与当时发掘二里冈遗址的裴明相先生，对这片字骨的时代提出了新的看法，裴氏首先著文回忆这两片字骨发现的情况云：

1953年4月，在配合郑州二里岗黄河水利委员会的建设中，于被推土机翻动的土层内，检到字骨一块。被翻动的土层深约半公尺左右，内涵有较多的商代二里岗陶器碎片和唐、宋瓷片等，在铲平后的地面上，暴露出许多边缘清楚的二里岗期窖穴、灰层和汉、唐时期的瓷片。捡到的那块牛肋字骨，骨块略呈圆弧形，在其鼓起的弧面上，刻有10字："……又土羊，乙丑贞，从，受，……七月。"同年九月，又在该工地开挖的探沟T30东端深50公分的商代二里岗期灰层内，发现了第二块甲骨，该灰层被宋代墓葬所扰动。这块字骨，经中国科学院古脊椎动物研究所鉴定，认为是被锯下来的牛肱骨的关节部分，上刻一"屮"字。

关于这两块字骨的时代，裴先生认为它不应属于殷代晚期，而应是二里冈文化时期的遗物，其理由有三：①字骨所在的发掘区发现有"二里岗期和汉、唐以后的遗物，但绝无郑州商代人民公园期及安阳殷墟晚期的遗存"；②"两块字骨所用的骨料皆为牛骨，一为未经整治的肋骨残段，……另一是肱骨上关节面锯下来的骨片，锯齿的印痕历历可见。这种骨料的形制，与殷墟小屯字骨经过精心整治的牛肩胛和龟腹甲相比，显然带有较多的原始性"；③骨文的刻道纤细，行款不整齐，反映着书刻者稚拙的技艺。由是裴文结论说："依据上述三点，我们认为郑州字骨的时代，应属于郑

① 陈梦家：《解放后甲骨的新资料和整理研究》，《文物参考资料》1954年第5期。

② 河南省文化局文物工作队：《郑州二里冈》，科学出版社，1959年。

州商代二里岗期。”[①]近年李学勤先生著文“认为裴明相的见解是可信的，字骨应该属于早于殷墟的商代二里岗期”。并且进一步申述裴说云：“肱骨上的‘屮’字，屡见于殷墟较早的𠂤组、宾组等卜辞。肋骨的文字在结构上、风格上，接近于𠂤组卜辞的一种，而乙丑贞的前辞形式，又类于历组卜辞。……现在知道𠂤组、宾组、历组都是较早的，其在若干因素上有似于二里冈期卜辞，是不足怪的。”[②]

今按裴、李所说，论据扎实，可信可从。不过现在二里冈文化已经分为四期，这件肱骨发现于T30距地表50厘米的二里冈期灰层内，肋骨出土于距地表50厘米被翻动的土层内，参考《郑州二里冈》考古发掘报告所举T51为例的地层叠压关系，距地表50厘米左右的深度，正是二里冈三期文化层所在的深度，这两块字骨的文字结构和风格又接近于殷墟早期卜辞，由此推测，它很可能属于二里冈文化三期的遗物。

字骨的内容决定着字骨的性质，正如李学勤先生所说：“牛肱骨不是卜骨，上面的字不是卜辞，是很清楚的。”肱骨上“‘屮’字的意义自然可以有多种解释，一种猜想是地名或族氏名”。若此“猜想”正确，现知殷墟早期卜辞有“子屮”（《合集》672正）、“屮侯”（《合集》20061）、“屮伯”（《合集》20078），这些氏族或与肱骨所记的“屮”族有一定联系。屮族当以居于屮地而得名，殷墟卜辞“屮”“[illegible]”相通用，故屮地也称之为“[illegible]”地。卜辞记有“[illegible]水”，其辞云：“……灾……在[illegible]”（《和集》20569）。“[illegible]水”当即后世的洧水，洧水所在，《诗经·郑风》：“溱与洧，方涣涣兮。”毛传曰：“溱与洧，郑两水名。”《水经·洧水注》：“洧水又东迳新郑县故城中。”《诗经》中的郑国和《水经注》中的新郑县即今河南省新郑市，此地北距郑州商城约40千米，或即商代“屮”族的故地。

牛肋骨上的文字则是真正的卜辞。这片肋骨据赵全嘏先生上文介绍，“上面有十四处经过刻工”，《郑州二里冈》考古报告已经摹出11个字，但是该报告和上述诸家仍据陈梦家先生说，释为10个字，漏掉一个“乇”字，近年李维明先生著文首先补出此字[③]。有些学者对此尚有不同意见，以为摹本有误，原字骨并无此一“乇”字[④]，然而正如葛英会先生所说：《郑州二里冈》摹本（原文称作“摹本甲”）“完整地摹出列于第二行首字的‘乇’字，相信是作者对原骨刻辞审慎观察、分析的结果。1985年出版的《河南考古》刊出的通过扫描技术分辩的影像，其显现的该字的构形，与摩

① 裴明相：《略谈郑州商代前期的骨刻文字》，《全国商史学术讨论会论文集》，1985年。

② 李学勤：《郑州二里岗字骨的研究》，《中国社会科学院历史研究所学刊》（第一集），社会科学文献出版社，2001年。

③ 李维明：《郑州出土牛肋骨刻辞新识》，《中国文物报》2003年6月13日第7版。

④ 孙亚冰：《对郑州出土商代牛肋骨刻辞的一点看法》，《中国文物报》2006年1月6日第7版。

本甲完全一致，证明该字的摹写是可信的，同时也说明二里岗牛肋骨刻辞中确有此字。摹本是依据原骨做出的”[1]，是不宜否定的。根据《郑州二里冈》考古报告摹本可知，全文分为上下两辞，下面一辞残留有七字，文为：

乙丑贞：从受……七月。

“乙丑”是指乙丑这一天。大量的殷墟卜辞证明，商代流行着干支纪日法，即以十天干中的甲、乙、丙、丁、戊、己、庚、辛、壬、癸与十二地支中的子、丑、寅、卯、辰、巳、戊、未、申、酉、戌、亥依次相配，组成甲子日、乙丑日……以纪日，直至第六十天的癸亥日，再从甲子日开始循环使用下去，俗称“六十甲子”，后世又用来纪年、纪月、纪时辰，又称“甲子”纪时法和“干支”纪时法，沿用至今。这种纪日法不会重复，不会错乱，是一种比较科学的纪日方法。“干支”纪时法相传为古代大桡所发明，《世本》云：“大桡作甲子”，宋衷注：“大桡，黄帝史官。”《续汉书·律历志》刘昭注补引蔡邕《月令章句》又云：“大桡探五行之情，占斗纲所建，于是始作甲乙以名日，谓之幹；作子丑以名月（‘月’字原文作‘日’，从王先谦《集解》引卢文弨说改）谓之枝，枝幹相配，以成六旬。”此一传说准确与否，现在还无法证实。至于干支纪日法形成的原因，近世学者又有新说，徐中舒先生云：“用干支纪日，由来久远，甲文已如此。最初可能是两个部族纪日法不同，一个以十进，一个以十二进。两个部族融合之后，为查对之便，就把两种纪日方法配合起来计算而成为六十甲子。”[2]这个推断可备一说。而真正的实物资料则是见于二里冈遗址出土的这件牛肋骨上，“乙丑贞”刻辞是我国迄今所见最早的干支纪日卜辞，说明我国沿袭数千年的“干支”纪时法，至迟当开始于二里冈文化时期。“乙丑贞”下面的“从”是动词，“受”可能是人名，“从受”应用的是动词使动用法，即占卜者使“受”随从自己或率领“受”的意思。这种语法也见于古代文献，如《史记·项羽本纪》：“沛公旦日从百余骑来见项王。”意即沛公率领百余骑来见项王。因此这片卜辞的大意应是：某年七月乙丑日贞问：带领受……受字以下骨面残缺，所记何事已不能确知，或为进行“乇土”活动。上面一辞四字，文为：

又，乇社，羊。

卜辞“又”字大致有六种含义，即左右之右，有无之有，福佑之佑，侑祭之侑，再又之又以及作为语助辞的有，这里当作为祭名，读作“侑”。“[甲骨文字形]”字，李维明从于省吾说，释为“乇”，于先生文云：[甲骨文字形]“乃乇之初文”。“甲骨文的乇字孳乳为

① 葛英会：《读郑州出土商代牛肋骨刻辞的几种原始资料与释文》，《中原文物》2007年第4期。

② 徐中舒：《殷商史中的几个问题》，《四川大学学报》1979年第2期。

、，均应读为矺，……典籍通作磔，是就割裂祭牲的的肢体言之。”[①]此说甚是。于文又云：“又甲骨文亳字所从之乇，与宅字从乇形同（后来亳字则变作从或）。”李维明先生进一步认为“乇”当为早期的“亳”字，李氏文云：“‘乇’与‘亳’上古音同为鐸韵。汉代许慎《说文解字》五下记：‘亳，……从高省，乇声。’于省吾《甲骨文字释林》言‘甲骨文亳字所从之乇，与宅字从乇形同。’据此判断，郑州出土牛肋骨刻辞上出现的‘乇土（社）’与殷墟卜辞中的‘亳土（社）’具有内在的联系。依时代判断，郑州牛肋骨刻辞上出现的‘乇’应是殷墟卜辞‘亳’字较早的写法，或者说是殷墟卜辞‘亳’字的早期省文。”[②]不过殷墟卜辞亳字特别是早期亳字，多从“”、从“”，或从“”、从“”，没有作为从“”者（只有三期《合集》28109片所记“亳”字与此类似）。卜辞多记有单独的“乇”字，皆写作“”、“”，或写作“”，没有写作为“”“”或“”者。卜辞“宅”字所从之“乇”，写作“”或“”，也没有写作为从“”“”或写作为从“”者。由此可知，卜辞特别是早期卜辞“乇”与“”“”，乃判然两字两形，并不混淆。后世亳字所从之“乇”乃“丰”字之讹变，始流行于战国时期。汉人许慎大致是依据战国文字说解“亳”字，《说文·高部》云：“亳，京兆杜陵亭也。从高省，乇声。”按亳与乇同韵而不同声纽，上古时期这两个字是否同声纽，不能查证，故林义光《文源》云：“亳与乇不同音，亳字当为殷汤所居邑名而制，其本义不当为亭名也。”实际上据殷墟卜辞而论，早期亳字并不从“”，而是从“”和“”，“”为“”字之省文，“”即“丰”字之初文。“丰”“亳”双声，同属并纽；又丰属东韵，亳属铎韵，东、铎二部韵尾发音相同，王力《同源字典》认为此二部上古音属于同类，可以旁对转，韵部相近。是古亳与丰声同韵近，亳字当从“丰”得声。因此，二里冈出土牛肋骨上的“乇”，不当释为“亳”，仍当为“乇”之本字，是一种“割裂祭牲的肢体”而祭祀神祖的祭名。“乇土”即乇社，殷墟卜辞“社”字皆写作“土”，此辞大意就是用割裂的羊的肢体侑祭于社。殷墟卜辞也记有乇牲侑祭于社和乇祭于社的活动，如卜辞云：

癸丑卜：其侑亳土（社），惟乇？（《合集》28106）

戊申，其乇于土（社），牛？（《合集》34190）

以羊为牺牲献祭于社，是古人常有的祭社活动，《诗经·小雅·甫田》云：“与我牺羊，以社以方。”郑玄笺：“与我纯色之羊，秋祭社与四方。”周人此举

① 于省吾：《甲骨文字释林》，中华书局，1979年，第167—172页。

② 李维明：《郑州出土商代牛肋骨刻辞补识》，《中国文物报》2006年1月6日第7版。

当是继承了商人的遗俗，郑州二里冈牛肋骨卜辞的发现，说明商人早已有着乇羊祭社的习俗。

《说文·示部》云："社，地主也。"《风俗通·社神》引《孝经》云："社者，土地之主，土地广博，不可遍敬，故封土以为社而祀之，报功也。"《白虎通》也说："人非土不立，非谷不食。土地广博，不可遍敬也，……故封土立社，示有土也。"卜辞社、土一字，写作"Ω"，正象在平地上封土为社之形。社神就是土地神，我国古代以农业为经济基础，故上自国王，下至平民，皆立有社坛，定期举行隆重的祭祀，以报答土地神的功德。《礼记·祭法》云："王为群姓立社曰大社，王自为立社曰王社。诸侯为百姓立社曰国社，诸侯自为立社曰侯社。大夫以下成群立社曰置社。"可见古代立社祭祀土地神是相当普遍的。郑州商城作为王都亳邑，无疑也建有社坛。二里冈遗址应是其中一处商都亳邑社坛所在地，这里不仅发现有上述祭社的卜辞，而且还发现有众多的卜骨、动物和人的肢骨，在这里已出土卜骨400余件，在有些"灰坑中，还常发现有完整的人骨架埋入坑内，也有人骨架和猪骨架重叠埋在一个灰坑内的"现象。例如在被称作M1的一座乱葬坑内埋着三层人和动物的骨架：一层，"这一层的同一平面上共埋人骨三架"；二层，"在这层有人骨和猪骨各一架"；三层，"这层面上共有人头骨四个"①。这些众多的卜骨和埋有动物与人的肢骨的乱葬坑，与上述牛肋骨卜辞一样，都应是商人在这里祭社时遗留下来的遗物和遗迹。

《礼记·祭法》孔颖达疏引崔氏云："大社在库门（按：即王宫的南大门）之内右，……王社在藉田。"古代藉田是国王举行亲耕仪式以表重视农业之田，藉田的收入也是国王用来祭享祖先神主，以示孝道。既为国王亲耕之地，藉田必在王都近郊，文献多记在王都的东郊，也记有位于王都南郊者。《公羊传·桓公十四年》何休注："《礼》：'天子亲耕东田千亩。'"《白虎通·耕桑》引古逸礼《曾子问》曰："天子耕东田而三反之。"《礼记·祭统》又云："是故天子亲耕于南郊以供粢盛。"二里冈遗址位于郑州商城的东南郊，正在商王的藉田范围之内，出土卜骨的场所可能就是商代早期王社的遗迹。二里冈遗址出土的牛肋骨卜辞，也是我国迄今所发现的最早的甲骨卜辞，它对研究我国商代甲骨卜辞的源流乃至我国汉文字的发展史都具有重要的学术价值，这片甲骨卜辞的祭社内容，也为我们探讨郑州商城为商代早期王都的性质，提供出又一个重要的证据。

① 河南省文化局文物工作队：《郑州二里冈》，科学出版社，1959年。

第四节　郑州商城在早商文化时期的中心地位

一、“商邑翼翼，四方之极”

《诗经·商颂》云：“商邑翼翼，四方之极”，毛传曰：“商邑，京师也。”郑玄笺：“极，中也。商邑之礼俗翼翼然可则效，乃四方之中正也。”《广雅·释训》又云：“翼翼，盛也。”此诗意即：王都繁盛且宏伟，四方尊仰此为最。商邑作为王都伴随着商代国家政权的产生而产生，是商王朝的政治、经济和文化中心。作为政治中心，在这里设立有商王朝的最高权力机构，居住着掌握这些权力的商王朝最高统治集团，并且居住着服务于这个最高统治集团的庞大人群；作为经济中心，这里又是当时国家农业、手工业发达和交通便利的地区；作为文化中心，这里设有国家最高文化机构和从事这些工作的大批文化人才，并且聚集着众多的物质文化和精神文化精品。所有这一切，都充分显示着王都在整个国家范围内居于至高无上的首领地位。《论语·为政》云“殷因于夏礼”而有所损益，商王朝是我国历史上继夏王朝之后出现的第二个古代国家政权，从其国家形态来说，它是在夏王朝的基础上继承、改造和发展起来的。建立在农业经济基础之上的、世袭制的、政权和族权牢固结合的、崇尚礼制的、在一定区域内相对统一的中央王权的确立，是我国古代国家政权形成的基本特征和主要标志，这些标志集中地体现在夏代王都的规模和布局上面，也进一步集中地体现在商代王都的规模和布局上面。王都是统一的中央王权的所在地，为突出中央王权，按照古代“以大为贵”（《礼记·礼器》）的礼制，它必然是当时全国规模最大的一座都邑，《左传·隐公元年》祭仲曰：“先王之制：大都不过三国之一；中，五之一；小，九之一。”这里所说的“国”，就是指的王都，意即自古礼制规定，国内任何地方所建诸侯都邑的规模，最大也只能是中央王权所在王都的三分之一，否则是不能允许存在的。古代还有“以中为贵”的礼制，故《荀子·大略》云：“王者必居天下之中，礼也。”《管子·度地》说：“天子中而处，此谓因天之固，归地之利，内为之城，城外为之郭，郭外为之土阆。”《吕氏春秋·慎势》又云：“古之王者，择天下之中而立国，择国之中而立宫，择宫之中而立庙。”这些记载可说是对夏代王都遗址和郑州商城位置和布局的真实写照。现已发现的偃师二里头文化遗址，是被当前学术界基本上公认的夏代王都遗址，该遗址“现存面积约300万平方米”[①]。“遗址内拥有宗庙宫殿基址，随葬珍贵铜器、玉器和漆器的大、中型墓葬，大量最精美陶礼器，若干用于祭祀的活动的特殊场所，大型青铜冶铸作坊，显示了与众不同的文化档次。二里头遗址是二里头文化中现知规模最大、级别最高、内涵最丰富的唯一具有都城性质的中心遗址。”[②]郑州商城继承和发展了夏代这一礼制，如前章所述，该城位于24平方千米的遗址范围内，内城面积约3平方千米，加上外郭城面积有10余平方千米，是迄今所见商代早期最大的一座城址。该城最早为商族势力范围的中心区，进入商王朝以后，逐渐成为现已发现的二里冈文化即早商文化分布范围也即早商王朝的中心地区（说详下文）；其结构如前章所述，它有着比较严整的布局，这个布局显然是通过严整的规划建造起来的。它建有内城和郭城两重城垣，两重城墙以外均有壕沟相围绕，《礼记·礼运》云“城郭沟池以为固”，郑州商城可说是我国迄今所见最早而相对规整的牢固的城址防御体系。内城位于郭城中心，大型建筑基址即王宫、宗庙基址相近，位于内城中部偏东北的地区。王宫是国王处理政务所在，宗庙则是国王祭祀祖先的场所，是王位世袭制的产物。文献和殷墟卜辞所记皆表明，商王朝实行以父死子袭为主、兼行兄终弟及的王位继承制度，因此商王广建宗庙以颂扬祖先的恩德并祈求祖先保佑其世代长存。王宫与宗庙并重，位置相近，体现着政权与族权牢固结合的商王朝政权择“中而处”的地位。内城以外，郭城以内分布着众多的手工业作坊，在内城南、北郊发现有大型铸铜作坊遗址，东郊发现有酿酒作坊遗址，西郊发现有制陶作坊遗址，北郊还发现有制作骨器的作坊遗址，郑州商城出土的成群的青铜礼器、硬陶、原始瓷器和骨饰品等文化精品，都应是生活在这里的手工业者用辛勤的劳动和智慧生产出来的。商城内外还发现有社祭遗址和祭社遗物，城内宗庙基址以北有祭社遗址，《礼记·祭法》云：“王为群姓立社曰大社。”这处遗址应当就是商王朝早期的一处“大社”遗址。内城东南郊发现有商人祭社的卜辞，这是迄今所见我国最早的祭社活动的记录。“社”是人们祭祀的土地神，商代以农业为经济基础，因此把社建于宫、庙附近，进行隆重祭祀是可以理解的。土地更是人们赖以生存的场所，随着社会的发展，不同血缘族群的人们更多地杂居在同一土地范围之内，因而就希望有一个共同的神灵保卫大家共同安居乐业，这位共同的神灵就是“社”，于是作为土地神的“社”被赋予新的历史使命，成为人们的一种新的精神寄托，杂居在一起的不同血缘关系的人们不仅建有供奉本族祖先的宗祠，也纷纷建立起“社”坛作为大家共同的保

① 杜金鹏等：《偃师二里头遗址研究·前言》，科学出版社，2005年。

② 中国社会科学院考古研究所：《中国考古学·夏商卷》，中国社会科学出版社，2003年，第90页。

护神加以祭祀。所以从这个意义上说，“社”的出现是人类社会发展到一定阶段的产物，它标志着人类从血缘关系群体向着地缘关系群体的重大转变[①]。郑州商城发现的祭石遗址，应当就是商王朝最高统治集团在王都亳邑为“群姓”建立的“大社”，以作为商王朝范围内各个不同血缘姓族的共同保护神，定期进行隆重祭祀，这对于凝聚全民的思想、稳定社会秩序有着重要的积极意义。当然，商人祭社更为表示着对农业的重视，《礼记·月令》郑玄注：“社，后土也，使民祀焉，神其农业也。”正是农业的发展，支撑着王都的繁荣，也可说是商代整个社会存在的基础。从事农业生产的首要条件是土地资源，郑州商城的地理形势是西侧较高，但是河流纵横，形成片片盆地，东侧则是黄淮平原，这些高地、平原经过开垦，都可变为农田。如前章所述，郑州商城地区自新石器时代原始农业出现以来，经过历代开发，农用土地面积广，熟化程度高，而且积累了较多的农业生产经验，从而为商代农业发展提供了良好的前提条件。郑州商城内外发现有大量的农业生产工具，说明这里也生活着大量的农业劳动者，正是这些农业劳动者运用农业生产工具特别是青铜镢工具，继续进行对农田的开发，扩大着农业生产。殷墟卜辞记有“上田”“湿田”（《屯》715），“上田”即岗地，“湿田”即低地，可知商人已经掌握了岗地和低地的土壤环境，为此发明了“区田”法，在田里挖沟起垄，即可蓄水，也可排水，从而缓解了岗地容易干旱、低地积水易涝造成绝收的威胁，加强了对所开发土地的改良管理。商人在这些农田里已经能够种植多种农作物，其中当以黍、稻为主，殷墟卜辞记有“京受黍年？”（《合集》9980）即贞问当年在京地种植的黍米能否获得丰收，“己未卜，贞：黍在龙囿来，受有年？”（《合集》9552）即于己未这一天在龙地贞问：此地种植的黍是否丰收，京、龙二地皆在郑州商城郊区（说详本书第四章第三节）。黍即黍米，《说文·禾部》：“黍，禾属而黏者也。”去其壳皮就是现今称作的黏小米，黍是一种耐干旱、耐瘠薄土壤的生殖力很强的农作物，有学者曾“在田间观察黍和谷子共同种在一起时，谷子幼苗不如黍幼苗生长势强，也说明黍适于垦荒地生长，能与杂草竞长”[②]。殷墟卜辞所记粮食作物中以黍为最多，于省吾先生云：“甲骨文黍字最为习见，其他谷类多则数十见，少则数见或一见。因此可知，黍是商代的主要谷类作物，当是平民的主要食粮。”[③]可知此类作物在商代已广为种植，当时的郑州地区也当如此。稻在殷墟卜辞中称之为“秜”，卜辞云：“丁酉卜，争贞：乎甫秜于姐，受有年？”（《合

① 此说详见郑杰祥：《新石器文化与夏代文明》，江苏教育出版社，2005年，第309页。

② 山西省农业科学院：《中国谷子栽培学》，农业出版社，1987年，第14页。

③ 于省吾：《甲骨文字释林》，中华书局，2009年，第242页。

集》13505）于省吾先生释云："秜是野生稻的专名"，"甫是人名，始是地名。这是说令甫在始地种秜，能否有好收成"。"可见商人已经从自然的野生稻进一步加以人工培植"[①]；而商王既派专人前往种植秜，可见秜在商代已经成为人工栽培的稻类，科技工作者在郑州商城城墙以内和中牟大庄遗址皆发现有水稻遗物（见本书第四章第一节），《孟子·滕文公下》："要其有酒食黍、稻者夺之。"即夺取成汤送给劳动者用黍、稻做成的食品，可知黍与稻已成为当时这里的主要粮食作物。殷墟卜辞又记有"乙亥卜：弜受穧……二月"（《合集》10029）。"弜"，王国维《观堂集林·释弜》以为此即"柲之本字"，其说甚是。"柲"与"邲"古音同相通，是"柲"地即"邲"地，其地所在，《左氏春秋经·宣公十二年》："晋荀林父率师及楚子战于邲"，杜预注："邲，郑地。"高士奇《春秋地名考略》云："今郑州东六里有邲城。"清代郑州即今河南省郑州市。于省吾先生云："穧即稷字的初文，今称谷子，去皮为小米。"[②]文献记载商代往往黍、稷联称以代表所有粮食，《尚书·盘庚》云："不服农田，越其罔有黍、稷。"意即不管理好农田，就不可能收获到粮食。《诗经·商颂·玄鸟》云："龙旂十乘，大糦是承。"郑玄笺："糦，黍、稷也。"可知黍、稷都是商代包括当时郑州地区人们的主要粮食作物。另外，殷墟卜辞还记有商王曾在郑州市城东郊的"目"地（《合集》29286）、南郊的"郑"地（《合集》9764）、西郊的"京"地（《合集》8080）和北郊的"龙"地（《合集》33209）视察当地的农业生产，并令人在京地和龙地垦田（《合集33209》），可知到了商代后期，这里仍是一处比较发达的农业地区，其发达的农业可上溯到商王朝早期，正是这里发达的农业供应着王都亳邑人们的生活需要，当时的郑州商城即王都亳邑生活着各个阶层的庞大的人群，其人口数量已不能确知，根据宋镇豪先生的统计，按古代平均每户五口人计，郑州商城"若纯以城区面积推算，可有16000户左右，总人口数或有8万之多"[③]。林沄先生通过对有关先秦文献记载并结合一些考古资料的研究，认为在我国古代"似乎，在很长的历史时期内，各种类型的邑，大体上保持着每户居地150—160平方米的指数。由此估算，属于二里岗文化时期的偃师尸乡沟古城，面积既有190万平方米，居民户数可能达万户以上，人口可能超过5万"[④]。同样，郑州商城内城面积既有300余万平方米，则人口至少9万有余，若加上外郭城住户，则人口在10万以上。总

① 于省吾：《甲骨文字释林》，中华书局，2009年，第252页。

② 于省吾：《甲骨文字释林》，中华书局，2009年，第244页。

③ 宋镇豪：《商代社会生活史》，中国社会科学出版社，1994年，第113页。

④ 林沄：《关于中国早期国家形式的几个问题》，《吉林大学学报》（社会科学版）1986年第6期。

之，郑州商城以其规模之大，人口之多，文化内涵之丰富，不仅是前所未有的，而且在其同时代的遗址中，也是无与伦比的，从而突出地表现着它作为王都亳邑在整个商王朝早期的核心地位。

郑州商城作为王都亳邑当然不可能是孤城一座，在它的周围也同样必然地生活着众多的人群。考古工作者在该城周围发现有众多的二里冈文化遗存，“经过近年的调查、试掘等发现，在郑州商城周边分布着多达30余处的大小不同的同时期聚落遗址”①。可知不仅在当时的城内聚居着统治集团及其服役人等，而且在它的周围也生活着主要是服务和拱卫于王都亳邑的广大群众。我国古代王都附近地区称作为“甸”，《周礼·天官·叙官》云：“甸师下士二人。”郑玄注：“郊外曰甸。”又《甸师》云：“甸师掌帅其属而耕耨王藉，以时入之，以共齍盛；祭祀共萧茅，共野果蓏之荐。”郑玄注：“甸在远郊之外。”孙诒让《正义》：“此甸师所掌，盖在郭外近郊之内，与藉田相近，亦有种果蓏之园地也。”这些“甸”地在商代又称作为“奠”，殷墟卜辞记有“南奠”（《合集》7884）、“北奠”（《合集》32277）和“西奠”（《合集》24）等地名，王襄《簠室殷契征文》云：“奠，疑即《周礼·地官》：‘四丘为甸’，甸之叚字。”董作宾《殷历谱》云：“奠字在卜辞中有两义：其一为地名，……其一则假借为甸，《禹贡》：‘禹敷土，随山刊木，奠高山大川。’《小雅》：‘信彼南山，维禹甸之。’《传》：一云‘定也’，一云‘治也’，是奠、甸通用之一证。《周礼·天官·甸师》注：‘郊外曰甸’，卜辞中奠亦多假为郊外之甸，如‘我奠受年’（《拾》十·二），言殷王畿之郊甸受年也。”陈梦家《殷虚卜辞综述》也认为卜辞所记的“奠”“当指殷王国的郊甸”②，今按以上诸说甚是，郑州商城城郭以外的地区也当称之为“奠”即“郊奠”，后世又称之为郊甸和王畿。

在郑州商城的东部郊奠地区，如前章所述，古代曾为圃田大泽，居住人口甚少，圃田泽的东岸又为古黄河的泛滥区，地面多被沙土所覆盖，较少发现遗物遗迹，但在此泽以南发现有李庄、大燕庄、梁湖、曹古寺和闫坟等成群的早商遗址③。其中比较重要的有梁湖遗址，该遗址地处圃田泽西南边缘一带，位于郑州商城东南约8公里，面积约20万平方米。遗址西南部发现有壕沟（编号G5），壕沟“平面形制近圆形，……周长500米，面积近2万平方米，沟宽2—7米，深1.5—2.2米。壕沟西部和北部较宽和深，

① 黄富成：《郑州商城周边聚落变迁与环境因素影响浅析》，《中原地区古城、古都与古国学术研讨会论文集》，2010年。

② 于省吾：《甲骨文字释林》，中华书局，1996年，第2689页引。

③ 张松林等：《嵩山与嵩山文化圈》，《中原地区文明化进程学术研讨会文集》，科学出版社，2006年。

东边南北向渐窄，东南部最窄，可能是与外界来往的出口。壕沟内部分布有灰坑、墓葬等遗迹”。壕沟“打破龙山文化时期灰沟G4，同时打破有二里岗下层灰坑，又被白家庄时期灰坑打破，由此推断，G5的建造和使用年代当在二里岗下层阶段，最后废弃年代应在二里岗上层时期”。就是说该沟的“建造、使用、废弃年代与郑州商城的使用、废弃年代相当”。该沟的建造“其防御性质较强，那么作为郑州商城的外围最近的一个聚落遗存，对商城的作用我们初步推断其具有军事防御体系的性质，极有可能是拱卫郑州商城的军事堡垒”①。这个判断是完全正确的。G5环壕聚落遗存以西的郑州商城外郭城内，分布有当时商人的重要墓地，今称之为“杨庄墓地”；还发现有大型祭祀遗迹；从这里出土的甲骨卜辞判断，此地很可能是早商时期王社的社祭所在地②，因而商人在此地郭城以外建造军事堡垒以保卫这里的安全是完全必要的。

在梁湖遗址东南十余千米处的今中牟县发现有前杨东、大庄、东赵和十里头遗址③，其中大庄遗址“面积1.3万平方米，文化层厚1米。出土有陶片、饕餮纹铜爵、觚、目纹铜戈等”。其中铜爵“鋬已残缺，腰部以饕餮纹构成主要纹饰，上下各有一周圆圈纹。通高19、流长8、腹深9、足高7、柱高1厘米”。铜觚“敞口、深腹、平底、圈足高而敞，腹部以饕餮纹构成一周主纹饰，上下各有凸弦纹三道。主纹下方各有‘十’字镂孔三个，口径11.8、高18.5、底径9厘米”。铜戈“直援双刃，无胡，直内。通长27.5、援长20、宽4.8厘米。内前部有一圆穿，后部两面均有‘目’形纹饰”（图3.24）④，时代当为二里冈文化二期。此戈所铸“目”形纹饰，很可能是当时的族徽文字，有些学者又称之为“图案化的族徽”⑤，这些族徽多铸造于商、周铜器上，其形象有着一定的装饰意义，但主要是作为铜器主人所在氏族的标志而铸造于铜器之上的。由此推知，大庄遗址的这批铜器当出土于一座“目”族的墓葬之中，殷墟卜辞记“目”族首领又称作“子目”（《合集》3200），当属于商王朝的贵族阶层。如卜辞云：“贞：子目亦毓隹臣？”商王还多次令“目”人前往祭河并亲自前往“目”地视察和田猎，如卜辞云：

图3.24　中牟大庄遗址出土的“目”族铭文铜戈

① 信应君：《梁湖遗址与郑州商城探析》，《中原地区古城、古都与古国学术研讨会论文集》，2010年。

② 郑杰祥：《二里岗甲骨卜辞的发现及其意义》，《中原文物》2008年第3期。

③ 张松林等：《嵩山与嵩山文化圈》，《中原地区文明化进程学术研讨会文集》，科学出版社，2006年。

④ 赵新来：《中牟县黄店、大庄发现商代铜器》，《文物》1980年第12期。

⑤ 苗利娟：《试论商代金文的装饰图案特征》，《华夏考古》2012年第1期。

贞？呼目？（《合集》14097）

呼目于河，有来？（《合集》8326）

□子卜，……在𠂤目……（《合集》21740）

叀目田无灾？（《合集》29286）

其田目，擒有鹿？

甲子卜：翌日乙王其田目无灾？吉。（《合集》33367）

上述发现的“目”族墓葬即今中牟县大庄遗址西北距古黄河约50千米。按目与眸古音、义相同，目，古音属明纽觉部，眸，古音属明纽幽部，觉、幽二部同属段玉裁所列的第三部。《说文·目部》：“目，人眼，象形；重童子也。”《〈说文〉新附》又云：“眸，目童子也，从目，牟声。”童即人眼中的瞳孔，是知“目”与“眸”都有指人的眼睛瞳孔之义。故《说文·目部》段玉裁注云：目“或曰眸子”。王力《同源字典》又以为目、眸二字当为同源字，就是说目与眸为古今字，目字是眸字之初文，眸是目字之孳乳字[①]。又眸与牟音同相通，《荀子·非相》：“尧、舜参牟子。”杨倞注：“牟与眸同。”《孟子·离娄上》：“观其牟子。”《周礼·秋官·小司徒》郑玄注引作“观其眸子”。阮元《〈周礼〉注疏》卷三十五《校勘记》云：“《说文》无眸字，汉人只用牟。”由此可知古目、眸、牟三字相通，现今的河南省中牟县发现有商代目族墓葬，当为目族居住区，古代族名与其所居地名往往相同，因此这里最早当称作“目”地。“中牟”一名或与古“目”族、“目”地有关，“中牟”县名，始置于汉，《汉书·地理志·河南郡下》：“中牟，圃田泽在西”，即今河南省中牟县。清人吴卓信《〈汉书·地理志〉补注》引全祖望《经史问答》云：“中牟之地，《左传》、《论语》、《史记》、《汉书》、《水经注》皆有之，而卒无定在。细考之，中牟有二：其一为晋之中牟，三卿未分晋时已属赵；其一为郑之中牟，三卿既分晋后，郑附于韩当属韩，……《汉志》所云中牟，则郑之中牟也。”谭其骧先生主编的《中国历史地图集》记战国韩国有中牟县，现今的中牟县即位于古郑国和韩国的中牟县。此中牟不见先秦文献记载，但是地名的形成有很大的历史延续性，汉代在此设中牟县必有所依据，郑、韩时期当存有牟地，《大清一统志·河南省·开封府》山川条下：“牟山，在中牟县北五里，高丈余，长数十里，上有牟山庙。”同治《中牟县志·舆地》：“牟山，在县治北五里，高丈余，长数十里许。旁有牟山庙。《一统志》载中牟有牟山，在县治北，邑之得名以此。”中牟县以古有牟山而得名，牟山或因最早居有“目”族而称之为“目”山。《史记·殷本纪》

① 王力：《同源字典》，商务印书馆，1987年，第85页。

云："契为子姓，其后分封，以国为姓：有殷氏、来氏、宋氏、空桐氏、稚氏、北殷氏、目夷氏。"中牟目族或即目夷氏的祖先，是商王室的分支，因封于"目"山、"目"地而称作目氏或目夷氏，后世音变为"牟"，中牟一地或由此而得名。《周礼·天官·叙官》云："甸师下士二人。"郑玄注："郊外曰甸，师犹长也，甸师主共野物官之长。"中牟发现的目氏贵族墓葬的墓主人或即后世所称作的"甸师"一类的职官。另外，在该遗址的东南十余千米处的今中牟县黄店村，群众在平整土地时也发现有"完整的青铜器两件、一些破碎铜片和绳纹陶片"。其中有铜盉一件，此盉为"半圆盖，盖上前有流，约以45° 角上翘，后有圆角方形口一个。乳状三款足，有鋬附于口沿及一足外侧。腰部饰一周三组对夔纹。通高25、流长7厘米"。又有铜爵一件，此爵"流长而窄，矮柱，拱形执鋬，平底，三足作三棱锥形，略向外张。颈部饰圆圈纹，下腹饰单线饕餮纹。通高14.5、流长7、柱高1、腹深7.5、足高6厘米"[①]。时代当为二里冈文化二期。这些青铜器都应是当时贵族墓葬的随葬品，说明商都亳邑东部郊奠一带有贵族驻防于此地。

在郑州商城南部郊奠即今新郑市境，现已发现早商遗址10余处，计有华阳寨[②]、碾芦[③]、"龙湖镇古城村、于寨、三里岗，新村乡王垌、金钟寨、高千庄、望京楼、孟家沟，新郑市区有温水泉、后端湾、小高庄西，观音寺镇的唐户，八千乡的二郎店"等[④]，其西的新密市境也发现有早商遗址多处，它们形成一个以望京楼城址为中心的聚落群体。《望京楼遗址考古新发现》说：望京楼城址位于郑州商城以南约35千米，城址坐落在二里头文化城址的废墟之上，平面"大致呈方形，方向为北偏东15°。东城墙长约590米，宽约20米，现存厚1.5—2米；北城墙长约602米，宽10—20米，现存厚1.3—1.5米；南城墙长约630米，宽7—20米，现存厚0.5—1.5米；西城墙长约560米，宽7—10米，现存厚0.5米；总面积约为37万平方米"。"城墙由基槽、主体城墙、护城墩及两侧护城坡组成。城墙的建造方法是先在生土上挖基槽，然后填土逐层向上夯筑，主体城墙建成之后，在两侧修筑护城墩，之后再夯筑护坡。""护城墩在城墙内外两侧呈规律分布，长方形，一般为2×3米，间距约为17米，东城墙上共探明25对，北城墙探明8对。"这些护城墩"不排除其为后世城墙马面滥觞的可能性"。"最后

① 赵新来：《中牟县黄店、大庄发现商代铜器》，《文物》1980年第12期。

② 索全星：《华阳古城的调查发掘及华族华国的初步思考》，《中原地区古城、古都与古国学术研讨会论文集》，2010年。

③ 张松林：《聚落考古的实践与思考》，《中国聚落考古的理论与实践（第一辑）——纪念新砦遗址发现三十周年学术研讨会论文集》，科学出版社，2010年。

④ 河南省文物考古研究所：《新郑郑国祭祀遗址》，大象出版社，2006年。

在城墙两侧及护城墩外修筑护坡，……外护坡底部发现有编织物铺垫的痕迹，内护坡底部见有人骨架”，可能是祭祀的遗迹。“护城河紧贴城墙”，因被后世破坏，现发现的河道长短不一。东城墙和南城墙已发现有三座城门，“按照发现顺序将其编为东一城门、东二城门、南一城门”[①]。值得注意的是揭露比较完整的东一城门，该城门“为东西向，方向为105°，平面形状为‘凹’字形，占地面积约2000平方米。由城墙、城墙护坡、门墙、门道、门墙内护坡、道路及附属建筑组成。……城门以门道为核心，左右两侧对称。东城墙在城门处向内（向西）拐折15.5米，而后修筑门墙。门墙长7.7、宽5.8米。门道长5.8、宽3—3.3米。门道南北两侧各有一条东西向的窄墙，夯打而成，紧贴门墙，宽0.9—1米，残高1米。……窄墙内有排列密集的柱洞痕迹，形成暗柱。……柱洞底部有础石，础石上原本应有立柱，现已不存，仅见少量木炭”。“从门道开始有坚实的路面（L1），一直向东延伸至护城河西边，……路面厚20—40厘米。门道处的道路宽3—3.3米，门道之外增宽至6—7.5米。路土分为5层，每层厚3—8厘米，……”“东城墙在城门拐折处，南北各有一块突出的长方形转角，长3.3、宽2.5米。由夯土筑成，……”“在对应城门道24米处略偏南，发现两处遗迹，暂编为K1、K2，……K1东北部有一处用料姜石和石子铺底的遗迹（F11），平面略呈长方形，其北部被晚期坑所打破，残长4.5、残宽1—2.1米。在东部发现有柱洞，直径0.54米。”“护城河的形制也较为特殊，在对应城墙转折处的南北两端分别向东拐折，并被生土分隔成南、北、东三部分，平面呈‘凸’字形。其中南北部分均为长15、宽10米，护城河东端对应门道处宽仅1米，因遭取土破坏仅存底部。对应城门的两处生土被宽3.5—5米的窄沟隔开，但生土中部仍以一道宽1.5米的生土横梁相连。”（图3.25）[②]从殷墟卜辞墉字写作“[illegible]”字字形可知，城门洞上面当建有门楼，后世又称作城楼。城楼下面的城门洞在我国宋代以前多为梯形门洞，这里发现的城“门道南北两侧各有一条东西向的窄墙”遗迹，当为建造梯形城门的基址。这处城门应当就是古代称作的“闉”，《说文·门部》云：“闉，城内重门也。”意即城墙在此向内拐成凹字形的底部又建造的第二道城门。段玉裁《〈说文解字〉注》、朱骏声《〈说文〉通训定声》和桂馨《〈说文解字〉义证》皆将“城内”二字改为“城曲”，即城墙在此曲折内拐之意，也可通。段玉裁云：“城曲、曲城，意同。”这种凹字形城门的形制可称之为“曲城”，与后世瓮城形制有所不同。段氏又云：“有重门故必有曲城”，而更确切地说：应是“有曲城故必有重门”，这是因为城墙既在城门处向内曲折拐成

① 张松林等：《望京楼遗址考古新发现》，《炎黄天地》2011年第3期。

② 郑州市文物考古研究院：《河南新郑望京楼二里岗文化城址东一城门发掘简报》，《文物》2012年第9期。

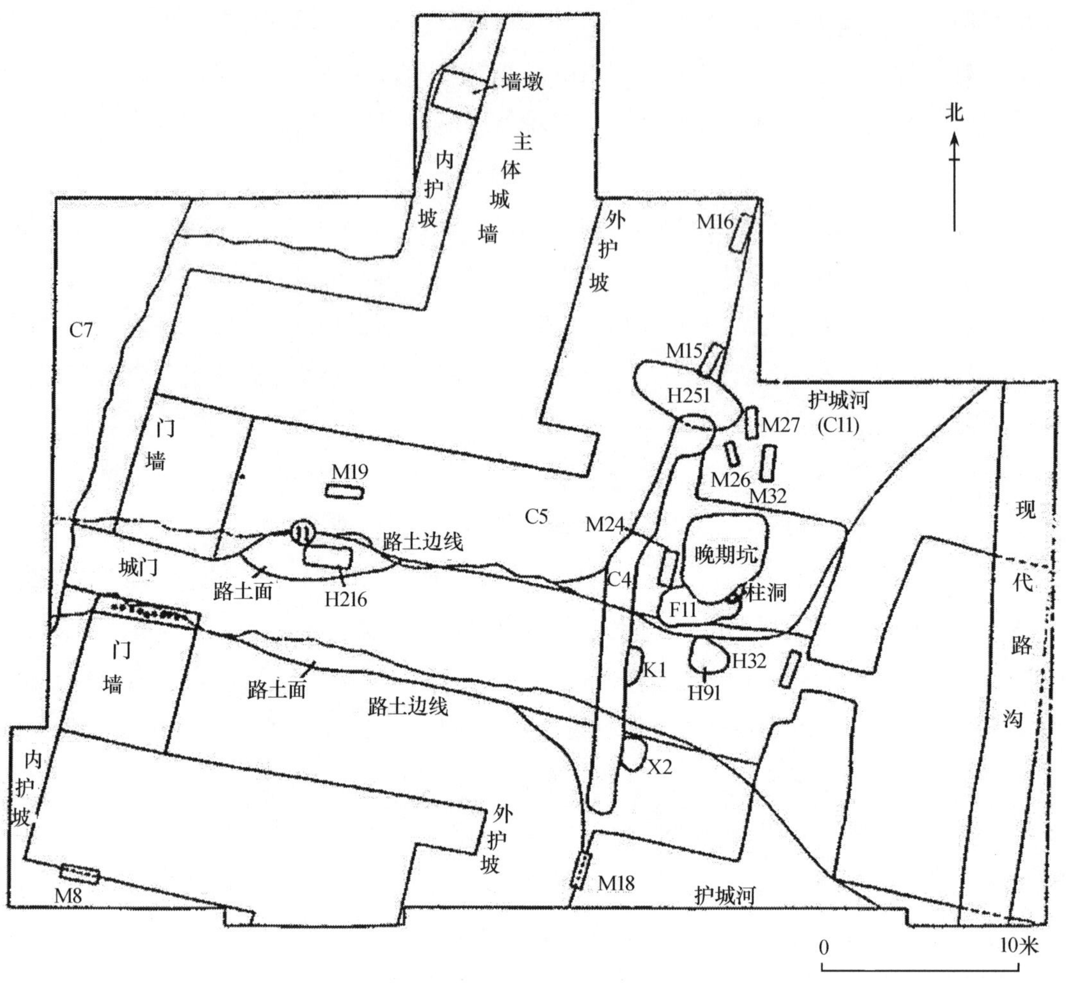

图3.25　望京楼城址和东一城门平面图

“凹”字形曲城，则“凹”字形的口部处为第一道城门，其底部处就必有第二道城门即“重门”。望京楼城址发现的东一城门洞，显然应是“城曲重门”，即“曲城重门”，也即古代称作“闉”的遗迹。至于城墙向西拐折处的“两处突出部分”，当为古代称作的“闍”即“城台”的遗迹，《尔雅·释言》：“闍，台也。”郭璞注：“城门台。”同书《释宫》又云：“闍，谓之台，有木者谓之榭。”郭璞注：“积土四方”谓之台，“台上起屋”谓之榭。邢昺疏：“积土四方而高者名台。……李巡云：积土为之，所以观望。”朱骏声《〈说文〉通训定声》云：“曲城曰闉，城台曰闍，即城隅也。”意即曲城以内的重门称作“闉”，城墙拐角处的城台称作“闍”。闉、闍是古代曲城以内的两处配套建筑，故常相连称，《说文·门部》云：“闍，闉闍也。”春秋时期郑国东城门也有这类建筑，《诗经·郑风·出其东门》云：“出其闉、闍”，毛传曰：“闉，曲城也；闍，城台也。”孔颖达疏：“诗人言我出其郑国曲城门台之外”也。春秋郑国都城就是考古工作者所发现的“郑韩古城”，此城向北临近望京楼城址，郑国都城东门可能就是沿袭着望京楼古城东门的传统形制而建造起来的。傅熹年先生说：“据考古发掘和文献资料，自隋至明，皇宫正门平面都作‘凹’字形，有五座建筑组成，中为城楼，楼两侧为朵楼，朵楼前方为阙。在城楼、朵楼和阙之间连以城墙，墙上建廊相连。现存的明、清故宫午门就是这种形式的最后遗存。”[①]而望京楼发现的“凹”字形城门及其布局，或为故宫紫荆城午门形制的雏形。傅先生又云：古代“边城多在城外建曲尺形或影壁使开城门出兵时不为敌所见，称瓮门和护门墙”[②]。这种“瓮门和护门墙”可能就是《墨子》所说的“裾门”，该书《备梯篇》云：“置裾城外，去城十尺，裾厚十尺。伐裾之法，小大尽本断之，以十尺为断，离而深埋之，坚筑，勿使可拔。”岑仲勉先生注云：裾“系藩篱之门”，“伐裾谓采木材为裾。……采时将树木连根拔起，约长十尺为一段（断同段），相隔离而深埋于地中，且坚舂擣之，勿使敌人易于拔去”。又云：“裾门在城外，开城门而出，便先经裾门”[③]，它起着曲城第一道城门的作用。望京楼城址东一城门门道东部K1、K2，或即当时所筑“裾门”即“瓮门和护门墙”的残迹。另在K1东北侧发现的F11，可能是当时的门卫房建筑遗迹，这种门卫房建筑应当就是古代称作的“塾”，《说文·土部》：“塾，门侧堂也。”殷墟卜辞记有“右邑塾”（《合集》30174），宋镇豪先生释云：“塾为门塾，是门道两旁的建筑，在此当指城门的门卫房。河南淮阳平粮台龙山文化古城，南城门处即有这类‘塾’的出入守备建设措施，对了解商代城邑的门塾建制是个启示。”[④]望京楼城址发现的这种门旁建筑，可能就是迄今所见商代最早的“塾”的遗迹。城门是人们出入城的主要通道，为城址安全的薄弱环节，是敌人攻城的重点，也是守城者加强防御的重点。为加强防御，故在这里建有“裾门”“门塾”“城台”“重门”和“城楼”等重要设施，并且在城门外设计成凹字形地带，一旦敌人接近曲城重门，守城者就可利用这些设施居高临下，围歼进犯之敌。望京楼东一城门基址，是迄今所见商代唯一一座布局比较完整的城门基址，其布局结构之复杂，足见商人对城门建设安全性能的重视。望京楼城墙两侧所发现众多的“护城墩”，顾名思义，它维护加强了城墙的牢固性，而且其上面原来也当有防护建筑，

---

① 傅熹年：《傅熹年建筑史论文集》，文物出版社，1998年，第135页。

② 傅熹年：《傅熹年建筑史论文集》，文物出版社，1998年，第28页。

③ 岑仲勉：《〈墨子·城守〉各篇简注》，古籍出版社，1958年，第46页。

④ 宋镇豪：《商代史·商代社会生活与礼俗》，中国社会科学出版社，2010年，第13页。

《墨子·备城门》云：城上“百步一木楼”，又云“土楼百步一”，又云：“城上百步一楼”。这些楼后世又称之为敌楼，傅熹年先生云：“敌楼和白露屋的形制见于宋·曾公亮《武经总要》中，该书卷十三说：‘凡城上皆有女墙，每十步及马面上皆设敌棚、敌团、敌楼。敌团，城角也。瓮城有战棚。棚、楼之上有白露屋。’据卷中附图（图二十），可知敌楼建于马面上。”①望京楼城址马面上也当建有“敌楼”，在敌楼里面既可瞭望观察敌人动静，也可抵御敌人的进攻，平时又是储存武器和守城战士的休息场所，是城上时刻都有人在的防御重地，望京楼城址城门建造结构复杂，城墙所建马面之多不仅是前所未有的，而且在后世也是罕见的，足见该城确是一座当时严密设防的军事重地。

望京楼城址以内已“发现道路四条，东西向两条，南北向两条。两条东西路和一条南北路均对应城门，……四条道路两纵两横，基本形成‘井’字形，大致将城内分为九个区域”。这可说是我国迄今所见最早的棋盘型城市道路的布局。城内中部偏南一带，还发现有大型夯土建筑基址，仅存基槽，“平面为长方形，方向5°，……占地面积近950平方米。北、东、南、西四面俱有夯土建筑，中部为庭院”。庭院“四周有四组建筑（或称殿、庑）相围绕，构成一座长方形的天井，东西长29米，南北宽23米”。“夯土基址西部建筑东北部发现祭祀坑，口长10米，宽1.3—2.1米。从散乱的骨骼特征分析，坑内表层为六具人骨，五具男性，一具女性，年龄段多为青年，一具少年骨骼，这些骨骼断面有明显的被砍遗迹，证明这些人均为非正常死亡。……坑南部有一处用海螺拼对的遗迹。”在这座大型建筑基址的周围，还发现“小型房基7座，门道基本均朝向西南，可分为单间和多间两种形式。……墓葬28座，多见随葬品，器物组合以鬲、盆、簋、豆为多，一般墓内葬一人，基本均为仰身直肢。灰坑300余座，水井1座”。另外，在城址东北郊约300米处，还发现有外郭城墙的遗迹，“城墙夯土仅残存0.3米。城墙外为一条东西向的人工开凿的壕沟，即为外护城河。外护城河长约1100米，宽6—25米，深3—4米”。“外扩城面积达168万平方米。”“经过对城墙、护城河及城门的解剖发掘，发现二里岗下层二期墓葬打破城墙，城墙及城内遗迹多被白家庄期遗迹打破，并结合墙内与护城河所出陶片，可判断该城的始建年代为二里岗下层偏早阶段，兴盛于二里岗下层二期和二里岗上层一期，完全废弃于白家庄期。”②与郑州商城的兴废年代大致是同时的。

望京楼“城址内出土的遗物众多，包括铜器、玉器、原始瓷、陶器、石器、骨器

① 傅熹年：《傅熹年建筑史论文集》，文物出版社，1998年，第302页。

② 张松林：《望京楼遗址考古新发现》，《炎黄天地》2011年第3期。

等”。铜器、玉器多发现于大型建筑基址的西侧，“铜器器形有罍、觚、钺、锛、盘等，其中青铜钺为我国目前出土的夏商时期最大的一件”[①]。“该钺呈梯形，方内，平肩，两肩各有近似长方形的小穿孔，作为穿绳系柄而用，两侧斜直，刃部平直。器体饰镂空饕餮纹，纹饰四边有11个连接点，铸造工艺精湛。刃宽38、肩通宽31、通长33厘米。”（图3.26）[②]其时代与罍、盘相近，当为二里冈文化三期或稍晚遗物。这里还出土有鼎、爵、鬲、斝等青铜器，时代属二里冈文化早期。所出玉器皆为玉戈，其中“最大的1件，淡青色玉石做成，通长52.3、宽9.6、厚0.5厘米。……最小的1件白泛淡青色玉石做成，工艺非常精致。通长31.6、宽6.6厘米。戈面中部有一条凸钝棱，棱线两侧有一条宽1厘米的凹槽状浅沟，不仅增加了戈面的艺术性，而且可能是为了增强它的杀伤力。戈柄是青铜铸成的，长14.7厘米，宽7.2厘米，柄尾略下勾。……两侧面饰兽面纹，柄尾部两侧面饰似云雷纹”[③]，当为二里冈文化三期遗物。这些青铜器和玉器都是当时的礼器，显然是贵族墓葬的随葬品。钺是古代握有兵权的象征，《史记·殷本纪》云：“汤自把钺以伐昆吾。”《史记·周本纪》又云：纣王“赐之弓矢斧钺，使西伯得征伐”。望京楼城址发现有钺类兵器，说明居住在这里贵族握有兵权负有拱卫王都安全的任务。这座军事重镇的建立，起着卫星城的作用，对于保卫郑州商城即王都亳邑南部的安全具有重大意义。

图3.26　望京楼遗址出土的铜钺

关于望京楼遗址的性质，邹衡先生认为当是文献所记的“旧许”，为夏人昆吾氏的居地。《左传·昭公十二年》：“（楚灵）王曰：‘昔我皇祖伯父昆吾，旧许是宅。’”《左传·襄公十一年》：“四月，诸侯伐郑。己亥，齐太子光、宋向戌先至于郑，门于东门。其暮，晋荀莹至于西郊，东侵旧许。”邹先生据此认为：望京楼遗址发现有铜器墓，“还出土大型铜钺，说明在夏、商时代，该处应有较大的贵族居住，从而证明是当时比较重要的邑聚。从孟家沟（郑按：望京楼遗址曾称作孟家沟遗

---

① 张松林：《新郑望京楼发现二里头文化和二里岗文化城址》，《中国文物报》2011年1月28日第四版。

② 赵文玺：《介绍一件商代青铜钺》，《中原文物》1988年第4期。

③ 薛文灿：《河南新郑县望京楼出土的铜器和玉器》，《考古》1981年第6期。

址）的位置居于新郑之北来看，其在东周时应在郑（郑韩故城）西郊之东，合于‘东侵旧许’的方位。”“根据以上的分析，我们认为昆吾之居，很有可能就在新郑附近”，望京楼遗址可能为昆吾之居应“是特别值得注意的”[①]。今按望京楼遗址所在年代及其文化内涵与文献所记的昆吾氏存灭情况约略符合，但是该遗址与商族所居的郑州商城相距仅仅30余千米，如为昆吾氏遗址，两大敌对势力居地如此邻近，互为对方的肘腋之患，昆吾氏岂能容忍商人顺利灭掉自己的盟国葛、韦、顾而迅速崛起？商人又岂能坐视强敌昆吾氏久居近侧而不早加剪灭？这个问题不好解答，因此我们认为夏末昆吾氏仍当位于今许昌市以东的“旧许”为妥，当然望京楼遗址显然曾为夏朝重地或方国，《孟子·滕文公》下：“汤始征，自葛载，十一征而无敌于天下”，望京楼遗址应是成汤“十一征”的敌对方国或重地之一。至于灭夏以后，这里是否曾为殷墟卜辞所记商代郑族居地，因该遗址尚未发现商代后期遗迹、遗物，现还不能论定，故其具体名称只能暂付阙如，留待以后解决。

在郑州商城西部的郊奠地区，其西南一侧为嵩山余脉，不适宜当时人们的居住，所发现的早商遗址多分布于今陇海铁路附近及其北侧，计有东赵、前庄王、岗崔、贾庄、堂李、大里、郭庄、关庄、孙庄、陈庄、辛庄、点军台、薛庄、官庄[②]和西史村等遗址，它们形成一个可能以西史村遗址为主的聚落群体。西史村遗址“东西长约450米，南北宽200余米”，文化内涵分作5期，第三期出土墓葬4座，该期M2为“长方形墓圹，长2.06米，宽0.6—0.75米，深0.15米。头向北偏西2度，……仰身直肢，遍身撒朱砂。右下腰置1铜爵，头左侧葬1陶鬲和1圆陶片，右侧葬1陶盆、1陶罐和1骨匕”，显然是一座商代贵族墓葬，时代为二里冈文化二期。另外，这里以前还出土过青铜斝[③]，可知应是郑州商城西部郊奠一处重要的聚落遗迹。

在郑州商城北部的郊奠地区，早商遗址多分布于今京广铁路的西侧，计有瓦屋李、洼刘、祥营、岳岗、西连河、大师姑、岔河、小双桥、石河、南城村、师家河、西岗等十余处，铁路东侧发现有大河村遗址，它们形成一个以大师姑遗址为中心的聚落群体。大师姑遗址发现有二里冈文化时期的壕沟，环绕于二里头文化时期城址的外侧，面积50余万平方米（图3.27）。商人在这里初建壕沟时，原来的城址仍被沿用着，以维护自己的安全。到了二里冈文化三期，壕沟淤平，城墙废弃，城内外都发现有灰

① 邹衡：《夏商周考古学论文集》，文物出版社，1980年，第231、232页。

② 黄富成：《郑州商城周边聚落变迁与环境因素影响浅析》，《中原地区古城、古都与古国学术研讨会论文集》，2010年。

③ 郑州市博物馆：《河南荥阳西史村遗址试掘简报》，《文物资料丛刊》1981年第5期。

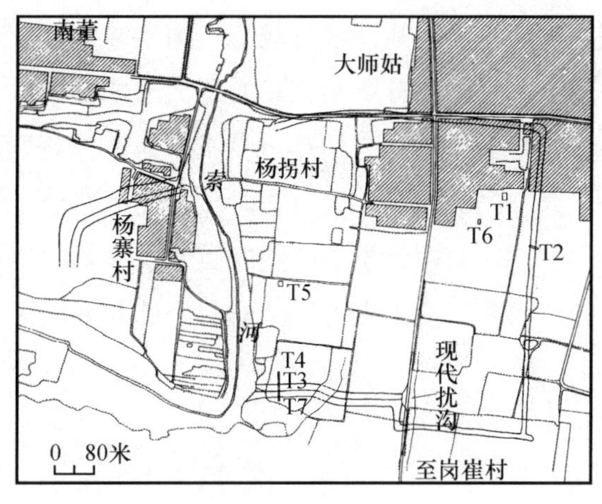

图3.27　大师姑城址平面图

坑，说明这个时期随着人口的增多，人们已经突破原有城墙壕沟的界限，进一步扩大了居住范围①；在大师姑遗址的东侧的岔河遗址出土有鼎、爵、斝等青铜礼器②，时代约当二里冈文化三期；在其南侧的堂李遗址和以东的关庄遗址也出土有鼎、爵、斝等青铜礼器③。大师姑壕沟作为防御设施，与东郊的梁湖壕沟、南郊的望京楼城址，同样为郑州商城起着“卫星城”的作用，这对于拱卫王都亳邑北侧的安全具有重大意义。

在郑州商城的西部和北部郊奠地区洛达庙、大师姑、堂李、祥营、关庄、阎河、岔河和西史村等许多遗址商文化层的下面，都叠压有重要的二里头文化遗存，说明这里曾经生活着众多的夏人，《墨子·非攻》下：“汤奉桀众，以克有夏。”《吕氏春秋·用民》云：“汤武因夏商之民也。”又云：“汤武非徒能用其民也，又能用非己之民。能用非己之民，国虽小，卒虽少，功名犹可立。”所谓“非己之民”，主要应是指的夏人。同书《慎大览》又云：“汤立为天子，夏民大说，如得慈亲。朝不易位，农不去畴，商不变肆，亲郼如夏。”高诱注：“郼读如衣，今兖州人谓殷氏皆曰衣，言桀民亲殷如夏氏也。”成汤正是在夏、商两族为主的广大群众的支持下，推翻夏王朝，建立商王朝，后来许多归顺于商王朝的夏遗民，已成为生活于郑州商城西郊和北郊居民的重要组成部分，他们的族长和首领也被商王任命为各种职官，《尚书·多士》：“夏迪简在王庭，有服在百僚”，就是任职于商王朝而出身夏族的职官。《孟子·公孙丑》上：“王不待大，汤以七十里。”《淮南子·泰族训》又云：“汤处亳七十里。”郑州商城作为王都亳邑东、南、西、北约七十里的范围之内，可能就是属于商王都的郊奠地区。王都郊奠地区居住着王室同姓或异姓贵族以及附属于他们的劳动者家族成员，他们的任务一是保卫着王都的安全，二是供应王都所需的生活资料，《礼记·曲礼》上：“四郊多垒，此卿大夫之辱也；地广大，荒而不治，此亦士之辱也。”孔颖达疏：“王城四面并有郊，近郊五十里，远郊百里。……卿大夫

① 郑州市文物考古研究所：《郑州大师姑》，科学出版社，2004年。

② 陈立信：《郑州岔河商代遗址调查简报》，《中原文物》1982年第4期。

③ 张松林：《郑州市西北郊考古调查简报》，《中原文物》1986年第4期

尊高任，当军帅，若有威德，则不敢见侵，若尸禄素餐，则寇戎充斥，数战郊坰，故多军垒，罪各有所归，故为卿大夫之耻辱也。”又云：“士为君邑宰，劝课农桑，故地荒为士之辱也。”郑州商城作为王都亳邑近郊的土地，可能也是当时下层贵族组织广大农民进行耕种垦殖的。《左传·昭公十三年》：“卑而贡重者，甸服也。”杜预注：“甸服谓天子畿内共职贡者。”郑州商城周围郊奠以内也当居住着由“甸师”率领的服务于商王室各种“职贡”的众多居民，他们也同样维护和促进着王都亳邑的安全、繁荣和发展。

二、商代前期的“四土”“四方”

（一）东土和东方

在早期商王朝王畿以外的四面八方，随着商王朝实力的不断增长，商王朝也迅速扩大着领土范围。商人对王畿以外的领土称之为“四土”和“四方”，如殷墟卜辞记云：“……申卜……四土……宗”（《合集》33272），商王还曾卜问：“东土受年？南土受年？吉。西土受年？吉。北土受年？吉。”（《合集》36975）商王朝以农业为经济基础，此记说明商王关心着全国各地的农业生产。“四土”又称之为“四方”，如殷墟卜辞云：“禘于东方”“禘于西方”“禘于南方”“禘于北方”（《合集》14295）。《诗经·商颂·玄鸟》也说：“古帝命武汤，正域彼四方。方命厥后，奄有九有。”意思是说天帝古曾命成汤，东征西讨有四方，封国设职建藩卫，九州大地皆属商。商王分封于各地官员名称也有不同，殷墟卜辞记有“侯”“伯”“田”“史”“卫”等地方职官，西周《大盂鼎》记有“惟殷边侯、田”，《尚书·召诰》记有“庶殷侯、甸、男邦伯”。同书《酒诰》又记有：商代“越在外服：侯、甸、男、卫邦伯”。“外服”即指任职于王畿以外的地方职官，“侯、甸、男、卫”是官员名称，这里的“甸”字，杨树达先生据西周金文读为“田”，杨文又云：“善射者谓之侯，善狩猎者谓之田，善耕作者谓之男。换言之，侯者，战斗英雄也；田者，狩猎英雄也；男者，耕种英雄也。部落必先有武力之防卫而后始能生存，故战斗之事在先，而侯为其首；人群进化，先狩猎而后耕种，故田为其次，而男又次之。”[①]这些英雄人物在原始社会时期造福人类，备受群众爱戴被推举为首领，以其擅长之技艺而命其名号，进入阶级社会以后遂演变而为各级官员的名

---

① 杨树达：《积微居金文说·矢令彝三跋》，科学出版社，1959年。

称。陈梦家先生又说："'卫'乃界于边域上的小诸侯。"[①]"邦伯"则是指地区的行政长官。他们被商王朝委以重任，向商王朝承担人力和物力等各个方面的贡赋，同时也负责拱卫着商王朝的安全。

在商王朝早期的"四土""四方"，现已发现有众多的二里冈文化遗存。当然，一些周边地区的文化遗存，是二里冈文化在与当地土著文化互相融合的基础上形成起来的，有着一定的地区特点，有些学者据此将整个二里冈文化分为若干不同的地区类型，即位于商王朝中心地区的"二里岗类型"，在其周围分布着东方的"大辛庄类型"、东南方的"大城墩类型"、南方的"盘龙城类型"、西方的"北村类型"、西北方的"东下冯类型"和北方的"台西类型"等七个文化类型[②]。其周边地区类型的文化内涵皆以二里冈文化为主体，因此其分布地区都应属于早期商王朝的领土范围。王畿以外各个类型的大型遗址应是当地地方军政长官或异姓首领的居地。在其东部即今河南豫东一带，仍属二里冈类型文化的分布地区，二里冈早期文化遗址发现甚少，如前章所述，这里曾是岳石文化即东夷部族的分布区，商、夷两族在推翻夏王朝的斗争中曾经结成联盟，因此这里的先商文化和二里岗早期文化有与岳石文化相互融合的现象[③]。以后随着商王朝的巩固和发展，进入二里冈文化三期，商文化在这里逐渐取代了岳石文化而居于主导地位，现今在杞县段岗，鹿台岗，民权吴岗，柘城孟庄，西华高宗冢，淮阳平粮台，双冢和鹿邑栾台等地，都发现有二里冈文化晚期的遗存，项城毛冢还发现有可能为贵族墓葬所出的青铜器[④]。其中以柘城孟庄遗址（图3.28）为最大，该遗址位于河南省柘城县西孟庄村的北侧，"遗址平面近长方形，南北长280、东西宽110米，面积约30000平方米"。考古工作者在这里选择以北、以南两个地点进行了发掘，原考古报告称之为第一发掘地点和第二发掘地点[⑤]。第一发掘地点"发现一座规模较大的夯土台基址"，"经钻探查明台址的平面为长方形，东西长28、西端宽12、东端残宽3.5—5.6米，残存面积约250平方米，估计原来面积约336平方米。夯土台残厚1—1.3米"。在此"台南缘中部的夯土中，发现一具人骨架，……俯身直肢，双手卷曲朝上，掌心骨被压在胸骨下。头向西，方向270°。女性，约17—18岁。胳膊和手腕骨上均残留有二或三道捆绑绳痕，下肢骨下的捆绑痕比较模糊，由此估计死者是建房时被用来奠基的牺牲"。基址南侧的文化层和废旧窖穴以内也发现一些人骨

① 陈梦家：《殷虚卜辞综述·百官》，科学出版社，1956年。

② 王立新：《早商文化研究》，高等教育出版社，1998年，第147页。

③ 王立新：《早商文化研究》，高等教育出版社，1998年，第211页。

④ 张金云：《项城县毛冢出土商代早期青铜器》，《河南文博通讯》1980年第1期。

⑤ 中国社会科学院考古研究所河南一队等：《河南柘城孟庄商代遗址》，《考古学报》1982年第1期。

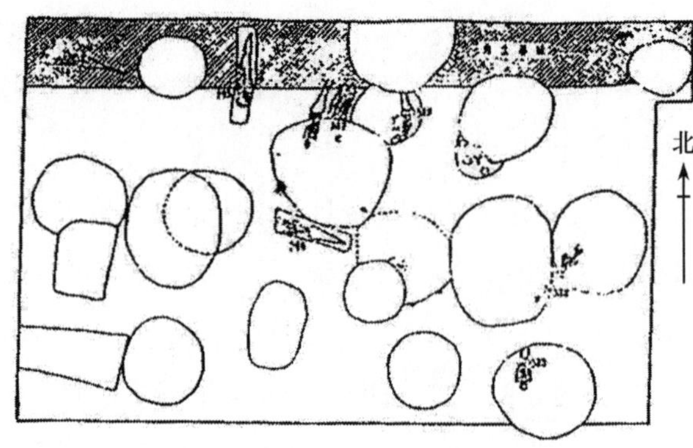

第一地点遗存平面图

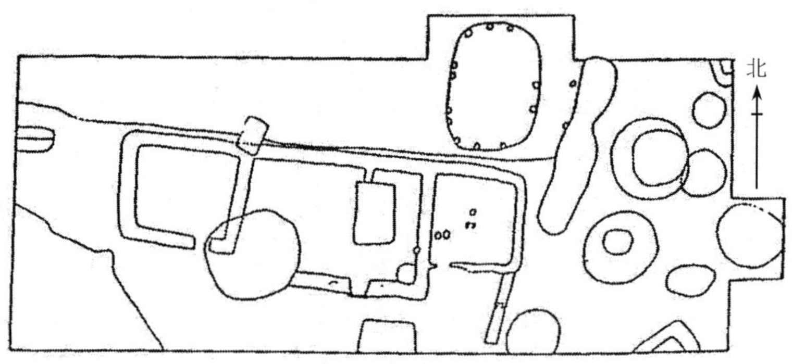

第二地点遗存平面图

图3.28　柘城孟庄遗址平面图

架，可能是用于祭祀的牺牲品。这里还发现有圆形房基一座（F5）和陶窑一座。第二发掘地点发现一座小型夯土台基，“夯土台平面呈长方形。台底略大，底东西残长14.1、南北宽7米。台顶东西长13.4、南北宽5.2米，面积约69.68平方米”。此“夯土台上，发掘出三间为一组的排房基址，自西往东依次编为F1、F2、F3。三间房基紧密相连，F2居中而面积大，是正房，为东西长方形。F1和F3的面积小，近方形，是属于东西对称的偏房，或称耳房。排房坐北朝南，……方向南偏西3度”。F2“房门开在南墙偏东头”，“房内东南角有一个长方形灶坑”。F3“房门开在南边略偏西”，房内未发现灶坑。F1“房门开在南边略偏东”，房内未发现灶坑。但“发现一件石钺和两件陶器盖……（以及）一件与陶器盖相配的敛口瓮”。这座房基的周围发现有四座小型房基，其中F4“房基平面为长方形，南北3.6、东西2.4米，面积约6.24平方米。……房内地坪凹陷，其表面被火烧烤成红色。……房内堆满灰土，内夹杂很多碎铸范和一些残陶片，估计它不是一般的住房，而是一座作坊基址”。在F4“东南约3.5米的H30内，出土一些坩埚残片，个别残片上有铜渣和大量草泥土铸范遗迹”。该坑还出土有

"铜斝内模一件，铜爵内模三件"，可知这里是一处较大的铸铜作坊基址。另外，在第一发掘地点北侧，还出土有"铜鼎、铜斝和铜觚各一件"，其中铜鼎"口微敞，沿外折，……口沿上部有一对近方形器耳，……两耳与鼎足的位置均接近在一条直线上。深腹微鼓，圜底较平，器腹上部有两周凸弦纹。……足呈扁圆锥形，中空，内含土范"。"通高20.6、足高7.95、口径16、腹径15.6厘米。"铜斝"大敞口，尖唇，口沿上部有一对菌形柱，柱径较粗呈方形，柱钮上面有窝纹。粗径，器腹上边外折略突出，……下部微粗，至底部内折，连接圜底。径下部有三周凸弦纹，一侧有半圆形鋬，鋬为方形，亦粗。足呈三棱形，中空，内有范"。通高20.3、口径15.8厘米。铜觚"口部外敞，粗径，腹部外折微突出，……腹壁似宽带状，平底，下附喇叭形圈足，近底部下折作俯盘状。径下部有两周凸弦纹，圈足上部有三周凸弦纹"。通高18.8、口径12.3厘米，这些铜器都应在本地作坊铸造而成的，应是贵族墓葬的随葬品，时代约当或略晚于二里冈文化四期。在其南侧的第一发掘地点也发现有墓葬两座，其中M5"平面为圆角长方形，南北长2.4、北端宽0.5、南端宽0.4、残深0.35米。单人仰身直肢葬，双手放置在盆骨上，方向178°。未发现葬具，在盆骨和股骨上有少许红朱砂。女性，约35岁。在人骨架上面的填土中，发现很多零乱的陶片，缀合复原后计有鬲、罐、豆和簋各一件，估计是有意打碎后放进墓填土里的"。应是一座平民墓葬。两个发掘地点共发现窖穴25座，出土有众多的石、骨、蚌类生产工具、陶质生活用具和少量的铜器、玉器以及卜骨、卜甲等。另外，窖穴中还出土有残破草鞋一件（H21：4），"鞋底形状与现在的草鞋形状相似，束腰。系用四经一纬绳子穿编而成，绳子用两股线拧成。经线粗0.5厘米，纬线剖面为椭圆形，直径0.5—0.7厘米。承北京造纸研究所检验：'……鉴定为韧皮类纤维，属树皮的可能性较大'"（图3.29）。这是"我国迄今发现的年代最早的鞋子实物，这表明我们民族在商代前期或更早的时期就有穿鞋的习惯了"。有学者根据该遗址出土遗物的分析，认为孟庄遗址应是一处二里冈文化三、四期并延续到中商文化时期的遗址[①]，此说是可信的，该遗址位于上述诸遗址的中心区，因此也应是一处当时这里政区中心所在地。

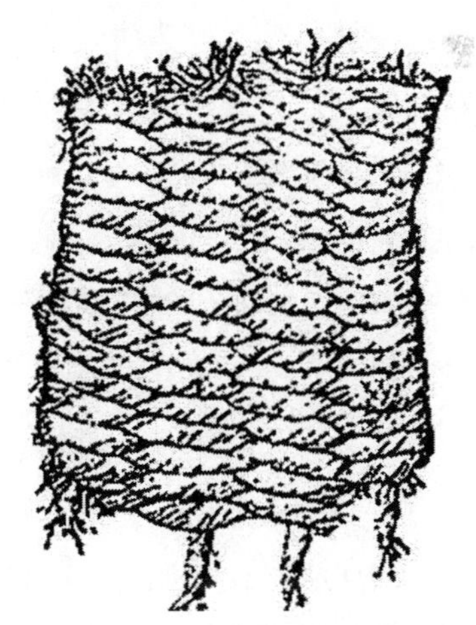

图3.29　孟庄遗址出土的鞋底残片

① 李伯谦：《论造律台类型》，《文物》1983年第4期；王立新：《早商文化研究》，高等教育出版社，1998年，第57页。

商人携带着商文化以此为基地继续大举东进，到达古代东夷部族聚居区的海岱地区，考古工作者在这里发现的“相当于二里岗上层或稍后的遗址有济南大辛庄、邹平丁公、章丘东盘、茌平南陈村、梁山青堌堆、济宁凤凰台、泗水尹家城和天齐庙、滕州前掌大、江苏铜山丘湾等处。此外，在济阳邝家，邹县西朝阳村，滕县北辛、后荆沟，西康留后、黄庄等地，也发现了这一时期的遗存”[①]。其中以济南大辛庄遗址为代表，称之为“大辛庄类型”，该遗址位于济南市东郊大辛庄一带，“总面积约30万平方米，文化层一般深2米左右，最深者达4米”。发现有房基、墓葬、水井、窖穴等遗迹，并出土有陶器、原始瓷器和青铜器，时代属二里冈文化三、四期至殷墟文化时期[②]。近年来，考古工作者在这里发现有商代前期的贵族墓葬，比较重要的有M139，“该墓葬为长方形土坑竖穴墓，长3.22米，宽2.24米，残深1.57米，方向220°。墓底四周有熟土二层台，东西二层台上可辨有殉人三具。墓底中部有一长方形腰坑，……葬具为一棺一椁，棺椁曾被早期盗扰至底。椁内填土中可见较多凌乱的朱砂、铜片和金箔等。随葬品共18件，其中青铜器14件，包括鼎2件，盉2件，爵1件，斝1件，卣1件，罍1件，斗1件，钺1件，钁1件，矛2件，另有大型石磬1件，玉器2件，涂朱圆陶片2件。器物均置于熟土二层台上，……从器物组合及其器形纹饰等特点看，年代应属商代前期，约当二里岗上层晚段”[③]。另外还发现有M216，该墓也为长方形“土坑竖穴墓，墓室长3.8米，宽2.2米，残深2.8米。墓向217°。距墓口约1.4米的层面上，有殉狗6具。墓底四周有熟土二层台，在二层台上摆放殉人8具，其中南端1具，北端2具，东侧2具，西侧3具，殉人骨骼头部及脚膘部皆有明显的砍斫痕迹。在西侧殉人身下约0.1米处发现有整齐排列的11个铜泡。M216早期被盗，……在盗洞中有大量被扰乱的金箔碎片。因早期盗扰的原因，M216未发现其他随葬品”，“以M139、M216为代表的一组商代前期晚段贵族墓葬，有的虽遭盗扰，但仍可判明墓主人的高贵身份，充分显示了大辛庄遗址在商代前期的重要地位”[④]，“有可能是商王朝分封到山东西北地区的一个侯、伯类（级）的诸侯国（方国）”所在地[⑤]。大辛庄陶器中的“鼎、鬲、甗、罐、豆以及石刀等的形制、制法、装饰方面与岳石文化有源流关系”，可知“大辛庄类

① 高广仁等：《早期中国文明——海岱文化与齐鲁文明》，江苏教育出版社，2005年，第219页。

② 山东省文物管理处：《济南大辛庄遗址试掘简报》，《考古》1959年第4期。

③ 方辉等：《济南大辛庄遗址考古发掘再获重要发现》，《中国文物报》2010年9月24日第4版。

④ 王兴华等：《二〇一〇年度济南大辛庄遗址第二次考古发掘取得重要收获》，《中国文物报》2011年4月15日第4版。

⑤ 徐基：《大辛庄遗址甲骨特征及其与台西、殷墟甲骨的比较研究》，《殷商文明及纪念三星堆文明发现七十周年国际学术讨论会论文集》，社会科学文献出版社，2003年。

型”应是二里冈文化与当地岳石文化相融合而形成的文化类型，部分岳石人及其后裔有可能仍然生活于这一地区。在古代淮夷部族聚居区的今安徽省江淮之间的霍山以北地区，分布着“大城墩类型”遗存，该类型是二里冈文化主要融合当地斗鸡台文化的基础上形成和发展起来的。其中以含山大城墩典型遗址而得名，这里尚未发现大型遗迹，但在位于皖中平原的六安市、霍山佛子岭和肥西大墩子等地，都发现有二里冈文化时期的青铜器①，当是该类型文化分布的中心区。如本书前章所述，六安一带曾是成汤重臣咎单的居地，“大城墩类型”文化的主人可能与咎单族属有着密切的关系。

（二）南土和南方

在早期商王朝王畿以南即今许昌地区，仍分布着二里冈类型文化，考古工作者在今许昌市区周围的小韩庄、前孙王、营孙、大路陈和高庙等地都发现有商代遗址②，其中以大路陈遗址文化内涵最为丰富，该遗址位于今许昌市西南约10千米，已出土有“30多件青铜器、玉器和石器”，计有铜鼎3件、铜斝2件、铜爵2件、铜戈2件、铜钺1件、铜刀1件、铜镞17件、玉戈2件、玉柄形器2件、石璋1件。这些遗物皆为贵族墓葬的随葬品，现已“发现两具人骨架，基本上埋于南北向的一条线上，头皆向北。铜鼎放置在北边人骨架头部的西侧；铜兵器、玉器和石器放置在盆骨的西侧”。人骨架下面有腰坑，坑中殉一狗，头向北；腰坑东南侧50厘米处可能是该墓的二层台上也殉一狗，头向南。“铜斝、铜爵放置在南边人骨架的脚旁，铜镞则置于铜斝内。”三件铜鼎中具有代表性的一件（86采集：1）“口微敛，平沿，沿面有阶；深鼓腹，圜底，三锥状空足。立耳，一耳与一足相对应。耳内侧为素面，外侧槽内有一道圆拱形凸棱纹。上腹饰三组带状饕餮纹，饕餮的双目凸出；足下部有三周弦纹”，“口径28.5、高37.3厘米”。两件铜斝“大小、形制相同。胎薄，敞口。菌状柱头，柱的横截面呈长方形。敛颈。鼓腹，浅圜底，三个三棱锥形空足。颈腹间有一半环形鋬。颈部饰带状饕餮纹。其一件（86采集：4）口径16.4、高20.2厘米”。两件铜爵均残破，但也是“大小、形制相同，其一件（86采集：5）长流，长尾，椭圆形口，扁圆形筒状器身，下腹有折棱分界；平底，三个三棱锥状实足；颈腹间有一半环形鋬，腹部饰二组带状饕餮纹。残高16厘米”。从这些“铜器的主要特征看：器胎较薄，纹饰简单，且为单层，制作也比较粗糙。三足器中除爵为实足外，其他为锥状空足。爵为平底。……墓的时代应与郑州商代二里冈期上层相当”，即相当或略晚于二里冈文化三期（图3.30）。该

---

① 宋新潮：《殷商区域文化研究》，陕西人民出版社，1991年，第178、179页。

② 国家文物局：《中国文物地图集·河南分册》，中国地图出版社，1991年，第315页。

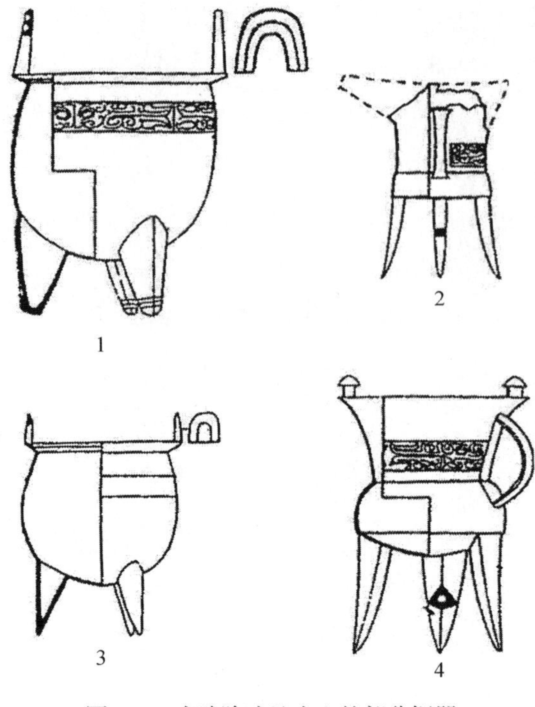

图3.30　大路陈遗址出土的部分铜器
1. Ⅰ式铜鼎（86采集：1）　2. Ⅱ式铜鼎（86采集：2）
3. 铜爵（86采集：5）　4. 铜斝（86采集：4）

遗址的发掘者又说："由于墓中出土兵器较多，如铜钺、铜戈、铜刀、铜镞、玉戈等，可以推知该墓墓主应为一武官。"①这是可信的，这里在夏代曾是商族劲敌昆吾氏故地，商王朝为了保护通往南方的交通要道，也为了震慑昆吾氏残余势力的抵抗，派人镇守于此是完全必要的。

在商王朝的南方，则分布着二里冈文化"盘龙城类型"的遗存，该类型文化主要分布于今大别山以南的长江沿岸地区，"最西已达江陵地区，最东直到皖、鄂交界的英山"②，也发现有该类型的文化遗存。其中以盘龙城商城遗址群（图3.31）为代表③。该遗址群位于湖北省武汉市北侧黄陂区丘陵台地上，北靠大别山，南隔长江与江汉平原相望，西倚甲宝山，东、北邻接盘龙湖，由邓家湾、江家湾、孙家坟、楼子湾、杨家湾、杨家嘴、盘龙城、李家嘴、王家嘴和艾家湾诸遗址组成，面积约5平方千米。根据多年的考古调查和发掘，《盘龙城》考古发掘报告已将该类型的文化分作为七期，其中盘龙城一期其时代"相当于二里头文化二期或三期偏早"，盘龙城二期其时代"相当于二里头文化三期"，盘龙城三期其时代"相当于二里头文化四期偏晚或二里岗下层一期偏早"，盘龙城四期所出陶片最晚与"二里岗下层二期类似"，因此其时代应相当于"二里岗下层二期"即二里冈文化二期，盘龙城五期其时代"相当于二里岗上层一期偏晚阶段"即二里冈文化三期偏晚阶段，盘龙城六期其时代"相当于二里岗上层二期偏早"即二里冈文化四期偏早阶段，盘龙城七期其时代"相当于二里岗上层二期晚段"即二里冈文化四期晚段。兹将《报告》所述各期文化内涵的摘要介绍如下。

① 河南省文物研究所：《许昌县大路陈村发现商墓》，《华夏考古》1988年第1期。

② 邹衡：《夏商周考古学论文集》，文物出版社，1980年，第126页。

③ 湖北省文物考古研究所：《盘龙城——1963—1994年考古发掘报告》（以下引文出自本报告者不再加注），文物出版社，2001年。

盘龙城城址位于遗址中心区的东南部，城址“平面近方形，南北约290、东西宽约260米，面积约75400平方米”，方向北偏东20°。城址原来保存较好，在20世纪50年代还保存有6米以上的城墙，因坐落于盘龙湖西南岸，故当地群众俗称此为称盘龙城。“城垣为夯土筑成，墙体外坡陡，内坡缓，城垣周长约1100米。”“外坡陡”，不利于敌人攀登，“内坡缓”，则有利于守城者上下城墙，皆为城防的需要而建造。“现存土城的南、北、西三面，残垣中段各有一个缺口，均是原城门遗迹。据当地村民反映，原古城有四个城门，分别位于东、西、南、北四面城垣的中部，每个城门两侧基部皆置有方石，今西城门外侧石块尚存。”在城墙的东南角，当地村民曾发现有一条石铺路，“从城脚坡直通城壕的线路上，……石路宽约1米，有大小不等的石块平铺而成。这条石路应是东城门进出的要道”。“从南北城垣的文化堆积层看，城墙之下叠压有盘龙城一期至三期的文化遗存；夯土墙中含有盘龙城四期的文化遗物；叠压于夯土墙之上的是盘龙城五至七期的文化遗存；……地层关系表明，盘龙城古城址的建造年代应在盘龙城四期，盘龙城五期、六期是城址建成后的使用期。西城墙上盘龙城第七期的PCYM1，应是城址废弃后的文化遗存。”就是说盘龙城商城当始建于二里冈文化二期，使用于二里冈文化二、三、四期，废弃于二里冈文化四期晚段时期。

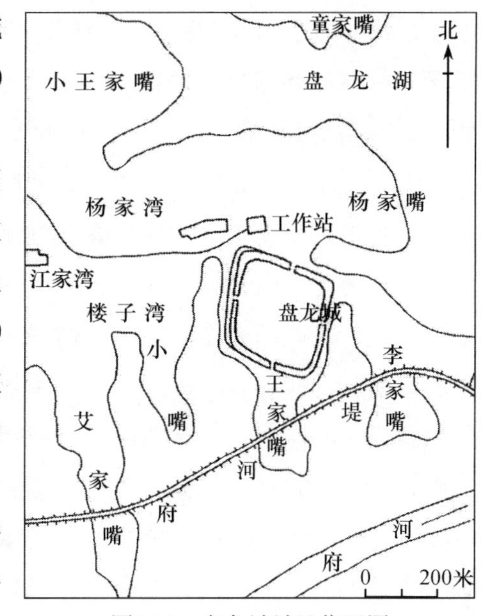

图3.31 盘龙城城址位置图

在城墙以外还发现有城壕即护城河，城壕距城墙约10米，“口大底小，作锅底状”，面宽多在10米以上，深在5米以下。此城城壕的修建，“不仅能严防外侵者，也有水路交通运输的功能。从南城壕解剖看，内坡为两级缓坡，在两岸一级土坡上有木桩设施，可能是船舶停靠两岸的设施，……在南城壕东段已解剖的一段城壕内坡，发现一片横竖排列的木板结构遗迹，城壕外坡稍低于内坡，推测应与活动桥有关。南城壕中的两岸，多有木构方面的设施，显然是因南有府河，为水路交通运输而设置”。城“壕底打破生土层，其开挖年代同于城垣的建筑期，说明开挖城壕与修筑城垣是同期进行的，其年代为盘龙城四期晚段”，即开挖于二里冈文化二期；“城壕在盘龙城四期晚段开挖后，使用至盘龙城六期晚段，至七期时已经淤塞”，即到二里冈文化四期晚段已经废弃。

在城内的东北隅，发现有大型宫殿建筑基址三座（F1、F2、F3），这些基址坐落于人们在自然高地重新加工平整的大型台基之上，“台基南北长约100米，东西宽约60米，台高约为1米”。“一号宫殿建筑基址（F1），平面呈长方形，是建筑在夯土台基上的一座四周有回廊、中为并列四室的大型宫殿建筑。用红土铺筑的台面东西长39.8、南北宽12.3米。整个建筑以回廊外沿大檐柱柱中为计，总面阔为38.2、进深11米。”“坐北朝南，方向20°，与城垣走向一致。”“四室以中间二室面积较大，略呈长方形，东西两端二室较小，略呈方形。”四室“在南面中部各开一前门，中间二室北墙的东北隅各开有一后门”。两侧二方形“小室可能有后窗”。“四室之外有一周回廊，……回廊之外有擎檐柱和散水等。”“F1台基四周有大檐柱穴，四室外围有回廊，大檐柱穴外有擎檐柱，表明屋盖顶应是‘四阿’形式。杨鸿勋先生根据文献中有关‘茅茨土阶’的记载推测，F1的屋盖顶应是四坡草顶。F1在大檐柱外围台基下的擎檐柱是为了加大出檐，起着对夯土台基及外檐柱脚防雨防晒的作用。”并根据有关文献记载和古文字资料，“将F1复原成一座位于台基之上，檐下设有防雨披檐的‘重屋’式宫殿建筑，即四阿重屋式的高大宫殿建筑模型”。二号建筑基址（F2）“位于F1的南面，北距F1约13米。……坐北朝南，方向20°，与F1方向同”。“它建筑在一个长29.95、宽12.7米的长方形夯土台基上，台基系用红土铺筑台面，是一座四周有28个大檐柱穴，中部呈空间式的殿堂建筑。”“在大檐柱外围的台基边缘，亦发现有擎檐柱遗迹，推测也应是‘茅茨土阶’‘四阿重屋’式的建筑形式。”关于F1和F2的关系，发掘《报告》认为：“F1回廊之内并列四室的建筑结构，据《考工记》所载，周人宫殿‘内有九室，九嫔居之；外有九室，九卿朝焉。’盘龙城F1的四室当属卧室性质，即‘寝’的建筑形制。F1南面的F2，为大空间的厅堂式建筑，应属‘朝’（或称堂）一类的建筑。盘龙城已揭露的前后对应的（F1、F2）两座大型宫殿建筑，是迄今所知我国最早的‘前朝后寝’式的宫殿建筑。”三号建筑基址（F3）位于F1的北侧，“南距F1台基7.5米。杨鸿勋先生根据F1距北城垣内坡底边36.6米，推算出‘F3夯土台基的南北宽度为5.1米，这正是廊庑的宽度’。他认为‘F3并非是一座殿堂，应是北面的廊庑’。由此进一步作出F1与F2外围有廊庑环绕的推断。”由此而形成一处比较完整的大型建筑群体。至于这座建筑基址的时代，发掘《报告》说：“从宫殿基址所在的地层情况了解，F1、F2宫殿，均建造在第五层夯土台基上，属盘龙城四期遗存。建筑基址中出土的陶鬲、尊、盆和缸等遗物，具有盘龙城四期偏晚的特点，因而推断上层宫殿的建造与城垣建造年代同时或稍晚。”就是说宫殿与城垣均建造于二里冈文化二期或稍晚的阶段。

另外，在该城的西郊、北郊和东北郊区“约250—500米处，还发现有宽约25米的断续的版筑外城墙，这样盘龙城的面积就不仅仅是约为75400平方米，而是一座东西800米宽，南北800米长，有内、外两重城垣规模较大的城址”①。

在盘龙城商城的内城和外郭城之间，分布着众多的手工业作坊和平民居住区。“盘龙城遗址发现许多沟槽状的黑灰烬遗迹，沟内发现有许多陶缸及厚胎坩埚，沟内外还发现少量熔渣，或碎铜片，在杨家湾、楼子湾遗址，发现一些陶缸上留有熔渣残迹，从而推断商代的盘龙城遗址已出现了铸造场所。”在城北郊的杨家嘴遗址也发现有二里冈文化三期的灰烬沟遗迹，“灰烬沟的形制呈长条沟槽状，沟内发现有两个不规则的椭圆形坑即K1、K2，坑内出土有较完整的坩埚及陶缸，坩埚放置有序，其底部均用大小不等的石头支垫，……坑内还出土有铜刀、残铜片、熔渣、孔雀石等，沟外东侧灰烬堆积场也发现一些残铜片、熔渣等。灰烬沟的土层堆积有序，这种现象绝不是一般的文化层堆积，而应是与铸造青铜器的场所有关”。这些众多的铸铜作坊场所，必有丰富的铜矿资源才能保证冶铸工作的正常进行，考古工作者在盘龙城东南百余公里的大冶、阳新和江西铜岭等地，确实发现有铜、铅矿藏，“从考古资料来看，在阳新的许多矿冶遗址中，都发现夏商时期的文化遗物，说明夏商王朝已插足于这块宝地，从事着矿产的开采。大冶铜绿山发现大批的古矿冶遗址，矿井开采的时代，早自商代，直到西汉，在遗址上发现有商代二里岗期陶鬲足，说明商族已活动到这个地方。而与湖北武穴隔江相对的江西瑞昌铜陵，在古矿井中发现有商代二里冈期的陶斝等商代遗物。……考古发现证实了商族先民已进入这一带采矿区”。彭子成等先生认为盘龙城出土的青铜器“多数应是在当地铸造的。根据铅同位素比值的研究结果，具有中等比值的青铜器，其矿料可能来自大冶的铜绿山和瑞昌的铜岭矿冶遗址”②。盘龙城青铜器的矿料，当主要来自于据此东南不远的铜绿山和铜岭地区。在该城南郊的王家嘴遗址，发现有二里冈文化一期的大型长窑和圆窑遗迹，这里应是当时一处“规模庞大的陶窑作坊”所在地。另外，在该城北郊的杜家塘，“发掘时刚揭开塘底淤土，即暴露出黑木炭烬土，并夹杂有红烧土，出土三五成群陶缸，推断为作坊所在”，邹衡先生认为“可能与酿酒有关”③，就是说这里可能是一处酿酒作坊的遗迹。郊区各个遗址几乎都发现有平民居址，在东南郊的李家嘴遗址，发现有二里冈文化二、三、四期的灰坑，其中“大多数与窖穴有关，PLZH1可能是水井”，这是人们日常生活中不

① 王震中：《商代史·商代都邑》，中国社会科学出版社，2010年，第161页。

② 彭子成等：《盘龙城商代青铜器铅同位素示踪研究》，《盘龙城》附录四，文物出版社，2001年。

③ 邹衡：《夏商周考古学论文集》，文物出版社，1980年，第128页。

可或缺的设施。在南郊的王家嘴遗址，“盘龙城四期、五期时，由于城址的兴建，王家嘴成为城外的平民居住地，发掘的小型建筑（F3、F7）、灰坑（H1、H2、H4）、水井（H3）和祭祀坑（H6、H7）等，文化遗迹遍布王家嘴整个遗址”。在西北郊的杨家湾和北郊的杨家嘴遗址，所发现的住房基址共同特点为“房子基本为长方形，面积不太大，建筑多为平地起建，应为梁架结构”。时代为二里冈文化二期和四期，都应是当时平民的住地。在这些住地的周围也发现一些小型墓地，例如“杨家嘴已发掘的十座墓葬，分布比较密集，一般间距数米或者十来米，皆为小型土坑竖穴墓。墓葬面积一般在2—3平方米以下，墓室结构个别有熟土二层台和腰坑，有棺无椁，头向多向北；葬式有仰身、附身等，随葬器物多为陶器，少数墓随葬有铜斝和玉柄形器。推测为平民墓地”。这群墓葬时代不尽相同，可能是居住此地的以中、小奴隶主为首的几代人的家族墓地。

盘龙城商城的郊区也发现有大型贵族墓葬，这类墓葬主要分布于东郊的李家嘴遗址，现已发现有M1、M2、M3和M4，均位于李家嘴台地中部偏南侧，形成一处小型的贵族墓地，时代当为二里冈文化三、四期。其中以M2为最大（PLZM2），该墓“为长方形土坑竖穴墓”，“方向20°”，“墓室面积达12平方米，有棺、椁。随葬器物达77件”。木“棺置于椁室中间，略呈长方形，南北长2.06、东西宽1.03米”。棺内有人骨架，当为墓主人。“棺底中部偏东处有腰坑，……坑内发现有骨骼粉末，初步判断为一具狗骨架”，坑内并放置一件断为三截的玉戈。棺外有木椁，皆成残片，这些残片在“墓内各个方位皆有见到，有的素面，有的涂朱，更多的则是雕刻出饕餮纹和云雷文等图案”。椁外发现有殉人骨架三具，“椁室四周及墓底皆填有白膏泥”。随葬器物中有“铜器50件，器类有爵、斝、觚、盉、鼎、鬲、簋、甗、盘、钺、矛、戈、镞、凿、锯、刀、锛、圆形饰件等；陶器9件，器类有鬲、瓮、罐、盆和饼；硬（釉）陶尊；玉器12件，器类有戈、笄、柄形器等，此外还有绿松石、残木器板灰数块”（图3.32）。这是迄今所见二里冈文化时期规模最大、随葬器物最多的一座墓葬。“M2的葬具棺椁极为讲究，仔细清理出的十多块椁板痕，往往一面有精细的雕花，一面涂朱。……最大的椁顶雕花板块，长2、宽0.4米，印刻饕餮纹和云雷文。每两组图案间的阴线部分涂朱，阳面涂黑，椁板呈白色，出土时色彩斑斓，被认为是我国现存最早的木雕艺术品。”墓内出土的甗、簋、管状流爵以及饰有“人字纹”和“菱形纹”的矛等青铜礼器为“二里岗类型”所未见，遗址所出的印纹硬陶和原始瓷器也比郑州商城遗址出土数量要多，这些都显示出当时的长江流域与中原地区相比，有着同样发达的早商文明，同时也显示着鲜明的地方特色。墓内出土的铜钺更是军权的象征，李

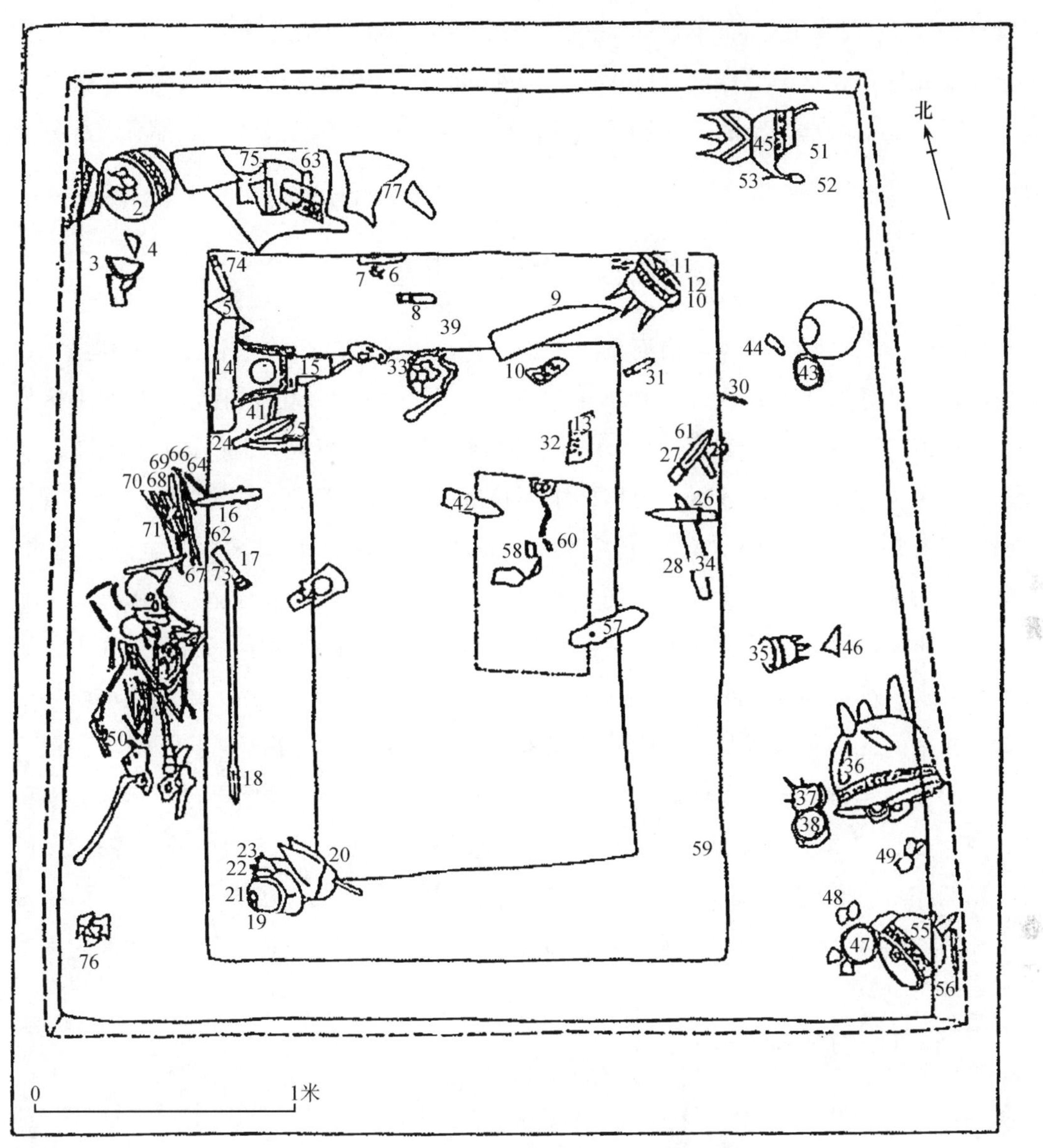

图3.32　盘龙城李家嘴遗址M2平面图

1. 铜盘　2. 铜簋　3. 铜斝　4. 硬（釉）陶双折肩斜腹尊　5. 铜粗腰觚　6. 铜曲背刀　7. 绿松石　8. 玉斜刃柄形器　9. 铜镞　10. 铜弧腹斝　11. 铜折腹爵　12. 铜折腹爵　13. 玉戈　14. 玉戈　15. 铜钺　16. 铜戈　17. 铜锛　18. 铜矛　19. 铜弧腹斝　20. 铜盉　21. 铜折腹爵　22. 铜弧腹斝　23. 铜弧腹爵　24. 铜戈　25. 铜直内戈　26. 铜戈　27. 铜戈　28. 玉戈　29. 玉平刃柄形器　30. 玉花头构件　31. 玉尖刃柄形器　32. 绿松石　33. 玉斜刃柄形器　34. 绿松石　35. 铜锥足鼎　36. 铜锥足鼎　37. 铜扁足鼎　38. 铜鬲　39. 绿松石　40. 绿松石　41. 玉平刃柄形器　42. 铜鼎　43. 铜泡　44. 铜泡　45. 铜甗　46. 铜鼎足　47. 陶溜肩弧腹罐　48. 陶折沿联挡鬲　49. 硬（釉）陶小口瓮　50. 铜镞　51. 铜泡　52. 铜泡　53. 铜泡　54. 铜戈　55. 铜锥足鼎　56. 铜矛　57. 玉戈　58. 玉戈　59. 铜镞　60. 陶带流壶　61. 陶饼　62. 陶饼　63. 木雕印痕　64. 铜锛　65. 铜曲背刀　66. 铜曲背刀　67. 铜刀　68. 铜曲背刀　69. 铜锯　70. 铜直背刀　71. 铜曲背刀　72. 铜凿　73. 铜镞　74. 玉平刃柄形器　75. 铜尊　76. 陶缸　77. 陶圆肩圆腹罐

家嘴M2的墓主人，很有可能就是商王朝派驻盘龙商城的一位“邦伯”，盘龙城商城位于长江北岸，“是中原地区与江汉南北交通的咽喉”要道，商王朝派遣重臣驻守此地，这对于保卫南部国土的安全和输入所需要的南方矿产等经济资源，都有着极其重要的意义。

（三）西土和西方

早期商王朝的西方即今伊洛河下游一带，曾是夏王朝的政治中心区，夏朝虽亡，反对商王朝的残余势力尚在，因此，商王朝也加强了对这个地区的控制。这个地区发现有不少商王朝前期重要遗存，属于“二里岗类型”的分布区。偃师商城（图3.33）就是其中最为重要的一处遗址，该城位于偃师市的西郊，地处伊洛盆地的东侧，背依邙山，南临洛水，是关中盆地通往华北大平原的交通要冲。该城南距二里头遗址约6千米，正所谓“面对二里头夏都，便于监视夏之顽民”，有着重要的战略地位。“城址分大、小两座城。小城临洛河，平面呈长方形，南北长1100米，东西宽7400米，城墙厚6—7米，面积约80万平方米，在东西城墙上各发现一座城门。大城是在小城基础上建立起来的，南部城墙与小城南城墙相重合，并以此为基础北延东扩而成。北依邙山，平面呈‘菜刀’形。南北最长1700米，东西最宽1215米，城墙厚17—19米，面积190万平方米，在城墙外侧有一周护城河。北城墙有一座城门，东、西城墙各有2座城门，两两相对，其间有大道相通。城址南部有三座方形小城，居中者（1号）面积最大，长宽各200余米，为宫城，宫城内南部分布着若干座宫殿基址，经过多次改建和扩

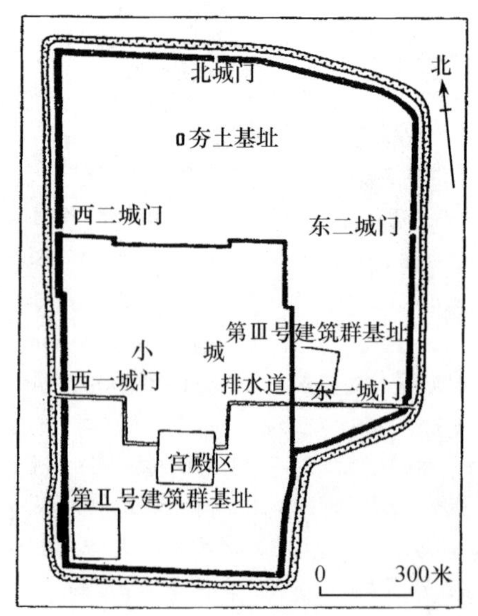

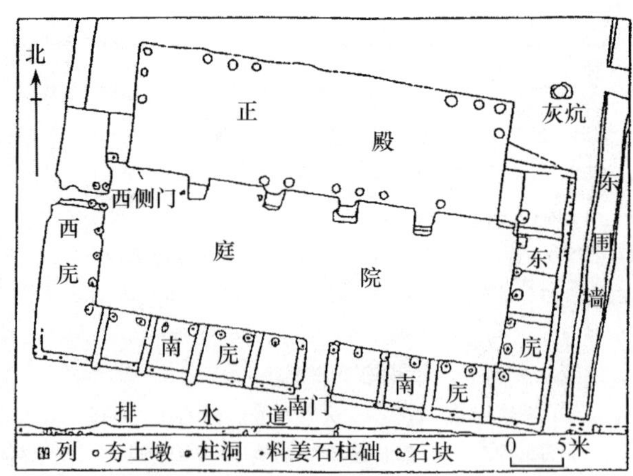

图3.33　偃师商城平面图、城内四号宫殿基址平面图

建，宫城城墙也相应外扩。宫殿建筑的北面是祭祀遗存；宫城内最北部是由大型人工水池和水渠构成的池苑。2、3号小城位于宫城的西南和东北，外有围墙，内有众多长方形排房基址，应为府库。宫城周围有数十座大、中型夯土建筑基址，为贵族居住区和衙署所在地；城址北部有中小型房址、窖穴、水井、灰坑和手工业遗址，为平民和手工业者工作与生活区。”①城内以宫城遗址最为重要，“宫城里的商代遗址可以分为三大类，第一类是宫殿建筑，分布在宫城的中南部，大约占据了宫城三分之二的地方；第二类是祭祀遗存，分布在宫殿建筑的北面、池渠以南的地方；第三类为池苑，主要由大型人工水池和水渠构成。其中宫殿建筑的布列，大致分为东、西两区，东区有四号、五号、六号宫殿等建筑基址”，西区则有一号、二号、三号、七号、八号、九号宫殿等建筑基址。“东区建筑大概属于宗庙建筑”，“西区建筑主要是举行国事活动、处理政务的场所”②。宫殿建筑的北侧是祭祀区，“祭祀区横亘宫城北部，东西长达200米，主体部分由东往西大致分A、B、C三部分（区）”。A区多分布着以谷物为主要祭品的祭祀遗存和以人、牛为牺牲的祭祀遗存；“B区和C区皆是以猪为主要牺牲的大型祭祀场”地③。祭祀区以北是池苑所在，有水池和东西水道组成，“水池位于宫城北部居中，……形状呈长方形斗状，方向约101°。基本结构为以一斗状的长方形池槽为基础，用大小不一的石块沿池的四壁垒砌而成”。“西水道位于水池的西侧，起始于偃师商城大城西一城门外侧的护城河，经西一城门门道下辗转进入宫城北部后与水池相连。”“东水道位于水池的东侧，水道起始于水池东端，由西往东穿过宫城东墙后，几经转折，经大城东一城门门道下注入大城东城墙外的护城河”，两条“水道底部及两壁皆为石结构”④，总的来看，宫城以内的建筑布局与郑州商城宫殿区的建筑布局约略相近。偃师商城内外还发现有纵横交错的道路，如沿城墙内侧的顺城道路、沿城墙外侧的顺城道路、通过大城西二城门径直向东的道路、通过大城北城门径直向南的道路以及通向各主体建筑或建筑群内的道路等。以大城东墙和北墙内侧的顺城路为例：“路土总厚度可达1米左右，其间包括四层含料礓石的坚硬路面。在最下面一层路面上，发现两道相互并行的车辙印迹，轨距宽约1.2米左右。”⑤表明当时城内外的交通是比较顺畅的。偃师商城发掘的商代墓葬已有100余座，“都是土坑竖穴墓。除极少的中型墓以外，大多数规模较小，等级较低，多未发现棺椁痕迹；腰坑也很少

---

① 赵芝荃：《偃师商城遗址研究·序一》，科学出版社，2004年。

② 杜金鹏：《偃师商城近年考古工作要览——纪念偃师商城发现20周年》，《考古》2004年第12期。

③ 王学荣等：《偃师商城发掘商代早期祭祀遗址》，《中国文物报》2001年8月5日第一版。

④ 中国社会科学院考古研究所河南第二工作队：《河南偃师商城宫城池苑遗迹》，《考古》2006年第6期。

⑤ 中国社会科学院考古研究所：《中国考古学·夏商卷》，中国社会科学出版社，2003年，第209页。

见，近半数以上没有随葬品，有随葬品的也大多为日用陶器，铜器和玉器少见。其分布特点是靠近甚至是依托城墙挖墓穴，在大城东、西、北墙内侧和小城城墙内外两侧的一些地段，都曾发现三五座或至10座以上的成片墓葬”[①]。其中以83M1比较重要，该墓位于西二城门以内约100米处，“墓葬为长方形竖穴式，南北长2.45米，东西宽1.05米，方向为5°。葬具有棺残存有木板灰迹。人骨一具，已腐朽。棺下有不甚规整的腰坑。随葬有铜斝、铜爵、铜戈、铜刀、铜箭头、陶簋、陶方杯、圆陶片、玉璜、玉饰、小玉刀、蛤壳和卜骨等共13件”[②]，是这里迄今所发现的一座墓室最大随葬品最丰富的一座墓葬。

“根据有明确地层关系的发掘资料，偃师商城已建立起遗址自身的编年系列。该城址的商文化遗存可分为三期，第一期和第二期各分为早、晚两段，第三期包括早、中、晚三段。依陶器形制和陶器呈现的文化面貌，第一期遗存的年代同郑州商城二里岗下层文化一期相当，属早商文化一期；第二期相当郑州二里岗下层文化二期，属早商文化二期；第三期早、中段相当郑州二里岗上层文化一期，属早商文化三期。其早段在一定程度上表现出早商文化二、三期之间（即二里岗‘下层’同‘上层’间）的过渡性质；第三期晚段相当郑州二里岗上层文化二期（即白家庄期），……”“第一期即偃师商城的初始修建和使用时期。主要遗迹有早期宫城及宫城内第四、第七、第九、第十号和依傍在第九号东侧的一号宫殿；小城城墙及西城门；第二号建筑群（府库）遗址之下层建筑；位于城外东北部的青铜冶铸作坊遗存。至一期晚段偃师商城已经初具规模。第二期即偃师商城继续使用和大规模扩建时期。在小城基础上修筑了大城城垣，城址规模急剧扩大；宫城内的布局同步发生了变化：第四、第七号宫殿继续使用；第十号和第十一号宫殿相继废弃；在原九号宫殿北侧新建八号宫殿；……在九号宫殿基础上扩大规模新建第二号宫殿；……在第四号宫殿的南侧新建了第六号宫殿”；第二号建筑群（府库）也进行了翻修和改建。第三期“早段和中段的部分时间，是偃师商城的又一繁盛阶段，……不久，即第三期中段偏晚时，这座城址突遭废弃。第三期晚段时，偃师商城已沦为一般村聚落。”[③]根据现已公布的资料，偃师商城一期的早段，迄今尚未发现确凿的大型建筑基址，宫城等一些建筑基址最早当始建于一期晚段，由此可知，偃师商城的兴建年代与前文所述的郑州商城约略同时或略晚于

① 中国社会科学院考古研究所：《中国考古学·夏商卷》，中国社会科学出版社，2003年，第216页。

② 中国社会科学院考古研究所河南第二工作队：《1983年秋季河南偃师商城发掘简报》，《考古》1984年第10期。

③ 中国社会科学院考古研究所：《中国考古学·夏商卷》，中国社会科学出版社，2003年，第217、205页。

后者，其发展、繁荣和衰落过程也基本上与郑州商城是同步进行的。

关于偃师商城的性质问题，一些学者认为“应即汤都西亳”[①]。须知文献所记的“西亳”，乃是指商王成汤所都居的王都而言，从这个意义上说它只有一个，而且也应是商初最早、规模最大的一座城址，所谓“先王之制，大都不过三国之一”（《左传·隐公元年》），古代地方城邑的规模是不允许超过王都的。而从现有的考古资料来看，商初王都亳邑不大可能是偃师商城，而只能是郑州商城。这是因为第一，它远没有郑州商城文化内涵丰富。第二，它的规模比较郑州商城小了许多，其大城比郑州商城内城小三分之一，其小城更相当于郑州商城内城约四分之一。第三，它的始建年代与郑州商城约略同时甚或稍晚，即使同时并存，商初亳都也应是郑州商城，而不可能建在偃师商城，商人不可能舍弃规模最大的郑州商城而不用，偏偏要在较小的偃师商城去建立王都。第四，《尚书序》和《史记·殷本纪》皆云：“汤始居亳，从先王居。”就是说亳邑在成为王都以前早已是商族的聚居地，而偃师商城南距夏都二里头遗址仅6千米，可说正处于夏王朝的“天子脚下”，古语云：“卧榻之旁，岂容他人酣睡！”夏人是不会容忍商族在其近旁长期发展壮大，进而来推翻自己的政权的。第五，作为王都，其周围必居住有众多的人口以拱卫其安全并供应最高统治集团的各种需要，但是根据考古调查和发掘，迄今在偃师商城周围发现的商文化遗址“分布稀疏”，既少且小，几乎是孤城一座，这些“遗址规模偏小的聚落结构与城垣宽厚、规模宏大的偃师商城形成了较为强烈的反差。偃师商城的出现，似乎并没有导致此区人口的急剧增多和社会的高度繁荣”[②]，这与作为政治中心而又人口密集的王都地位是极不相称的。综合以上几条理由，我们认为偃师商城并非商初亳都所在，在推翻夏王朝以前，它应是商人进攻夏王朝的军事基地，推翻夏王朝以后，随即成为商初的一座军事重镇，用来巩固商王畿西侧安全并防止夏顽民的复辟，其军事堡垒性质是十分明显的。

偃师商城性质既定，现在需要进一步讨论它的名称问题。有些学者认为偃师商城作为商初别都重镇当是文献记载的汤、唐、桐宫[③]和汤之别都亳邑[④]。毋庸讳言，文献多记偃师商城一带称作“西亳”或“亳”，但是这些记载皆出自东汉以后，东汉以前没有称此地为“亳”者。《汉书·地理志》偃师县下班固自注：“尸乡，殷汤所

① 主此说者最早见于黄石林、赵芝荃：《偃师商城的发现及其意义》，《光明日报》1984年4月4日第三版。

② 中国社会科学院考古研究所二里头工作队：《河南洛阳盆地2001—2003年考古调查简报》，《考古》2005年第5期。

③ 张立东：《偃师商城名“汤”说补考》，《北京大学考古学丛书》八，科学出版社，2011年。

④ 许顺湛：《中国最早的两京制——郑亳与西亳》，《中原文物》1996年第2期。

都。”他称此地为尸乡，是他尚不知这里有个亳地。班固此说盖源于西汉董仲舒，董氏在其所著《春秋繁露·三代改制质文》中云：“故汤受命而王，……作宫邑于下洛之阳；……文王受命而王，……作宫邑于丰；……武王受命作宫邑于镐；……周公辅成王受命，作宫邑于洛阳。”这里文王“作宫邑于丰”，武王“作宫邑于镐”，周公“作宫邑于洛阳”，其地址皆具体而明确，唯汤所作的宫邑所在，却泛指“下洛之阳”一带，可见他也不知道这里有个亳地。而“汤都亳”邑之说，远在先秦时期几已成为定论，董氏岂能不知，若尸乡一带果真有个亳地，他迳可写作汤“作宫邑于下洛之亳”，乃是顺理成章的事，但他毕竟是一代学术大师，没有证据，仍不好说这里有个亳邑。班固承袭于此，遂明确提出“尸乡，殷汤所都”的新说。事实上，东汉以前这里有座商代城址可能久为人知，但此地并不称亳，而是称作为“尸”、“尸乡”和“尸氏”，《史记·樊哙列传》：“东攻秦军于尸南。”《正义》：“在偃师南。”同书《曹相国世家》：“还击赵贲军尸北，破之。”《集解》引徐广曰：“尸，在偃师。”又引孟康曰：尸北，“尸乡北”。《正义》：“破赵贲军尸乡之北也。《括地志》云：‘尸乡亭，在洛州偃师县。”《左传·昭公二十六年》：“五月戊午，刘人败王城之师于尸氏。”又云：“冬，十月丙申，王师起于滑，辛丑在郊，遂次于尸。”杜预注：“在巩县西南偃师城。”又尸与夷古本一字，后世二字常相通用，《周礼·天官·凌人》：“大丧共夷槃冰。”郑玄注：“夷之为言尸也。实冰于夷槃中，置之尸床之下，所以寒尸。尸之盘曰夷槃，（尸之）床曰夷床，（尸之）衾曰夷衾，移尸曰夷于堂，皆依尸而为言者也。”孙诒让《正义》云：“夷、尸音近，得转相训。《（仪礼）士丧礼》注亦云‘夷槃，承尸之槃’。吕飞鹏引《成》十七年《左传》‘一朝而尸三卿’，《韩非子》载厉公语曰‘吾一朝而夷三卿’，是夷、尸训得通也。”吴大澂《字说》云：“凡此夷字，皆当读尸，或故书本作尸，而汉儒误释为夷，或当时尸、夷二字通用，古文尸字隶书皆改作夷，……然则汉初去古未远，必有知‘尸’字即‘夷’字者，故改尸为夷也。”孙海波先生《甲骨文编》云：“人、尸、夷通用。”郭沫若先生《两周金文辞大系·睘卣》释文云：“古金文凡‘夷’狄字均作尸，卜辞屡见‘尸方’即‘夷方’，揆其初意，盖斥异族为死人，犹今人之称为鬼也，后乃通改为夷字。”故徐中舒先生认为偃师县古尸氏应当就是金文《师酉敦》所记夷族的所在地[①]。饶宗颐先生又云：“卜辞‘尸’又称作‘尸戎’及‘尸方’（侯告伐之，见《粹编》一一八七），武丁曾挞伐，后又臣服于商，故他辞云：‘……尸其臣商’（《京津》一二·二十）。《汉书·地理志》：‘偃师有尸乡，成

① 周法高：《金文诂林》卷十，香港中文大学，1975年，第169页引。

汤所都。’其地当以尸戎得名。春秋时曰尸氏，《左》昭二十六年：‘刘人败王城之师于尸氏’是也。他辞又云：‘……叀伐尸于函’（《后编》下二二·五），函即函陵，《左》三十年传：‘晋侯、秦伯围郑，晋军函陵’，在今新郑县北，今以牵及函诸地证之，尸方当在今河南境。”[1]今按徐、饶所说可信可从，由此可知，偃师尸乡早在商代已经称作尸地。“尸”字本义，有些学者以为“‘尸’亦用为‘夷’，尸盖象蹲踞之形，《论语》：‘原壤夷俟。’贾子《等齐》篇：‘织履蹲夷。’皆即此意。”[2]按“夷俟”形态，邢昺疏云：“申两足箕踞以待孔子也。”即伸开两腿像八字一样坐在地上。但甲骨、金文尸字即夷字多写作“[illegible]”，象人低首、躬身、屈膝之形，与“夷踞”形态徊异。我意古尸字即夷字本义当是商人对敌对部族的贬称，《尚书·太誓》云：“纣有亿兆夷人，亦有离德。”孔传曰：夷人“平人，凡人也”。即有贬义。夷又有平毁、诛灭之义，《左传·成公十六年》：“塞井夷灶而为行也。”《史记·吴起列传》：“坐射起而夷宗者七十余家。”《后汉书·张衡传》：“奢淫谄慢，鲜不夷戮。”所谓“夷灶”“夷宗”“夷戮”，即有平毁炊灶、诛戮宗族和杀戮“奢淫谄慢”者。商人对夏人或不称夏，而贬称之为“夷”，意即指被推翻的夏王朝的顽民。这些夏人因居于商王朝的西方，故又称作“西夷”，殷墟卜辞云：“……会我四……以西夷……”（《合集》1030），这里所说的“西夷”，可能就是指的夏人。夏人被称为西夷，也见于后世文献的零星记载，《史记·六国年表》集解引皇甫谧曰：“《孟子》称：禹生于西羌，西夷人也。”《太平御览》卷八十二引《帝王世纪》云：“伯禹夏后氏，姒姓也。……长于西羌，夷人。”《孟子·滕文公》下：“汤始征，自葛载，十一征而无敌于天下。东面而征西夷怨，南面而征北狄怨，曰：‘奚为后我？’民之望之，若大旱之望雨也。归市者弗止，芸者不变，……民大悦。”《吕氏春秋·慎大》览又云：“汤立为天子，夏民大说，如得慈亲，朝不去位，农不去田畴，商不变肆，亲郼如夏。”这两段文字内容相同，显而易见，《孟子》所说的“西夷”，就是《吕氏春秋》所说的“夏民”，也就是说到了战国时期，人们仍称夏人为西夷，这大致是沿用了商人的习语。

早在20世纪40年代，郭沫若先生曾认为商人对夏人并不称“夏”，而是称作殷墟卜辞所记的“土方”，聚居于今山西省北部一带[3]，我们以为卜辞所记的土方当位于商王朝北方今燕山南北一带[4]，这些地方都距夏人的聚居地相隔甚远，难以为信，而

① 于省吾：《甲骨文字诂林》第一册，中华书局，1996年，第9页引。

② 于省吾：《甲骨文字诂林》第一册，中华书局，1996年，第12页引。

③ 郭沫若：《中国古代社会研究》，人民出版社，1954年，第342页。

④ 郑杰祥：《商代地理概论》，中州古籍出版社，1994年，第326页。

比较大的可能是商人对夏人称之为“夷”或“西夷”，其地当位于夏人原聚居地的伊洛平原之上，具体地说，当位于今河南省偃师市西侧的尸乡沟一带。这大致是因为夏王朝主要残余势力虽然西向逃亡，但这里毕竟是夏人故都所在，仍然生活着大量的夏遗民，商人攻破夏都之后，在“始屋夏社”的同时，有必要在夏都旁侧建立新邑作为军事重镇，这座新邑称之为“夷”邑，即震慑削平夏人反抗之邑，夷、尸二字古相通用，后世又称此地为“尸”地。是“尸”地一名当源于商初，偃师商城最早当称为“尸氏”或“西夷”，而今此地仍称“尸乡沟”，其冠以“尸”名，实是沿用着商代的习语。

在偃师商城以西的今关中地区，分布着二里冈文化“北村类型”的遗存，该类型最早以岐山京当遗址为代表，曾称之为“京当型”[①]，以后随着考古工作的进展，发现耀县北村遗址商文化内涵更具典型性，因而更名为“北村类型”。徐天进先生论述此文化类型云：北村遗址的商文化内涵可分为一、二、三期六组，三期时代大体相当于“二里岗下层”“二里岗上层”和“殷墟一、二期”，它们大致分布于“东起华县，西至岐山，南起蓝田、北抵铜川这一范围内”。其中“相当于北村一、二期的遗存主要分布在西安以东地区，而西安以西地区的遗存则多属北村二、三期，这种分布状况或许反映了商文化由东西渐的历史过程。”徐氏又云：“关中地区商文化因地域的不同（其中或有时间因素的原因），表现出一定的差异，以西安地区为界，东部地区的早商文化和郑州地区早商文化面貌相同，我们将其归入早商文化的‘二里岗类型’，西部地区的商文化虽然和中原地区具有相当多的共同性，但也表现一定的地方特色，为了更清楚地区分主要因地域不同而形成的文化面貌上的差异，我们暂将其命名为商文化的‘北村类型’。”[②]我们从扶风益家堡出土的陶鬲（标本：01）可知，商文化至迟于二里冈文化三期已开始进入关中西部地区，并与这里的土著文化相融合，创造出二里冈文化的“北村类型”，形成二里冈文化最西的分布地区。《诗经·商颂》云：“昔有成汤，自彼氐羌，莫敢不来享，莫敢不来王，曰商是常。”意谓：商初君主有成汤，威德远播至氐羌，年年岁岁来贡献，岁岁年年朝商王，尊奉商制为纲常。氐羌“为西方著名的氏族”[③]，生活于今陕、甘地区，这些文献记载，在一定程度上反映着商王朝初期确曾发展到这里的历史事实。

---

① 邹衡：《夏商周考古学论文集》，文物出版社，1980年，第128页。

② 徐天进：《试论关中地区的商文化》，《纪念北京大学考古专业三十周年论文集》，文物出版社，1990年。

③ 徐旭生：《中国古史的传说时代》，科学出版社，1980年，第123页。

（四）北土和北方

在早期商王朝的北方即今黄河以北地带，是二里冈类型文化的分布区，这里是王都亳邑的北方门户，商人也加强了这里的防御。考古工作者在这里发现有温县北平皋，武陟赵庄①、大驾②，修武李固③，新乡潞王坟④、杨岗⑤、杨村⑥，辉县琉璃阁、褚丘⑦、孟庄⑧，焦作南朱村⑨、府城⑩，淇县摘星台⑪和宋窑遗址⑫等，它们大致组成以府城城址（图3.34）为中心的大型遗址群体。府城城址位于今河南焦作市西南约5千米，城址“基本呈方形，坐北朝南，大约北偏西5°，……北城墙长295.5米”，“东城墙复原长度约280米”，西城墙“长约280米”⑬，显示着该城是一座方形城址，面积8万余平方米。《府城遗址发掘报告》又说：“城墙的建筑方法是先挖基槽，基槽宽约15米，深0.9米，然后夹板夯筑而成。”城内现已“发现四处夯土基址，四者之间有叠压打破关系，其中一、二号基址保存较好”，“一号夯土基址位于城址的东北部，平面形状为长方形。南北长70米，东西宽钻探约55米”。面积3500余平方米。“基址的建筑方法是先在地上挖一基槽，若有早期灰坑，把早期灰坑填土清理干净，然后夯砸，所以基槽底部全是生土，……整个基槽断面成上宽下窄的倒梯形状。”“基址分南、北两个院落，中间为正殿”，“正殿位于前、后两院之间，南北宽14.8米，东西一发掘部分的长度为11.7米”。“前殿位于南院的南部，和两边的配殿连为一体，南北宽约7.5米。”后殿位于北院的北部，也和两边的配殿连为一体。“紧邻一号基址后殿边缘的1区T0122H59为长方形窖穴，出土大量完整陶器，有鬲、圜底深腹罐、大口尊、深腹盆、甑、小口高领瓮、大口缸等，复原陶器13件。从这些陶器的特征判断，其年代

---

① 北京大学考古专业商周组：《晋豫鄂三省考古调查简报》，《文物》1982年第7期。

② 武陟县文化馆：《武陟县早商墓葬清理简报》，《河南文博通讯》1980年第3期。

③ 北京大学考古专业商周组：《晋豫鄂三省考古调查简报》，《文物》1982年第7期。

④ 河南省文化局文物工作队：《河南新乡潞王坟商代遗址发掘报告》，《考古学报》1960年第1期。

⑤ 齐泰定：《河南新乡发现新石器时代遗物》，《文物参考资料》1955年第1期。

⑥ 傅山泉等：《河南新乡市杨村商代遗址试掘简报》，《中原文物》2010年第4期。

⑦ 中国科学院考古研究所：《辉县发掘报告》，科学出版社，1956年。

⑧ 河南省文物考古研究所：《辉县孟庄》，中州古籍出版社，2003年。

⑨ 马全：《焦作南朱村发现商代墓》，《华夏考古》1988年第1期。

⑩ 杨贵金等：《焦作市府城古城遗址调查报告》，《华夏考古》1994年第1期。

⑪ 安金槐：《汤阴朝歌镇发现龙山和商代等文化遗址》，《文物参考资料》1957年第5期。

⑫ 张立东：《论辉卫文化》，《考古学集刊》第10集，地质出版社，1996年。

⑬ 杨贵金等：《焦作市府城古城遗址调查报告》，《华夏考古》1994年第1期。

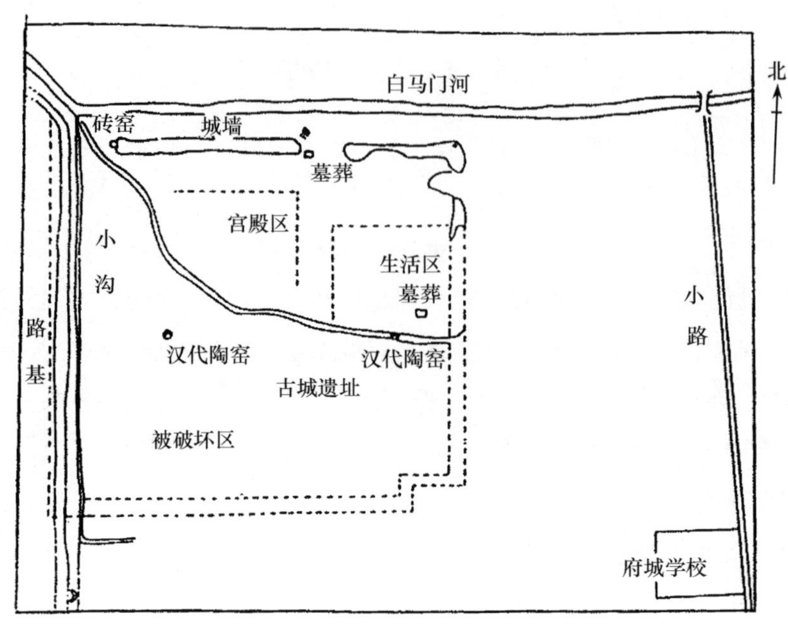

图3.34 焦作府城古城遗址平面图

应为二里岗下层，其中鬲、大口尊、缸、瓮等，可能还略早于郑州二里岗H17的同类器。该坑出土大量夯土块，……这些夯土块的颜色、质地、夯窝的形状大小均同一号基址的夯土一致，该坑距一号夯土基槽仅0.25米，这些夯土无疑为该基址的夯土。……H59内的夯土块应是一号基址废弃后填入的。”“因此我们认为一号基址的年代应略早于商代二里岗期一区T0122H59的年代。”发掘《报告》又认为：“一号基址面积如此之大，其周围当有一圈长宽300米的城墙。另外城址的方向与一号宫殿基址的方向均为4°左右，因此我们认为就目前发掘资料分析，府城遗址的城址最迟是与一号基址同时修建的。”[①]就是说该城当始建于二里冈文化二期早段或一期晚段时期。该城北距太行山约15千米，南距沁水约20千米，距黄河约40千米，是保卫商王朝王畿北部安全的一处军事要地。府城商城当即后世的雍城，后世文献多有记载，殷墟卜辞所记的雍地也当指为此地[②]，卜辞还记有“子雍”（《合集》331、3123、3124），是知此地到商代晚期仍住有贵族，就是说仍是当时的一处重地。

早期商王朝以此为据点迅速向西方推进到晋南地区，这里分布着二里冈文化“东下冯类型”的遗存，该类型是二里冈文化在融合当地东下冯文化的基础上形成和发展

① 袁广阔等：《河南焦作府城遗址发掘报告》，《考古学报》2000年第4期。

② 郑杰祥：《商代地理概论》，中州古籍出版社，1994年，第42页。

起来的。如前章所述，夏王朝的残余势力主要逃亡到晋南地区，商王朝也同样加强了对这个地区的控制。考古工作者在这里发现有垣曲商城（图3.35），该城址位于山西省垣曲县古城镇南关，南临黄河，西接王屋山与亳清河，东倚沇河，“商城便位于镇南三面环水的高台地上”。“城址呈不规则方形，南北长约400米，东西约350米，周长约1470米，总面积13万余平方米。”各城墙之下均挖有倒梯形的基槽，然后在基槽之上，用棕红色或棕黄色土层层夯打而成坚固的城墙。“北城垣现存于地面之上”，“其余三面墙均埋没于地下”。“城址的城门尚未充分确认，但在西、北、南三面墙均发现有缺口，有可能是城门所在地。”“城址的地层关系表明，属于二里岗上层和下层的文化层以及这一时期的灰坑、壕沟、墓葬等遗迹，叠压或打破城墙墙体及基槽，城墙墙体和基槽又叠压和打破二里头晚期文化层及其部分灰坑和房址，城墙夯土中夹杂着二里头晚期的陶片。同时，二里岗上下层堆积在城址内普遍存在，遗存最为丰富。这些均说明，这座城址的年代应始建于商代二里岗下层并延续使用到二里岗上层时期。”城内中东部为宫殿基址区，已发现大型夯土台基六座，其中“2号夯土台基位于基址群北部，是规模最大的一座，形状近于长方形，东西长约50米，南北宽约20米，面积1000平方米”。城内东南部“共开探方36个，发掘面积1200平方米。共清理灰坑250个，房址6座，壕沟14条，墓葬8座”，应是一般的居住区。南城墙内侧发现有二里冈文化下层时期的祭祀坑，“坑内埋有一具完整的幼年猪骨架，头向东北方向7°，侧身屈肢”，可能是祭城的遗迹。这里还发现一座二里冈上层时期的贵族墓葬（M1），该墓“为圆角长方形竖穴土坑墓，方向346°，墓口距地表0.7—0.9、长2.76、宽0.96、深0.3—0.4米。俯身直肢葬，头向西北，……为一成年女性。随葬品12件，头骨右侧置蚌饰1件，骨匕1件；右肩部置蚌饰2件，左肩部置玉柄形器1件；下肢左侧置涂朱圆陶片1件，铜爵1件，陶鬲1件；脚下置铜鼎1件，陶盆1件、铜斝1件。铜鼎破碎后散见于左侧下肢骨旁及头上方各1件。另外还出土了双平行线加圆圈纹的残铜片1件”。在其附近还出土有灰坑型墓葬两座。关于这座城址的性质，发掘报告认为“这座城址规模较

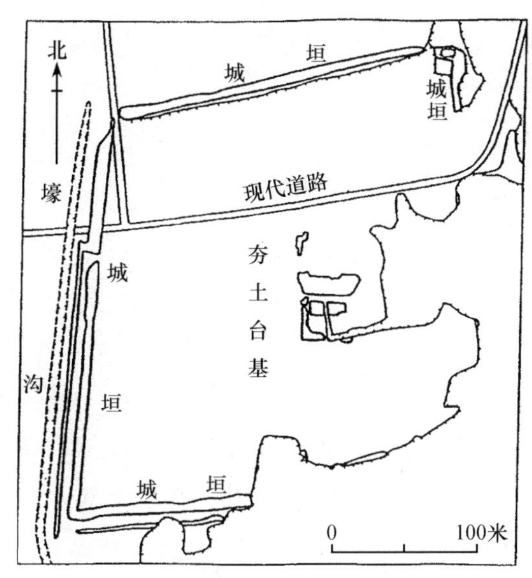

图3.35 垣曲商城城址平面图

小”，但是“城址防御坚固，地理位置险要，军事色彩十分浓厚，有可能是商王朝建于黄河北岸的军事重镇，也有可能是商代前期与商王朝同时存在的某方国之都”，而“不大可能是商王朝的国都”①所在地，我们认为这个判断是完全正确的。

在垣曲商城以西50余千米处，也发现一座早商时期的城址，该城址位于山西夏县东北的东下冯村，现称之为“东下冯商城”。现只发现城址的南半部，保存有南城墙和东、西城墙的南段。以保存较完整的南城墙为例，《夏县东下冯》考古报告云：南城墙由西向东，中部向北拐进75米又向东200余米与东城墙相连接，“城墙保存较好，残高1.2—1.8米，外侧近直，内侧外斜，剖面呈梯形，底宽8米，残顶宽约7米，系用红色土羼紫褐色土、料姜石碎块夯筑而成。……夯土质量较高，相当坚硬，夯层整齐平直，一般厚8—10厘米”，“夯窝比较密集，清晰可辨，皆半球形，径7、深3厘米”。“城墙底部的两侧，都有保护城墙基部而特意夯筑的斜坡。”“城墙的外侧有城壕，城壕距城墙2.5—3米，与保护城墙的斜坡基本相连。城壕口宽5.5、底宽4、深达7米。”（图3.36）“在城墙的夯层和保护城墙的斜坡内，出为数不多的小块陶片，其中最晚的是5期的矮领大口尊和卷沿鬲。”该报告把本遗址五期定为二里冈文化下层，就是说这座城址大约属于二里冈文化二期。在城内的西南部，还发现一组圆形建筑基址，这组基址“横成列，纵成列，与城墙的层位完全一致，是城内建筑的一个组成部分。……从粗略钻探的结果看，这组建筑群至少有7排，每排6座或7座，总数大概有40至50座之多”。这些建筑基址“平面形状都是圆形，直径在8.5—9.5米之间，高出当时地面约30—50厘米。从每座基址的中心点计算，其间距为13—17米”。“基址的建造是：平整地面后，铺垫一层黄色花土，作为地基，其上再夯筑台基。台基分3—5层，每层厚10厘米左右，然后挖槽（或坑）埋柱，填平夯实。”②这座

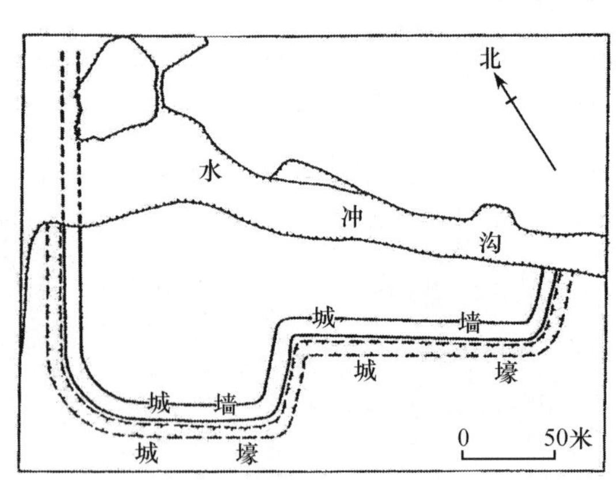

图3.36　夏县东下冯城址平面图

① 中国历史博物馆考古部等：《垣曲商城——1985—1986年度勘察报告》，科学出版社，1996年。

② 中国社会科学院研究所等：《夏县东下冯》，文物出版社，1988年。

建筑群可能是当时的仓储建筑[①]，有学者指出应是当时的粮仓[②]，也有学者认为这里西与运城古代盐池相近，“可能用作储盐的盐仓，东下冯可能是古代把盐池之盐运至东部和北部地区的一条盐道上的重要据点”[③]。此说可信。总之，东下冯商城位于夏人主要逃亡地的中心区，作为军事据点，具有震慑夏人复辟活动的作用；同时，垣曲商城和东下冯商城都位于中条山区，如前章所述，中条山蕴藏有丰富的铜矿，又与盐池相近，是商人所需铜料和盐的重要来源，商人在这里建立军事重镇，对于保护中条山的铜矿资源和盐资源也具有重大意义。

在府城商城的北方，分布着二里冈文化“台西类型”的遗存，该类型是二里冈文化在融合当地下七垣文化，并在周围大坨头文化和晋中文化的影响下形成和发展起来的，其中以藁城台西早期居住遗址为代表，这里发现有小型房基三座，时代属二里冈文化三期[④]，没有发现大型遗迹。在台西以南的邯郸龟台遗址[⑤]，发现有二里冈文化二期遗存，可知商人大约在此时开始进入这个地区，以后逐渐向北扩大势力范围。

以上我们对二里冈文化几个地区类型的分布地域及其部分文化内涵作了简要介绍，据此可知东起潍水流域，西到关中平原，北自易水之滨，南达长江沿岸，皆属早期商王朝的“四土”“四方”，就是说在这方圆上千千米之内，已经成为早期商王朝的领土范围。商王朝为加强与领土以内各个地区的联系，进一步发展了交通事业。如前章所述，商人早已驯养出作为驾驭的马、牛，并改进了车辆作为交通工具，而车辆必须在平坦的大道上才能方便行驶，因此商人也加强了路政建设，《逸周书·大聚》记西周武王克殷之后，曾向周公旦询问商王朝的治国经验，周公旦以商人“辟开（关）修道”，即开辟郊关城门、修建通往四方大道为其成功的治国经验之一，可见商王朝对路政建设是比较重视的。古代道路又称作“行”，《尔雅·释宫》：“行，道也。”《诗经·召南·行露》：“厌浥行露”，毛传曰：“行，道也。”郑玄笺：“谓道中之露太多，故不行耳。”《楚辞·九叹》：“征夫劳于周行兮”，王逸注：“行，道也。《诗》云：‘菅菅公子，行彼周道。’”《诗经·小雅·大东》：“佻佻公子，行彼周行，既往既来，使我心疚。”王先谦《诗三家义集疏》：“此诗训‘周行’为‘周道’，词义俱顺。”又引马瑞辰云：“‘既往既来’，谓数数往来，

---

① 杭侃：《夏县东下冯的圆形建筑浅析》，《中国文物报》1996年6月2日。

② 程平山等：《东下冯商城内圆形建筑基址性质略析》，《中原文物》1998年第1期。

③ 刘莉等：《中国早期国家的形成——从二里头和二里岗时期的中心和边缘之间的关系谈起》，《古代文明》第一卷，文物出版社，1988年。

④ 河北省文物管理处台西考古队：《河北藁城台西村商代遗址发掘简报》，《文物》1979年第6期。

⑤ 北京大学、河北省文化局邯郸考古发掘队：《1957年邯郸发掘简报》，《考古》1959年第10期。

疲于道路。”殷墟卜辞多记有“行”和“大行”（《补编》9632），学术界皆认为部分的“行”就是指的道路，正如温少峰等先生所说：“卜辞中的‘行’，正是交通大路之称。”①如上文所述，考古工作者在新郑望京楼城址以内和偃师商城内外都发现有道路的遗迹；另在郑州小双桥遗址也发现有“重要的路网。目前勘探发现在遗址中南部分布有东西向的道路，该道路残长1900多米，宽近14米，其上分布有15组车辙。在该道路的南部20米还分布一条与其并行的一条道路，该道路宽3米。此外还发现一条南北向的道路，其向北正通往小双桥遗址中心的大型夯土建筑”②，可知商代确已修建了较好的交通设施。

商人还在交通大道上设置有来往行人临时寄居的馆舍，宋镇豪先生云：“殷商时代，在中心统治区内的干道上王朝直接建有食宿交通设施（远途由臣属方国族落承担），专供贵族阶级人员过行寄舍，甲骨文称之为‘羇’。……‘羇’有过行寄止义，《广雅·释诂》云：‘羇，寄也。’《周礼·地官·遗人》云：‘以待羇旅’，郑注：‘羇旅，过行寄止者。’甲骨文‘羇’用为专名，是殷商王朝设立于干道边的旅舍”③。殷墟卜辞记有“贞：至羇？”（《合集》28163）“至二羇？”（《合集》28160）“弜至三羇？吉。”（《合集》28157）“贞：四羇，佑？”（《合集》28158）“在五羇。”（《合集》28153）王宇信等先生据此认为：可知“殷商王朝沿主要道路建立了一个旅舍网络，为涉及国家事务的人员提供食宿。这些旅舍在战时则成为重要的行营和后勤保障的据点”④。商王朝沿主要道路所建立的“旅舍”，又称之为“官”（《合集》1916），赵诚先生释云：官“即馆之初文，甲骨文用作名词为馆舍之义，用为动词为馆于舍之义”⑤。殷墟卜辞记有“丁官”（《花东》384）、“索刂官”（《花东286》）和“戍官”（《合集》28032），当即丁地之馆舍、索刂地之馆舍和戍守营地之馆舍。丁地所在不详，索刂地即索地，位于今河南省荥阳市（说详本书第四章第三节），是伊洛盆地通往豫东平原的交通要道，戍守营地应是当时的兵营所在，商人在这里设立馆舍，显然也是为来往于公务的有关人员提供着食宿方便。商王朝还在交通要道上建立起驿站并任命驿使，专职驿传，以便与各地互通信息，殷墟卜辞记有“逕”人，如卜辞云：“己未贞：王令逕……于西土，无灾？”（《屯南》1049）又记有“逕”地，如卜辞云：“丁未卜：食有在逕。”（《殷缀》57）“逕”

① 于省吾：《甲骨文字诂林》，中华书局，1996年，第2229页引。

② 张家强：《敖山、敖地与隞都》，《中原地区古城、古都与古国学术研讨会论文集》，2010年。

③ 宋镇豪：《夏商社会生活史》增订本，中国社会科学出版社，2005年，第288页。

④ 王宇信等：《商代史·商代国家与社会》，中国社会科学出版社，2011年，第404页。

⑤ 于省吾：《甲骨文字诂林》，中华书局，1996年，第3052页引。

之繁体写作“逓”，《尔雅·释言》：“馹、遽，传也。”郭璞注：“皆传车驲马之名。”《郝懿行疏》：“郭音义云：本或作‘逓’。《声类》云：亦‘馹’字，同。”黄焯先生《〈经典释文〉汇校》引严元照云：“按《说文》：‘馹，传也。从马，日声。’‘迢，近也，从辵，至声。’（馹与至）以音近通借，《声类》以为即‘馹’字，恐非也。”[①]于省吾先生据此认为“迢与逓为本字，馹为后起的代字”[②]，二者同指驿传一事。《说文·马部》：“馹，驿传也。”《吕氏春秋·士节》：齐君“乘馹而追晏子”。高诱注：“馹，传车也。”《左传·文公十六年》：“楚子乘馹”，杜预注：“馹，传车也。”孔颖达疏引“舍人曰：馹，尊者之传也。”是卜辞所记的“迢”人当即商代驿传公文的职官。“迢”地当即驿传者中途寄宿的场所，正如宋镇豪先生所说：在距王都较远的地区，“有的地方榛莽未辟，人烟稀少，有的地方，虽有土著族邦，‘迢’者却因身负重命，怕消息走漏，或安全上的原因，也不得不绕道而行。因此商王朝或在一些必要路段设立‘迢’站，供‘迢’者食宿”[③]，这是保护传驿安全的一项重要举措。商王朝为维护交通安全的另一项重要举措就是在交通要道上设置有军事据点，这种据点殷墟卜辞称之为“果隹”（《合集》33150），“果”与“过”同音通假，《国语·晋语》九“智果”，《汉书·古今人表》作“知过”，颜师古注：“即知果”；《韩非子·十过》：“遇智过于辕门之外”，《说苑·贵德》“智过”写作“知果”，是其证。《吕氏春秋·异宝》：“五员过于吴”，高诱注：“过，犹至也。”《说文·阝部》：“隹，隗高也。”是殷墟卜辞“果隹”当即“过隹”，也即过往行人暂时停居的一处高地。殷墟卜辞记有商王征伐敌人时曾停留于“果三隹”（《合集》33149）、“果四隹”（《屯南》994），宋镇豪先生据此认为果隹的设置“以数目为序，编至四站，……从而形成交通道上有机防范网络”体系[④]。

在发展交通事业的同时，商王更任命有侯、田、男、卫、邦伯等各级“外服”职官驻守于全国各地，殷墟卜辞记有“东侯”（《殷墟甲骨拾遗·续二》）、“西田”（《合补》11242）、“多伯”、“多田”（《合集》36511），就是指的这类职官。他们有些属商王室的同姓贵族，如上文提到的“子目”以及“子奠（郑）”（《合集》3195）、“子黄”（《合集》32783）、“子有”（《合集》672）等，即

① 黄焯：《〈经典释文〉汇校》，中华书局，1983年，第253页。

② 于省吾：《甲骨文字释林》，中华书局，2009年，第277页。

③ 宋镇豪：《夏商社会生活史》增订本，中国社会科学出版社，2005年，第292页。

④ 宋镇豪：《夏商社会生活史》增订本，中国社会科学出版社，2005年，第287页。

属这类贵族；有些则属于同盟或归顺的异姓方国首领，如东方的“攸侯喜”（《合集》36484）、西方的“周方”伯（《合集》8472），即指这类首领。他们的主要职责一是维护地方和边境的安全，如卜辞云：“癸巳卜：王令其五族戍亩？”（《合集》28054）即令五族戍守亩地，以维护该地安全；卜辞又云：“王叀次令五族戍羌方？”（《合集》28053）即令五族戍守羌方活动地域，以防止羌方侵犯。二是向商王缴纳各种贡赋，如贡献邑、奴隶、农产品、手工业品、牲畜、野兽、卜龟、卜骨、贝、玉、象牙等[①]。三是向商王提供兵员，如卜辞云：“余其从多田于多伯征盂方伯炎”（《合集》36511），即商王率领“多田”“多伯”的军队征伐盂方。四是受命征伐反叛及敌对方国等，如卜辞云：“□贞：戉其获？征土方。一月。”（《合集》6452）即贞问戉受命征伐土方，有否俘获？总之，这些“外服”职官，既为商王所分封，也听命于商王，商王正是通过他们对全国范围进行着比较有效的统治和管理。近年来，王宇信等先生通过对卜辞、金文、文献记载和有关考古资料的综合研究，据此认为商王朝“是一个具有强大实力的中央王朝，对广大地域实行着有效的控制，而不是一个松散的方国联盟”。又云：“商代并不是方国联盟，而是一个专制王权国家。商代已经建立了内外服制，并成为国家的统治方式。”[②]此说甚是。根据殷墟卜辞所记，商人崇拜着一位至高无上的“帝”（《合集》10139），又称“上帝”（《合集》10166），也就是后世所称作的天帝，它主管着自然界的风、云、雷、雨，左右着人间的吉、凶、祸、福，是人们想象中的神界地位最高的一位神灵，而存在决定着意识，商人崇拜的“上帝”，正是以商代社会客观存在着一位最高统治者商王为前提的。商王常自称“余一人”，《吕氏春秋·顺民》记商王成汤祷于桑林时说：“在余一人。”殷墟卜辞记商王祭祀祖先、率军征伐也自称“余一人”（《英藏》1923、《合集》36181），胡厚宣先生据此认为卜辞所记的“余一人”，“已为国王一人所专用的称号，而在我国传世文献中有关记载表明商汤、盘庚、武丁以迄周之列王，只有天子才可以称‘余一人’。……以天下之大，四海之内惟天子一人为至高无上，唯我独尊”[③]。商王作为最高统治者的存在，促使着商人宗教意识中崇拜的至高无上的“帝”的产生，这充分表明以商王为核心的中央王权在商代已经确立起来。当然，商王朝为加强政权机构所实行的“内外服制尚不完善”，其所以“尚不完善”，就是说商代的“四土”“四方”领土

① 杨升南：《甲骨文所见商代的贡纳制度》，《殷都学刊》1999年第2期。

② 王宇信等：《商代史·商代国家与社会》，中国社会科学出版社，2011年，第565、569页。

③ 胡厚宣：《释“余一人”》，《历史研究》1957年第1期。

范围并不像后世“外服”制之下有着整齐划一的地方行政机构，在这些领土范围以内还存在一定数量的方国，“商王朝与臣服的方国之间是统属与被统属的关系，是上下级的关系；但这种统属关系非常松散，方国的力量一旦强大，它就有可能反叛商王朝”[①]。不过一旦被平服，就仍然臣属于商王朝，继续听命于商王，所以从这个意义上说，商王朝应是一个以中央王权为核心的相对统一的国家政权。

① 孙亚冰等：《商代史·商代地理与方国》，中国社会科学出版社，2010年，第254页。

第四章　故都亳邑时期的郑州商城

第一节　关于仲丁迁隞的讨论

《史记·殷本纪》云："帝中丁迁于隞。"商王朝自成汤时起，历经外丙（成汤太子太丁未立而卒未计在内）、仲壬、太甲、大庚、沃丁、小甲、雍己、太戊，凡九位商王在一百多年的时间里皆都于亳，至太戊之子商王中丁始离亳而迁都于隞邑。根据现有的考古资料，到了二里冈文化四期，即以往学术界所称作的白家庄期，郑州商城已不再具有有王都的性质，此正与文献所记"仲丁迁隞"相对应，大约从这个时候起，郑州商城于是开始了作为商代故都历史的新时期。"中丁"，他书又称之为"仲丁"，是商王朝的第十位国王。迁都乃国之大事，离开原有都邑，迁居新的都邑，在任何历史时期，对于每一个国家来说，未有重大政治、经济、军事或自然环境变化的需要，是不会有此举措的。商王仲丁离亳迁隞，显然也是商王朝历史上的一个重大事件，其迁都原因，历来说法不一，当前学术界主要有三种意见：一是"外患"或称作"战争需要"说，二是"内乱"或称作"王位纷争"说[①]，三是"水灾"说[②]。"外患"说值得商榷。此说认为是仲丁出于防范东方兰夷的侵犯或为征伐蓝夷的需要而迁居隞都，其实根据文献记载，征伐蓝夷是仲丁迁隞以后的事情，《后汉书·东夷传》："至于仲丁，蓝夷作寇。"李贤注引《竹书纪年》曰："仲丁即位，征于蓝夷。"今本《竹书纪年》云："仲丁元年辛丑，王即位。自亳徙于嚣。六年，征蓝夷。"在仲丁即位以前，甚至在太戊以前的很长时期，东方夷族一直与商王朝和平共处，并没有对商王朝构成什么威胁，今本《竹书纪年》又云：太戊"五十八年，城蒲姑。六十一年，东九夷来宾"。蒲姑所在，《路史·国名纪》："蒲姑，商诸侯，即蒲丘，一曰蒲姑，在青之博兴。《地志》有蒲姑城，在临淄西北五十里。"即今山东省博兴县境。《帝王世纪》云：太戊"修先王之政，明养老之理，三年而远方重译而至，七十六国"。可知当时商王朝特别是东方一带，呈现出一派和平的局面。从考古

① 丁山：《商周史料考证》，龙门联合书局，1960年。

② 黎虎：《殷都累迁原因试探》，《北京师范大学学报》1982年第4期。

学上说，如上章所述，先商和早商文化与东方夷族的岳石文化多发现有互相融合的文化遗存，豫东夏邑县清凉山岳石文化遗存就含有“先商和早商的显性和潜性因素”，而“郑州二里岗早商文化和南关外类型先商文化所含大量潜性和少量显性岳石文化因素的情况，则无疑是夷、商两大集团高度融合的写照”[①]，就是说两族的文化交流是比较密切的。到了二里冈文化二期或其一期的晚段，随着商王朝的建立和迅速发展，在豫东鹿邑栾台遗址已发现该期文化遗存（H57）叠压在岳石文化层次之上的现象，“鹿邑栾台遗址早商文化堆积叠压在岳石文化层次之上的现象表明，岳石文化此时已经退出了（豫东）周口地区的东部”，商文化已经基本上取代了岳石文化，豫东商丘地区的情况也大致如此。到了二里冈文化三期，在豫东地区的柘城孟庄、杞县鹿台岗、淮阳平粮台、鹿邑栾台、西华商高宗冢和民权吴岗，向东直至山东济南地区的大辛庄遗址，都发现有这个时期的文化遗存，这“说明至少整个豫东地区，此时已纳入了早商文化的分布范围之内了”[②]。这个时期正是商王朝的兴旺时期，也是郑州商城的繁荣发达时期，商王从太戊到仲丁，是没有必要为了战争而弃亳迁隞的。

相比之下，商王仲丁因内乱而迁都较为合乎史实，正如《史记·殷本纪》所说：“自仲丁以来废適而更立诸弟子，比九世乱，于是诸侯莫朝。”自仲丁至阳甲，九位商王，三迁其都，迁都的频繁，突出地表明这个历史时期政治动乱的局面。其所以出现这些动乱，当是由于仲丁本人破坏当时王位继承制的结果。李学勤先生认为商代的王位继承制，是“子继为常，弟及为变”[③]，意即在一般的情况下是父死子继，但是国王若有弟弟，则先传位于弟弟，弟弟死后再传位于曾作为长兄的国王的儿子。杨升南先生进一步认为“在‘子继’中，长子又有特别优先的地位”。又认为《史记·殷本纪》记的是商王大庚三子小甲、雍己、大戊三兄弟相继为王，而根据卜辞周祭祀谱的研究，实应是小甲、大戊、雍己为序继承王位，“大戊子仲丁以其父排行老二，本无权继承王位，仲丁的王位应是夺来的，……本应是小甲子为王而被夺，故有‘争相代立’之变故”[④]。据此推测，很可能正是由于仲丁因篡夺王位而掌权，在众多王室贵族反对之下，被迫离开亳邑而迁都于隞邑。另外，仲丁迁隞，也可能与当时发生的水灾有一定的关系。《尚书·盘庚》中：“殷降大虐，先王不怀厥攸作，视民利用迁。”孔传曰：“我殷家于天降大灾，则先王不思故居而行徙。”刘起釪先生《〈尚书〉校

① 宋豫秦：《论豫东夏邑清凉山遗址的岳石文化层》，《中原文物》1995年第1期。

② 王立新：《早商文化研究》，高等教育出版社，1998年，第127—129页。

③ 李学勤：《商代的亲族制度》，《文史哲》1957年第11期。

④ 杨升南：《甲骨学一百年》，社会科学文献出版社，1999年，第471页。

释译论》云：大虐即指“大灾害，旧注多以为指水灾”[①]。根据文献记载，在商王朝建立前后，曾遇到严重的旱灾，《国语·周语》上：“昔伊、洛竭而夏亡。”《吕氏春秋·慎大》：“商涸旱，汤犹发师，以伸伊尹之盟。”同书《顺民》又云：“汤克夏而正天下，天大旱，五年不收，汤以身祷于桑林。”严重的旱灾，应是商汤将王都建于古荥泽之东、圃田泽西岸即今郑州商城的一个重要原因。不过现代科技史的研究表明，大约从二里冈文化二期开始，气候逐渐变得温暖湿润并且发展到温热多雨起来。科技工作者通过对郑州商城东城墙探沟7南壁上所采样品的分析，在二里冈下层文化层内，发现有“典型水稻扇形植硅石”和“水稻特殊哑铃形植硅石”，又通过对中牟县大庄遗址商代层（二里冈下、上层之间）中所采样品的分析，发现“植硅石组合以棒形、方形—矩形、圆形—椭圆形、扇形和哑铃型为主，但扇形、尖形和鞍形较少，说明气候是温暖湿润的”。“从二里岗下层到二里岗上层，孢粉种类和数量的变化，可能反映了气候变好的趋势。”特别是到了白家庄期即二里冈文化四期，科技工作者通过对小双桥遗址所采样品的分析，认为“从孢粉数量和种类看，白家庄期比二里岗期要多。白家庄期的主要乔木类花粉有松、桦、枫香、栎、柳和胡桃；在白家庄期上部出现了亚热带常见的分子枫香，说明此时气候具有一定的亚热带性质”。又云：“至商代白家庄时期，花粉在数量上较二里岗时期（郑按：指二里岗文化一二三期）都有所增加，而且出现了亚热带的植物分子，表明此时的气候比二里岗时期要温暖，降水量要大。”[②]温热多雨的气候，可能导致古荥泽和圃田泽水面上涨，它必然威胁到郑州商城即王都亳邑的安全。总之，“统治阶级的内部纷争，同时也是由于自然灾害造成的威胁”[③]，这些主、客观两方面的原因，终于使以仲丁为首的商王朝统治集团，被迫离开亳邑而迁居到敖地一带。

仲丁所迁隞邑在何处，学术界意见多有不同，计有郑州敖山说[④]、河北说[⑤]、陈留浚仪说[⑥]、蒙阴敖山说[⑦]、郑州商城隞都说[⑧]和小双桥遗址隞都说[⑨]等六种意见。我

① 顾颉刚、刘起釪：《〈尚书〉校释译论》，中华书局，2005年，第905页。

② 宋国定等：《郑州商代遗址的孢粉与硅酸体分析报告》，《环境考古研究》第二辑，科学出版社，2000年。

③ 郭沫若：《中国史稿》，人民出版社，1976年，第162页。

④ 《史记·殷本纪》集解引皇甫谧说。

⑤ 《尚书序》孔颖达正义引皇甫谧说。

⑥ 《尚书序》孔颖达正义引李颙说。

⑦ 丁山：《商周史料考证》，中华书局，1988年。

⑧ 安金槐：《试论郑州商代城址——隞都》，《文物》1961年第4、5期。

⑨ 陈旭：《商代隞都探寻》，《郑州大学学报》1991年第5期。

们认为仲丁所迁隞都在今郑州西北敖山一带比较可信，其主要理由是此说与其他各说相比，其一，仲丁居于此地文献记载最早而且最多；其二，考古工作者在这里发现了相当于仲丁时期的众多而且重要的商代前期文化遗迹。《史记·殷本纪》："帝中丁迁于隞。"《正义》引《括地志》曰："荥阳故城在郑州荥泽县西南十七里，殷时敖地也。"唐代荥泽县即今郑州市西北的古荥镇。此隞地他书又称作嚣，《尚书·商书序》："仲丁迁于嚣。"《史记·殷本纪·索隐》云："隞亦作嚣，并音敖字。"嚣与隞同音假借，二者当为一地，《太平御览》卷八十三引《帝王世纪》曰："仲丁徙嚣或隞，今河南之敖仓是也。"嚣地原应称作嚚地，影宋本和鲍刻本的《太平御览》卷八十三《皇王部》引《竹书纪年》云："仲丁即位，元年，自亳迁于嚚。"嚣与嚚形近义同，《说文·口部》又云："嚣，声也。"《诗经·小雅·十月之交》："谗口嚣嚣"，郑玄笺："嚣嚣，众多貌。时人非有辜罪，其被谗口见谮，谓嚣嚣然。"意即众口无端谗毁别人之声。《说文·口部》又云："嚚，语声也。"《左传·僖公二十四年》："口不道忠信之言为嚚。"桂馥《〈说文解字〉义正》云：嚚，"声不善"也。另外，嚣字从口，从页，《说文·页部》："页，头也。"嚚字从口，从臣，孙海波先生《卜辞文字小记》云：卜辞"臣"与"目"，"二形无别，古当是一字"。寒峰先生又云："古时以一目表示人头，也就是代表一个人，正如'臧'的初文'[illegible]'，以一目表示一人头被兵器所俘获的一样。"[①]其说可从，是知嚚与嚣当为古今字，殷墟卜辞有嚚（《合集》18650）无嚣，嚣字始见于金文，嚣地最早当称作嚚地，以后又音变为敖地，商王仲丁迁建都城于此，故后世称之为隞邑。其地具体所在，《穆天子传》云："丁丑，天子北征。戊寅，舍于河上……终丧于嚣氏。己卯，天子西济于河嚣氏之遂。庚辰，舍于茅尺，……癸未，至于野王。"丁山先生释云："此其经行之路，约在大河两岸。……茅尺即春秋时攒茅（郑按：在今河南省获嘉县西北），野王故城在今怀庆（郑按：即今河南省沁阳市），与东北之攒茅甚近（郑按：二地相距约70千米）。……（穆王）自嚣氏之遂济河，至于攒茅，是嚣氏必近于河滨，且近于攒茅。考之春秋地理，敖山正与攒茅隔河相望，是《穆天子传》所称嚣氏，即是敖氏，《史记·殷本纪》云：'仲丁迁于隞'，隞乃秦汉以后之名，本当如《竹书纪年》作嚣也。"[②]也就是说古敖山正位于古黄河南岸之上。《左传·宣公十二年》："晋师在敖、鄗之间。"杜预注："敖山在荥阳西北。"《史记·项羽本纪》："汉军荥阳，筑甬道，属之河，以取敖仓粟。"《集解》引臣瓒曰："敖，地

① 寒峰：《商代臣的身份缕析》，《甲骨文与殷商史》，上海古籍出版社，1983年。

② 丁山：《由三代都邑论其民族文化》，《中央研究院历史语言研究所集刊》第五本第一分册，1935年。

名，在荥阳西北山上，临河有大仓。”《水经·济水注》：“济水又东迳敖山北，《诗》所谓‘搏狩于敖’者也。其山上有城，即殷帝仲丁之所迁也。皇甫谧《帝王世纪》曰：‘仲丁自亳徙嚣于河上’者也，或曰敖矣。秦置仓于其中，故亦曰敖仓城也。”这说明商王仲丁所迁的隞都，当在临近古黄河岸边的敖山之上，北魏郦道元写《水经注》时此城尚在，郦道元是曾经见到过此城的。《水经·济水注》又云：“济水又东迳西广武城北，……汉所城也。……又东迳东广武城北，楚项羽城之。……济水又东迳敖山北。”熊会贞疏引戴延之《西征记》曰：“三皇山上有二城，东曰东广武，西曰西广武，各在山一头，相去二百步。”《元和郡县图志》郑州荥泽县下云：“广武山在县西二十里，一名三皇山。”三皇山又称广武山，今称邙山，西广武城现称汉王城，东广武城现称霸王城，汉、霸二王城城址现仍在邙山之上，为当今旅游胜地可作确证。据此可知，古敖山当在广武山即今邙山之东。《元和郡县图志》荥泽县下又云：“敖山，县西十五里，……宋武帝《北征记》曰：‘敖山，秦时筑仓于山上。汉高祖亦因敖仓，傍山筑甬道，下汴水’，即此山也。”又云：“敖仓城，县西十五里，北临汴水，南带三皇山，秦所置，仲丁迁于嚣，此也。《诗》曰：‘搏狩于敖’即此也。”是知古敖山、敖仓城和仲丁所迁的隞都当在今古荥镇的西北、广武山即今邙山的东北，据近世史念海先生的推断，敖山故地南距广武山即今邙山1.5—2千米。《元和郡县图志》说敖山以北还有一条汴水，这条汴水在汉代称作为卞水，春秋时期又称作郔水，它实际就是古济水出河的一段，因之又称作济水。《水经·济水注》：“济水又东迳敖山北，……济水又东合荥渎，渎首受河水，有石门，谓之荥口石门也。济水于此又兼郔目，《春秋·宣公十二年》：‘晋楚之战，楚军于郔。’即是水也，音下。京相璠曰：在敖北。”杨守敬疏引《宋史·河渠志》三云：“郔音汳，即汴字，古人避反字，改耳。”这条汴水既为古济水的出河处，那么古黄河当更在汴水以北，南距敖山至少也当有2—3千米。据《水经注》的记载，古代敖山的周围除了古济水即汴水之外，还有柳泉水、石门亭、五龙坞、板城等地名，与现在的地形大不相同，就是说至迟在北魏时期，黄河虽然已经逐步南徙，但这里仍是一片相当宽阔的地区。不仅地方宽阔，而且形势险要，这里北倚古黄河，南邻广武山，都是天然的屏障。正如《河阴县志》引南宋学者吕祖谦所说：“敖山之下，其地荟蔚，可以设伏，广阔可以屯兵，故周宣王搏狩于敖，士季率士覆于敖前，皆此地也。”因此，假如我们注意到当时的这种地理形势，那么商王仲丁在政局动乱的情况下迁都于这里就是可理解的了。再者，商人自己也把依山高地作为建立都邑的理想场所，《尚书·盘庚》盘庚曰：“古我先王，将多于前功，适于山，用降我凶德，嘉绩于朕邦。”孔传曰："言以迁徙，多大前人之功美。徙必以山之险，无城郭之劳，下去凶恶之德，立善功于我国。"孔颖达疏：盘庚"言古者我之先王，欲将多大于前人之功，是故徙都而适于山险之处，用下去我凶恶之德，立善功于我新国"。又云："虽则近山，不可全无城郭，言其防守易耳。"于鬯《香草校书》又以为"'用'当读为'庸'"，"'山庸'实'山墉'，谓因山为城也"。盘庚在这里所说的"古我先王"，仲丁当是其中的一位，仲丁迁隞"适于山"，被后世子孙视为一个成功的历史经验，隞都在敖山应是比较明确的。

商王仲丁所居隞都的规模，由于被后世黄河冲毁，我们已不得而知，但是作为王都，在它的周围还必然分布着众多的遗迹及其附属建筑。近年来考古工作者在古敖山以南的今古荥乡郑庄村西，沟赵乡堂李村南、祥营村东、赵村西，石佛乡陈村南、蓝寨村东、关庄村西南、小双桥村西南等地，发现了多处商代前期文化遗址[①]，其时代与仲丁迁隞时代约略相当。其中以小双桥遗址规模最大（图4.1），该遗址位于古敖山以南约8千米的今小双桥村西南几个自然村落之间，遗址呈东南—西北向的长方形，面积150万—200万平方米，中心区面积约15万平方米。考古工作者根据工作需要，又将中心区自南而北、由东向西划分为15个小区，所发现的遗物、遗迹集中地分布于四、五、八、九四个小区之内。现知"遗址中心区域商代遗存极为丰富，发现的重要文化遗迹有：宫城墙基槽遗迹、规模宏大的高台型夯土建筑基址、宫殿基址、居住址、祭祀坑群、奠基坑、壕沟灰坑以及与冶铸青铜器有关的遗存。出土器物以陶器为主，同时也有青铜器、原始瓷器、玉器、石器、骨器、蚌器、牙器、金箔和卜骨等。……文化堆积前后延续时间较短，相当于商代中期较早阶段"[②]，即二里冈文化四期。宫城墙基仅存北墙和西墙残段，位于五、八区的北侧，"平面形状为窄长条形，剖面略呈倒梯形，夯土墙基槽方向80°。……现已暴露的部分东西长约53米，南北宽2.6米左右"。西端呈直角向"南拐部分残长12.5米"。宫城墙基以内发现有多座夯土建筑基址，现存的以四区一号基址为最大（95ZX四区HJ1），该基址"南北残宽约12米"，东西"现存长度50米以上，夯基系用褐色黏土逐层铺垫并夯打而成"，"夯基总厚度在1.5米左右"[③]。从以往群众在此"取土时发现大量大型柱础的情况，可以肯定此处

① 张松林：《郑州西北郊考古调查简报》，《中原文物》1986年第4期。

② 宋国定：《郑州小双桥遗址出土陶器上的朱书》，《文物》2003年第5期。

③ 河南省文物考古研究所：《郑州小双桥》（1990—2000年考古发掘报告），科学出版社，2012年，第61—63页。

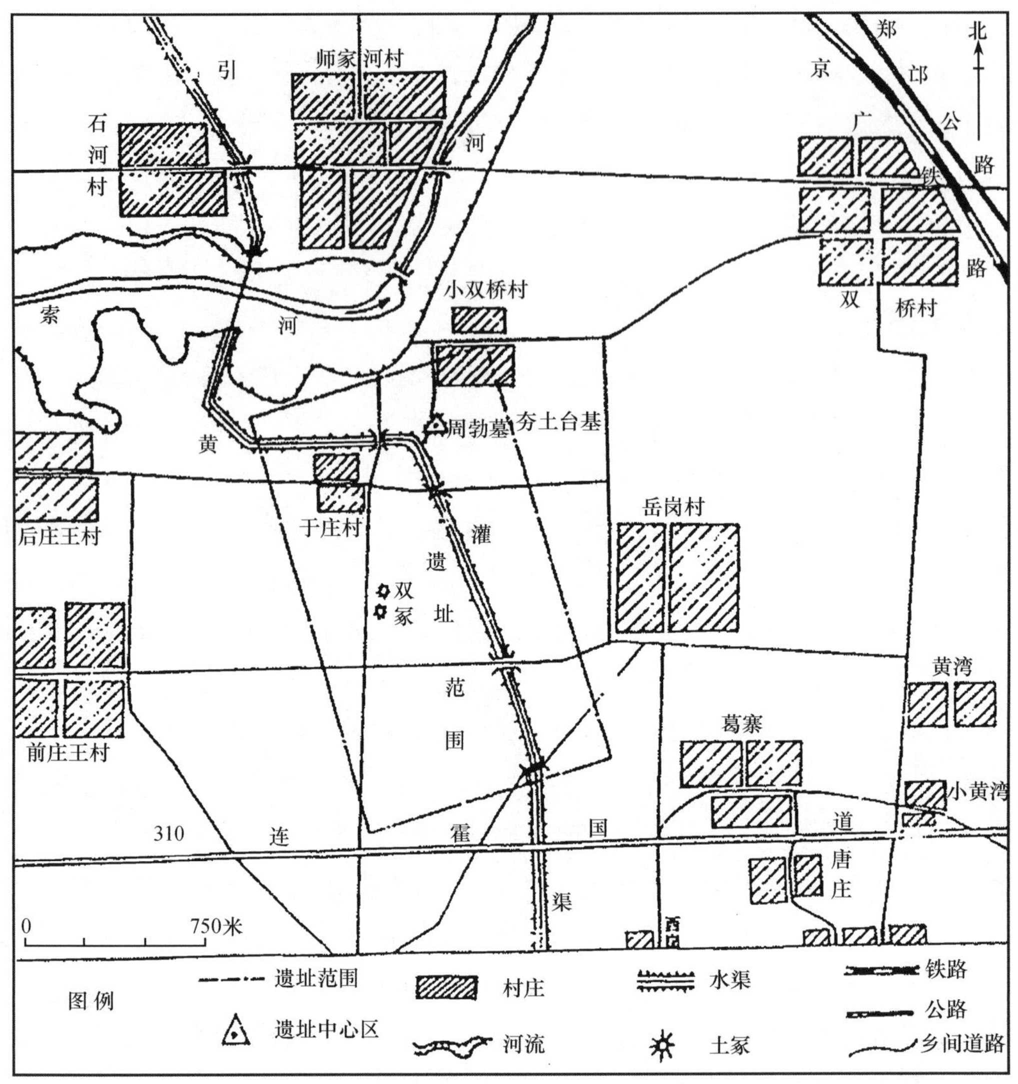

图4.1　小双桥遗址位置图

夯土基址规模宏大，建筑规格较高”[①]。一号基址南侧为祭祀场地，现知该场地东西宽50米，南北长30米，面积约1500平方米。场地内发现有多牲坑、牛头丛葬坑、牛角坑、牛角器物坑和青铜熔炼遗存等。多牲坑以H29为代表，“坑内出土的动物骨骼有大象、牛、猪、狗、鹿等数种，……初步推算该坑先后葬入的牛牲在30头以上”。牛头丛葬坑以H100为代表，“坑内中北部叠放带双角牛头骨60多个，……共发现完整

① 河南省文物研究所：《郑州小双桥遗址的调查与试掘》，《郑州商城考古新发现与研究》，中州古籍出版社，1993年。

牛头骨、折合牛角及零星散乱的牛角133个”。该场地“出土遗物有金箔残片、长方形穿孔石器、有朱书文字的陶缸残片、原始瓷尊……绿松石嵌片牙饰及各种动物骨骼”、与铸造青铜有关的遗物等。“综合分析各种考古材料可以看出，这一区域是一处专门用来举行祭祀礼仪活动的相对比较固定的场所。”①在四区的北侧五区发现有四座夯土建筑基址（95ZX五区HJ1、95ZX五区HJ2、2000五区HJ5、2000五区HJ6），五区的西侧八区发现两座夯土建筑基址（96ZX八区HJ1、96ZX八区HJ2），两区“建筑基址之间也形成了一个祭祀场，场地南北长60余米，东西宽50米左右，面积在3000平方米以上”，其特点是“‘瘗埋’以人牲为主，少有动物牺牲祭祀坑或其他类型的祭祀坑”。“其中有两个人骨丛葬坑，一个四人葬坑和三人葬坑，还有四个双人合葬坑；单人坑数量较多，但一部分可能与奠基有关，……”五区北侧宫城墙以外的九区也发现有人牲祭祀场，可能属于五、八区祭祀场的组成部分②。现已发现的人骨架已超过160具，“其中三个‘丛葬坑’内葬埋人骨架近百具，人骨均肢解零散，分层叠置，一般上层多为头颅，下层多为肢骨，这些人骨暴力致伤的痕迹较明显，如在头部为多发现有锐器击穿的孔洞或被钝器击打的凹痕，有的肢骨也有外力导致的断裂和损伤。……这三个‘丛葬坑’的成因估计与用战俘作为‘人牲’而举行某种仪式后集中葬埋有关”③。“在夯土墙基础槽西北部，发现有石块铺地的烧土遗存，该遗存平面近方形，分东、西两部分组成，结合该遗迹东南部、北部的人牲遗存，初步推测该遗迹可能为当时祭祀时烧之以火的燎祭遗存。”④在建筑基址群的东侧约100米处，还有一座俗称“周勃墓”的高台建筑，高台下部“有一个长方形的夯土台基，……台基东西长50米、南北宽40米，面积2000平方米，从现在保留的高度看，夯土台基的高度至少应在9米以上”。台基上面有用“黄色细腻沙质土掺黏土夯打而成”封土，“夯土质地坚硬，结构紧密，层理分明，夯痕清晰，夯层厚度在0.08—0.12米之间，夯痕的形状均为圆形圜底，直径较小，有3、4、5厘米等几种”。“在封土冢上部发现有大面积的烧土堆积，烧土中还发现有许多夯土块和草拌泥块，在一些较大的夯土块上还留有小圆形夯痕，……（据此）我们认为‘周勃墓’实际上应是一座夯土台基。”⑤“‘周勃墓’之上有大量与商代建筑有关的堆积，其南侧的灰土堆积中有商代白家庄期的陶

① 河南省文物考古研究所：《郑州小双桥》（1990—2000年考古发掘报告），科学出版社，2012年，第116、106、69页。

② 河南省文物考古研究所：《郑州小双桥》（1990—2000年考古发掘报告），科学出版社，2012年，第70页。

③ 宋国定：《郑州小双桥遗址出土陶器上的朱书》，《文物》2003年第5期。

④ 宋国定、李素婷：《郑州小双桥遗址又有新发现》，《中国文物报》2000年11月1日第1版。

⑤ 河南省文物研究所：《郑州小双桥遗址的调查与试掘》，《郑州商城考古新发现与研究》，中州古籍出版社，1993年。

片，而且夯土的夯层、夯窝形状、结构均与郑州商城的夯土建筑相近”[①]，因此，它至迟应是一座不晚于二里冈文化四期的商代前期夯土台基。另外，近年来考古工作者还在该“遗址南部发现一条东西长1700多米、宽12—14米的商代道路。道路的南部和东南部，发现有白家庄期商代文化层及陶窑等重要遗迹。村东北约300米，经勘探确认为一处古湖泊，可能是古荥泽。经过此次调查和勘探，初步推断小双桥遗址面积达400万—500万平方米”[②]，这可能是以小双桥遗址为主的遗址群体的面积。

小双桥遗址还出土有丰富的文化遗物，在青铜器方面，除发现有众多的陶范残块、铜炼渣和孔雀石以外，重要的是还发现有两件大型青铜建筑饰器。这两件饰器均出土于建筑群东侧的壕沟之中，当与大型建筑有着密切的关系。其中一件现存于河南省博物院（编号省博藏铅：0003），此器“整体呈方形，……平面略呈‘凹’字形，上、下面和背面均向内折成一个小平沿，沿面中间有一道‘U’形沟槽，两侧面中间各有一个长方形孔，孔四周也向内折成一个凸沿。器物胎质厚重，正面饰单线阳面饕餮纹，两侧面在长方孔的外侧，各饰一组内容相同的龙虎斗象图”。器体正面高21、宽21.5厘米，侧面宽18厘米；两侧面中间的长方孔为8.5×6厘米，重8.5公斤。另一件现存于河南省文物考古研究所（编号为89ZSX采：1），其形制与上述饰器略同而小于前者，该器“造型规整，器表呈铜绿色，正面为阴刻饕餮纹，侧面各有一组阴文龙虎斗象图案”。器体“正面高18.5、宽18.5厘米，侧面16.5厘米，两侧面中间的长方孔为6×4.2厘米，重6公斤”（图4.2；彩版三，1）[③]。这类金属饰件应是我国古代所称作的“釭”，班固《西都赋》云：“金釭啣壁，是为列钱。”李善注：“《汉书》曰：孝成赵皇后弟绝幸为昭仪，居昭阳宫，其壁带往往为黄金釭。”《汉书·外戚孝成赵皇后列传》：“壁带往往为黄金釭。”颜师古注：“壁带，壁之横木露出如带者也，于壁带之中往往以金为釭，若车釭之形也。”颜注又引“服虔曰：‘釭，壁中之横带也。’晋灼曰：‘以金环饰之也’”。杨鸿勋先生解释说：“‘壁带往往为黄金釭’，也就是在壁带上配置金属饰件。”又说：“建筑上称为‘釭’的金属件，应是中空可穿木构件的形式，仅有这一点像车釭而已。”[④]按杨说甚是，《说文·金部》云：“釭，车毂中铁也。”段玉裁注：“凡空中可受者皆曰釭。”《释名》云：

① 河南省文物研究所等：《1995年郑州小双桥遗址的发掘》，《华夏考古》1996年第3期。

② 冯朝晖：《发现郑州·郑州又一商王都——郑州小双桥遗址》，《中国文物报·遗产日特刊·河南·郑州特刊》2012年6月8日第14版。

③ 宋国定：《商代前期青铜建筑饰件及相关问题》，《郑州商城考古新发现与研究》，中州古籍出版社，1993年。

④ 杨鸿勋：《凤翔出土春秋秦宫铜构——金釭》，《考古》1976年第2期。

图4.2　小双桥遗址出土铜釭建筑饰件纹饰拓片
1.河南省博物馆0003　2.89ZX采：01

“釭，空也，其中空也。”《广雅·释器》：“鐗、锟，釭也。”王念孙疏证：“凡铁之中空而受枘者谓之釭。”由此可知，釭的总的特点是中空而能环套或附着于建筑构件之上，起着装饰和保护建筑构件的作用。小双桥遗址出土的这两件青铜饰器，外表华丽而内部中空，显然应是环套或附着于当时大型建筑构件上的“釭”器，这是我国迄今所发现的最早的青铜釭的造型。至于这两件青铜饰器装置于哪种建筑构件之上，当前学术界尚有不同意见：一种意见认为“它是用于建筑物樑头部分的‘樑头饰’”。另一种意见认为将其“安装部位设想在正门两侧门枕的前端，还是比较切合实际的”①。今按这两种意见均值得商榷。首先是关于“樑头饰”的意见，杨鸿勋先生认为“从器物的造型和结构看，完全可以排除樑头饰的可能性”②，杨氏论述翔实可信，兹不赘述。但若将此器放“在建筑物正门两侧门枕的前端”也不合适，因为这样放置，则器物靠门墙一侧紧贴墙壁，纹饰就不可能显现出来，雕铸如此精美花纹，竟让其掩盖于墙壁之中，不能让人观赏，实在不合情理。因此我们认为此器应当安装于门槛（古代称之为门限）的中间则更为符合实际。根据文献记载，我国古代宫门门槛的中间竖立有短柱，这种短柱称之为“臬”和“橛”，《仪礼·士冠礼》：“布席于门中臬西。”郑玄注：“臬，门橛。”贾公彦疏：“臬，门橛者，臬一名撅也。”《礼记·玉藻》：“君入门，介拂臬，大夫中棖与臬之间，士介拂棖。”郑玄注：“臬，门橛也，棖，门楔也，谓两旁木楔。”孔颖达疏：“臬，谓门之中央所竖短木也，棖，谓门之两旁长木，所谓门楔也。”《说文·木部》：“橛，一曰门梱也。”又云：“梱，门橛也。”段玉裁注：“谓当门中设木也。”《尔雅·释宫》：“橛，谓之臬。”郭璞注：橛、臬即“门阃”。郝懿行疏：“橛是竖木，设于门中，其旁曰棖，其中曰臬。”“《（礼记）玉藻》云：‘大夫中棖与臬之间’，盖门中间竖一短

① 宋国定：《商代前期青铜建筑饰件及相关问题》，《郑州商城考古新发现与研究》，中州古籍出版社，1993年。

② 宋国定：《商代前期青铜建筑饰件及相关问题》引，《郑州商城考古新发现与研究》，中州古籍出版社，1993年。

木，东曰臬东，西曰臬西。……所以门必设根与臬者，以为尊卑出入中间及两旁之节制。知臬为竖木者，《庄子·达生篇》云：‘吾处身也，若厥株枸。’《释文》引李氏云：‘厥，竖也。’厥即橛之省文，知橛为竖木矣。《说文》以橛为门梱，《广雅》亦云：‘橛、臬，宲也。’宲与梱同，是皆郭注所本。循文考义，失之矣。梱是门限，横木为之，臬是门橛，竖木为之。”郝说甚是。可知我国古代宫门中间当竖立有木柱，称之为臬或门橛，小双桥遗址出土的这两件青铜饰器，当是安装于门橛下部的饰件，下面着地，上面中空用以安装竖立门橛的木柱，两侧两个长方形穿孔，用以穿越门限，正、侧三面花纹也都能充分显现出来。此器造型庄重，纹饰华美，正适于安装在宫门正中显眼之地，所以我们认为这两件青铜饰件，应当就是安装在当时宫门正中门橛短柱下面的青铜釭器。

小双桥遗址还出土一批珍贵的朱书文字（图4.3），这些文字“可能是用朱砂掺和其他物质调和”成颜料，用毛笔书写在当时的陶器上，主要是书写在陶缸上。现已发现有10余字，大致可分两类：一是数字类，如“二”（95ZXⅣ区T74：21）、“三”（99ZXⅣ区H100：16）；二是象形文字和徽记类，如“尹”（97ZXⅣ区H81：1）、“天”（99ZXⅣ区H101：1）等。“从字形、笔画、结构及其表现手法分析。小双桥朱书文字与甲骨文、金文是属于同一体系的古代文字”，“是目前发现的第一批早于商代甲骨文和商周时期铜器铭文的书写文字”①，这对于研究我国汉字的产生和早期发展具有重要的学术意义。

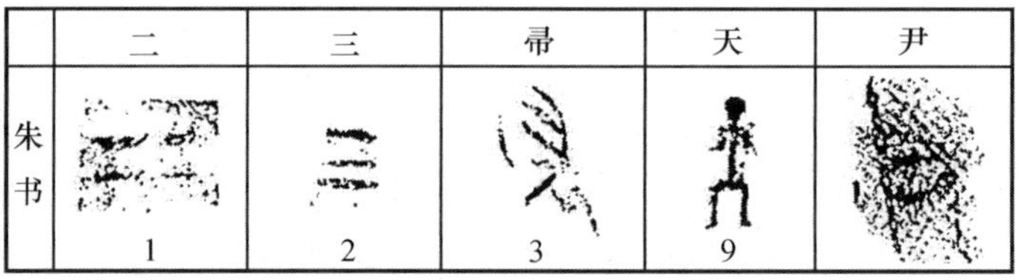

	二	三	帚	天	尹
朱书	1	2	3	9	

图4.3　小双桥遗址出土朱书文字

小双桥遗址发现的一批长方形方孔石器也为学术界所关注。这批石器集中出土于四区祭祀场地以内，其形制“均作长方形，中间厚，周边薄，一面微鼓，一面近平，中上部稍偏一侧有一个凿制的长方形对钻穿孔，两侧为单面刃或双面刃，完整器长度在20—30厘米，厚度在2厘米以内。……这种石器在岳石文化遗址中已发现百余件，尽管有一定的区域性，但却仍是岳石文化所特有的典型石器，毫无疑问，小双桥遗址出土的方孔石器不是商文化系统的遗物，而与岳石文化有着密切的关系”②。此说甚是。

① 宋国定：《郑州小双桥遗址出土陶器上的朱书》，《文物》2003年第5期。

② 河南省文物考古研究所：《郑州小双桥1990—2000年考古发掘报告》，科学出版社，2012年，第734页。

岳石文化是分布于今山东地区的考古学文化，时代相当于夏末至商代前期，学术界皆认为它是生活于这里的古东夷部族所创造和遗留下来的文化遗存。方辉先生根据这种文化存在的地区差别，将其分之为六个区域类型，认为长方形方孔石器在鲁南地区岳石文化的尹家城类型中“最为常见”，而这里正是东夷部族“蓝夷”族的居地，“据丁山先生考证，蓝夷即春秋时代的滥邑”，在今山东省藤县东南，属于尹家城类型分布的中心地区①。文献记载蓝夷曾与商王朝发生冲突，古本《竹书纪年》云：“仲丁即位，征于蓝夷。”陈旭先生由是认为小双桥遗址出土的“长方形穿孔石器作铲形，且三边有刃，可能是一种武器，它直接来自岳石文化，或为战争中缴获的战利品，因而在大型祭祀中这种石器与大量牛头、牛角、兽骨、玉器等埋在一起，成为庆功祭祀活动遗存”②。任相宏先生也认为“纵观小双桥祭祀遗迹，给人一种最深刻的印象是商人征伐东夷人获胜之后，将其能够证明并代表东夷人所特有的方孔石器，连同其牛羊牲畜甚至包括部分俘虏，一同作为战利品带回向祖先表功、庆功或进行血祭”③。此说可信。按文献确记有我国古代克敌制胜、凯旋后向天地神祖献俘庆功的活动，《逸周书·世俘解》就记有西周武王灭商归来进行献俘庆功的活动，其文云：“越六日庚戌，武王朝至，燎于周。……武王乃废于纣矢恶臣百人，伐右厥甲小子鼎大师；伐厥四十夫家君鼎师，司徒、司马初厥于郊号。……用小牲羊、犬、豕于百神水土，于誓社，……用牛于天、于稷五百有四。”黄怀信等《集注》引陈逢衡云：“‘初厥于郊号’，郊，南郊也。祭天于南郊答阳也。鼎，则所俘殷王鼎也。”又引顾颉刚曰：“按《殷虚书契前编》：‘丁酉卜，贞：王宾文武丁，伐三十人、卯六牢、鬯六卣，亡尤？’（一·一八）……‘伐’象以戈临于人颈，即是杀也。牢云‘卯’者，卯即‘刘’，亦杀也。杀人以祭，本商、周间通常事。……‘四十夫家君’，当即四十个氏族的领袖。按此似总结上文，谓纣共恶臣百人，小子、大师等皆为预定行献俘礼时杀戮之对象，令司徒、司马执行之。”④由此推知，小双桥遗址出土的以长方形方孔石器为代表的祭品，至少是部分祭品，应当就是商人征伐蓝夷所俘获的战利品，陈、任二位先生的这个判断是正确的。

小双桥遗址位于文献记载的商王仲丁所居隞都的南侧，其时代与商王仲丁所居隞都的时代相同。根据其文化内涵的分析，我们认为该遗址应是商都隞邑的附属建筑，

① 方辉：《岳石文化区域类型新论》，《刘敦愿先生纪念文集》，山东大学出版社，1998年。

② 陈旭：《郑州小双桥遗址即隞都说》，《中原文物》1997年第2期。

③ 任相宏：《郑州小双桥出土的岳石文化石器与仲丁征蓝夷》，《中原文物》1997年第3期。

④ 黄怀信等：《〈逸周书〉汇校集注》，上海古籍出版社，2007年，第438、439页。

应是一处当时商王朝的祭祀场地[①]。这处祭祀场地突出一座高台建筑，很可能是当时一座祭坛的遗迹。按我国历代王朝多有在王都南郊设坛祭祀天地神祖的活动，北京天坛就是一处保存于现今的清王朝祭天场地。商周时代不仅在此祭天，也祭祀神祖，《逸周书·作雒解》记周公“乃设丘兆于南郊以祀上帝，配以后稷，日月星辰、先王皆与食”。孔晁注：“设，筑坛域（原注为‘城’，从孙诒让《周书斠补》改）。南（原注作‘内’，从孙诒让《〈周书〉斠补》改）郊，南郭也。先王，后稷。”黄怀信等《集注》引卢文弨曰：“‘日月星辰’，《御览》作‘农星’。赵（曦明）云：‘此注非后稷已配上帝，此先王当指太王以下’”多位先王[②]。古人之所以同祭天地神祖，《礼记·郊特牲》解释说：“万物本乎天，人本乎祖，此所以配上帝也。郊之祭也，大报本反始也。”牛牲是我国古代主要的祀神祭品，因此祭天地神祖多用牛牲，《周礼·地官·封人》：“凡祭祀，饰其牛牲。”同书《牛人》又云：“牛人掌养国之公牛，以待国之政令。凡祭祀共其享牛求牛。”郑玄注：“享，献也，献神之牛，谓所以祭也。”“求牛”，郑玄注引郑司农曰：“祷于鬼神祈求福之牛也。”《论语·为政》云：“周因于殷礼，所损益可知也。”周人在郊区设坛祭礼当是继承殷人礼制而来，殷人称郊坛为“单”，古本《竹书纪年》云：“武王亲擒帝受辛于南单之台。”“南单之台”即位于商都南郊之坛。“南单之台”又称“鹿台”，《水经·淇水注》：“南单之台，盖鹿台之异名也。”但郦道元等以为鹿台在纣都朝歌即今淇县城中，其实未必如是。唐《括地志·卫州》卫县条下：“鹿台在卫州卫县南三十二里。”又云：“朝歌故城在卫县西二十三里。”可知鹿台当位于朝歌故城即纣都南郊一带。《续汉书·郡国志·河内郡》朝歌县下刘昭注补云：“有鹿腹山。”此山位于朝歌故城即今淇县西南境，鹿台或与此相近而得名。《史记·殷本纪》：纣王“厚赋税以实鹿台之钱”，同书《周本纪》：武王“命南宫括散鹿台之财”，《尚书·武成》也云：武王“散鹿台之财”，孔颖达疏：“《新序》云：‘鹿台其大三里，其高千尺’，则容物多矣，此言鹿台之财，则非一物也。”可见鹿台不仅是当时重要的军事据点，也是一处储存物资的基地，因而应是一处以鹿台为中心的大型建筑群体。《史记·殷本纪》又云：“纣兵败，纣走入，登鹿台，衣其宝玉衣赴火而死。周武王遂斩纣头，县之白旗。”这里所说的“纣走入”，未必是进入朝歌城内，而很可能是纣逃入这处建筑群体，然后登上鹿台而自焚。古本《竹书纪年》云：“武王亲擒帝受

① 郑杰祥：《殷墟卜辞所记商代都邑探讨》，《甲骨文发现一百周年学术研讨会论文集》，台湾文史哲出版社，1999年。

② 黄怀信等：《〈逸周书〉汇校集注》，上海古籍出版社，2007年，第533页。

辛于南单之台，遂分天之明。”《礼记·祭法》：“男有分”，郑玄注：“分犹职也。”此文意即西周武王正是在南单之台即鹿台擒杀了殷纣帝辛，并在这里宣布职掌上天授予的明命即统治全国的权利。由此可知，南单之台即鹿台也是商代的一处政治重地。殷墟卜辞记有东单（《合集28115》）、南单（《合集》6473）、西单（《合集》9572）等地名，饶宗颐先生云：卜辞南单、西单等地名，“疑即南坛、西坛。”于省吾先生又云：卜辞“单”字“应读作台，单、台双声故通用。台乃后起字，古本《竹书纪年》称‘南单之台’，是由于东周以来已出现了‘台’字，而《纪年》作者不知商人以‘单’为‘台’，遂于‘南单’之下误加‘之台’二字。……总之，商之四单即四台，是在以商邑为中心的四外远郊”①。此说甚是，南单即商都南郊之坛或商都南郊之台，是以坛台为主体的一处大型建筑群体，是商代王都地区的一处祭祀神祖与经济、军事重地，今本《竹书纪年》云：帝辛“五年夏，筑南单之台”。专记商王令筑南单之台，可见商人对于修建“南单”的重视。现已出土的殷墟卜辞中，也记有商王在南单的活动最多，并在这里祭祀神祖，如卜辞云：

庚辰卜，争贞：爰南单？（《合集》6473）

……入，从南单。（《合集》28116）

……南单……不吉？（《英》734）

乙卯卜：于南单立岳，雨？（《屯》4362）

岳于南单（《合集》34220）

第一辞“爰南单”，饶宗颐先生释云：“爰，于也，《诗·卷阿》：‘亦集爰止’，笺：‘爰，于也。’又《广韵》：‘爰，行也，为也。’”②是“爰南单”当即前往南单之义。第四辞“于南单立岳”，陈梦家先生释云：“‘立’即（礼记）《明堂位》之位，《周礼·小宗伯》注云：‘位，坛位也。’（周礼）《肆师》：‘用牲于社宗则为位。’”③于省吾先生又云：“按位、立古同字，金文‘位’字皆作‘立’，……《周礼·小宗伯》：‘掌建国之神位。’注：‘故书位作立，郑司农云：立读为位。古者立、位同字’。”④是此辞当与第五辞“岳于南单”意思相同，即前往或在南单祭祀岳神之义。小双桥遗址正位于商都隞邑的南郊，其中的高台建筑当是商人的祭天之坛，《礼记·祭法》云：“燔柴于泰坛，祭天也。”郑玄注：坛，

① 于省吾：《甲骨文字释林》，中华书局，1996年，第3071页。

② 于省吾：《甲骨文字释林》，中华书局，1996年，第968页。

③ 陈梦家：《殷虚卜辞综述》，科学出版社，1956年，第462页。

④ 于省吾：《泽螺居〈诗经〉新证》，中华书局，1982年，第47页。

“封土为祭处也”。孔颖达疏：“燔柴于泰坛者，谓积薪于坛上而取玉及牲置柴上燔之，使气达于天也。”如上所述，这座高台上虽未发现玉器和烧骨，但仍存留有大量的灰烬和红烧土，表明它应是商王的燔柴祭天之处。与此相对，位于高台西侧的多座大型建筑基址则当是商王祭天时“先王皆与食”的祖庙。商王在高台燔柴祭天，祭祖当在祖庙的周围，上述在大型建筑基址的周围，发现众多的牛、狗及人祭坑穴，显然都应是商王祭祀天地神祖的遗迹，这里出土的两件青铜饰件，也应是安装于当时商王祖庙门橛的青铜釭器，据此推测，小双桥遗址大约应是商王仲丁所居隞都时期所建祭祀天地神祖的“南单”的所在地。

第二节　仲丁居隞时期的郑州商城

进入二里冈文化四期，即文献记载的商王仲丁迁隞以后，郑州商城城墙未再发现增修的痕迹，城内也未发现本期的大型建筑群体；三期的大型建筑基址多被四期文化层所叠压，或者沦为废墟，可知这个时期的郑州商城已经不再作为王都，而是成为故都亳邑。不过虽然成为故都，但是作为都邑的风貌尚存，它仍是迄今发现的这个时期商王朝规模最大的一座城址，位于南郊的“南关外铸铜作坊”和北郊的“紫荆山铸铜作坊”此时仍在继续沿用着，就是说这里仍是当时重要的铸造青铜器的手工业基地[①]，故都亳邑现已发现的众多精美的青铜器，应当就是在这两座铸铜作坊中生产出来的。在故都以内的东北隅，即今“城北路的西段路北，发掘出一道东西向夯土墙，基槽宽约5.6米，残深3.8米，长度已达百米以上，时代为二里岗上层二期”[②]，即二里冈文化四期。现已发现的四期重要建筑基址皆位于这座夯土墙以北地区，可知当时整个商城的范围已大大缩小，商人仍聚居于原来的宫殿宗庙区。在这个地区的今省中医学院家属院内，发现四期的残存房基（C8F1）一座，该房基面经过两次修筑而形成上、下两层，在这两层房基面上“都铺垫有一层平坦而坚硬的‘白灰面’，而且在铺垫白灰面的同时，还将白灰涂抹在房基内的墙壁上。另在房基周围还发现一些可能与房基有关的几个不够整齐的圆形柱洞，……其中一个柱洞底部还铺垫有料姜石块作为柱础。”“就残存的房基形制看，下部房基面南北宽约4.7米，上层房基面南北宽约6.2米，房基东西残长约20米左右。”在C8F1的北侧，还发现一座该期的夯土台基，台基

① 陈旭：《郑州商城铸铜遗址的年代及其相关问题》，《中原文物》1992年第3期。

② 宋国定：《试论郑州地区夏商文化时空框架》，《郑州商都3600年学术论文集》，中州古籍出版社，2004年。

的“夯层与夯印十分清楚，东西残长25.5米，南北残宽约8.8米，因被战国文化层扰乱过甚，原来形状已看不清楚。夯土底的中部发现一条十字沟，呈南北与东西向，东西残长6.7米，南北残长8.9米，宽28—73厘米，深25—70厘米。这种十字沟似与夯土台有关”[①]。另外，在今黄委会一号高楼宿舍区[②]和黄河河务局院内[③]，也发现有该期的夯土建筑基址，还在聚居区范围内，“出土有较多的绳纹板瓦”[④]，这是二里冈文化时期新出现的重要的建筑材料之一，就是说当时零星的大型建筑还是存在的。

在这处商人聚居区的周围，发现有四期的随葬青铜器的贵族墓葬，位于聚居区东北隅的原白家庄墓地出土有C8M3，该墓墓室长2.9、残宽1.17、深2.13米，方向356°。墓底铺有朱砂，底部中间有一腰坑，坑内殉葬一狗。墓坑内残存有棺木灰痕，棺木灰外面又有椁板灰痕。墓室四周有熟土二层台，台高约0.4米，墓内出土人骨架两具，一具位于墓室中部，当为墓主；另一具位于西面二层台上，当为殉葬者。墓内出土随葬品计有铜鼎1件、铜鬲2件、铜斝2件、铜罍1件、铜觚2件、铜爵1件、残铜爵流1件、铜簪1件；另有象牙梳子1件、玉璜2件、玉玦1件、玛瑙块1件、石器2件、石戈1件、涂朱圆陶片1件、蚌器1件等（图4.4）[⑤]。位于聚居区西南

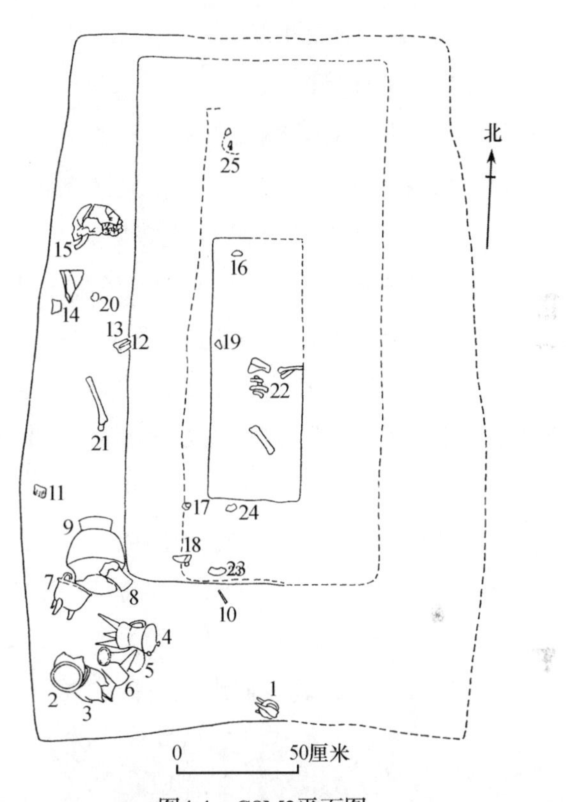

图4.4　C8M3平面图

1. 青铜爵　2、3. 青铜鬲　4、6. 青铜斝　5、8. 青铜觚　7. 青铜鼎　9. 青铜罍　10. 青铜簪　11. 象牙梳　13. 玉玦　14. 石器　16. 涂朱蚌壳　17. 涂朱圆陶片　18. 青铜爵残流部　19. 加工石　20. 玛瑙块　23、24. 玉璜（原为12. 碎骨片　15、25. 人牙　21. 人骨　22. 狗骨）

① 河南省文物考古研究所：《郑州商城》，文物出版社，2001年，第847–849页。

② 杨育彬等：《郑州商城的考古学研究》，《河南考古探索》，中州古籍出版社，2002年。

③ 宋国定：《试论郑州地区夏商文化时空框架》，《郑州商都3600年学术论文集》，中州古籍出版社，2004年。

④ 杨育彬等：《郑州商城的考古学研究》，《河南考古探索》，中州古籍出版社，2002年。

⑤ 河南省文物考古研究所：《郑州商城》，文物出版社，2001年，第583页。

隅的今郑州西大街中部北侧发现有T61M1，该墓长2.1、宽0.75、深0.4米，方向10°。墓底偏南部有一不规则的圆形腰坑。人骨架腐朽严重，根据牙齿判断，应为一具中老年人的骨架，性别不详。出土随葬器物计有铜斝、铜爵、铜戈、铜钁、铜锯、玉璜、玉蝉饰各1件和卜骨、圆陶片各2件①。在商城东南郊的今二里冈东部，发现有C1M1，墓室南北长2.05、残宽0.55、残深0.15米，方向20°。死者仅存少量下肢骨，随葬有铜斝、铜爵和玉柄形器各1件②。在商城西郊今铭功路旁发现有MGM4，该墓“墓室南北长2.08、宽0.69、残深0.15米，方向197°。墓内随葬青铜觚1件和青铜爵1件，……还随葬有玉柿蒂形饰1件、玉璜1件、玉饰1件、涂朱圆陶片1件”③。另外，在商城内的东北隅和西城墙的中部东侧，也发现有随葬陶器和玉器的墓葬。在聚居区南侧今商城路以北，还发现有两个丛葬坑，“一座坑埋葬人骨三具，有两具作捆绑状交叉在一起；另一座有人骨四具，上下两层叠葬，其中下层有一具人骨的脊椎内，被射进一枚骨镞”，在商城南城墙中部今紫荆山大道穿过处，也发现有当时的丛葬坑④，由此可见，进入二里冈文化四期，仍有众多的不同阶层的人们聚居在郑州商城故都亳邑。

值得注意的是在作为故都亳邑的郑州商城内外，都发现有二里冈文化四期极其重要的祭祀遗物和遗迹。在城内东北隅原三期C8F10的大型建筑废墟上，发掘出土一条四期的壕沟，此沟呈南北向，“壕沟的上部宽约1.4米，深约0.7米，其下收缩成一条宽约0.4、深约0.2米边沿整齐的小壕沟。在壕沟内的填土中，出土了大量商代二里岗期的陶片骨器和石器等。令人发指的是在壕沟内的填土中，还堆埋了数量众多的人头骨、间杂有极少量的牛骨、猪骨和羊骨，而人体的其他部分骨骼则没有发现。在一段长约15米的壕沟中，就发掘出人头骨近百个，其中有两处重叠堆置的人头骨就达80余个。……不少的人头骨上遗留有明显的锯痕，一般是从人头骨的眉部和耳部上端横截锯开。这些人头骨主要是人的头盖骨，兼有少量的人头骨下部，而没有一个完整的人头骨”（图4.5）⑤。壕沟内“不是一处制骨手工业作坊废料堆，而是被遗弃的废物。人头骨的堆积并不规

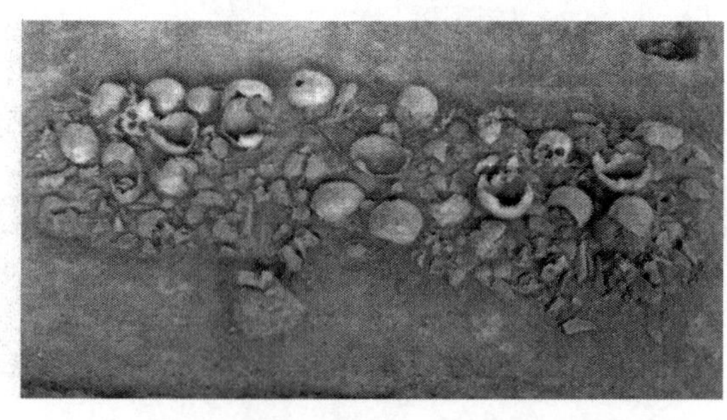

图4.5　堆填人头骨壕沟

① 河南省文物考古研究所：《郑州商城新发现的几座商墓》，《文物》2003年第4期。

② 王彦民等：《郑州二里岗发现一座商墓》，《中原文物》1982年第4期。

③ 于晓兴等：《郑州市铭功路西侧的两座商墓》，《考古》1965年第10期。

④ 杨育彬等：《郑州商城的考古学研究》，《河南考古探索》，中州古籍出版社，2002年。

⑤ 河南省博物馆：《郑州商城遗址内发现商代夯土台基和奴隶头骨》，《文物》1974年第9期。

则，从北而南分别是40多个、30多个、近20个，人头骨的凌乱堆放，表明此为遗弃所致。其中绝大部分人头骨的下部被锯掉，仅有两个人头的下部未锯。人头骨绝大部分为青年，头骨上的冠状缝愈合而矢状缝未愈合”。“人头骨被锯开，锯后不平处还用磨石磨光滑。”[①]根据对其中六具头盖骨的科学测定：“第一个体，是一个14—15岁的青年”，“第二个体年仅12岁左右”，有两具头盖骨的年龄“是在25—30岁之间”，另两具“在40岁以上”[②]，这些被磨光的头盖骨，显然是作为专用物品而制作出来的。

人的头盖骨又称之为“囟”，《说文·囟部》：“囟，头会脑盖也。”《礼记·内则》：“男角女羁。”郑玄注：“夹囟曰角。”孔颖达疏：“囟是首脑之上缝。”就是儿童头顶上的囟门，专指头盖骨正前方的部位，引申为人的整个头盖骨。囟字卜辞写作“囟”，正像人的头盖骨之形，“为‘头颅’之义”[③]。“囟”在商代是一种专门祭祀祖先神灵的祭品，商人常用它来祭祀祖先，如殷墟卜辞云：

> 女囟五……（《合集》7023）
>
> 囟御三牢周妣庚？（《合集》22246）
>
> 乙卯卜：囟御用？囟先御用？（《合集》22294）
>
> ……用危方囟于妣庚，王宾？（《合集》28092）
>
> 其用羌方……于宗，王受有佑？……
>
> 羌方囟其用？王受有佑？（《合集》28093）
>
> 其用兹……祖丁册？羌囟，其暨？
>
> 其用囟在妣辛必，至母戊？（《屯南》2538）

上文所说的“女囟”“危方囟”和“羌方囟”就是指的女性头盖骨、危方战俘或奴隶和羌方战俘或奴隶的头盖骨祭祀妣庚；“其用羌方……于宗”，意即用羌方战俘或奴隶的头盖骨在宗庙祭祀祖先；“其用囟在妣辛必”，于省吾先生释“必”为“祀神之室”[④]，是宗庙一类的建筑。由此可知，用人的头盖骨祭祀祖先是商王朝统治集团的恶习之一，从郑州商城发现的大量人头盖骨来看，这种恶习至迟当出现于二里冈文化四期。这条壕沟出土的大量人头盖骨，应是商人在宗庙祭祀祖先之后的遗弃物品。《逸周书·世俘》云：“武王乃以庶国馘（首级）祀于周庙”，《集注》引刘师培云：《蔡邕集·明堂论》云：“《乐记》曰：‘武王伐纣，荐俘馘于京太室。’所云

---

① 郝本性：《试论郑州出土商代人头骨饮器》，《郑州商城考古新发现与研究》，中州古籍出版社，1993年。

② 〔美〕诺尔曼·C·沙利文：《关于郑州商城商代人类遗骨的初步研究》，《文博》1993年第3期。

③ 于省吾：《甲骨文字诂林》，中华书局，1996年，第1035页。

④ 于省吾：《甲骨文字释林·释必·释束》，中华书局，1979年。

‘京太室’即周庙也。”[①]“周因于殷礼”，西周武王在宗庙用敌方首级祭祀祖先，显然是继承了殷人的礼制。

在郑州商城东南郊区的梁湖遗址，发现有当时商人祭水的遗迹，该遗址原是商人在这里建造的一座环壕聚落，到了二里冈文化四期成了祭水场所，考古工作者在这里发现的该期遗存“主要是围绕一个大型水塘（H292）的祭祀场所。发现的有牛头坑、马坑、人祭坑等遗迹。这种水祭特征（遗址）在郑州凤凰台遗址中也有发现”[②]。商人所祭的水塘遗址，可能就是后世文献所说的“坊”和“水庸”，《礼记·郊特牲》：“祭坊与水庸，事也。曰：‘土反其宅，水归其壑，昆虫毋作，草木归其泽。’”郑玄注：“水庸，沟也。”孔颖达疏：“营为所须之事，故曰‘事也’。坊者所以蓄水，亦以障水；庸者所以受水，亦以泄水，谓祭此坊与水庸之神。”全文意谓：修筑水池与沟壑，对其主管的神灵进行祭祀，祭祀时祝词曰：求神保佑让土壤不流失、流水归池塘、昆虫不要毁害庄稼、杂草勿侵害良田只在泽中生长。殷墟卜辞也记有商王祭水的活动，如卜辞云：“辛巳卜：其告水？入于上甲、祝大乙一牛，王受佑？”（《合集》33347）“辛酉卜：御水于……”（《合集》10152）“告”“御”皆为祭名，梁湖发现的水祭遗址，应当就是当时商人“告水”“御水”即“祭坊与水庸”的遗迹。

在郑州商城内城以外、外郭城内还发现有三座埋藏青铜器的坑穴，一座位于西城墙外约300米的今张寨南街杜陵土岗之上（简称“张寨坑”），直径约2米，深约6米，出土青铜方鼎2件、青铜鬲1件。“出土时两鼎东西并列，口沿平齐，端正的放置在一起。”（图4.6）“两鼎的形制和纹饰基本相同，均为双耳，斗形方腹，四个圆柱形空足。器表饰饕餮纹和乳丁纹。”西边的一鼎较大，发掘《简报》称之为“杜陵一号鼎”，东边的一鼎较小，称之为“杜陵二号鼎”，“鼎足皆放置在经过平整的生土面上，由于一号鼎较高，为了使两鼎的口沿平齐，把一号鼎的生土挖低了些，说明两鼎的放置位置是有意布置的”。一号鼎“口和腹略呈横长方形，口沿外折，并有凸棱似子母口的双折平沿，方唇。沿面上有两个对称的圆拱形竖耳”。鼎腹中部饰有窄凸线构成的条带状单层饕餮纹，腹壁两侧和

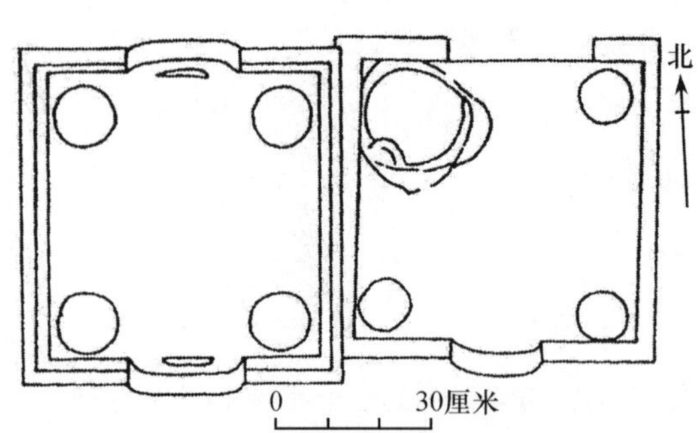

图4.6 张寨南街窖藏坑出土的铜鼎、铜鬲俯视图

① 黄怀信等：《〈逸周书〉汇校集注》，上海古籍出版社，2007年，第441页。

② 信应君：《梁湖遗址与郑州商城探析》，《中原地区古城、古都与古国学术研讨会论文集》，2010年。

下部饰乳丁纹。鼎足上上环绕两组饕餮纹，下部饰三周凸弦纹。鼎的“腹底和足部皆带有烟熏痕，通高100、口径横长62.5、纵长61、腹壁厚0.4厘米，重约86.4公斤”。这是目前所见二里冈文化中最大、最重、也是前所未有的一件铜鼎礼器，鼎是我国古代政权的象征，作为我国古代礼器之首，可说在二里冈文化时期已经露其端倪。“二号鼎的口和腹呈正方形，口沿平折，……腹底和足部也带有烟熏痕。通高87、口径61、腹壁厚0.4厘米，重约64.5公斤。”铜鬲位于二号鼎内，此“鬲敛口、卷沿、贯耳、鼓腹、分裆,下有锥状尖足。颈饰弦纹三周，腹饰三组双弦线人字纹，通高35、口径22厘米，腹底有烟熏痕，应是实用物”①，这也是二里冈文化中所见最大的一件铜鬲。关于该坑的年代，“从与铜器伴出的陶器残片来看，年代最晚的已到白家庄期，如宽折沿方唇陶鬲、颈部多无圆圈纹或同心圆纹；大口尊上腹部有窗棂纹装饰等特点，均为白家庄期同类器的典型特征”②，应属于二里冈文化四期的遗迹。第二座窖藏坑位于商城内城东南郊今向阳回族食品厂院内（编号XSH1，简称“向阳H1”），此坑近“正方形，东西长1.7米，南北宽1.62米，深0.9米，……坑内填黄白色土，夹有料姜石和灰土，底部稍平”（图4.7）。坑内出土青铜器13件，计有大方鼎2件（H1：2、H1：8）、大圆鼎1件（H1：1）、小鼎2件（H1：9、H1：10）、尊2件（H1：3、H1：4）、觚2件（H1：12、H1：13）、罍1件（H：5）、卣1件（H1：11）、素面盘1件（H1：7）、中柱盂1件（H1：6）。方鼎的形制结构与上述张寨出土的方鼎基本相同，大圆鼎“两圆拱形立耳微外侈，口微敛，方唇、折沿、深腹、微鼓，圜底，三个锥状空足。……上腹饰三组二目凸起的带状饕餮纹。出土时腹部有烟炱，腹内有一块兽骨。通高77.3、口径52、壁厚0.3厘米。重约33公斤”（彩版三，2）。两件小圆鼎“造型、大小和纹饰相同。敞口，折沿，方唇，浅鼓腹，下收为圜底，三扁足。上腹饰带状云雷纹，上下界以联珠纹；足饰夔纹。通高31.7、口径19、壁厚

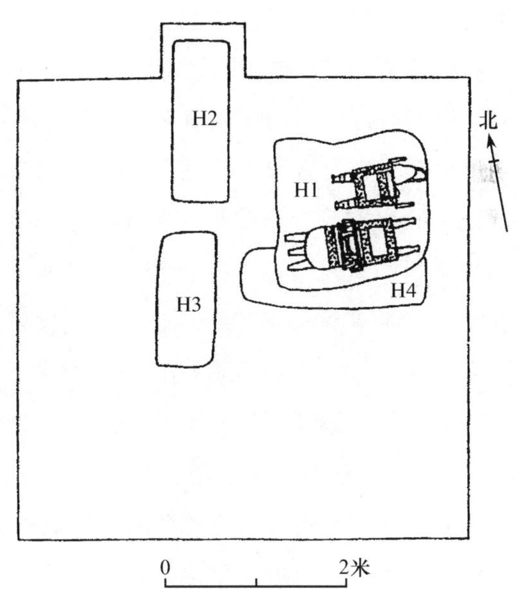

图4.7　向阳回族食品厂窖藏坑H1及灰坑H2、H3、H4平面图

① 河南省博物馆：《郑州新出土商代前期大铜鼎》，《文物》1975年第6期。

② 河南省文物考古研究所等：《郑州商代铜器窖藏》，科学出版社，1999年。

0.3厘米。重约1.85公斤”（彩版三，3）。两件尊“形制相同，均为大敞口，敛颈，宽肩，鼓腹，圜底，圈足。颈饰弦纹二或三周，肩部饰三个突起的牛首，牛首之间饰带状夔纹和联珠；腹部饰三组饕餮纹，上下界以联珠纹；圈足有十字镂孔三个，并饰弦纹二或三周”。其中以H1：3为最大，通高37、口径32、壁厚0.35厘米，重约10.5公斤（彩版三，4）。铜罍“口微敛，折沿，长颈，折肩，深腹，腹壁较直，圜底，圈足。颈饰两周弦纹，肩部饰三个突起的羊首，间以带状饕餮纹；腹上部饰一周窄带状的斜角目云纹，其下饰三组双目突出的饕餮纹；圈足上饰一周弦纹，并有三个方形镂孔。通高33、口径13.5、壁厚0.5厘米，重5.1公斤”（彩版四，1）。铜卣为小口，深鼓腹，下收为圜底，圈足。盖顶隆起，饰夔纹；有菌状纽，盖纽顶端饰涡纹；肩部有一提梁，表面饰多组菱形纹，提梁两端呈蛇头状，一端有一套环链与盖上的纽柱相套链。“卣颈部饰夔纹组成的饕餮纹，上下界以云雷纹；腹部饰竖向夔纹组成的两组饕餮纹；圈足饰两周联珠纹夹着一周云雷纹，并有四个镂孔。通高50、口径12、壁厚0.4—0.5厘米，重10.4公斤。”（彩版四，2）两件铜觚“形制、大小、纹饰相同。喇叭口，细腰，平底，圈足。腰饰变形饕餮纹，上、下界以联珠纹；圈足有三个十字形镂孔，下有三周弦纹。通高24、口径15、壁厚0.2厘米，重1.04公斤”。铜盂“侈口，折沿，鼓腹，圜底，盂底中央立一柱，柱顶作菌状，底下有圈足。腹外壁上部饰三周弦纹；中柱顶部饰涡纹；圈足饰弦纹一周并有三个方形镂孔。通高12、口径29.5、圈足径16、壁厚0.4厘米，……重4.25公斤”。铜盘“已残，敞口，沿外加厚，浅盘，平底，圈足，圈足上有方形镂孔三个。通高12.7、口径49、壁厚0.2厘米。残重7.5公斤”。该坑出土的牛首尊、羊首罍、提梁卣、中柱盂等礼器皆为商人所新创，这些“器物造型别致，制作工艺精美，花纹装饰特点明显加强”，其中“提梁卣是经过多次铸造而成的”，“牛首尊和羊首罍铸造工艺也比较复杂”，特别是“提梁卣和羊首罍，通身满饰精美的纹饰，这在我古代青铜装饰艺术上，是一个大的突破”[①]，所有这些都标志着我国古代青铜器制造技术开始进入一个新的阶段。此坑打破属于二里冈文化四期的H2,又被叠压在属于二里冈文化四期的第五文化层之下，其时代也当属二里冈文化四期。第三座位于商城西南郊今南顺城街的西侧（编号96ZSNH1，简称“南H1”），该坑形状不规则，东西长2.1米，南北最宽处1.2米，最窄处0.65米，深4.26米，方向105°（图4.8）。坑内文化堆积可细分为8层，属于上下两个时间段，其中①—⑥层为上段，⑦—⑧层为下段。“第7层的平面比较平整，第6层为薄薄的一层朽木炭灰，并与第3层的黑色炭灰层一起将该坑出土的铜器包在中间。……我们推测，这两层炭灰应与当时

① 河南省文物考古研究所等：《郑州商代铜器窖藏》，科学出版社，1999年。

埋入铜器时使用的木质盛具有关，第6层即相当于该盛器的底部，第3层则为其顶盖部分。……第二层堆积为细腻的黄沙土，平铺在第3层之上，估计为埋葬仪式结束后，专门铺垫的一层细腻素土。第1层堆积是封填该坑时就近取土形成的堆积层。据此可知，上层堆积才是青铜器窖藏坑形成的文化堆积。”该坑出土青铜器共12件，即方鼎4件（H1：1—4）、斝2件（H1：5、H1：6），爵2件（H1：7、H1：8）、簋1件（H1：9）、戈2件（H1：10、H1：11）、钺1件（H1：12）。方鼎“均口部朝上，放置在坑的北部偏西侧距坑底0.8米处，1号方鼎居中，2号方鼎套置在1号鼎腹内，3号、4号方鼎则紧贴在1号方鼎的左右两侧，斝、爵、戈、钺均置于2号鼎腹内，铜簋则倒扣在2号鼎的口部之上”。四件方鼎形制基本相同，“大小依次排列，似应具有列鼎的性质”。以H1：1为代表：该鼎“口部近正方形，方唇，平折沿微内斜，沿面较窄，两侧沿面装两个竖形环耳，耳外壁作凹槽状。鼎腹呈方斗形，下腹部略向内收，腹底近平，四角有四个上粗下细的近圆柱形空足，……鼎腹表面饰成组的饕餮纹带，共在四面和四角组成八个饕餮面；每个腹面还饰有三组带状乳丁纹”。鼎足表面上饰饕餮纹，下饰三周凸弦纹。“在鼎的底部和腹部表面附着一层因长期使用而残留的烟炱。”方鼎口部长51.5、宽51.2、通高83、厚0.5—1厘米，重52.9公斤。两件铜斝形制基本相同，以H1：5为例：该斝敞口，方唇，口部立两柱，柱顶部为涡纹伞状帽，柱体断面近长方形，中空；腹近杯形，下腹与上腹间在腰际形成比较明显的折棱，底部微圜，腹中部以上至近口沿处作一带状鋬；腹底装三空足，足尖外撇，截面呈三角形，胎质较厚重；“上腹部和下腹部分别饰一周饕餮纹，呈带状分布，上腹和腰部素面。内壁多有水垢。口径19.6、通高40.4厘米”（彩版四，3）。两件铜爵形制近似，其中H1：8“流较长且深，尾较短，口部呈凹弧形，流上近口沿处立有双柱，柱较高略呈菌状，柱帽为素面；器腹在流与尾连接的另一侧装一把手；腹略呈直筒状，上腹微内收，……圜底近平，下装三个尖而高的实足，断面呈三角形，足尖明显外

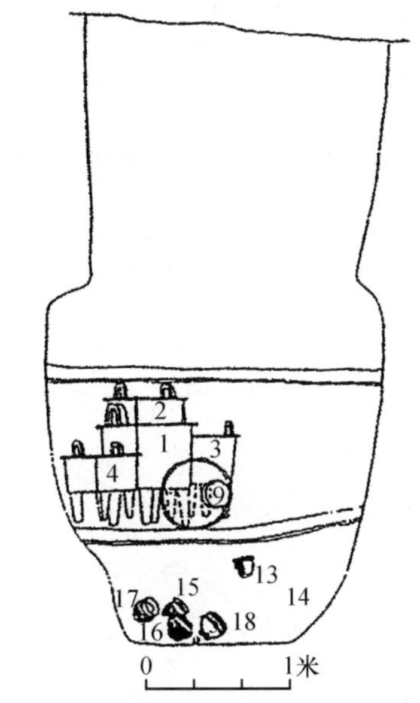

图4.8　南顺城街窖藏坑H1 剖面图
1~4.铜方鼎　5、6. 铜斝　7、8. 铜爵　9.铜簋
10、11. 铜戈　12. 铜钺　13.印纹硬陶罍
14.铜泡　15.陶鬲　16.陶捏口罐　17.陶罍　18.陶尊
（其中5～8、10～12号器物被其他器物遮挡）

撇。……腹部饰一周饕餮纹，呈带状分布，该组纹饰上下为二周联珠纹。流尾总长通高18.3厘米”（彩版四，4）。另一件爵（H1：7）为独柱，与此爵略有不同。该坑出土的铜簋（H1：9）“口沿外侈，折沿，方唇，沿面近平，上腹近直，下腹弧收，口径大于腹径，圜底近平，下附一矮圈足。……上腹部饰二道凸弦纹，余皆为素面。口径48、底径20、通高24.2厘米”。从上述铜器的形制特征分析，该坑“其时代应稍晚于白家庄期”，“总之，经过层位关系和出土物的分析，我们认为‘张寨坑’、‘向阳H1’和‘南H1’三个窖藏坑的铜器埋藏年代是相同的或接近同时，即介于郑州白家庄期和殷墟一期之间，相当于商代前期的较晚阶段”①，即当属于二里冈文化四期和殷墟文化一期之间的遗迹。

这三座坑均位于商城城墙外侧平坦的高地上，从南顺城街发现的埋藏坑可知，商人埋藏这些青铜器都是经过精心设计的。三坑出土青铜器共28件，其中方鼎8件、圆腹柱足鼎1件、圆腹扁足鼎2件、尊2件、觚2件、斝2件、爵2件、簋1件、鬲1件、盘1件、卣1件、罍1件、盂1件、戈2件、钺1件。而且都是当时的精品，也无疑都是王室的重器。

至于这些埋藏坑的性质，当前学术界意见不一，《郑州商城》报告说：“我们初步认为应是商代在举行的大型祭祀之后，把祭祀用过的青铜礼器窖藏于地下土坑内的遗存。”②此说比较可信。古代统治者经常举行各种类型的祭祀神租的活动，其中有喜庆性的祭祀活动，《周礼·春官·大宗伯》：“大宗伯之职掌建邦之天神、人鬼、地示之礼，以佐王建保邦国。以吉礼事邦国之鬼神示。”郑玄注：“事谓祀之、祭之、享之。”《说文·士部》：“吉，善也。”又《示部》云：“礼，履也，所以事神致福也。”这些都属于喜庆性的祭祀活动。也有消灾祈福的祭祀活动，《大宗伯》又云：“国有大故，则旅上帝及四望。”郑玄注：“故，谓凶灾；旅，陈也，陈其祭事以祈焉，……上帝，五帝也。四望：五岳、四镇、四渎。”同书《小宗伯》云：“大灾及执事祷祠于上下神祇，……凡天地之大灾，类社稷、宗庙则为位。”古代还有为消除灾祸而祈祭城墙神或城壕水神的活动，《左传·昭公十八年》记载该年五月郑国曾发生严重的火灾，于是国相子产乃令“郊人助祝史除于国北，禳火于玄冥、回禄，祈于四鄘”。杜预注：“鄘，城也。城积土，阴气所聚，故祈祭之，以禳火之余灾。”吴静安《春秋左氏传旧注疏证续》引惠栋又曰：“鄘，水庸也。”意即郑国都城在面临严重火灾的威胁下，国相子产于是令郊区民众协助祭官在北郊设置祭坛，祭

① 河南省文物考古研究所等：《郑州商代铜器窖藏》，科学出版社，1999年。

② 河南省文物考古研究所：《郑州商城》，文物出版社，2001年，第512页。

祀水神玄冥以求灭火，祭祀火神回录以求熄火，并祭祀城墙神或祭祀城壕水神以祈求减轻或消除大火对都城造成的灾难。用来祭祀城神等神灵的祭器当然就是礼器，用作祭祀神灵的祭品除了牺牲以外，也包括有礼器，同书又记载昭公十七年，郑国贵族裨灶曾预测到郑国将发生火灾，因此“言于子产曰：‘宋、卫、陈、郑将同日火，若我用瓘斝、玉、瓒，郑必不火’”。孔颖达疏：“裨灶欲用此三物以禳火。”可知裨灶是建议子产运用这些礼器去祭祀神灵以求攘除火灾的。这些珍贵的礼器又称作宝器，《左传·昭公十七年》郑国贵族子大叔也劝子产说：“宝以保民也，若有火，国几亡，可以救亡，子何爱焉！”意即宝器可以保护人民，若发生火灾，国家就会陷于危亡，若用宝器祭献神灵，就可免除火灾而拯救国家于危亡，您何必要偏爱这些宝器呢！其实宝器乃是古代礼器的泛称，《左传·庄公二十年》：“王及郑伯入于邬，遂入成周，取其宝器而还。”这里所说的宝器就是指的宝贵的礼器。由此可知，郑国子产“祈于四鄘”所献祭品，也包括有当时宝贵的礼器。

当然，古人祭城的活动并不始于子产，在子产以前，宋国也曾举行过祭城灭火的活动，《左传·襄公九年》：“九年春，宋灾，乐喜为司城以为政,使伯氏司里，火所未至，徹小屋，涂大屋，……祝宗用马于四墉。”杜预注：“为政卿知将有火灾，素戒为备火之政。”又云：“祝，大祝；宗，宗人。墉，城也，用马祭于四城以禳火。”吴静安《春秋左氏传旧注疏证续》引沈钦韩曰：“用马四墉，此城隍神之滥觞。”其实这种祭城活动还可以上溯到西周时期，西周《作册令方彝》铭文云：

> 隹（惟）十月月吉癸未，明公朝至于成周，……甲申，明公用牲于京宫；乙酉用牲于康宫；咸既，用牲于王；明公归自王。

唐兰《西周青铜器铭文分代史征》云：“王是王城，即王都的简称。下文说：‘明公归自王’，《御正卫簋》说：‘懋父赏御正马匹自王’，均可证。”不过唐先生说“用牲于王”，当是祭祀王城中的王社[①]，则未必如是。若谓祭社直可写作“用牲于社”，此文“用牲于王”，当是指的祭祀王城而言。西周“王城”又称作“成周”，《逸周书·作雒解》：周公“及将致政，乃作大邑成周于土中”。孔晁注：成周，“王城也，于土为中”。关于成周王城的具体位置，《尚书·洛诰》云：周公“乃卜涧水东、瀍水西，惟洛食；我又卜瀍水东，亦惟洛食”。意即在瀍水东、西两岸卜问建城，均得到吉兆。近年来考古工作者在今洛阳瀍水下游两岸，发现了众多的西周贵族墓葬和铸铜遗址，可知文献记载有据，成周王城当在此地，周人“用牲于王”，就是在这里祭祀王城城邑。

---

① 唐兰：《西周青铜器铭文分代史征》，中华书局，1986年。

不过“周因于殷礼”，周人祭祀城邑当时继承了殷人的礼俗，殷墟卜辞也记有商人祭城的活动，如卜辞云：

癸酉卜，㱿贞：令多奠依朿墉？（《合集》6943）

如第三章所述，古“奠”与“甸”相通，皆指都城或城邑郊区之地名。“多奠”相当于的西周《兔簠》所称作“司奠”和《师晨鼎》所称作的“奠人”，它类似于《周礼》所记的“甸师”，《周礼·天官》云：“甸师掌帅其属而耕耨王藉，……”应是指负责管理都城郊区某些事务的普通职官。“依”为担任“多奠”职官的人名。“朿”在此是指“祭祀之刺杀动物”之“刺”[①]，本辞“朿墉”当是指商王令多奠名依者刺杀动物祭祀城墉，就是说商代确有祭祀城墙的活动。

城邑是人们世代聚居之地，为了保障自己的安居乐业，人们就幻想出自己聚居地周围高耸的城墙，具有神灵威严以保护着自己的生活，因而对其供奉祭祀，祈求得福免祸。这种城墙神后来就演变为城隍神，《北齐书·慕容俨传》：郢州“城中先有神祠一所，俗号城隍神，公、私每有祈祷”。自此以后，全国各地大小城邑几乎都建有一所城隍庙以祭祀城隍神灵，这种祭祀活动追根溯源，以现有资料而论，当开始于二里冈文化四期。这三座埋藏坑都位于城墙外侧平坦的高地上，都应是当时的祭城场所。商城东南郊今向阳回族食品厂青铜器埋藏坑邻近的H2出土有残缺的牛骨架，西南郊今南顺城街青铜器埋藏坑邻近的H2出土有猪、牛、羊等骨架，西北郊今张寨南街青铜器埋藏坑也出土有人骨和兽骨，这些骨骼和青铜器皿，都应是商人“祈于四鄘”奉献给神灵的牺牲和礼器。另外，古人在祭过神祖以后，还有把祭器埋藏起来的习俗，《礼记·曲礼》上：“临祭不惰。祭服敝，则焚之，祭器敝，则埋之。”郑玄注：“此皆不欲人亵之也。焚之，必已不用；埋之，不知鬼神之所为。”孔颖达疏：“若不焚、埋，人或用之，为亵慢鬼神之物。”如上所述，张寨南街埋藏坑出土的青铜鼎和鬲腹底都发现有烟熏痕，当属于祭器一类。商人在这里祭祀城邑之神的具体原因现已不得而知，它可能与当时的政局动乱有关，也可能与防御水患有关，当然也可能与征战有关，殷墟卜辞就记有商王为征人方而“告（祭）于大邑商”（《合集》36482）的活动。古人云：“国之大事，在祀与戎。”商人的这些祭祀活动显然与当时商王朝发生的重大政治事件有着密切的关系。这些埋藏坑出土的青铜礼器，其形制之大，制作之精美，在迄今所发现的商王朝前期所有的青铜礼器中，都是无与伦比的，它充分表明当时的郑州商城仍是全国的手工业中心和文化中心，商人一次又一次地把这些众

① 于省吾：《甲骨文字释林·释必·释朿》，中华书局，1979年。

多而精美的青铜礼器在这里祭献城邑神灵，同时也足以说明郑州商城作为故都亳邑，在当时全国的政治生活中仍然居于突出的地位。

第三节　故都亳邑时期的郑州商城地区概况

进入商代后期，随着商王“盘庚迁殷”（即今安阳殷墟），郑州商城地区成为故都亳邑位于商王朝王畿的南端地带，承担着保卫南部王畿安全的作用，仍是商王朝的一处重地。通过考古调查和发掘，这里发现有众多商代文化遗址，殷墟卜辞记有商人经常活动于这一地区，也多记有商王前往亳地视察与祭祀亳社的活动，如卜辞云：

贞：于亳？（《合集》7841）

戊子卜：其有岁于亳土（社），三小牢？（《合集》28109）

于亳土（社）御？（《合集》32675）

辛巳贞：雨不既，其燎于亳土（社）？（《屯》665）

商末帝辛征人方也曾路过亳地，如卜辞云：

□午卜，在商贞：今日于亳无灾？

甲寅王卜，在亳贞：今日……鸿无灾？

乙卯王卜，在鸿贞：今日往于徹无灾？（《合集》36567）

此辞“午”字前一字残缺，按照干支排列顺序当为“丙”字；“商”地当即商末王都商邑，在今河南省淇县境；“亳”地即指郑州商城，北距“商”邑100余千米；“鸿”地即指本书前述的鸿沟（见第三章第一节），位于郑州商城的东侧。全辞意谓商王自丙午日从“商”邑出发，不知于何日到达“亳”邑，但在第九日甲寅又从“亳”邑出发，次日乙卯到达了“鸿”地，郑州商城作为故都“亳”邑正位于“商”“鸿”二地之间，与卜辞所记是完全一致的。不过由于后世破坏严重或由于发掘工作尚未触及，郑州商城以内迄今尚未发现当时文化遗存，但在商城周围郊区却发现有商代后期重要的遗物遗迹。近年来在郑州商城东北郊区祭城镇发现有祭城遗址，祭城镇原是沿袭商、周时期祭地而得名，考古工作者在该地春秋战国时期古城下发现有“商、周时期的大口尊和陶鬲”[①]等遗物，可知这里最早当是一处商代和西周时期文化遗址，即最早的“祭”地。“祭”在商代是一个重要的地方，殷墟卜辞记有商王曾

① 顾万发：《祭城镇古城考古发现及相关问题初步研究》，《中原地区古城、古都与古国学术研讨会论文集》，2010年。

来往于祭地，其辞云：

贞：翌庚子勿……二月，在祭。（《合集》7904）

癸巳贞：旬无祸？在祭卜。（《怀特》1618）

辛未贞：今日告其步于父丁，一牛？在祭卜。（《合集》32677）

商王还关心着祭地祭族的安全，如卜辞云：

壬辰卜，㱿贞：雀灾祭？

壬辰卜，㱿贞：雀弗其灾祭？三月。

壬辰卜，㱿贞：雀弗其灾祭？三月，二告。（《合集》1051）

贞：雀灾祭方？（《合集》6994）

……雀灾祭……（《合集》6995）

由于祭地比较重要，早在西周文王时期已为周人所争取，《汉书·古今人表》文王属下有"祭公"，可能就生活于此地。到西周初期，祭地又立即成为西周王室贵族的封地，《左氏春秋经·隐公元年》："祭伯来。"杜预注："祭国，伯爵也。"高士奇《春秋地名考略》云：祭国"周公第五子所封，地在东周畿内。《后汉书》：中牟有蔡亭。蔡与祭通，今在开封府郑州东北一十五里"。与今祭城遗址地望正相符合，该遗址应是周初祭国和殷墟卜辞所记"祭方"的所在地。

另外根据文献记载，在此"祭"地西北约20千米处，还有一处"祭"地，《穆天子传》卷五："丁丑，天子里甫田（郑按：'甫田'即'圃田'）之路。……庚寅，天子西游，乃宿于祭。"王贻樑等合撰之《〈穆天子传〉汇校集释》引丁谦云："《春秋释例》：'祭城在河南，上有敖仓，为今汜水县北境'，与本文'西游'合。《一统志》云：在郑州西北约十五里，敖山东麓。"[①]谭其骧先生主编的《中国历史地图集》据此将西周又一处祭地，定位于今郑州市西北郊区的郑庄一带[②]，是比较符合史实的，近年来，考古工作者在这里还发现有商、周两个时期的文化遗址，该遗址位于"郑庄村西、枯河南岸的二级台地上，遗址东西长300余米，南北宽200余米。该遗址文化层堆积2—4米不等，遗存有灰坑、房基、陶窑和墓葬等。地面上散落有大量陶片及大量石质生产工具、蚌器等"[③]。此地位于郑州西北郊古敖山东麓、黄河南岸，应当就是《穆天子传》等文献所记西周至春秋时期的另一处"祭"地，《中国历史地图集·春秋·郑、宋、卫》地图也同时标出这两处"祭"地。不过两处"祭"地

① 王贻樑等：《〈穆天子传〉汇校集释》，华东师范大学出版社，1994年，第268页。

② 谭其骧：《中国历史地图集》第一册，中国地图出版社，1996年，第17、18、24、25页。

③ 郑州市历史文化丛书编纂委员会：《郑州市文物志》，河南人民出版社，1999年，第152页。

相距如此之近，不大可能最早就同一名称，我认为位于今郑庄村一带的“祭”地，应是西周初期的“蔡”地，即古蔡国的始封地，此“蔡”地或由商代“丯”地音变而来，蔡国迁走以后才称作为“祭”地。殷墟卜辞记有“[illegible]”字（《合集》9329），或写作“[illegible]”（《合集》17065），二期卜辞又写作“[illegible]”（《合集》24347），皆像用刀刊刻物体之形，是商代一个重要的地名。王襄先生释此字为“𠜲”[①]，饶宗颐先生又释此字为“㓹”[②]，我以往曾从王说，今以为此字当即“[illegible]”（《合集》14176）字之原始文字，也即“丯”字之初文。《说文·㓞部》：“㓞，巧㓞也，从刀，丯声。”徐灏《说文解字注笺》：“巧㓞，言其刻画之工也。”戴侗《六书故》：“丯即契也，又作丯，加刀，刀所以契也。……古未有书，先有契，契刻竹木以为识，‘丯’像所刻之齿。”朱骏声《说文通训定声》：㓞字“从刀，从丯，会意，丯亦声，疑即‘栔’字之古文。”又云：契“实与‘㓞’同字”。按栔、契与㓞为同源字[③]，皆有刊刻之义，《说文·㓞部》：“栔，刻也。”《释名·释书契》：“契，刻也，刻识其数也。”《吕氏春秋·察今》：“遽契其舟。”高诱注：“疾刻舟，识之于此。”陈其猷《校释》云：“考《说文》有‘㓞’字，《六书正讹》云：‘从刀，从丯，象刀刻画竹木以记事者，别作“契”，后人所加。’其说甚是，则㓞为本字，契、栔皆孳乳字。”[④]朱骏声《说文通训定声》又云：丯，“划竹木为识也，刻之为‘㓞’。上古未有书契，刻齿于竹木以记事，丨象竹木，彡象齿形文字”。由此可知“[illegible]”是一个形声兼会意字，其意是像用刀刻削竹木等物体之形，以后才逐渐被线条化，写成“㓞”字。

《易·系辞》云：“上古结绳而治，后世圣人易之以书契。”“书”是指书写文字，“契”是指刻画符号，准确地说应是“后世圣人易之以‘契’、‘书’”，就是说我国古代在未出现文字之前，人们记事的方法首先是“结绳而治”，然后发展为在竹、木等物体上刻画符号以备忘，最后才发明了记事的文字。其中刻画符号是文字出现以前，原始人普遍采用的一种记事方法，正如唐兰先生所说：“‘书’和‘契’本来完全是两回事，原始人民可以没有文字，但往往已经有了‘契’，如《魏书·帝纪叙》说：‘不为文字，刻木纪契而已。’《隋书·突厥传》说：‘无文字，刻木为契。’《旧唐书·南蛮传》说东谢蛮也是‘俗无文字，刻木为契’。”[⑤]到了近现代，

① 王襄：《簠室殷契类纂》整编第八卷，天津市博物馆石印本，1929年，第21页。

② 饶宗颐：《殷代贞卜人物通考》，香港大学出版社，1959年，第360页。

③ 王力：《同源字典》，商务印书馆，1987年，第483页。

④ 陈其猷：《〈吕氏春秋〉校释》，学林出版社，1984年，第943页。

⑤ 唐兰：《中国文字学》，上海古籍出版社，1979年，第58页。

我国有些兄弟民族仍然采用“刻木为契”的方法以记事，如独龙族“凡借钱于人，要打‘木刻’，借出多少钱，就在木刻上刻出多少缺口；借者还了多少，再削去多少缺口。佤族在双方发生砍头纠纷后，经中人调解，如双方同意和解，可约定十二天后举行‘剽牛洗手’仪式。当事人为了记住这一至关重要的事件，即在一块竹片上刻上十二个缺口，每过一日削去一个缺口，剩下最后一个缺口的当天，即如约前往约定地点举行仪式”。“景颇族的青年还用刻木相传来表达相互爱慕之情。”[①]在我国新石器时代的一些遗址中，也发现有类似的遗物，如1976年在青海乐都柳湾马厂类型的墓葬中，就发现有带锯齿的骨片，这些“带锯齿的骨片出土于墓238的长颈彩陶壶内。……共清理出完整骨片40枚，残断者9枚。骨片大小、形状基本一致，呈长方形。长1.8、宽0.3、厚0.1厘米。在骨片的中部一边或两边刻有三角形锯齿，数目多少不等。在40枚完整的骨片中，有35枚为一个锯齿，三枚为三个锯齿，两枚为五个锯齿。其制作方法是先切割骨料，加以磨制，最后刻上锯齿。骨片两端大都呈楔形，似为了便于插在其他东西上而特意磨制的。这些骨片大约是用作记事、记数或通讯联络用的。这种情况和某些兄弟民族以前结绳记事、刻木为信的情况相类似”[②]。殷墟卜辞“[illegible]”字偏旁所从之“[illegible]”“[illegible]”和“[illegible]”，两侧皆有多少不等的刻齿，上下两端或为楔形，或有柄，正像一件“便于插在其他东西上”的竹木或骨质的片状物体、用刀刻符记事的象形，因而此字应当就是一个原始的“㓞”字。

卜辞“㓞”地又称作“㓞丘”（《合集》8119），是商代的一处重地，商王曾来往于此地，并在这里卜问农业收成如何，如卜辞云：

……在十月，在㓞。（《合集》24371）

□寅卜，争贞：今岁我不其受年？在㓞，十二月。（《合集》9668）

丯地也是商王朝贵族祭祀祖先的场所，如卜辞云：

□巳：乇祖乙□牡一？在㓞，甾……一。（《花东》171：1）

甲子：岁祖甲豕，子祝？在㓞。十二。（《花东》330）

丙申卜：子往㓞，岁妣庚羊一？在㓞。十二。（《花东》173：5）

丁未：岁妣丁豕一？在㓞。一。（《花东》217：1）

丯地作为商王朝的一处重地，其地望所在，可从卜辞所记与此相系联的地名推知其大致范围，卜辞云：

辛丑卜，行贞：王步自㓞于雇无灾？

① 宋兆麟等：《中国原始社会史》，文物出版社，1983年，第289页。

② 青海省文物管理处考古队等：《青海乐都柳湾原始社会墓地反映的主要问题》，《考古》1976年第6期。

癸卯卜，行贞：王步自自雇于嘉无灾？在八月，在𠂤雇卜。

己酉卜，行贞：王其步自嘉于来……无灾？（《合集》24347）

甲戌卜：子乎𠟭，嘉妇好？用。在轫。

丙子，岁祖甲一牢？岁祖乙一牢？岁妣庚一牢？在𠟭，来自罜。（《花东》480：5、480：6）

“雇”地所在，如前章所述，在今河南省原阳县原武镇西北境古黄河沿岸（见第一章第二节）。“雇”地与“河”见于同版卜辞，其辞云：“壬戌卜，行贞：今夕无祸？在河。……卜，行□：……无□？□雇。”（《合集》24420）“雇”与“河”相距甚近，益证卜辞中的“雇”地应当就是文献所记“河绝于扈”的“扈”地。卜辞记商王于辛丑日自轫地前往雇地，至癸卯日已在雇地，知两地相距至多有三日路程。“嘉”字从高明先生释①，其地当即文献所记的嘉陵、柯陵和加陵，《淮南子·人间训》：晋厉公“遂合诸侯于嘉陵”。《左氏春秋经·成公十七年》：“夏，公会尹子、单子、晋侯、齐侯、宋公、卫侯、曹伯、邾人伐郑，六月乙酉，同盟于柯陵。”杜预注：“柯陵，郑西地。”《国语·周语》下：单襄公见晋厉公于“柯陵之会”，韦昭注：“柯陵，郑西地名也。”《风俗通义·山泽》又引《国语》云：“周单襄子会晋厉公于加陵。”《尔雅·释地》：“陵莫大于加陵。”郝懿行义疏云：“柯陵即加陵，加、嘉古声同，嘉、柯声相借也。”三者当为一地。春秋郑国国都即今河南省新郑市发现的郑韩故城，是“嘉陵”一地当位于今新郑市西或西北一带。卜辞记商王于癸卯日自雇地前往嘉地，于己酉日已在此地，知嘉地东北距雇地最多有六日的路程。卜辞所记“来”地当即春秋时期的“郲”地，又称作“时来”“祁黎”和“厘”地，《左传·隐公十一年》：“夏公会郑伯于郲。”同年的《左氏春秋经》又云：“夏，公会郑伯于时来。”杜预注：“时来，郲也，荥阳县东有厘城，郑地也。”《春秋公羊传·隐公十一年》：“夏五月，公会郑伯于祁黎。”何休注：祁黎，“《左》氏作‘时来’”。《水经·济水注》：“济水又东南迳厘城东，《春秋经》书：‘公会郑伯于时来’，杜预所谓‘厘’也。京相璠曰：今荥阳县东四十里有故厘城也。”晋代荥阳县即今郑州市古荥镇，“厘城”“时来”即卜辞“来”，当位于今古荥镇的东侧，南距卜辞嘉地约50千米。卜辞“𠟭”地也是商王的田猎场所，卜辞云：“戊辰卜，口贞：王其田于𠟭，无灾？”（《合集》24459）商王朝在𠟭地还建有馆舍，卜辞记有“𠟭官”（《花东》H3：864正），俞樾《兒苦录》云：“今按官者，馆之古文也。”赵诚《甲骨文简明词典》又云：卜辞“官”字，“即馆之初文。甲骨文用作名词，为馆舍之义，用作动词，为馆于舍之义”。“𠟭官”当即商王朝为来

① 高明：《古文字类编》，中华书局，1980年，第333页。

往于此地的官员设置临时住宿的馆舍，也可知剢地应是当时的一处交通要道。其地所在，陈邦福先生云："福谓'田剢'正'田索'之繁文，旁从刀有刹草为绳之义，与《说文》'索'字下：'艸有茎叶可以作绳'之义亦合。……考《左》昭五年传云：'子太叔劳诸叔索氏'，杜注：河南成皋县东有大索城。"①西晋成皋县即今河南省荥阳市汜水镇。《水经·济水注》："索水又北屈迳大索城南，《春秋传》曰：'郑子皮劳叔向于索氏'，即此城也。晋《地道记》所谓京有大索、小索亭。"《史记·项羽本纪》：楚"与汉战荥阳南京、索间"。《正义》引《括地志》云："京县故城在郑州荥阳东南二十里，……荥阳县即大索城，杜预云：'成皋东有大索城。'又有小索城在荥阳县北四里。京相璠《地名》云：'京县有大索亭、小索亭，大小氏兄弟居之，故有小、大之号。'"唐代荥阳县即今河南省荥阳市，正位于古成皋县东，应当就是卜辞所记的"剢"地。卜辞记商王室贵族子某于甲戌日在"韧"地占卜，又于丙子日在"剢"地占卜，是两地相距最多有三日路程。罼地所在不详。总之，从上述卜辞所记可知，丰、雇、嘉、来、索五地相距不远，都当位于古黄河以南今郑州附近的地区。

"韧"地地名，不见文献记载，它可能已演变为后世的"蔡"地，按古字偏旁形符可以省减，如"祀"，卜辞又写作"巳"（《合集》13525）；"陽"，卜辞又写作"昜"（《合集》11499）；故卜辞"韧"又可写作"丰"，如卜辞云："丁酉卜：今夕往丰？一。"（《花东》335：1）"丰"即"韧"字之省写。《说文·艸部》："蔡，艸丰也。"段玉裁注："丰、蔡叠韵。"同书《丰部》又云："丰，艸蔡也。"段玉裁注：蔡与丰"叠韵互训"。朱骏声《〈说文〉通训定声》：蔡，"古书多以丰、以芥为之"。"蔡"与"丰"义也相近，《尚书·禹贡》："二百里蔡。"于省吾先生《双剑誃〈尚书〉新征》引郑康成云："蔡之言杀，减杀其赋。"②如上文所述，"丰"也有砍削之义。是知"蔡""丰"韵同义近，可相通假，商代韧地至西周时当已演变为蔡地，其地东北距雇地约20千米、东南距来地约10千米、西南距索地约15千米、南距嘉地约50千米，正与《中国历史地图集》所定西周"祭"地地望相符，因之它应当就是周初最早的"蔡"地。

在郑州商城东南郊区的梁湖遗址也发现有商代后期的文化遗存，"该期文化遗存发现有大型建筑基址、房址、灰坑、墓葬、祭祀坑等遗迹"。大型"建筑基址平面呈长方形，东西长20.75米，南北宽15.25米，采用中间立柱，周围用夯土打墙，上部起架

① 于省吾：《甲骨文字诂林》，中华书局，1996年，第3052页引。

② 顾颉刚、刘起釪：《〈尚书〉校释译论》，中华书局，2005年，第820页引。

的建筑方式。……房址东侧有配房，西部有蓄水池。房址西南、西北、东北均发现有用陶瓮、陶鬲盛放人头骨或小孩骨骼的祭祀坑”①。如上文所述，这里自二里冈四期文化以来，就是一处重要的祭祀场所，从新发现的大型建筑基址和祭祀坑来看，到了商代后期商人仍在这里举行大型的祭祀活动。

在郑州商城南郊的今新郑市郭店大范村和新郑市区等地，均发现有晚商时期遗物和遗迹②，如上文所述，今新郑市区曾是文献记载的“郑父之丘”（见第三章第一节），也是殷墟卜辞所记商代贵族“子郑”的居地，这里发现的晚商遗物和遗迹，可能与居住于此地的商代郑族有着密切关系。在今新郑市以西新密市境的古城寨，也发现有“殷墟文化”时期的遗存③，文献记载这里是古郐国的所在地，《水经·洧水注》：“洧水又东南迳郐城南。”杨守敬疏：“《左传·（僖）公三十三年》杜（预）注：‘郐城在荥阳密县东北。’《括地志》：‘在新郑东北二十二里。’《元和志》：‘在新郑东北二十二里。’二《志》‘东北’疑‘西北’之误，在今密县东北五十里。”今按：二《志》“东北”确为“西北”之误。杜预说“郐城在荥阳密县东北”是正确的，但是杨守敬说“在今密县东北五十里”，“东北”则应是“东南”之误。这是因为西晋时期的密县县城在今新密市东南的大隗镇，故郐城正位于大隗镇的东北，而清代的密县县城已迁至故郐城西北的今新密市区，所以《河南省密县地名志》说：郐国“故城邑在今密县城东南曲梁乡古城寨”④，这是明确无误的。古郐族人又称作“桧”人和“会”人，《诗经·国风·桧风》陆德明《经典释文》云：“桧本又作郐。”孔颖达疏：“《（史记）楚世家》云：……陆终生子六人，四曰会人。按《世本》：‘会人’即‘桧’之祖也。”是“郐”族、“桧”族最早当称作“会”族，殷墟卜辞记有“会”地，其辞云：“戊申贞：王己步于会？”（《合集》27435）此“会”地当即古会人所居的“会”地，也即今新密市古城寨故郐国遗址所在地。考古工作者在这里发现的“殷墟文化”等各个时期的文化遗存，应是古郐族的文化遗迹。

在郑州商城西郊地势较高的今人民公园一带，也发现有商代后期遗址（图4.9）。20世纪50年代初，考古工作者首先在今人民公园内彭公祠和青年湖一带，发现了商代后期的灰坑、水井和墓地并出土大量的文化遗物，虽然“由于发掘面积不大或受发掘地区的局限”⑤，遗迹显得分散，且未发现大型房基，但是总的看来，这里应是一处

① 信应君：《梁湖遗址与郑州商城探析》，《中原地区古城、古都与古国学术研讨会论文集》，2010年。

② 这些遗物遗迹由原郑韩故城工作站站长蔡全法先生和今新郑博物馆馆长杜平安先生见告，谨在此致谢。

③ 河南省文物考古研究所等：《河南新密市古城寨龙山文化城址发掘简报》，《华夏考古》2002年第2期。

④ 密县地名志编纂委员会：《河南省密县地名志》，陕西人民出版社，1992年，第365页。

⑤ 河南省文物考古研究所：《郑州商城》第六章（以下引文未加注者皆引自本《报告》），文物出版社，2001年。

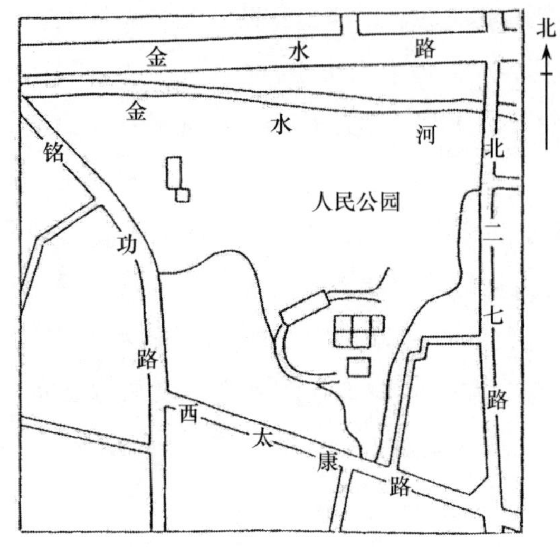

图4.9　人民公园青年湖和彭公祠门前发掘地点位置图

大型的聚落遗址。根据其出土遗物的形态及其所在的地层关系，《郑州商城》报告将其分为一、二两期，两期时代大约相当于殷墟文化一期晚段和二期早段，即相当于商王武丁时期。一期发现有灰坑11个、水井和窖藏坑5个、祭祀坑2个。其中位于青年湖的H34是该期最大的一个灰坑，该“坑的南壁为直壁，壁长2.6米，而其他三壁为半圆形，南北径2.01、深0.36米。值得注意的是，坑的底部中间有一个较高的半圆形凸起部分，凸起部分中间放置着一块东西长0.5、宽0.24—0.26、厚0.2米的红色砂石。同时在坑的西南角处又向下挖去一个东西长0.96、南北宽0.8、深0.4米的近长方形平底坑。发掘时坑内所填灰土中，除有少量厚胎粗绳纹矮袋足陶鬲片与其他陶片外，还有石刀1件、有钻有灼有凿的龟卜甲3块、铜钉1件、陶杵1件”。此坑可能是一座小型半地穴式住房的遗迹。H34周围分布有零星的灰坑，其南侧20余米处发现有水井一眼（H5）和祭祀坑一个（H13），此“坑的一端圆鼓，另一端较直。坑口东西长2.1、南北中宽1.6、残深2.7米。坑底西部中间有一个椭圆形凹窝，坑底东端有一完整的猪骨架，头朝北，脊向上，四肢曲折于身下，作俯卧状。……就此坑的形制和坑内埋有完整的猪骨架来看，可能与祭祀后填埋有关”。另外，在青年湖西北200余米的彭公祠一带，也发现有零星的灰坑、水井和祭祀坑一个（H106），该坑“是一个圆竖井形深坑，口径1.4—1.45米，挖掘深至3.5米时，见水未再下挖。……在距坑口深0.5米处，填埋有一具完整的狗骨架，头北尾南，四肢平伸向东作躺卧状。另在距坑口深3.45米处，又填埋一具完整的猪骨架，头东尾西，四肢向南作躺卧姿态”。其祭祀对象已不得而知。一期发现有墓葬24座，皆分布于青年湖一带，半数零星无序地分布于这里各处，半数集中而有序地分布于H34的西北侧，形成一处小型家族墓地。它们“均为长方形竖穴土坑墓。其中有的墓室底部中间挖有腰坑，腰坑内殉葬一狗。大多数墓室底部铺有朱砂。少数墓内的木棺腐朽痕迹还很清楚，有的墓内四壁有熟土二层台。……从墓内残存人骨架的情况看，头向东者居多，有个别朝北的。葬式多为仰身直肢葬，个别为俯身直肢葬”。其中M54位于H34的北侧，墓室“长2.13、前宽0.8、后宽0.64、深1.2米，方向

11°。……墓内随葬器物计有铜戈3件、玉戚1件、石铲1件、玉柄形器6件、玉凿1件、玉璧1件、玉饰1件、蚌壳1件、玉器1件、卜骨1件共17件，为商代人民公园一期出土随葬品最多的一座墓葬”。M7位于小型墓地的南部，“墓底东西长3.1、前宽1.4、后宽1.3、深1.9米，方向90°。墓室内中部有腐朽的白色椁灰痕迹，……椁内有木棺灰的痕迹，……墓室内四周有熟土二层台，……墓室底部中间有一东西长1.43、宽0.46、深0.48米的腰坑，但在腰坑内未见狗骨，而在棺上则发现有肢解的狗头与狗腿骨。墓内的随葬器物除一件陶簋是放在死者头部一侧的二层台上外，其他的铜戈2件、铜矛1件、铜钺形器1件、骨镞2件、石斧1件、玉柄形器1件和骨簪2件均放置在棺内死者附近及腰坑内”。这是一期所发现的最大的一座墓葬。M9位于小型墓地的北部，“墓室长3.1、前宽1.4、后宽1.1、深0.25米，方向98°。由于发掘时仅剩墓底，所以不知是否有椁有棺。但发现墓室底部不但铺有朱砂，而且中间还有一个长1.44、宽0.64、深0.25米的腰坑。……墓内随葬的一件青铜壶就是位于墓室中部的死者腰部一侧作倒卧状，其他的铜戈1件、铜镞3件、铜饰1件、石戈1件、石斧1件、玉柄形器2件、蚌器1件和贝1件等随葬器物，则分别放置在靠近死者周围与腰坑中”。其中的一件青铜铜壶（C7M9：4）呈“扁圆体，直口微外侈，长颈，深扁圆腹斜直，下部圆鼓并向内收敛成平底，下附扁圆体高圈足。颈部两侧各有一个竖长形贯耳，每个耳面上饰有双角和双目以及鼻和嘴等相当清晰而精美的牛首浮雕图案。颈部与圈足上除饰弦纹外，还在颈部饰有二组细线云雷纹地与粗线饕餮纹相结合的宽图案条带，……而在圈足中部则饰有细线云雷纹地与粗线夔纹相组合图案条带。……口径长15.6、圈足径长17.6、通高31.6厘米”。这是“商代人民公园中唯一随葬有青铜容器——铜壶的一座墓葬”。M15位于M9的西侧，“墓口东西长3.05、前宽1.4、后宽1.35、深1.05米。在墓内有一个前宽后窄的东西长方形椁木痕迹，……墓室内四周有熟土二层台。棺木的底部下面还有腰坑已残损。仅见少量零乱的狗骨和1件残石铲。位于椁室内东南部的墓主人骨架，大部保存尚好，呈仰身屈肢葬，头向东。死者身下铺有朱砂。在椁室内东北部还殉葬一青年女性，女青年骨架保存也比较好，作侧身屈肢，面向南朝着墓主人”。这是这里所发现的唯一的一座有殉人的墓葬。但是在这处墓地里有些墓却没有任何随葬物，如M22，死者为俯身直肢葬，既无腰坑也无随葬品，这反映着墓主人之间生前的社会地位有着重大差别。纵观这里现已发现的该期墓葬，有着以下两个特点：一是极少随葬有作为礼器的青铜容器；二是凡随葬有青铜兵器的墓葬多共同随葬有石质生产工具。这说明埋葬于此地的墓主人，生前并不是显赫的贵族，而是一些既从事生产劳动又随时准备参加战斗的人员，就是说这里发现的一期墓地，应是一处商代“众”人的墓地。

二期发现灰坑12个，有些制作得相当规整，如C7T6H2，“灰坑呈口部小于底部的圆袋形，口径2.75—2.9、底径3.15—3.4、坑深2米”。坑内除出土有较多的陶片外，“还出土一些骨簪、骨镞、骨针等骨器，并有龟甲、龟卜甲、石器和陶纺轮等。……此坑可能是储藏东西的窖穴”。二期墓葬已发现有19座，大多零星地分布于青年湖和彭公祠一带，只有M102、M103、M108、M109和M110集中地分布于彭公祠T101内外，大小、方向基本一致，可能是一处小型的家族墓地。该期“墓葬都为长方形竖穴土坑墓”，“死者头向除一个头向南者外，多数头向东”，即向着故都商城。部分墓底铺有朱砂，朱砂下面挖有腰坑，坑内随葬一狗。其中以M6为最大，该墓“是一座有棺有腰坑的墓葬。墓室呈前宽后窄的东西长方形，中长2.42、前端宽1.08、后端宽1、深1.12米”。墓室底部周围有生土二层台，二层台中间为棺室，棺室底部中间有腰坑，从棺室东宽西窄的形式来看。墓主人应是头向着东方。墓内随葬器物计有铜戈1件、石戈1件、玉璜1件、玉饰1件、特殊玉器2件和陶簋1件，是该期随葬品最多的一座墓葬。值得注意的是在该墓出土的铜戈内部，两面均铸造有图像，一面铸有火焰纹图像，唐兰先生释为“囧字形图案而没有外面的圆框”（图4.10）[①]，但是由于此图案未有“外面的圆框”，与殷墟卜辞“囧”字不类，仍当理解为火焰纹饰为妥。另一面图像唐兰先生释为“铭文‘墉’字”，说“这是城墉的墉的象形字，本来画出四方的城墙上都有楼，写作‘’，这把戈上把代表楼墙的两竖并成一竖，所以成为‘’了。由于中国文字后来主要是直行，不适宜于横处太阔，所以把两边的城楼省去不画，只有上下两座楼，就变为‘’字”[②]。今按此说甚是，殷墟卜辞有“”（《前》八·一〇一）字，象四面城墙上各有城楼之形，应是“墉”字之最早的原始文字，以后演变简化为“”（《合集》

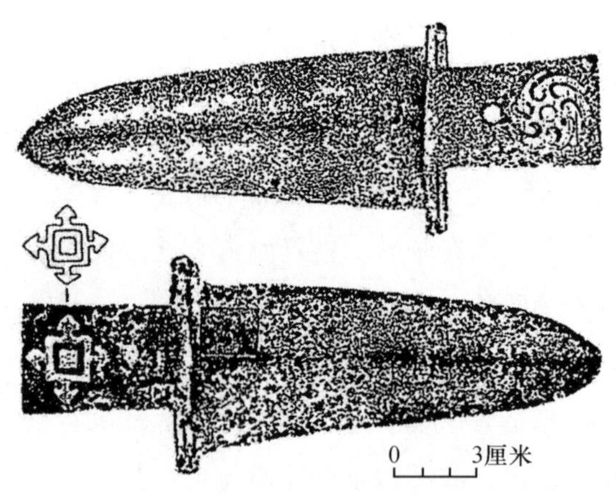

图4.10　彭公祠遗址出土带铭文铜戈（C7M6：2）

① 唐兰：《从河南郑州出土的商代前期青铜器谈起》，《文物》1973年第7期。

② 唐兰：《从河南郑州出土的商代前期青铜器谈起》，《文物》1973年第7期。

13514）字，作上下两边有城楼之形。《说文·𩫏部》：“𩫏，度也，民所度居也。从回，象城𩫏之重，两亭相对也，或但从口。”《说文·土部》又云：“墉，城垣也。从土，庸声。‘’，古文墉。”段玉裁注：“《（诗经）皇矣》：‘以伐崇墉。’《传》曰：‘墉，城也。’《（诗经）崧高》：‘以作尔庸。’《传》曰：‘庸，城也。’庸、墉古今字也。”又注云：郭字“字音古博切，此云‘古文墉’者，盖古读如庸，秦以后读若郭。”《诗经·鄘风》又写作“鄘”，是知古庸、墉、鄘、郭当为一字，其义都是指的城墙；而人民公园M6出土铜戈上的“”形图像，与殷墟卜辞原始的“”字类同，应当就是最早的“墉”字。

关于此戈所铸“墉”字的性质，唐兰先生释云：“《诗·桑中》：‘美孟庸矣’，毛苌《传》说：‘庸，姓也’。周初有鄘国，就写作‘墉’，古代常以国为氏，可证‘墉’是氏族徽号。”[①]据此可知M6持有铜戈的墓主人当属商代墉族人士。古代族人特别是氏族首领常以本族族名作为自己的名称，因而M6墓主人当也命名为“墉”，该墓是该地该期所见最大且又随葬品最多的一座墓葬，其墓主人生前也很可能是当地墉族的一位首领。古墉与庸相通，庸与融也相通，《路史·前纪》八：“祝诵氏，一曰祝禾，是以为祝融氏。”罗泌自注：“庸、诵古通用。”《楚辞·离骚》：“帝高阳之苗裔兮，朕皇考曰伯庸。”饶宗颐先生以为“伯庸”应当就是“祝融”[②]，是知该墓的墓主人也应就是祝融族人。有据于此，上述铜戈内部另一面的火焰纹，则应是融族的族徽和图腾，文献多记“祝融”就是古代“火正”一职的代名词，《左传·昭公二十九年》：“颛顼氏有子曰犁，为祝融。”又云：“火正曰祝融。”杜预注：“犁为火正。”《左传·襄公九年》：“古之火正，或食于心，或食于朱，以出内火，是故朱为鹑火，心为大火。”杜预注：“谓火正之官，配食于火星。”杨伯峻《春秋左传注》：“火正为官名，职掌祭火星，行火政。”[③]“大火”星宿又称作“大辰”，本指房、心、尾三星，《尔雅·释天》云“大辰，房、心、尾也，大火谓之大辰”。但由于其中“心”星最明亮，因之又把“大火”单指为心星，正如郝懿行《〈尔雅〉义疏》所说：“既言大辰房、心、尾，又言心为大辰者，心，三星最明大，举头即见，故《诗》屡言三星皆谓心也。”因之《左传》又说：“心为大火。”以心星代表房、心、尾三星。《国语·郑语》云：“夫黎为高辛氏火正，以淳耀敦大，天明地德，光照四海，故命之曰祝融。”可知该族因长期任职于“火正”即负责

① 唐兰：《从河南郑州出土的商代前期青铜器谈起》，《文物》1973年第7期。

② 饶宗颐：《〈楚辞〉地理考》，商务印书馆，1946年，第7页。

③ 杨伯峻：《〈春秋左传〉注》，中华书局，1981年，第963页。

观测并祭祀大火心星的出没而著称于世，故以“火”为本族的族徽标志，作为本族崇拜的图腾，世人也将该族称之为“祝融”，而铜戈上的火焰纹，正是该族作为族徽的“火”即心星的象形。根据文献记载，祝融族是古老的黄帝族的后裔，与夏族同是颛顼族的分支，《史记·五帝本纪》：“帝颛顼高阳者，黄帝之孙而昌意之子也。”《左传·昭公二十九年》：“颛顼氏有子曰犁，为祝融。”《山海经·大荒西经》又云：“颛顼生老童，老童生祝融。”该族以后分化为八个支族，号称祝融“八姓”（见《国语·郑语》），但其主体仍继承着祖先的基业，居住在今郑州地区，《左传·昭公十七年》：“郑，祝融之虚也。”春秋郑国国都即考古工作者所发现的新郑市郑韩故城，文献记载的“黄帝故里”和考古发掘的墉（融）族墓葬，均位于古郑国的范围之内。祝融族作为夏族的同宗，曾与夏人结盟，《国语·周语》上：“昔夏之兴也，融降于崇山。”韦昭注：“融，祝融也。”反映着祝融族曾协助夏族建立起夏王朝国家政权。但是到了夏代末期，由于夏王朝统治集团的腐败和商族在这里的迅速崛起，该族倒向了商族，《国语·周语》上又云：夏“其亡也，回禄信于聆隧”。韦昭注：“回禄，火神。”《墨子·非攻》下：成汤攻夏，“天命融隆火于夏之城间西北之隅，汤奉桀众以克有夏（原文无‘夏’字，从孙诒让《〈墨子〉閒诂》引苏时学《刊误》增补）”。孙诒让《閒诂》云：“《左》昭十八年传：郑灾，‘禳火于玄冥、回禄’。孔疏云：‘楚之先吴回为祝融，或云回禄即吴回也。’是融即回禄，此与《周语》所云即一事也。”这些记载反映着祝融族又曾协助商人为推翻夏王朝作出了贡献。商王朝建立之后，祝融族因功获得封赏并继续生活于这一地区。《通志·氏族略》云：“庸氏，商时侯国。”丁山先生说：“墉，亦殷商钜族。”[①]殷墟卜辞多记墉族首领受商王之命处理事务并受着商王的关怀，是商王朝后期常在商王左右的重要人物，例如卜辞云：

丁未卜，争贞：令墉以有族尹口有友？五月。（《合集》562）

乙亥贞：畢令墉以众舂，受佑？（《合集》31981）

……令墉曰：犬延田。（《英》835）

辛丑卜，贞：墉祸？（《合集》4860）

贞：墉无祸？（《合集》4861）

癸酉卜，贞：墉其有疾？贞：墉无疾？（《合集》13731）

贞：墉以众田，有灾？（《合集》31970）

古代聚族而居也聚族而葬，其墓地皆位于本族居地范围以内或其附近，而且族名往往与所居地域同名，因此M6所在的今人民公园一带，很有可能曾是商代的墉族聚居

① 丁山：《甲骨文所见氏族及其制度·殷商氏族方国志》，科学出版社，1956年，第139页。

地，又称之为墉地。墉地也见于殷墟卜辞，如卜辞云：“……入二，在墉。”（《合集》9282）“墉”与“京”地见于同版卜辞，二地当相近，其辞云：“癸卯卜，宾贞：令墉𢆶在京奠？”（《合集》6）“𢆶”，罗振玉《殷虚书契考释》释为“系”，于省吾先生进一步认为“契文祀典曰‘系’，谓以品物系属以交于神明之义也”[①]。是“系”也为祭名，此辞意谓：商王令墉在京地郊区系祭神灵。京地也是商王关心农业生产、来往田猎和祭祀神祖的地区，如卜辞云：

贞：王勿往于京？（《合集》8078）

丁亥卜：庚卯雨？在京丘。（《屯》2149）

京受黍年？（《合集》9980）

丙戌卜，贞？令犬延于京？（《合集》4630）

贞：勿令犬延田于京？（《英》834）

……卯侑……父丁岁……羊……三十……在京。（《屯》2097）

京地所在，《左传·隐公元年》：武姜为共叔段“请京，使居之，谓之京城大叔”。杜预注：“京，郑邑，今荥阳京县。”《史记·项羽本纪》：“楚起于彭城，常乘胜逐北，与汉战荥阳南京、索间。”《正义》引《括地志》云：“京县在郑州荥阳县东南二十里，郑之京邑也。”即今河南荥阳市东南的京襄故城所在地。京地与龙地见于同版卜辞，商王也关心着龙地的农业生产，如卜辞云：“乙丑贞：王令垦田于京？于龙垦田？”（《合集》33209）此龙地当即后世陇城和垂陇城，《左氏春秋经·文公二年》：“盟于垂陇。”杜预注：“垂陇，郑地，荥阳县东北有陇城。”《水经·济水注》引京相璠曰：“垂陇，郑地，今荥阳县东二十里有陇城。”汉荥阳县即今郑州市东北古荥镇，古陇城当在今古荥镇东约10千米处。卜辞京地东北距今郑州市人民公园即古墉地、古陇地各约20余千米，商王令墉前往京地系祭神灵、又令人前往京、陇二地垦田都是比较便当的。

墉族所在的墉地与鬼族所在的鬼地、亳地也见于同版卜辞，其辞云：

丁卯贞：……令墉……刚于亳？

丁卯贞：王令鬼𡆥刚于亳？（《怀》1650）

《说文·刀部》：“刚，强断也。”《小屯南地甲骨》释“刚”为“为祭名或用牲法”。姚孝遂等先生也认为“刚”作为“卜辞祭名与用牲之法经常是一致的”[②]，在此作为祭名，全辞意谓某年某月丁卯这一天，商王向神灵贞问：令墉族首领刚祭于

① 于省吾：《甲骨文字诂林》，中华书局，1996年，第3211、3202页引。

② 于省吾：《甲骨文字诂林》，中华书局，1996年，第2838页引。

亯是否吉利，或令鬼族首领名[illegible]者刚祭于高是否吉利。“亯”与“高”同字，“亯”地即“高”地，其地所在，胡厚宣先生释云：“‘高’，读为‘嵩’，今中岳嵩山也”[①]，兹从其说。《尔雅·释山》：“嵩高为中岳。”《礼记·孔子閒居》引《诗经》曰：“嵩高惟岳，峻极于天。”郑玄注：“峻，高大也。”《汉书·扬雄传》：“瞰帝唐之嵩高兮”，颜师古注：“嵩，亦高也。”《释名》云：“山大而高曰嵩。”应劭《风俗通义·山泽》云：“中央曰嵩高，嵩者高也。”班固《白虎通·巡守》云：“中央为嵩高者何？嵩言其高大也。中央之岳独加‘高’字何？中央居四方之中而高，故曰嵩高山。”是嵩山即高山，故称嵩高山，现简称作嵩山。袁宏道《嵩游记》云：“古云华山如立，嵩山如卧。”嵩山西起伊水东岸，东接黄淮平原，长约100千米，南北宽约20千米，以太室、少室二山为主峰，高约1500米，是绵亘于中原中心地区最高的一座大山，商人根据这个客观存在的事实，因而单独称此山为“高”山。嵩山地区在古代气候温暖湿润，林木丰茂，动物繁多，是商代一处理想的田猎地，卜辞记有商王曾在此田猎，如卜辞云：“丁巳卜，贞：王田高，往来无灾？王占曰：吉。”（《合集》37494）“壬午卜，贞：王田高，往来无灾？”（《英》2555）此山后世又称作“天室”“崇山”“崇高山”，《说文·一部》：“天，颠也，至高无上。”《逸周书·度邑》：“定天保，依天室”，邹衡先生释云：此“天室”就是指的太室山即今嵩山[②]。《说文·山部》：“崇，嵬高也。”《太平御览·地部四》嵩山条下引韦昭注：“崇、嵩字古通用，夏都阳城，嵩山在焉。”《国语·周语》又引韦昭注云：“夏居阳城，崇高所近。”天、崇、嵩之本意皆为高，后世的天室、崇高山、嵩山，其名称皆当由商代卜辞所记“高”山演变而来。鬼族所在，陈梦家先生云：后世“隤、隗、媿、怀都是鬼姓”[③]。王国维也以为以上诸族皆为鬼姓“遗裔”[④]。隤、隗二族或其一支最早当生活于今新郑、新密二市一带，《庄子·徐无鬼》：“黄帝将见大隗乎具茨之山。”王先谦《集解》引《经典释文》云：“大隗，神名。司马云：具茨在荥阳密县东，今名泰隗山。”古泰、大二字相通用，“泰隗山”就是“大隗山”。郭庆藩《集释》又云：“大隗，古之至人也。具茨，山名，在荥阳密县界。”具茨山位于今新郑、新密和禹州三市之间。大隗最早当是生活在这里的一位鬼族部落首领，后被人们奉为“古之至人”即贤能高尚之人，聚居于今新郑

---

① 胡厚宣：《甲骨学商史论丛二集·卜辞中所见之殷代农业》二集，齐鲁大学国学研究所专刊，1945年。

② 邹衡：《夏商周考古学论文集》，文物出版社，1980年，第220页。

③ 陈梦家：《殷虚卜辞综述》，科学出版社，1956年，第275页。

④ 王国维：《观堂集林·鬼方昆夷玁狁考》，中华书局，1959年。

市区的黄帝族首领黄帝，曾前往拜访于他商讨治世方略。具茨山又名大隗山当即以该族聚居于此地而得名。黄帝族与鬼族居地相近，两族还有着密切的姻亲关系，《史记·楚世家》："楚之先祖出自帝颛顼高阳，高阳生称，称生卷章，卷章生重黎。重黎为帝喾高辛居火正，……帝乃以庚寅日诛重黎，而以其弟吴回为重黎，后复居火正，为祝融。……吴回生陆终。"《世本》又云："吴回氏产陆终，陆终娶于鬼方氏之妹谓之女隤。"黄帝既曾拜访于大隗。其后人又曾娶于"鬼方氏之妹"，是知两族当居处邻近。鬼族的一支当曾当曾居于大隗山区，此山位于嵩山东麓，北距墉族所在的墉地约40千米。

嵩山一带曾是夏族的发源地也是该族的圣山，《国语·周语》上："昔夏之兴也，融降于崇山。"故文献称夏族的祖先鲧为"崇伯鲧"（《国语·周语》下）、称禹为"崇禹"（《逸周书·世俘解》），"崇山"即"嵩山"，嵩山南麓迄今还保存着"启母石""启母阙"等传说性的夏人遗迹。商人建立商王朝之后，"殷因于夏礼"，也把嵩山奉为圣山，卜辞多记有商王曾对此山进行隆重的祭祀，上述商王派人"刚"祭于高即其一例，又如卜辞云：

贞：于高燎？（《合集》526）

乙卯卜，贞：求禾于高，燎九牛？（《合集》33305）

辛未贞：求禾于高暨河？（《屯》916）

乙巳卜：其求年高，王受……吉。（《屯》3157）

其烄高，有雨？（《合集》30791）

贞：御妇好于高？（《合集》2612）

上述卜辞表明，嵩山作为中原中心地区最高的一座大山，在商人的心目中仍然具有崇高的地位，此山北距今郑州市人民公园即古墉地约50千米，商王令墉前往刚祭于"高"即嵩山也同样是比较便当的。"墉"族与"依"族也见于同版卜辞，其辞云："贞：依敦墉？"（《合集》7047）《国语·晋语》："凡黄帝之子，二十五宗。其得姓者十四人，为十二姓，……僖、姞、嬛、依是也。"《世本》也说："依姓，黄帝轩辕氏后。"《国语·郑语》史伯对郑桓公云："邬、弊、补、舟、依、鰇、历、华，君之土也。"可知在春秋时期郑国境内仍有依族存在，依、墉两族、两地当相距不远，两族发生冲突，影响地区安定，因而受到商王的关注。总之，在今郑州市人民公园一带既发现随葬有"墉"族铜戈的墓葬，其地又与卜辞所记与"墉"地相系联的几个地名相近，所以我们认为这里应当就是殷墟卜辞所记的"墉"地。近年来考古工作者又在这里"发现晚商墓葬7座，东西向长方形竖穴土坑，均有腰坑，有的底部有朱砂痕迹。这类墓葬均被盗扰，只有一座出土有铜器、玉器和陶器随葬品，陶器放置在墓室的东部和东南部，组合为鬲、尊和鬲、簋。玉器有戈、琮、斧等”①。从其公布的个别器物形制来看，这批墓葬当属于殷墟文化二期晚段的遗迹，可能也属于“墉”族的墓地。不过随着商朝王都北迁至今安阳殷墟，墉族的一支也当迁居于新的王都周围地区，《汉书·地理志》云：“河内本殷之旧都，周既灭殷，分其畿内为三国，《诗·（国）风》邶、庸、卫三国是也。”颜师古注：“自纣城而北谓之邶，南谓之庸，东谓之卫。”顾栋高《〈春秋〉大事表》：“今河南省新乡县西南三十二里有鄘城。”墉族新迁或在此地，《诗经》中的《鄘风》当是流传于这个地区的诗歌。西周灭殷以后，周王曾将部分墉族赏赐予邢侯，西周《井侯簋》云：“匄井侯服，赐臣三品：州人、重人、墉人。”唐兰先生说：“井侯是邢国之侯。”②《左传·宣公六年》：“秋，赤狄伐晋，围怀及邢丘。”杜预注：“邢丘今河内平皋县。”《续汉书·郡国志》河内郡下：“平皋县有邢丘，故邢国，周公子所封。”王先谦《集解》引清《一统志》云：平皋“古城在今温县东二十里”。即今河南省温县平皋镇。此地东北距古墉地约50千米，两地相近，邢侯故得受封墉人为自己服役。墉族首领也有任职于西周王朝者，《墉伯搱簋》铭文云：王“燎于宗周，赐墉伯搱贝十朋”。“墉伯”当是西周王朝的重要官员。但是墉族虽迁，今人民公园一带“墉”地名称尚存，西周初期的“郭邻”或“郭凌”可能就是指的此地，《尚书·蔡仲之命》云：“惟周公位冢宰，正百工，群叔流言，乃致辟管叔于商，囚蔡叔于郭邻，……”孔传曰：“郭邻，中国之外地名。”孔颖达疏：“‘郭邻，中国之外地名，’盖相传为然，不知在何方。”疑为传说，不足为信。《逸周书·作雒解》云：“周公立，相天子，三叔及殷、东、徐、奄及熊盈以略。……周公降辟三叔，王子禄父北奔，管叔经而卒，乃囚蔡叔于郭凌。”孔晁注：“郭凌，地名；囚，拘也。”黄怀信等《〈逸周书〉彙校集注》引陈逢衡云：“郭凌，《（尚）书·蔡仲之命》作‘郭邻’。惠氏《礼说》曰：‘《周书》囚蔡叔于郭邻，幽之也。叔卒而立其子仲于蔡，则郭邻乃空墠之地名，明在蔡之境内矣。’衡按：《周礼·六遂》：‘五家为邻’，《左传·定（公）四年》：‘蔡蔡叔，以车七乘，徒七十人。’是盖予以五家、五百亩之入以养此七十人，故谓之‘邻’。以其附近之城郭仍在蔡境内，故谓之‘郭邻’。惠氏谓亦不离其国内，是也。”③“凌”与“邻”同声相假④，“郭凌”也就是“郭邻”。《释名·释

① 索全星等：《河南金岸住宅工程考古：为研究郑州商城和郑州商文化序列提供重要实物资料》，《中国文物报》2008年7月4日第五版。

② 唐兰：《西周青铜器铭文分代史徵》，中华书局，1986年，第161页。

③ 黄怀信等：《逸周书彙校集注》，上海古籍出版社，2007年，第517、518页。

④ 高亨：《古字通假字典》，齐鲁书社，1989年，第38页。

州国》："五家为伍，以五为名也；又谓之邻，邻，连也，相接连也。""郭邻"意即邻近于蔡邑或邻近于蔡国的郭地，古"郭"与"墉"同字，郭地也即临近于蔡邑或邻近于蔡国的墉地。如上文所述，蔡国始封地当在今郑州市古荥镇北郑庄一带,此地东南距今郑州市人民公园即古墉地约20千米，蔡叔被囚禁的"郭邻"或"郭凌"应当就在这个地区。

在郑州商城即故都亳邑以西及今荥阳市区一带，也发现有众多的商代后期遗址，这个地区"北依邙山，西、南为嵩山余脉围绕"，"中、东部地势平坦"，形成一处较大的簸箕形盆地。"发源于嵩山的索河、须水河、枯河流经其间"[①]，商代后期遗址就主要分布于枯河和索、须河流域地区，其中比较重要的有小胡村遗址，该遗址位于荥阳市广武镇小胡村的东北侧，现已发掘一处墓地，墓地地处枯河北岸的台地之上，面积约8万平方米。考古工作者在这里"共发掘晚商墓葬58座"，"墓葬的形制均为长方形土坑竖穴式，……除M90方向92°，是东向以外，其余均为南北向"。"墓室的面积最大的为15.9平方米，最小的1.5平方米，多数在3—8平方米之间。""多数墓葬修筑有生土二层台和熟土二层台"，而且"底部都带有腰坑"。"大部分墓葬都有棺、椁。棺、椁的有无，特别是椁的有无和墓葬规模的大小有密切关系，从总体情况看，面积在3平方米以上的墓葬，一般都有棺有椁，面积在3平方米以下的，一般只有单棺没有椁。""凡是有棺有椁的墓葬一般都是用席子，从席纹痕迹、人骨以及棺板朽痕的叠压关系来看，席子应包裹在尸体之外。"尸体"葬式多为仰身直肢和俯身直肢，人骨下一般都铺撒朱砂，个别墓葬局部甚至厚达2厘米"。"一般一座墓葬一条殉狗，规模较大的墓葬，狗的数量可达数条，如M38，面积7.2平方米，殉狗数量多达7条。""殉狗主要放在填土中、二层台上和腰坑内"，"另外，在M8西侧二层台上和M21墓室填土中还发现有牛的腿骨和肩胛骨"。"在58座墓葬中，出土随葬器物的墓葬有35座，共出土器物405件，主要为铜器、玉石器、海贝等，罕见陶器。""随葬品的放置较有规律，多数放置于棺内。礼器放置于墓主足端，兵器放置于墓主肩部，玉器和海贝为墓主贴身佩戴或口含。……殉狗的颈部发现有铜铃。""从墓葬形制、葬俗及器物特征看，这批墓葬的年代比较集中，大致相当于殷墟三、四期，个别墓葬的年代可能早到二期晚段。"另外，在胡村周围沿枯河一带郑庄、车庄和唐侗等地，均发现有商代晚期遗址，可知这里应是一处当时商族的聚居地区。值得注意的是"在随葬铜器上共发现不同的铭文单字4个，其中有一个字出现的频率最高，共在鼎、卣、觚、爵、戈等多件器物上出现，可隶定为'舌'字。……据此我们认为'舌'当为氏

① 河南省文物考古研究所：《河南荥阳关帝庙遗址考古发现与认识》，《华夏考古》2009年第3期。

图4.11　小胡村出土“舌”族铭文

族名，该墓地应为‘舌’氏家族墓地”（图4.11）。不过“这座商墓虽然同在一个族墓地，但在空间上有一些墓葬又簇聚成更小的墓葬群，可以区分为一些墓组，这些墓组可能是族墓地中的家族‘私地域’”①，他们互相之间也当有着一定的血缘关系。舌族也是商代的重要氏族，殷墟卜辞记有舌族首领曾为商代犬官，也曾奉令参加战争，并记有商王前往舌地的活动，如卜辞云：

惟牢犬舌比，弗悔？（《合集》27923）

惟臣舌戈令获？（《合集》19092）

多舌无祸？（《合集》22405）

贞：……往舌？（《合集》7712）

贞：王曰：之舌？（《合集》14951）

卜辞所记的舌地当在今胡村一带地区。进入西周初期，这里的舌族南迁至今石佛镇洼刘村一带，以后去向不明，或已音变为檀族，成为这里古檀国的组成部分（说详第四节）。

在胡村以西的枯河上游西司马遗址，也发现一处晚商时期墓地，墓地位于枯河北岸的台地之上，面积约5000平方米。考古工作者在这里已发掘出82墓葬，是郑州地区迄今所见墓葬最多的一处商代后期墓地。墓地内分为中南部和西北部两块墓群，“墓葬排列分布比较有规律，大致分为两类：一类为南北向，仰身直肢，头均向南，部分有腰坑，内葬狗骨一具，器物放置于头端，器物组合为鬲、簋、豆、罐等；另一类为东西向，仰身直肢，头均向西，部分墓葬有腰坑，内葬狗骨一具，头端上方有一壁龛，内置陶器，器物组合为簋、豆、罐等。南北向墓葬主要分布在发掘区的中南部，分布比较密集；东西向墓葬主要分布在发掘去东北和西北部，分布比较分散。……南北向墓葬一般无壁龛，器物基本组合为鬲、簋、豆、罐；而东西向墓葬均有壁龛，器物基本组合为簋、豆、罐，一般不出鬲”。其中以M43比较重要，该墓位于墓地中南部，“墓向195°。口小底大，墓葬平面呈圆角长方形，坑壁略外斜，平底。墓口长2.78米、宽1.22米，墓底长2.9米、宽1.4米、深0.96米。一棺一椁，……墓底有长方形腰坑，……内殉狗一。墓底清理人骨一具，仰身直肢，经鉴定墓主为壮年女性，头端置铜爵一件、铜觯一件、陶鬲一件、陶簋2件、陶豆2件、陶罐7件、蚌饰2件，口内及颈

① 贾连敏等：《河南荥阳胡村发现晚商贵族墓地》，《中国文物报》2007年1月5日第5版。

部随葬海贝共37枚”[①]。这是该墓地唯一的一座随葬有青铜器的墓葬，也是随葬品最多的一座墓葬，无疑应是一座女性贵族的墓葬。在西司马遗址周围的丁楼、西史村、东柏朵、竖河等地，均发现有晚商遗址，也形成一个商族聚居区。

在胡村以南发现有关帝庙遗址，该遗址位于荥阳市豫龙镇关帝庙村西南部，东距须水河约3千米，北距索河约6千米，遗址坐落在索河与须水河夹角的台地之上，现存面积约10万平方米，发掘面积2万余平方米。“该遗址发现的商代晚期文化遗迹数量较多，包括房址、灶坑、陶窑、水井、墓葬、祭祀坑、灰坑、灰沟等。从整体看主要集中分布在遗址的东部和南部，大部分在围沟之内，形成一个较完整的聚落。聚落内部有较明显的功能分区，发掘区西北部是房址和陶窑集中分布的区域，发掘区南部有较大的祭祀场，各种灰坑和附近的墓葬散布在聚落的不同区域，分布也有一定的规律；围沟外围东北部发现的遗迹较少，主要作为专门的墓葬区。”显而易见，它是通过一定规划建造起来的。其中居址共发现22座，“皆为半地穴式单室建筑”，“小型单间，内各具灶或火塘”，“集中分布在发掘区的西部”，应是该聚落个体家庭的居住区。陶窑共发现20座，“制陶作坊和居址没有明显的分界，在发掘区的西北、北部、中部、中南部，都有陶窑分布，但房址较集中的区域内，陶窑分布也相对集中”。但是“不同区域的陶窑方向、窑箅孔形状有所区别”，从“窑室的废弃物表明，陶窑的生产存在分工，泥质陶和夹砂陶是分窑烧制”，可能显示着这些陶窑属于不同的家族或家庭所建造和使用。水井共发现32座，分布于居室和陶窑的周围，其间还发现有众多的灰坑。发掘区南部，发现有“大面积的灰土堆积，灰土成片分布，……内含大量草木灰和炭屑。灰土堆积之下有较多的祭祀坑，祭祀坑为圆形和椭圆形，坑内填土多较纯净，有整牛骨架，个别的为猪骨架，也有人骨架。除兽坑、人坑外，还有部分灰坑，……如H500出土完整的龟甲一块及带有凿痕和灼痕的牛肩胛骨2块，其周围有多座小型的灰坑相围绕或打破，……从地势看，该区域为商代聚落内地势较高的区域，大面积的灰土堆积，应该是燎祭的遗存，多座兽坑，应为祭祀的瘗埋”。就是说这里应是一处祭祀中心地区。“遗址东北部，为商代墓葬集中分布的区域。”“墓葬排列比较整齐。”另外在“房址的南部、祭祀区的西部和祭祀区域内也有相对集中分布的墓葬”。这些墓葬皆为小型长方形或圆角长方形土坑竖穴墓，部分有二层台和腰坑，有些墓葬填土、二层台和腰坑内殉葬有1—2具狗骨架。“多单人葬，偶见双人葬；墓主人仰身直肢或俯身直肢，个别的微侧身屈肢葬；部分有棺椁；多无随葬品，部分人骨架口内含贝或手中握贝”，“有少量墓葬随葬有单件陶器，或鬲、或豆、或钵”。其

① 郑州市文物考古研究院等：《河南荥阳西司马遗址晚商墓地发掘简报》，《中原文物》2009年第3期。

中M3内发现有小件青铜器，该墓位于祭祀区域内，“有数个祭祀坑围绕M3分布”，“墓口近梯形，长2.9、宽1.25—1.45米，方向为4°。坑壁外斜，清理到距墓口2米深处，同时发现了生土和熟土二层台，……熟土二层台和生土二层台之间应为椁，已朽烂无存；熟土二层台内应为棺，仅存少许灰痕；……二层台上有殉狗两只。墓底有长方形腰坑，长0.6、宽0.38、深0.28米，腰坑内殉狗一只。此墓的葬具应为单棺单椁，墓底部发现一具人骨，为俯身直肢葬。在二层台上放置有铜铃和铜镞，人骨的头部旁侧发现经过加工的圆角长方形蚌片”。这是该遗址所发现的一座最大而且唯一随葬有青铜器的墓葬，该墓位于祭祀区域以内，而且其周围“有数个祭祀坑相围绕”，显然应是一座该聚落族长和首领的墓葬，祭祀区域也应是该聚落一处祭祀祖先和天地神灵的场地。这座聚落的大部分被一条壕沟（G10）所围绕，该沟“东南部起自遗址东部的冲沟西剖面上，向北略呈东南—西北向延伸，沿墓地西部到墓地西北部向西行，在遗址北部、发掘区北部中段折向南行约3米，然后又折向西行，至发掘区西北部，缓折向西南行再往南行，顺势往东南方向倾斜，在距遗址南部的台地断崖约8米处折向东行。在东向60米后，沟留有宽约8米的缺口。缺口中部地势稍低，有南北向的路土”，“表明此处的缺口应是进出聚落的通道。在通道西部的围沟内侧，发现门道东向、重复修建使用的房址，应该和聚落的防卫有关”。“缺口东部沟东行后向东南方向拐折”，后被现代冲沟打断。“因被晚期破坏，沟现存开口平面宽度不一，其开口宽一般为0.4—0.8米”，“底部很窄，多为0.1米左右，沟最深为1.5米”。“沟的复原长度约为580米，围沟环绕的区域约25000平方米。”聚落内“出土的文化遗物丰富，陶器有鬲、簋、罐、盆、甑、豆、觚、钵、甗、勺、拍等，石器有镰、铲、斧、刀、圭形器等，骨器有簪、匕、锥、镞等，蚌器有镰、刀、镞等，铜器有镞、铃等”。从器物出土所在的地层叠压关系及其形制演变来看，“目前荥阳关帝庙遗址发现的商代晚期遗存分为三段，……所分三段大体相当于殷墟一期、殷墟二期、殷墟三期”。就是说这是一处殷墟文化一期到三期的商代小型聚落遗迹。这是在“黄河南岸地区首次完整揭露的商代晚期都城以外的中下层聚落遗址，该聚落功能齐全，并经过比较具体的规划”。它的发现，对“研究当时的聚落特点、形式、结构等具有重要的意义”①。聚落是人类群体定居生活的场所，后世又称作“邑”。《释名·释州国》云：“邑犹俋也，邑人聚会之称也。”其实“聚会之称”当改为“聚居之称”更为确切。邑作为“聚会”之所，只是聚落形成过程中的雏形形态，考古发掘证明，人类在从游牧生活转入定居

① 李素婷等：《河南荥阳关帝庙遗址再次发掘成果丰硕》《中国文物报》2008年1月18日第二版；河南省文物考古研究所：《河南荥阳市关帝庙遗址商代晚期遗存发掘简报》，《考古》2008年第7期。

生活的前夕，根据当时的需要，曾选择在交通方便、相对安全，又有着较好生态环境的活动中心地带作为聚会场所，这些场所有学者又称之为“中心营地”；人们在这里经常聚会，互通信息，生火取暖，打琢工具，处理猎物，共同食宿，久而久之，随着原始农业的产生，人们便逐渐把某些“中心营地”作为族群定居之地，即后世所称作的聚落和邑，郑州地区发现的老奶奶庙遗址，应当就是生活在这里的原始人们最早的经常“聚会”之所和“中心营地”[①]。从作为人们经常聚会的“中心营地”转化为定居生活的早期聚落形态，其布局正如关帝庙遗址《发掘简报》所说大致由四个部分组成：即一，居住区同时也应含有处理聚落公共事务的所在地；二，墓葬区；三，祭祀神祖也是人们聚会的活动区；四，手工业制作场地。关帝庙遗址当然不是我国最早的聚落遗址，但其所揭示的文化内涵，反映着它应是我国中原地区早期典型的一座聚落遗迹。聚落的主体是居住区，关帝庙聚落遗址居住区发现的“半地穴式单室建筑”，应是古代称作的“室”，《诗经·豳风》云：“嗟我妇子，曰为改岁，入此室处。”就是指的作为个体家庭居住的这种单室建筑。《诗经·良耜》又云：“以开百室。”郑玄笺：“‘百室’者，出必共洫间而耕，入必共族中而居”，关帝庙遗址发现的居住区当是同一宗族的居住区。《说文·邑部》：“邑，国也。”这里所说的“国”就是指的王都，是聚落发展到阶级社会以后出现分化的产物，段玉裁注说：“古国、邑通称”，此说甚是。商代聚落虽有大、小之分，但皆称作“邑”，殷墟卜辞记王都一类聚落称之为“大邑商”（《合集》36483）和“天邑商”（《合集》36535），中心聚落称之为“大邑”（《英》1105），一般的聚落则称之为“小邑”（《合集》17574），卜辞记有“二邑”（《合集》6057）、“三邑”（《合集》6066）、“四邑”（《合集》7866）、“二十邑”（《合集》6798）、“三十邑”（《合集》7073）等，都应指的是这种小型聚落，居住于聚落里的平民群众殷墟卜辞就称之为“邑人”（《合集》799）。后世文献记有“十室之邑”，“百室之邑”（《春秋谷梁传·庄公九年》），关帝庙聚落遗址应当就是殷墟卜辞称作的商代“小邑”。殷墟卜辞多有商人“作邑”的记载[②]，“作邑”是一种有计划的行动，《诗经·邶风》云：“定之方中，作于楚宫；揆之一日，作于楚室。”郑玄笺：“楚宫，谓宗庙也。定星昏中而定，于是可以营制宫室，……楚室，居室也。君子将营宫室，宗庙为先，厩库为次，居室为后。”商人“作邑”，也必是经过一定的规划而且按照一定的布局建造起来的。《左传·庄公二十八年》云：“凡邑有宗庙先君之主曰都，无曰邑。”王都

① 王幼平：《郑州老奶奶庙旧石器时代遗址》，《古都郑州》2012年第2期。

② 姚孝遂：《殷墟甲骨刻辞摹释总集》上册，中华书局，1992年，第117页。

大邑建有祭祀先君的宗庙，荥阳关帝庙遗址发现的以M3为主的祭祀区域表明，商代小型聚落也同样有人们祭祀祖先的场所。殷墟卜辞邑字写作“邑”，从口、从卩，像一方土下端坐一人之形，“口”当指聚落所在的一定地域，“卩”下端坐一人，当指这片地域下面埋葬的祖先遗体，因此，“邑”字本义当指为一处人类某一族群聚居于埋有祖先的地区。殷墟卜辞记有“族尹”（《合集》5622）一职，王贵民先生释云：“作为最初的行政概念的‘尹’，很早就与族长相结合，称‘族尹’。”[①]王宇信等先生据此认为“‘族尹’的出现说明，族的首领已经开成为类似行政官员的角色，担任基层管理者的任务，其实已经被纳入商王朝的管理体系之内”[②]，其说甚是。关帝庙遗址M3墓主人既应是当地族长，也应是当地行政官员，就是说商代从上到下已经实行着族权与政权牢固结合的制度。

在关帝庙遗址西侧，发现有蒋寨遗址，该遗址“地势环境与关帝庙遗址类同，同处须水与索河交汇的夹角台地上。目前该遗址发现有房基、墓葬、祭祀坑、水井、窖穴、灰坑等遗存，出土有日用陶器、石器、玉器、蚌器等”[③]。另外，在关帝庙遗址周围的西连河、瓦屋李、兰砦、汪庄、庙沟、白寨等地均发现有商代后期遗址，从而在须水河沿岸形成有一个大型的商族聚居区域。

今郑州郊区及荥阳市区既发现有众多的商代后期遗址，可知这里当时人口众多，经济繁荣，卜辞所记商王也曾多次到这里视察、田猎和进行祭祀神灵的活动，殷墟卜辞还记有商王曾在龙、彭二地收取“三十邑”的土地（《合集》7073），“龙”地如上文所述，位于今古荥镇的东侧，“彭”地应即《诗经·郑风》“清人在彭”之“彭”地，郑玄笺：“彭，卫之河上，郑之郊也。”孔颖达疏：“郊，谓二国郊境”，当位于春秋郑、卫交界古黄河岸边的今原阳县西北一带，西南距古龙地约40千米，在这个区域内最少分布有三十处聚落，可见郑州郊区在商代后期分布有众多的邑聚，仍是商王朝王畿南侧的一处重要地区。

另外，近年公布的清华简《楚居》[④]一文，记述了商代后期楚族始祖季连活动的若干地名，这些地名地望我们认为皆应位于今郑州附近地区，兹在这里简单论述如下：《楚居》原文云：

季连初降于郻山，抵于穴穷。前处于乔山，宅处爰波。逆上洲水，见盘庚

① 王贵民：《商周制度考信》，台湾明文书局，1989年，第74、75页。

② 王宇信等：《商代史·商代国家与社会》，中国社会科学出版社，2011年。

③ 黄富成：《郑州商城周边聚落变迁与环境因素影响浅析》，《中原地区古城、古都与古国学术研讨会论文集》，2010年。

④ 李学勤：《清华大学藏战国竹简·楚居》，中西书局，2010年（以下引此书不再加注）。

之子，处于方山，女曰妣隹，秉兹率相，詈𦣞四方。季连闻其有聘，从，及之泮，爰生郢伯、远仲。游淌洋，先处于京宗。

秦嘉谟辑补《世本·帝系》："季连，是为芈姓。"宋衷注："季连，名也。芈姓，诸楚所出，楚之先。"《楚居》所记楚人世系始自季连，证明文献记载季连为楚族始祖是完全正确的。《说文·刀部》："初，始也。"同书《阜部》又云："降，下也。"《楚居》一文整理者释此文的"降，特指神的降临。"不过楚人也以"降"为诞生之义，屈原《离骚》云："摄提贞于孟陬兮，惟庚寅吾以降。"闻一多《解诂》云："庚寅为楚俗最吉之日，故真人自称以此日降生。"[①]故"季连初降于䢼山"，也可解释为季连最初降生于䢼山。䢼山所在，《楚居》一文整理者以为"䢼山，疑即騩山"。李学勤先生进一步认为应"即（山海经）《中次七经》的大騩之山，就是今河南新郑、密县（郑按：今称新密市）一带的具茨山"[②]。其说甚是。"騩"字从马，鬼声，古鬼、畏二字音近相通，王国维论之甚详[③]。《水经·潩水》："潩水出河南密县大騩山。"郦道元注："大騩即具茨山也。"《山海经·中次七经》云："又东三十里，曰大騩之山。"郭璞注："今荥阳密县有大騩山。"毕沅《集解》云：大騩之山"《说文》作'大隗山'，在今河南新郑县西南四十里。……《新唐书》云：许州阳翟有具茨山"。密县、新郑县、阳翟即今河南省新密市、新郑市和禹州市，具茨山正位于三市之间，应当就是《楚居》一文所记的䢼山。秦嘉谟辑补《世本》云："陆终娶于鬼方氏之妹谓之女隤，是生六子，……六曰季连，是为芈姓。"如上文所述，季连生母女隤当即大隗族后裔，从而可以推知季连降生于䢼山也是合乎情理的。"穴穷"一地，李守奎先生释为"穴熊"[④]，兹从其说。"穴熊"一地当即文献记载的"有熊"，其地所在，《史记·五帝本纪》云："黄帝者，少典之子。"《集解》引"谯周曰：'有熊国君少典之子也。'皇甫谧曰：'有熊，今河南新郑是也'"。《水经·洧水注》："洧水又东迳新郑县故城中，《帝王世纪》云：'或言县故有熊氏之墟，黄帝之所都也。'郑氏徙居之，故曰新郑矣。"春秋时期的郑国国都，即今考古工作者发现的郑韩故城，位于今河南省新郑市区，黄帝所都的有熊氏之墟就在此地，故新郑市现又称作"黄帝故里"，此地西距大隗山约20千米，应当就是楚居所记季连长大成人以后"抵于穴穷"之地。

① 闻一多：《〈离骚〉解诂》，上海古籍出版社，1985年。

② 李学勤：《论清华简〈楚居〉中的古史传说》，《中国史研究》2011年第1期。

③ 《王国维遗书·观堂集林·鬼方昆夷猃狁考》，上海古籍出版社，1983年。

④ 李守奎：《论〈楚居〉中季连与鬻熊事迹的传说特征》，《清华大学学报》（哲学社会科学版）2011年第4期。

《楚居》所记的乔山，或即鄗山，按“乔”与“高”音近义同，可相通假，乔，古音属群纽宵部，高，古音属见纽宵部，群、见旁纽，同属牙音。《尔雅·释诂》：“乔，高也。”“《诗经·周颂·般》：‘隳河乔岳’，《玉篇·山部》引‘乔’作‘高’。”[①]又高与鄗声同相通，《说文·邑部》：鄗“从邑，高声”。“《史记·燕召公世家》：‘栗腹将而攻鄗’，《集解》引徐广曰：‘鄗在常山，今曰高邑。’”[②]据此而论，季连所出的乔山，可能即文献所记载的鄗山，其山所在，《左传·宣公十二年》：“晋师在敖、鄗之间。”杜预注：“敖、鄗二山在荥阳县西北。”西晋荥阳县即今郑州市古荥镇，鄗山位于黄河南岸，南距新郑市即“穴穷”约60千米，《楚居》记云：“前出于乔山，宅处爰波。”意即季连由穴穷前往乔山，居处于波涛滚滚的黄河岸边。

《楚居》又云：“逆上汌水，见盘庚之子，处于方山，女曰妣隹。……先处于京宗。”“汌水”疑即“汜水”，“汌”字，《康熙字典·水部》引《玉篇》云：“汌，尺恋切，音钏，水也，一曰水名。”当是从水，川声。“汜”字，《说文·水部》：汜，“从水，巳声。”川，古音属舌音穿纽文部，巳，古音属齿音邪纽之部，王力先生说：属于“舌与齿”二音的声纽“为邻纽”，“之、文”二部可以“通转”[③]。是知“川”与“巳”二字古音相近，当可相假。如果此释不误，则《楚居》汌水可能就是文献所记的汜水。汜水所在，《山海经·中次七经》云：“又东三十里曰浮戏之山，……汜水出焉，而北流注于河。”《水经·河水注》：“河水又东，合汜水。水南出浮戏山，世谓之曰方山也。”熊会贞疏：“故《寰宇记》、《郡国县道记》称：汜水出方山。”同书《洧水注》又云：“洧水东流，绥水会焉，水出方山绥溪，即《山海经》所谓浮戏之山也。”是浮戏山又称方山，位于荥阳市南与新密市交界之间。清代汜水县即今河南省荥阳市汜水镇，以位于汜水沿岸而得名，汜水源出的方山，应当就是季连逆汜水而上会见“盘庚之子”的方山。至于“盘庚之子”，杜勇先生以为“有可能就是武丁”[④]，此说可信。文献记载商王武丁曾经较长时间活动于今郑州地区，《尚书·无逸》云：“其在高宗（武丁），旧劳于外，爰暨小人。”孔颖达疏：“旧，久也。”武丁“久劳于外”的外地，就在今郑州地区，《国语·楚语上》：“（白公）对曰：‘昔殷武丁，能耸其德，至于神明。以入于河，自河往亳，于是乎三年，默以思道。’”意即古有商王武丁，努力提高道德水平，以求能够通达

① 高亨：《古字通假字典》，齐鲁书社，1989年，第786页。
② 高亨：《古字通假字典》，齐鲁书社，1989年，第786页。
③ 王力：《同源字典》，商务印书馆，1987年，第20、16页。
④ 杜勇：《清华简楚居所见楚人早期居邑考》，《中国国家博物馆馆刊》2013年第11期。

神明，为此他入居于河邑，又自河邑前往故都亳邑，在这里住居三年默不作声，专心思考治理国家的大政。“河邑”见于殷墟卜辞，其辞云：“癸巳卜，在巳奠河邑，泳贞：王旬无祸？隹（惟）来征人方。”（《合集》41754）卜辞也记有巳族，其辞云：“壬寅卜：令巳复出？”（《合集》22048）巳族所居的巳邑当以位于汜水沿岸而得名，“河邑”当位于巳邑郊区黄河南岸一带[①]，武丁应是从这里前往故都亳邑即今郑州商城地区“默以思道”的。季连可能也就是在这个时期逆汜水而上，到达方山，与“逊于荒野”（《尚书·君奭》孔颖达疏引《孔命篇》）、体察民情的武丁相遇，双方彼此好感，结下友谊，后又娶武丁之女为妻，夫妇二人居住于京宗，从此两族接下更为亲密的关系。“京宗”当即上文所说的“京”地，此地西南距浮戏山即方山约20千米。《楚居》又云：“穴酓迟徙于京宗。……至酓狂亦居京宗。”此文整理者释为“穴酓即穴熊，亦即鬻熊”，是季连之孙；“酓狂”即《史记·楚世家》称作的“熊狂”，是季连的五世孙，可知京地又是芈姓氏族较长时期的居住之地。京地之所以称为“京宗”，可能是芈姓氏族聚居的中心聚落又是楚人的宗庙所在地，如上文所述，殷墟卜辞曾记有商王令墉（墉与融相通用，楚族是祝融族的后裔，说详下文）前往京地祭祀神祖，这与此地称作为“京宗”应有着密切的关系。

以上我们简略地论述了《楚居》一文所记楚族始祖季连活动的几个地名，这些地名地望均位于黄河以南、具茨山以北的今郑州附近地区。这里在春秋时期属于郑国，如上文所述，春秋郑国曾是古老的黄帝族的故地。其后黄帝族的一支祝融族也居住于这一地区，《左传·昭公十七年》：“郑，祝融之虚也。”《汉书·地理志》：“郑国，今河南之新郑，本高辛氏火正祝融之墟也。”颜师古注：“虚，读曰墟。”《续汉书·郡国志·河南尹》下：“新郑，《诗》郑国，祝融墟。”《元和郡县图志·河南道》下：“新郑县，本有熊氏之墟，又为祝融之虚。”史载楚族正是黄帝族的一支祝融族的后裔，《史记·楚世家》云：“楚之先祖出自帝颛顼高阳，高阳者，黄帝之孙而昌意之子也。高阳生称，称生卷章，卷章生重黎。重黎为帝喾高辛居火正，甚有功能光融天下，帝喾命曰祝融。共工氏作乱，帝喾使重黎诛之而不尽，帝乃以庚寅日诛重黎，而以其弟吴回为重黎后，复居火正为祝融。吴回生陆终，陆终生子六人，……六曰季连，芈姓，楚其后也。”楚人更自认本族为祝融族的后裔，屈原《离骚》云：“帝高阳之苗裔兮，朕皇考曰伯庸。”姜亮夫先生《屈原赋校注》云：“帝者，始生之祖之称也。”[②]“皇考曰伯庸”，闻一多先生《〈离骚〉解诂》云：刘向

① 郑杰祥：《商代地理概论》，中州古籍出版社，1994年，第383页。

② 姜亮夫：《屈原赋校注》，人民文学出版社，1958年，第4页。

“《九叹·逢纷篇》曰：‘伊伯庸之末裔兮，谅皇直之屈原。’刘向以屈原为伯庸之末裔，似所见本‘皇考’作‘皇祖’，于义为长”[①]。饶宗颐先生《〈楚辞〉地理考》云：“王闓运、闻一多俱谓‘皇考’当训‘祖考’，即屈原远祖。……原与楚同姓，则原之皇考，当亦楚之太祖，诚无疑也。”又云：“《郑语》：楚为重黎之后，其言曰：‘融之兴也，其在芈姓乎！’是祝融盖楚先，其名本单称融，融、庸音同，字通，《路史·后记》四：‘祝融’，字正作‘祝庸’。”而“伯”与“祝”皆为后人所附加的形容词[②]。朱骏声《〈说文〉通训定声》引《方言》一云：“融，长也，宋、卫、荆、吴之间曰融，又为庸。”《楚居》所记以季连为首的芈姓楚族最早的活动地名地望，皆位于祝融族的故地即今郑州附近地区，由此可知，楚族当是继承着祖先祝融族的基业，产生和形成于祝融族的故地，也即起源于这个地区。

第四节　西周初期的郑州地区形势

周族兴起于周原“西土”（今陕西岐山县及其周围一带），到西周文王时期迅速发展壮大起来。当时的商王朝却是商王“帝辛淫乱，拒谏贼贤”，并一度囚禁了文王。文王被释放回到周原之后，一方面表示忠顺于商王朝，一方面则努力扩大本族的势力范围。近年来考古工作者在陕西岐山县凤雏村发现有周人建庙祭祀商王先祖的卜辞，就表示着周人忠顺于商王朝之意。不过对于这些卜辞的族属问题，当前学术界对此多有分歧，一说为商族卜辞，认为“很可能是在殷商末年商纣王时，掌握占卜的卜人投奔周人时，携带过去的”[③]；另一说为周族卜辞，认为应是周人庙祭商王先祖的遗物。今按当以后一说为是。众所周知，这些卜辞的整治方法、钻凿形态和字体风格均与殷墟卜辞多有不同，有着自己鲜明的特点当即周人卜辞的特点；再从其内容上看，正如这批卜辞的发掘报告所说：“周在武丁时已是殷的附属国，被称为‘周侯’，凤雏村出土的甲骨文充实了这方面的资料，H11：1记载周人祭祀殷人的先帝文武帝乙、成唐（汤），H11：84记载周人求佑于殷人的先帝太甲，说明周确实是殷的附属国，但附属国祭祀宗主国的祖宗，这在文献记载中是没有见过的”[④]。对此徐中舒先生补充说：“文王在周原建立殷王宗庙，在旧史中也有此事例，《史记·秦本纪》记秦昭

① 闻一多：《〈离骚〉解诂》，上海古籍出版社，1985年。

② 饶宗颐：《楚辞地理考·附伯庸考》，商务印书馆，1946年。

③ 王玉哲：《陕西周原所出甲骨文的来源试探》，《社会科学战线》1982年第1期。

④ 陕西周原考古队：《陕西岐山凤雏村发现周初甲骨文》，《文物》1979年第10期。

王五十三年（公元前二五三年）‘韩王入朝，魏委国听令’。此时韩、魏已沦为秦之属国，委质于秦，‘称东藩，筑帝宫，受冠带，祠春秋’。……《后汉书·南匈奴传》说：‘匈奴俗岁有三龙祠，常以正月、五月、九月戊日祭天神，南单于既内附，兼祠汉帝。’汉宣帝时匈奴降汉，尚在三龙祠祭祀汉帝，这和周文王在周原建立殷王宗庙，在这里与周大臣杀牲受盟”，意义是相同的[①]。南匈奴“内附”以后“兼祠汉帝”，当是继承着周人的礼俗。再者，《礼记·祭法》云：“夫圣王之制祭祀也，法施于民则祀之，以死勤事则祀之，以劳定国则祀之，能御大灾则祀之，能捍大患则祀之。”根据这个礼制，周人为“御大灾”，“捍大患”，对商王朝祖先建庙祭祀，感恩戴德，正是向世人宣称商王朝统治者及其祖先为保护周人的安全作出了重大贡献。从这个意义上说，周人的举措，正是继承了商人的遗制，如本书前章所述，殷墟卜辞多记有对有功于商王朝的异族祖先河、伊尹等也建立宗庙进行隆重的祭祀，常玉芝先生对此评论说：“商人对有功于商族历史发展的非本族的重臣……给予祭祀，说明了后世古书上所说的‘神不歆非类，民不祀非族’的规则在商代尚未实行。”[②]商人的这个举措，可说是为周人做出了典范。

周人对商王朝的忠顺表示，为自身的发展创造了条件，《史记·殷本纪》云：“西伯（文王）归，乃阴修德行善。诸侯多叛纣而往归西伯，西伯滋大，纣由是稍失权重。”《史记·周本纪》云：文王即位，“改法度，制正朔”，“明年伐犬戎，明年伐密须”。犬戎族在周人居“豳”时已屡屡进犯，“豳”地位于周原北侧的泾水北岸，犬戎族最早当活动于这一地区。“密须”所在，《集解》引臣瓒曰：在“安定阴密县”。《正义》引《括地志》云：“阴密故城在泾州鹑觚县西，其东接县城，即古密国。”在今甘肃省灵台县境，位于周原的西北侧。《后汉书·东夷传》云：“及文王为西伯，西有昆夷之患，北有猃狁之难，遂攘戎、狄而戍之，莫不宾服。”由是扩大了周人在其西、北地区的势力范围。周人还向南方进行发展，《史记·吴太伯世家》云：文王伯父“太伯之奔荆蛮，自号句吴，荆蛮义之，从而归之千余家”。“荆蛮”之地在古荆州，位于今陕西、河南和湖北三省交界一带。说明周人通过吴太伯的活动，加强了与这些地区的联系。周人稳定了南、北、西三方之后，乃集中力量向东发展，《史记·周本纪》又云：“明年伐崇侯虎，而作丰邑，自岐下而徙都丰。”崇国所在，《正义》引皇甫谧曰：“崇国盖在丰、镐之间。”“丰”“镐”所在，《集解》引徐广曰：二地“皆在长安南数十里”。《正义》引《括地志》曰：“周丰宫，周文王宫也，在雍州户县东三十五里；镐在雍州西南三十二里。”即今陕西省西安市

① 徐中舒：《周原甲骨初论》，《古文字研究论文集》，《四川大学学报丛刊》第十辑，1982年。

② 常玉芝：《商代史·商代宗教祭祀》，中国社会科学出版社，2010年，第419页。

西、咸阳市以东地区。古代崇国当在此附近，近年来考古工作者在西安市东郊老牛坡发现一处大型的商代遗址，罗琨先生认为“从发掘报告可知：第一，该遗址的商文化遗存存在时间大体涵盖郑州二里岗、安阳殷墟前后相继的两个历史阶段。文化面貌具有两重性，一是主要因素来自郑州、安阳商文化；二是诸多方面呈现自己特点，尤其到了后期，随着自身发展和与周边地区的文化交流，表现出了一些新内容和地方特色。第二，商代晚期，即商文化第四期时发展到鼎盛阶段，而且有严整的布局，如一区有冶铜作坊，……三区有一处独立的宗族墓地，……四区有大面积建筑遗迹，从已发掘的三期遗存看，有大型夯土基址、房屋、灰坑等。第三，从碳十四测定的年代看，遗址大致毁于商亡前夕，最值得注意的是不仅遗址遭到严重破坏，墓葬，尤其是中型木椁墓均遭严重盗掘，无一幸免，人架全部扰乱，墓主遗骸或被彻底扬弃，随葬品几乎无存，反映曾遭一场‘灭国绝嗣’的浩劫。这些现象说明该遗址最初曾为商王朝西进军事据点，到了商代晚期，已成长为具有一定独立性的重要与国，其地望、衰亡时间以及破坏情况正与文献所载文王伐崇相呼应”①。今按罗说可信，正如该遗址的发掘者刘士莪先生所说：该遗址西距“丰、镐50余公里，当时为崇国势力所及之地，是完全可能的”②。周人正是在这里灭掉了崇国，才有可能徙都于“丰”，并以此为基地努力于向东进取。周人与东侧的莘国建立了姻亲关系，《诗经·大雅·大明》云：“有命自天，命此文王，于周于京，缵女惟莘，长子惟行，笃生武王。”毛传曰：“莘，大姒国也。”郑玄笺：“莘国之长女大姒则配文王。”古莘国所在，《水经·河水注》：“河水又迳郃阳县东，……故有莘邑矣，为太姒之国”。杨守敬疏：“《括地志》：古莘国城在河西县南二十里。”唐代河西县即今陕西省合阳县，此地东临黄河，西距丰邑约170千米，文王之妃莘女母家当在此地。文王可能从这里渡过黄河继续东进，《史记·周本纪》云：文王“明年败耆国，……明年伐邘”。《正义》：耆“即黎国也”。又引《括地志》云：“故黎城，黎侯国也，在潞州黎城县东北十八里。《尚书》云：‘西伯既戡黎’，是也。”唐代潞州黎城县即今山西省黎城县，位于当时商王都的西北侧。邘国所在，《集解》引徐广曰：“邘城在野王县西北。”西晋野王县即今河南省沁阳市，位于当时商王都的西南侧。可知这时周族势力已经向东迅速推进到商王朝王畿附近，因而引起以祖伊为首的商王朝统治集团的恐惧，“殷之祖伊闻之，惧以告帝纣”，但是昏庸腐败的商纣王对此并未加以足够的重视。周人沿着黄河两岸也向东扩大着自己的影响和势力，陕西岐山县凤雏村出土西周

① 罗琨：《商代史·商代战争与军制》，中国社会科学出版社，2010年，第347页。

② 刘士莪：《西安老牛坡商代墓地初论》，《文物》1988年第6期。

甲骨卜辞云："其于伐㝬□"（H11：232），"㝬"，唐兰先生释为"胡"[①]，兹从其说。按古"胡"与"湖"相通，西周文王所伐胡族所在的"胡"地即"湖"地，当即战国时期称作的"湖关"，汉代又称作湖县，《史记·范雎列传》："王稽辞魏去，过载范雎入秦至湖关。"《集解》："按（汉书）《地理志》：京兆有湖县，本名'胡'，武帝更名'湖'，即今湖城县也。"《正义》："今虢州湖城县也。"《水经·河水注》四："河水又东，迳湖县故城北，昔范叔入关，遇禳侯于此矣。……《晋书地道记》、《太康记》并言胡县也，汉武帝改作'湖'。"杨守敬疏："湖县故城当在今阌乡县西南。"汉代湖县后改称阌乡县，公元1954年，阌乡县与灵宝县合并，现为河南省灵宝县故县镇。1973年，陕西省蓝田县草坪村曾出土有西周晚期的《㝬叔鼎》[②]，故县镇西距蓝田县100余千米，这里应是西周文王征伐并使之归顺的㝬族即胡族所生活的地区，此地北傍黄河，南为崇山峻岭，著名的潼关和函谷关均位于这里，为关中通往关东的咽喉要道，周人据有此地，从而开启了通往中原地区的门户重地。《史记·周本纪》又云："西伯（文王）阴行善，诸侯皆来决平。虞、芮之人有狱不能决"，文王乃"断虞、芮之讼"。虞、芮所在，《正义》引《括地志》云："故虞城在陕州河北县东北五十里虞山之上，古虞国也。故芮城在芮城县西二十里，古芮国也。"唐代陕州河北县即今山西省平陆县，唐代芮城县即今山西省芮城县，二地相距约50千米，且南与㝬地隔黄河相望，虞、芮归顺于周，进一步巩固了周人在这里的地位。《史记·周本纪》又记殷纣王囚禁西周文王时，周人散宜生等曾求"有莘氏美女、骊戎之文马、有熊九驷"进献于纣，《正义》引《括地志》云："古莘国城在同州河西县南二十里。《世本》云：'莘国，姒姓，夏禹之后。'即散宜生等求有莘美女献纣者。"如上文所述，古莘国城在今陕西省合阳县境；又云："骊戎故城在雍州新丰县东南十六里，殷周时骊戎国城也"，在今陕西省临潼县境；又云："'郑州新郑县本有熊氏之墟也。'按：九驷，三十六匹马也。"在今河南省新郑市境。周人通过这些活动加强了与以上部族方国的友好联系。陕西省岐山县凤雏村出土西周甲骨卜辞又记有文王"征巢"（H11：110）的活动[③]，"巢"地所在，诸家说解不一，我以为应即后世称作的"焦"地，《淮南子·本经训》："汤乃以革车三百乘，伐桀于南巢。"同书《主术训》又云："汤革车三百乘，困（桀）之鸣条，擒之焦门。"高诱注："焦或作巢。"庄逵吉疏："按焦与巢，古字通。"可知"巢"地也可称之

---

① 唐兰：《西周青铜器铭文分代史徵》，中华书局，1986年，第507页。

② 尚志儒等：《陕西蓝田县出土㝬叔鼎》，《文物》1976年第1期。

③ 陕西周原考古队：《陕西岐山凤雏村发现周初甲骨文》，《文物》1979年第10期。

为"焦"地，《史记 · 周本纪》："武王追思先圣王，乃褒封神农之后于焦。"《集解》引《汉书 · 地理志》曰："弘农陕县有焦城，故焦国也。"在今河南省陕州市境，与古虞国隔黄河南北相望，西距虢地约60公里，此"焦"地当即西周卜辞所记的"巢"地。凤雏村出土西周甲骨又记有文王"出自黽"（H11：18）的活动[①]，徐锡台先生以为此"黽"地当即今河南省渑池县[②]，兹从其说，此地在"巢"地以东约60千米。凤雏西周甲骨又记有文"王其往密山舁"（H11：80），此"密山"，陈全方先生以为就是《山海经 · 中山经》所记的密山，位于今河南省新安县境[③]，兹从其说，此地在"黽"地以东约40千米。凤雏西周甲骨又记有"虫伯"（H11：22），缪文远先生以为此"虫伯"所在地当即春秋时期的"虫牢"[④]，在今河南省封丘县境，兹从其说。另外，《汉书 · 古今人表》又记文王属下有祭公，《路史 · 后记》也说："祭事文王，受商之命。"祭公所在的"祭"地当即今郑州市东北郊的祭城镇（说详下文）。以上周人通过联系和征伐所占据的地方，均位于黄河两岸向东进取的交通要道之上，从而为后来的武王征商开辟了道路，正如史念海先生所说："渭水流域往东，顺着黄河南岸，越崤函的险隘，以至于中原，原是一条古老的道路。武王伐纣时就是从这条道路上进兵的。"[⑤]西周武王正是沿着这条道路大举东进，最终灭亡了商王朝。

西周文王去世，武王即位，仍采用着文王的年号，以示继承父业。《史记·周本纪》说：文王"十一年（原文作'九年'，从张守节《正义》、裴骃《集解》改），武王上祭于毕，东观兵，至于盟津"。"盟津"在今河南省孟津县境，武王率军到达这里，首先"东观兵"，举行一场大规模地军事演习，北渡黄河，以观察商王朝的反应。当是时"诸侯不期而会盟津者八百诸侯。诸侯皆曰：'纣可伐矣。'武王曰：'汝未知天命，未可也。'乃还师归"。当时武王可能看到商王朝力量仍较强大，防御严密，于是下令停止进军，回师周地。二年之后，武王认为时机已到，决定再次征商。此次武王"遂率戎车三百乘，虎贲三千人，甲士四万五千人，以东伐纣"。不过这次征商的路线，文献记载不大一致，《史记 · 周本纪》等记此次武王征商仍从盟津渡河东进，而《荀子 · 儒效》《淮南子 · 兵略训》等则记为周军从盟津沿黄河南岸继

① 陕西周原考古队：《陕西岐山凤雏村发现周初甲骨文》，《文物》1979年第10期。

② 徐锡台：《周原出土的甲骨文所见人名、官名、方国地名浅释》，《古文字研究》第一辑，中华书局，1979年。

③ 陈全方：《周原与周文化》，上海人民出版社，1988年，第136页。

④ 缪文远：《周原甲骨研究所见诸方国考略》，《古文字研究论文集》（《四川大学学报丛刊》第十辑），1982年。

⑤ 史念海：《河山集》初集，三联书店，1981年，第70页。

续东进，从汜水渡河北进一举灭亡了商王朝。我以为当以《荀子》等文献所记为是，这条资料首先由于省吾先生加以论述①，近年陈昌远先生又作了重要补充②。《吕氏春秋·贵因》云："武王（征商）至鲔水，殷使胶鬲侯周师。"陈其猷《校释》引梁玉绳曰："《水经·河水五注》：巩县北有山临河，谓之崟原丘。其下有穴，谓之巩穴。直穴有渚，谓之鲔渚。河至鲔渚以上，又兼鲔称。《吕氏春秋》称武王伐纣至鲔水，即是处也。"清代巩县即今河南省巩义市，古鲔水当在今巩义市北黄河沿岸，陈昌远先生据此认为武王征商到达鲔水时，与商王使者胶鬲相遇，告知胶鬲将于甲子日在商郊牧野进行决战，而鲔水已位于盟津以东10余千米，在当时形势紧迫的情况下，武王不可能浪费时日再回师西去从孟津渡河东向征商，只能由鲔水继续东进，从汜水渡河北向征商。《通典》引《六韬》逸文也云："周武王伐纣，师至汜水牛头山。"彭邦炯先生认为"牛头山"或即"牛口峪"之讹③，此说可信，牛口峪正位于汜水的东侧，这进一步证明《荀子》等所记应当说是正确的。再者周人常自称为夏人，如《尚书·康诰》云："用肇造我区夏"；同书《君奭》又云："惟文王尚克修和我有夏"；同书《立政》又云："乃伻我有夏式商受命"等，皆为周人自称夏人之明证④。而汜水一带原是夏族兴起和夏王朝的中心地区，周人占据这里可说是"回归故里"，其理由是名正言顺的。另外，到了商代后期如前文所述，这里有故都亳邑所在，经济、文化仍然比较发达，商人在这里有着较强的实力，从"西土"远道而来的周人，要推翻商王朝，建立周王朝中央王权，就必须首先控制这一地区，否则，周人若从盟津渡河东进到达商郊牧野，就有可能遭到商人南北夹击的危险，所以从当时的政治、军事形势来看，周人由汜水渡河北上征商应是比较合理的。有据于此，武王率军到达这里以后，迅速消灭了商人在这个地区的有生力量，派其二弟叔鲜驻守管地、四弟叔度驻守蔡地，从而有了相对稳定的后方，并以此作为北上征商一处新的前进基地。《荀子·儒效》记武王征商云："武王之诛纣也，行之日以兵忌，东面而迎太岁，至汜而汎，至怀而坏，至共头而山隧。霍叔惧曰：'出三日而五灾至，无乃不可乎！'周公曰：'刳比干而囚箕子，飞廉、恶来知政，夫又恶有不可焉？'遂选马而进，朝食于戚，暮宿于百泉，厌旦于牧之野。鼓之而纣卒易乡，遂乘殷人而诛纣。"全文意谓：武王率军征伐商王朝，是在当时传说不吉利的时刻出师行军，不吉的现象就表现在迎

---

① 于省吾：《武王伐纣行程考》，《禹贡》七卷第一、二、三合期。

② 陈昌远：《从〈利簋〉谈有关武王伐纣的几个问题》，《河南师大学报》1980年第4期；陈昌远：《再谈武王伐纣进军路线》，《河南大学学报》1988年第4期。

③ 彭邦炯：《武王伐纣探路——古文献所见武王进军牧野路线考》，《中原文物》1990年第2期。

④ 刘起釪：《〈尚书〉校释译论》，中华书局，2005年，第1576页。

着岁星出现的东方而行进。大军在汜水渡河时遇到黄河暴涨，路过怀城时突然倒塌了城门，到达共山时山体滑坡不能继续行军。随同出征的霍叔为此而感到惊惧！劝武王道：自汜水渡河以来多次遭灾，是否可以停止这次行军？但周公立即反驳说：纣王剖杀直言敢谏的王子比干，囚禁正直的贤臣箕子，而任用暴徒飞廉、恶来参政，可说昏庸已极，迅速推翻这样腐败的政权正是顺应着天意民心，有何不可，岂能犹豫逡巡？武王完全赞同周公的意见，于是继续率领千军万马，齐心协力，奋勇前进，在戚地用过早餐，夜晚住宿于百泉，次日凌晨即兵临纣都城下。纣王军队惊闻战鼓而纷纷倒戈投顺，协助周军一举推翻商王朝，处死了殷纣暴君。武王此次的进军具体路线为“至汜而汎”。杨倞注：“汜，水名。”王先谦集解引卢文弨曰“其地在成皋之间”。于省吾先生从其说，以为就是《左传·成公四年》杜预所注的汜水，位于今河南荥阳市西侧，古成皋城的东侧，此水发源于荥阳市南浮戏山，向北流入黄河。流入黄河处有一重要渡口称之为“玉门津”，又称玉门关，《史记·项羽本纪》云：“汉之四年，项王进兵围成皋，汉王逃，独与滕公出成皋北门，渡河，走修武。”《集解》引徐广曰：“北门名玉门。”《水经·河水注》：“河水又东迳成皋大伾山下，……河水南对玉门，昔汉祖与滕公潜出，济于是处也。”同书《清水注》：“汉祖与滕公济自玉门津，而宿小修武者也。”熊会贞疏：“玉门即成皋北门。”《郑州典故·地名篇》云：“玉门关在今荥阳市汜水镇西北部汜河入黄河口，以古成皋城北门名玉门而得名。地处大伾山与广武山之间，古汜水自关口北注入黄河。（公元）前203年，刘邦为避项羽自成皋城出玉门关，北渡黄河至修武。《水经注·河水五》：‘河水南对玉门’，即指此。为大河南北交通之咽喉。故《汜水县志》记：‘虎牢为东西之绾毂，玉门为南北之咽喉’”①，西周武王北上征商应当就是从这里渡过黄河的。“至怀而坏”，杨倞注：“怀，地名。《书》曰：‘覃怀底绩’，孔安国曰：覃怀近河地名。”于省吾先生引《说文·邑部》邢字下段玉裁注云：“今河内怀庆府武陟县西南十一里有故怀城。”清代武陟县即今河南省武陟县，县西南的故怀城位于玉门津东北约20千米，正位于武王北上征商的路线之上。“至共头而山隧”，杨倞注：“共，河内县名。共头盖共县之山名。”《水经·清水注》杨守敬疏引清《一统志》云：“共山在辉县北九里。”清代辉县即今河南省辉县市，古属共县，此山西南距古怀地50余千米，也位于武王北上征商的路线之上。另外，上海博物馆藏战国竹书《容成氏》也说：武王征商行军曾“至于共、縢之间”。“縢”，许全胜先生释为“绻”，又认为

① 杨丽萍：《郑州典故·地名篇》，中州古籍出版社，2003年，第107页。

"'绻'应是'桊'之后起分化字"[①]。《说文·系部》："桊，攘臂绳也。"段玉裁注：桊"有假'卷'为之者，《列女传》：'赵津女如攘卷操檝'，'卷'即'桊'也"。是竹书《容成氏》所记"共、桊之间"，当即"共、卷之间"，此卷地当指为卷水，宋人乐史《太平寰宇记·河北道·卫州》卫县条下引《水经注》云："卷水出卫郡朝歌。""卫郡朝歌"即今河南省淇县，为商王帝辛王都所在地，古卷水当在朝歌附近，西周武王进军"至于共、卷之间"，说明已经接近于商都朝歌。《荀子·儒效》又云："朝食于戚"，杨倞注："杜元凯云：戚，卫邑，在顿邱卫县西。"在今河南省濮阳市境。于省吾先生以为濮阳戚地"与此文'朝食于戚'不相涉，以周师由共至戚考之，必在今辉县界方合"。我以为此戚地或在后世文献所说的宿胥口一带，按戚，古音属清纽觉部，宿，古音属心纽觉部，清、心邻纽，同属齿音。故戚与宿音近韵同，可相通假，《左传·襄公十四年》："二子怒，孙文子如戚。"《史记·卫康叔世家》："二子怒，如宿。"《索隐》："《左传》作'戚'，此亦音'戚'也。"《正义》："宿音戚。"是其证。宿胥口所在，《水经·淇水注》："淇水右合宿胥故渎"，同书《河水注》："又有宿胥口，旧河水北入处也。"杨守敬疏：宿胥"口在今浚县西南"。清代浚县即今河南省浚县，古宿胥口当在今浚县西南与淇县东南交界处，此地西距共山40余千米，北距朝歌约20千米，位于西周武王东向征商的路线之上，可能即《荀子》所记的戚地。"暮宿于百泉"，杨倞注："百泉，盖近朝歌地名。"于省吾先生以为百泉当即殷墟卜辞所记的"賁泉"，说"賁泉于甲骨文凡三见，……賁泉即百泉，在朝歌之西，相去甚近"。即指今辉县市境内的百泉。今按殷墟卜辞也记有"百泉"一名，如卜辞云："……卜……贞王……百泉……"（《怀》1869），说明商代已有"百泉"水名，不可能再称作"賁泉"。此百泉地近朝歌即今淇县城，或即后世文献所说的肥泉，按百泉、肥泉音近义同，当可相假，百，古音属帮纽铎部，肥，古音属并纽微部，帮、并邻纽，同属唇音。"百泉"一名，《大清一统志·河南·卫辉府》山川条下：百泉，"泉通百道，故名"。"肥泉"一名，《诗经·卫风》："我思肥泉，兹之永叹。"毛传曰："所出同所归异为肥泉。"《尔雅·释水》又云：泉"归异出同，流肥"。郝懿行疏：泉"同出时所浸润少，所归各枝散而多似肥者也"。"所归各枝散而多"与"泉通百道"意思相同。王先谦《诗三家义集疏》以为"肥泉上源，今辉县苏门山百泉是也"。可知"百泉""肥泉"，一源一流，源流相通，名称也当相通，就是说肥泉也可称之为百泉。

---

① 许全胜：《〈容成氏〉篇释地》，《上博馆藏战国竹书研究》（续编），上海书店，2004年，第372—378页。

肥泉所在，《水经·淇水注》：美沟水“东迳朝歌城北，又东南流注马沟水，又东南注淇水，为肥泉也”。此水当位于今淇县东南一带，南距宿胥口约五千米。“厌旦于牧之野”，文献皆记牧野为纣都朝歌即今河南淇县南郊地名。此地东南与肥泉、宿胥口均相距甚近，至多不过一天的路程，与《荀子·儒效》所记“朝食于戚，暮宿于百泉，厌旦于牧之野”三地距离正相符合。由此可知，武王征商路线应是从镐京出发，率军沿黄河南岸东进，至今河南荥阳汜水北渡黄河，路过今武陟县西南的怀城，北上到达今辉县市的共山，折而东进到达今淇县戚地（宿胥口）、百泉（肥泉）、牧野一带，并从这里攻克商都，从而最后推翻了商王朝政权。

武王灭商之后，很快又回到现今的郑州地区，并在这里举行了一系列的重大政治、军事活动，西周初期铜器铭文等资料对此有着明确的记载，兹在这里讨论如下。

《利簋》铭文云：

> 珷（武王）征商，隹（惟）甲子朝，岁鼎，克昏，夙有商。辛未，王才（在）阑𠂤（师），易（赐）又（有）事（司）利金，用作𣄰（檀）公宝尊彝。

全文意谓：武王征伐商王朝，是在甲子日的早晨开始大举进攻的。此时岁星当空，当天就推翻了商王朝并攻占了商邑。第八日辛未，武王率军南达阑地，赏赐有司“利”铜料，“利”用此做了这件纪念祖先檀公的珍贵礼器（图4.12）。武王在一天之内推翻商王朝，其速度之快捷是出乎人们意料的，为巩固此胜利果实，他在这里采取了以下几项措施，即第一，派出多路大军继续剿灭商王朝的残余力量，如“太公望命御方来”，“吕他命伐越戏方”，“侯来命伐靡于陈”以及“命伐卫”（《逸周书·世俘》）等；对于新占领的地区，则派遣亲信前往治理。第二，向世人宣告商王朝的结束、西周王朝的建立，《史记·周本纪》说：在周人占领商邑王都的第二天，“其明日，除道、修社及商纣宫”，即清扫道路、修整社坛和商纣的王宫，周官尹佚在此历数商王纣的罪行之后，“于是武王再拜稽首，曰：‘膺更大命，革殷，受天明命’”。向世人正式宣告改朝换代，革除商王朝，建立周王朝，说这是执行上天英明的旨意。第三，任命投顺于周的纣王儿子禄父，按照新的制度继续管理商王朝的王畿地区，又正式册封弟叔鲜于管，世称管叔，封弟叔度于蔡，世称蔡叔，“相禄父治殷”，即从傍加以监督。另外，还下令释放被商王朝无理囚禁的贵族、平民，并且“散鹿台之财，发巨桥之粟，以振（赈）贫弱萌隶”，等等。武王通

图4.12　《利簋》铭文

过采取这些一系列重大措施，从而安定了人心，使局势初步稳定下来。武王在初步稳定政局之后，即于灭殷后的第八天辛未，率师到达了“阑”地，金文“阑”字又写作“䦨”，从柬得声，这里写作“阑”。阑地多见于商周青铜器铭文，此地建有“大室”等重要建筑，曾是商王帝辛、西周武王、成王的驻足之地，可知应是当时的一处重地。阑地所在，诸家说解不同，主要有两种不同的意见：一说在安阳殷墟附近；二说在今郑州地区。持前一说者认为武王灭商之后要处理善后事宜，因此在灭商之后的第八天辛未，仍驻足于安阳殷墟“阑”地[①]；再者商末《坂方鼎》铭文曾记有商王帝辛从阑地出发前往父王帝乙宗庙，于乙未日祭祀帝乙之后又返回阑地的活动，有学者据此认为帝辛当是于乙未日一天来回于帝乙宗庙和阑地，二地当相距甚近，即都当位于安阳殷墟[②]。不过殷墟附近若有阑地，迄今还不见于文献记载，只能是一种推测；再者，若西周武王灭商之后需在当地处理善后事宜，理应驻足于朝歌，而安阳殷墟及其附近的阑地南距朝歌远约60千米，若在这里的阑地处理事宜也是很不便当的。另外，《坂方鼎》铭文确有阑地和帝乙宗庙二地的记载，铭文云：

乙未，王宾于文武帝乙彡（肜）日；自阑偁，王反（返）入阑。王商（赏）坂贝，用作父丁宝尊彝，在五月，惟王二十祀又二。

“偁”字从“亻”、从“冉”，徐中舒先生主编《甲骨文字典》释为“偁”[③]，兹从其说。《说文·人部》：“偁，扬也。”《尔雅·释言》：“偁，举也。”郝懿行疏：“举与动义近，故训起也、拔也、用也、行也。”这里释为前往行进之义。“坂”字从“𩫏”、从“反”，古文从“𩫏”之字，后世多以“土”代之，这里将“䡊”隶定作“坂”。殷周金文所记时日，特别是首句所记时日都是为突出当日所产生的重大事件，本铭所记“乙未”日，就是为突出商王帝辛周祭帝乙这一重大祀典，似不包括该铭文所记其他活动所在的时间，于此类铭文格式相类的还有商末《戍甬鼎》，铭文云：

亞印丁卯，王令宜子合（会）西方于眚（省）。隹（惟）反（返），王赏戍甬贝一朋，用乍（作）父乙鼎。（《集成》修订增补本2694）

此铭意即：丁卯这一天，商王令宜子前往西方省地会见当地首领。某日回来以后，商王赏赐随同宜子的将领戍甬贝一朋，戍甬为此作了纪念已故父亲的铜鼎。此文说明：商王虽然在丁卯这一天命令宜子前往西方省地会见当地首领，但是未必当天就

① 黄盛璋等：《关于〈利簋〉铭文考释的讨论》，《文物》1978年第6期。

② 李学勤：《试论新发现的坂方鼎和荣仲方鼎》，《文物》2005年第9期。

③ 徐中舒：《甲骨文字典》，四川辞书出版社，2005年，第886页。

到达了“省”地，也不大可能当天就回到原出发地，而应是过了一些时日完成任务之后，才回到商王住处向商王复命。与此铭相类，《坂方鼎》铭文也似当释为：商王帝辛在位二十二年五月乙未这一天，前往宗庙肜祭已故父王帝乙，这次祭祀是帝辛于某日从阑地出发前往帝乙宗庙的；祭毕之后，帝辛又于某日回到阑地。商王帝辛在这里对坂赏赐了贝，坂为此作出纪念已故父丁的尊彝礼器。因此，从《坂方鼎》所记内容来看，商王帝辛未必是在一日之内就往返于帝乙宗庙和阑地的。

相比之下，我们认为“阑”地当指郑州地区古代管地为是。于省吾先生最早提出此说云：“‘𢉖’字，“后来又省化为‘柬’，成王时器《新邑鼎》的‘（王）自新邑于柬’是其证。”又说：“𢉖”或“柬”，“均应读为管、蔡之管。古文无‘管’字，‘管’为后起的借字，……后世‘管’字通行而古文遂废而不用。‘管’之称‘管师’，犹成周金文也称‘成师’，‘管’为管叔所封地，《括地志》谓在郑州管县”[①]。徐中舒先生认为“于氏以‘阑’为管叔之‘管’，以声韵及地望言之，其说可信”[②]。杨宽先生也说于、徐二氏的考释“很是正确”，又云：“《史记·管蔡世家》说武王克殷以后，‘封叔鲜于管’，管这个地名该早就存在，只是‘管’是后起字，原来不写作‘管’，在《墨子》一书中不作‘管’而作‘关’，曾两次提到‘管叔’作‘关叔’。”“这个字在商代、西周金文中作‘阑’”，“‘阑’与‘关’音义俱近，更足以证明‘阑’即是‘管’”[③]。以上于、徐、杨诸家所说甚是。《逸周书·大匡》云：“惟十有三年王在管，管叔率（原文作‘自’，从潘振《〈周书〉解义》改）作殷之监。”武王十三年即武王克殷之年[④]，此记“王在管”，当与《利簋》所记“王在阑师”为同一事件。但是诸家所说管叔所在的管地在郑州管城（即今郑州市管城区）一说，则未必如是。《左传·宣公十二年》：晋师救郑，楚师“次于管以待之，晋师在敖、鄗之间”。杜预注：“荥阳京县东北有管城。”清人张调元在其所著《京澳纂闻》书中释云：“晋以前之管在今郑州西北二十里石佛集，代移物换，遗迹罕存，惟石佛集北石佛寺中，有宋庆历八年（1048年）幢子，石刻云：‘奉宁军管城县管乡’云云，宋以前此为管乡，其地正在京县县城东北，则其为古管国明矣。”[⑤]我们认为张氏的这个论断是正确的，因为根据历年来的考古调查和发掘，今郑州管城区一带迄今尚未发现西周时期的文化遗址，更未发现这个时期的城墙，足证这里并不

① 于省吾：《〈利簋〉铭文考释》，《文物》1977年第8期。

② 徐中舒等：《关于〈利簋〉铭文考释的讨论》，《文物》1978年第6期。

③ 杨宽：《中国古代都城制度史》，上海人民出版社，2003年，第36页。

④ 唐兰：《西周青铜器铭文分代史徵》，中华书局，1986年，第2页。

⑤ 张万钧校注：《嘉靖〈郑州志〉校释》，郑州市地方志编纂委员会编印，1988年。

是西周管国所在地；而在郑州市西北郊的今石佛镇一带，却发现有众多的西周文化遗址，近年来，考古工作者在石佛镇及其周围老鸦陈、须水镇、沟赵乡和古荥镇等地，已“发现有典型西周遗存的遗址7处，7处西周遗址规模均较大，多在10万—30万平方米，个别遗址超过50万平方米，这些遗址集中分布于50平方公里之内，形成一个集中的西周早期文化遗址群区”[①]。由此可见，这里应当就是管叔封国的中心区，也应当就是《利簋》所说的“阑师”所在地。另外，上述《坂方鼎》所记商王帝辛赏赐的重臣“坂”，当为坂族首领，按“坂”从“反”得声，可相通假，《水经·河水》：河水“又南过蒲坂县西”。杨守敬疏云：班固《汉书·地理志》“蒲坂”写作“蒲反”是其证。因此古坂族所居的“坂”地又称之为“反”地，殷墟卜辞记有“反”地，如卜辞云：“癸巳王卜，贞：旬无祸？在反。”（《续》六·一·七）商代“反”地后世又称作“板”地，如前章所述，我们认为“板”地当即位于今荥阳汜水镇东北的板城（见本书第一章第二节），此地南距古阑地20余千米，商王在阑地驻足，坂族首领可能就近殷勤随侍，因而受到奖励。《逸周书·文政》又云：“惟十有三祀，王在管，管、蔡开宗循王。”意即武王到达管地以后，管叔和蔡叔共同开启宗庙，迎接武王，并宣布遵照王命办事。是知蔡叔封地应距管地不远，其地所在，如上文所述，当即《中国历史地图集》所记西周时期的“祭”地（见本书第四章第三节），位于今郑州市郑庄一带，东南距石佛镇即古管地约15千米。

《利簋》的作器者“利”自称为“𣄰公”的子孙，唐兰先生以为“𣄰”，“就是《说文》‘旃’字的或体‘𣄰’字，此处应读为檀”。并说“利”“为檀公作铜器，应是檀公后人。《左传》成公十一年说：‘昔周克商，使诸侯抚封，苏忿生以温为司寇，与檀伯达封于河。’那么这个‘利’可能就是檀伯达，利和达名与字可以相应。有司一般指司徒、司马、司空等官，跟苏忿生为司寇的身份也正相称”[②]，其说可从。檀伯达文献记载又称南宫伯达，《逸周书·克殷解》：“乃命南宫忽振鹿台之财，巨桥之粟。乃命南宫百（伯）达、史佚迁九鼎三巫。”同书《和寤解》又云：“王乃厉翼于尹氏八士。”孔晁注：八士“武王贤臣也”。《论语·微子》：“周有八士：伯达、伯适……”陈逢衡《〈逸周书〉补注》：按“伯达亦是尹氏八士之一，与括、忽俱赐氏南宫，故曰南宫伯达”。又云：“按檀伯达既与司寇苏公（忿生）同时，则即此南宫伯达矣。盖檀是封邑，故又曰檀伯达。”唐兰先生也说：“檀是封国之名，而南宫为氏族名。”檀伯达与苏忿生“封于河”，其封邑当在黄河沿岸，“苏忿生以温

---

① 张松林等：《西周管邑、管城与管国》，《郑州文物考古与研究》，科学出版社，2003年。

② 唐兰：《西周时代最早的一件铜器〈利簋〉铭文解释》，《文物》1977年第8期。

为司寇”，杜预注：“今河内温县。”即今河南省温县境。檀地所在不详，或在与温地相对的黄河南岸，按今荥阳市境古有旃然水，《左传·襄公十八年》：“楚师伐郑，……遂涉颍次于旃然。”杜预注：“旃然水出荥阳成皋县，东入汴。”《水经·济水注》：“济水又东，索水注之，水出京县西南嵩渚山，与东关水合，同源分流，即古旃然水也。”古京县今称京襄城，位于今荥阳市东南约10千米。此水以北还有檀山岗，《济水注》又云：器难之水“又北迳京县故城西，入于旃然之水，……城北有坛山岗”。熊会贞疏引“《一统志》：檀山岗在荥阳县东十里，山多檀木，绵亘三十余里，《水经注》之坛山岗即此”。商、周旃地当位于此旃然水沿岸地区。商代既有旃地，也有旃族，殷墟卜辞云：“贞：令旃田于皿？勿令旃田于皿？”（《合集》10964）“旃”字卜辞写作“[illegible]”，商承祚先生释作“旃”[①]，兹从其说。旃族当居于旃地即古旃然水一带而得名。“皿”地所在不详，按皿、敏同声纽，此皿地或即后世所称作的敏山，又称作梅山，《山海经·中次七经》：“泰室之山……又东三十五里，曰敏山。”毕沅《集解》：“按此山在大隗山西三十五里，则是今河南郑州梅山矣。”《左传·襄公十八年》：楚“蒍子冯、公子格率锐师侵费滑、胥靡、献于、雍梁，右回梅山”。杜预注：梅山“在荥阳密县东北”。西晋密县即今河南省新密市，东北与郑州市接壤，又东与新郑市相邻，梅山今属新郑市，西距古旃然水约20千米，可能即卜辞所记旃族田猎的皿地。按《说文·㫃部》：旃，“从㫃，丹声。……旜，旃或从亶”。檀以亶得声，故檀山岗也当以位于旃然水沿岸而得名，西周时期，南宫氏族取代商人旃族受封的檀地也当位于这一地区。旃，从丹得声，此地在有些文献里或简称做“丹”，《史记·郑世家》：桓公“东徙其民雒东，而虢、郐果献十邑”。《集解》引虞翻曰：“谓虢、郐、鄢、蔽、丹、补、依、柔、历、莘也。”此丹邑也当在古旃然水一带。《路史·国名纪》一说“檀”为姜姓国。这里在春秋时期属于郑国，檀氏族人仍有任职于郑者，《左传·桓公十五年》：“郑伯因栎人杀檀伯。”杜预注：“檀伯，郑守栎大夫。”此檀伯或即周初檀伯达的后人。若此释不误，则《利簋》所记武王赏赐檀利所封的檀地当在今荥阳市以东古旃然水和檀山岗一带。近年来考古工作者在古檀地及其周围，即今荥阳市豫龙镇黑寨村、郝寨村、关帝庙村、蒋寨村和郑州市须水镇庙沟村一带[②]，都发现有西周文化遗址，可能就是生活于此地的檀族留下来的遗物遗迹。另外，还在今石佛镇洼刘村发现一座西周早期的贵族墓葬（M1），该墓为“长方形土坑竖穴墓”，“墓坑内置一棺一椁”，墓内发现

① 于省吾：《甲骨文字诂林》，中华书局，1996年，第3059页引。

② 张松林：《聚落考古的实践与思考》，《中国聚落考古的理论与实践——纪念新砦遗址发掘30周年学术研讨会论文集》第一辑，科学出版社，2010年。

有“青铜礼器主要摆放在椁上北端土台上，有鼎3件，扁体卣2件，簋、甗、罍、觚、盉、尊各1件”①。礼器上多铸有铭文，其中3件礼器上都铸有“陆”族族名，可知该墓应是一座舌族贵族墓葬。“陆”字从阝、从舌，当是舌字之繁体，古字偏旁形符可以省减，如“陽”字，殷墟卜辞多写作“昜”，而金文则多写作“昜”，“昜”“陽”同为一字。与此相类，“陆”与“舌”也当同为一字，就是说“陆”字仍当读为“舌”字。如前文所述，在洼刘村西北10余千米的小胡村曾发现商代舌族墓，而位于洼刘村的西周舌族墓当是商代舌族后裔的墓葬。不过自此以后，这里的舌族已经销声匿迹，颇疑该族自今小胡村南迁至今洼刘村之后已被合并于檀族，按舌、檀二字古音相同，徐灏《〈说文解字〉注笺》云：“舌之古音盖读他念切”，马叙伦先生《〈说文解字〉六书疏证》云：舌之本音“当为他念切”②，于省吾先生也云：“一说舌古亦读他念切，与禫字通”③，禫与檀古音同属定纽，声同相通，这里的舌族位于檀国势力范围之内或与其邻近，以后很可能被檀国合并而音变为檀人。

值得注意的是武王还在檀地举行了接受殷人箕子的投降仪式活动，陕西岐山县凤雏村出土西周甲骨卜辞云：

惟衣（殷）鸡（箕）子来降，其执逻氒吏。在旃，尔卜曰：南宫辝其乍。（H31：2）

陈全方等先生释云：“‘衣’读‘殷商’之‘殷’”；“‘鸡’疑假‘箕’”，“然则‘鸡子’即商纣诸父，名胥余，文献称‘箕子’其人也。”“‘辝’，从‘台’得声，于此读‘治’”④，在此可引申为“管束”“限制”之义。“乍”即“作”字，卜辞“作”字多写作“乍”。《尔雅·释言》：“作，为也。”郝懿行疏：“为者，行也、成也、施也、治也、用也、使也。”此辞全文大意当谓：殷人箕子率随行人员前来向西周武王举行投降仪式，武王囚禁其随行人员；并在旃地即南宫受封的檀地命尔占卜曰：使南宫负责加以看管（图4.13）。这位南宫，可能就是南宫伯达，他因封于檀地，因之又称为檀伯达，也就是《利簋》所记的“檀利”，这条卜辞说明：檀利受武王封赏，看管好箕子随行人员可能也是一个重要原因。另外，箕子降周，也是周初一个重大的政治事件，文献对此多有记载，《史记·殷本纪》云：殷纣王杀比干，“箕子惧，乃佯狂为奴，纣又囚之”。及武王克商，“周武王遂斩纣头，

① 张松林等：《郑州市洼刘村西周早期墓葬（ZGW99M1）发掘简报》，《文物》2001年第7期。

② 马叙伦：《〈说文解字〉六书疏证》卷五，科学出版社，1957年，第5页。

③ 于省吾：《甲骨文字诂林》，中华书局，1996年，第690页引。

④ 陈全方等：《西周甲文注》，学林出版社，2003年，第33页。

县之白旗，杀妲己，释箕子之囚”。《帝王世纪》也说：武王“命召公释箕子之囚，赐贝千朋”。意即箕子原是殷商王朝的一位重臣，他因劝谏纣王克服腐败、治好政务而被纣王关押囚禁。武王灭商以后，深知箕子为贤臣，因之立即释放箕子并加以赏赐，箕子为此对武王感恩戴德，诚心诚意地降顺了西周武王。不仅如此，更为重要的是箕子还向武王陈述了自己对治理国家的政见，《史记·宋微子世家》云：“武王既克商，访问箕子。”《尚书序》云：“武王胜殷，杀受，立武庚，以箕子归，作《洪范》。”《尚书大传》云：“武王既胜殷，继公子录父，释箕子囚。……箕子既受周之封，不得无臣礼，故于十三祀来朝。武王因其朝而问《洪范》。”《史记·周本纪》又云：武王“问箕子所以亡，箕子不忍言殷恶，以存亡国宜告。武王亦丑，故问以天道”。箕子所陈述的“天道”，就是现今所见到的《尚书·洪范》。《洪范》一文的主要内容是“洪范九畴”，这是我国先秦时期一篇重要的政治哲学著作，为历代王朝统治者所重视，多数学者认为是箕子所述，而被后人写成文献，可能就是箕子根据夏、商两代、特别是商王朝政权兴衰经验，总结出来的统治者治理国家、巩固王权的九项行动纲领和最高准则。西周武王显然接受了箕子的政见，这对维护和巩固西周王朝政权，确实是一个有益的贡献。《洪范》的产生，由箕子在檀地降顺开其端，因而此地也应是一处有着重要历史意义的地点。

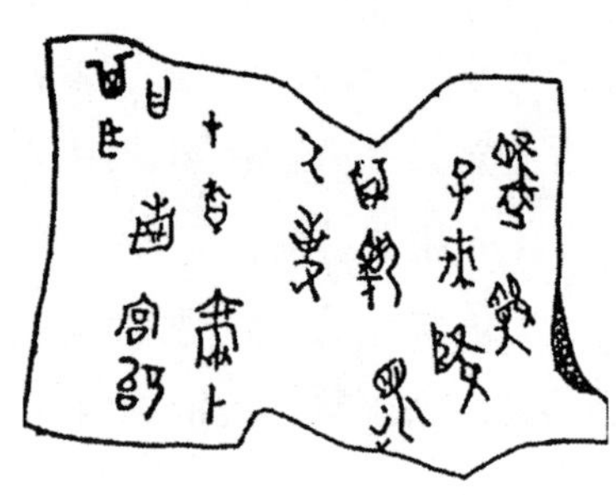

图4.13　西周甲骨（H31：2）摹本

西周武王在接受箕子降顺的同时，还登上太室山举行了重大的祭天活动，此事最早见于《天亡簋》铭文，其文云：

> 乙亥，王有大豊。王凡（同）三方，王祀于天室，降，天亡又（佑）王。衣（殷）祀于王，丕显考文王，事喜（糦）上帝。文王德在上。丕显王作告（省），丕肆王作赓，丕克乞衣（殷）王祀。丁丑，王飨大宜，王降，亡勋爵复囊，隹（惟）朕有蔑，每（敏）扬王休于尊白（簋）。

全文意谓：武王于辛未日来到管地后的第五日乙亥，举行了盛大祭礼，这次祭礼就是武王率领西方诸侯，会同南、北和东方诸侯一起，在太室山上祭祀皇天上帝。祭毕武王下山，由“天亡”其人奉陪护卫。武王在宗庙又遍祭了先王，特别对陪伴于天帝左右的显赫父亲文王，用酒食举行了隆重祭礼。文王德高闻于天帝。显赫的文王在天之灵看得清晰：杰出的武王继承大业，推翻商王朝，终止了商王祭天的权利。第七日丁丑，武王还举行了祭社大礼。回营以后，“天亡”因护卫有功，被赏赐勳橐礼器。（天亡）为此永久感激，因而造出这件尊簋铭文，以颂扬武王的休美

（图4.14）。“天室”一名在文献中最早见于《逸周书·度邑》，其文引武王曰：“我图夷兹殷，其惟依天室。……自洛汭延于伊汭，居易毋固，其有夏之居。我南望过于三涂，我北望过于岳鄙，顾瞻过于有河，宛瞻于伊洛，无远天室。”前人多以为此“天室”是指宗庙里的“太室”，邹衡先生首先认为应是指的太室山，即位于今河南省的中岳嵩山。邹氏文云：此天室“即《左传》昭公四年的‘大室’，《淮南子·地形训》的‘太室’。杜预谓‘在河南阳城县西北’。《山海经·中次七经》叫做‘泰室之山’，郭璞注：‘即中岳嵩高山也，今在阳城县西。’郝懿行按：‘今在河南登封县北’（《〈山海经〉笺疏》卷五）”[①]。刘晓东先生认为《天亡簋》铭文所记“与武王东土度邑有关，即记载了承度邑而后的定宅仪式”，《天亡簋》所说“天室”就是《逸周书·度邑》中的“天室”，位于所度之邑（郑按：即今河南省洛阳市）以东[②]。蔡运章先生赞同邹、刘二氏意见，具体指出《天亡簋》铭文的“天室”，就是指的今嵩山主峰太室山。又说：“周人常自称为夏”，而嵩山周围原是“有夏之居”地，周人作为夏人在“天室”祭祀天帝，意在表明周王朝周王朝在这里的统治是合法而又合理的[③]。林沄先生进一步认为“把‘天室’解释为太室山，是唯一正确的解释”。“嵩山位于中国文明产生的中心地区，中国历史上第一个王朝兴起之际，就有‘夏之兴也，融降于崇山（郑按：即今嵩山）’的说法。因此可以设想，太室山在古代有通天的神圣性质，这座山古称‘天室’，或许正表明了这种性质。”[④]今按以上所说，论据充分，《天亡簋》所说的“天室”，当是指的现今嵩岳太室山，可以成为定论。古文太、大一字，天、大义同相通用，《尚书·洛诰》：“王入太室祼。”此宗庙里的“太室”，殷墟卜辞皆写作“大室”；殷墟卜辞所记“天邑商”（《合集》36535），又写作“大邑商”（《合集》36482），是其证，故“太室”也即“大室”和“天室”。此山以古有洞穴石室而得名，《水经·〈禹贡〉山水泽地所在》：“嵩高为中岳，在颍川阳城县西北。”郦道元注引《嵩高记》云：“山下

图4.14　《天亡簋》铭文

① 邹衡：《夏商周考古学论文集》，文物出版社，1980年，第220页。

② 刘晓东：《〈天亡簋〉与武王东土度邑》，《考古与文物》1987年第1期。

③ 蔡运章：《周初金文与武王定都洛邑——兼论武王伐纣的往返日程问题》，《中原文物》1987年第3期。

④ 林沄：《〈天亡簋〉“王祀于天室”新探》，《史学集刊》1993年第3期。

岩中有一石室，云有自然经书、自然饮食。”《徐霞客游记·游嵩山日记》云：“按嵩当天地之中，祀秩为五岳首，故称嵩高。与少室并峙，下多洞窟故又名太室。”乾隆《登封县志·山川记》引《旧志》云：“太室山在县北五里，《山海经》作‘泰室’。《西征记》曰：‘谓之室，以其下各有石室焉’。中峰即所谓嵩顶，唐武后立封禅坛于其上。”又引《新府志》云：“封禅坛下有石室，韩退之携卢仝、李渤尝宿其中。”这些洞穴石室可能在周初已闻名于世，故周人称之为“天室”，其所在的山即称作天室山。此山北距周初管地即今石佛镇约50千米，武王当是从管地出发，登上太室山祭祀天帝的。

西周武王“祀于天室”具有重大的政治意义，其意义主要表现在以下三个方面：首先，正如林沄先生所说“《天亡簋》铭是目前所知先秦封禅典礼的唯一实录”，又“是周初的一次封禅之举”①，此说是正确的。《白虎通·封禅》云：王者“始受命之日，改制应天，天下太平功成，封禅以告太平也”。《续汉书·郡国志》引袁宏《后汉书》又云：“夫揖让受终，必有至德于天下；征伐革命，则有大功于万物。是故王者初基，则有封禅之事，盖以其成功告于神明也。”《天亡簋》所记此次“王祀于天室”，在一定程度上可说是具有“以其成功告于神明”的意义。其次，武王的这次祭祀活动，也具有“巡守”的意义，而“巡守”与“封禅”有同有不同，《礼记·礼器》云：“因名山升中于天”，郑玄注：“名，犹大也；升，上也；中，犹成也。谓巡守至于方岳，燔柴祭天，告以诸侯之成功也。”孔颖达疏：“大山，谓方岳也，巡守至于方岳，‘燔柴祭天，告以诸侯之成功也’，此谓封禅也。太平乃封禅，其封禅必因巡守而为之；若未太平，但巡守而已。其未太平巡守之时，亦燔柴以告至。”如上文所述，周人刚刚推翻商王朝，还有相当一部分残余势力需要剿灭，武王就是在这种背景下来到太室山祭天的。所以说当时的“征伐革命”，只是取得了初步的成功，天下远未“太平功成”，武王来此的目的，就是向四方诸侯宣告周王朝取代商王朝的合法性、必然性，借以推动周革殷命迅速取得完全成功，为建立以嵩岳太室为中心的统一的西周王朝，奠定坚实的政治和理论基础。从这个角度上说，显而易见，《天亡簋》铭所记武王“祀于天室”的活动更具有巡守的意义。林沄先生曾举《诗经·周颂》中的《时迈》和《般》两首诗，认为可与《天亡簋》铭互相说明，观其内容，确是如此。而这两首诗原注者都明确指出是两首赞颂武王巡守的乐歌，其中《时迈》诗云：“时迈其邦，昊天其子之，实右序有周。薄言震之，莫不震叠。怀柔百神，及河乔岳。允王维后，明昭有周，式序在位。载戢干戈，载橐弓矢；我求懿

① 林沄：《〈天亡簋〉“王祀于天室”新探》，《史学集刊》1993年第3期。

德，肆于时夏，允王保之。”此诗意谓：及时巡守众封邦，天帝爱之如儿郎，佑我大周国运昌。大军声威震四方，叛逆莫敢再猖狂。社会安定敬百神，大河高山皆祭享。周王诚是有道君，昭示天下美名扬；在位重臣皆贤良。干戈入库不再用，弓矢包装亦收藏；推行文德与和平，遍布华夏大地上，国运昌盛保久长。关于周人创作这首诗的背景，毛诗《序》曰：“巡守告祭柴望也。”郑玄笺：“巡守告祭者，天子巡行邦国，至于方岳之下而封禅也。”孔颖达疏：“《时迈》诗者，巡守告祭柴望之乐歌也。谓武王既定天下，而巡行其守土，诸侯至于方岳之下，乃作告至之祭，为柴望之礼，柴祭昊天，望祭山川，巡守而安祀百神，乃是王者盛事。”可知这首诗应是赞颂武王巡守至太室山兼行封禅的乐歌。又《般》诗云：“于皇时周，陟其高山，嶞山乔岳，允犹翕河。敷天之下，裒时之对，时周之命。”全文意谓：大周山河好辉煌，登上高山远瞭望，小山横卧大山旁，众水入河畅流淌。普天之下皆王土，序祭山川百神忙，祈保周朝得久长。此诗毛诗《序》云：“《般》，巡守而祀四岳河海也。”孔颖达疏：“《般》诗者，巡守而祀四岳河海之乐歌也。谓武王既定天下，巡行诸侯所守之土，祭祀四月河海之神，神皆享其祭祀，降之福助，至周公、成王太平之时，诗人述其事而作此歌焉。”可知此诗也应是一首赞颂武王巡行至太室山祭天的乐歌。由此说明，西周武王在推翻商王朝之后，于戎马倥偬之际，即来到太室山巡守和封禅，这是周初一个重大的政治事件，它不仅见于后世文献记载，也不止一次地见于当时的铜器铭文，足见周人对这一事件的重视。再次，武王此次“祀于天室”更具有“度邑”的目的，即要在这里宣布营建新的都邑作为管理全国政治中心的意义。周初《何尊》铭文云：“隹（惟）珷（武王）既克大邑商，则廷告于天曰：‘余其宅兹中国自之辥（乂）民。’”此是西周成王追记武王在太室山祭祀天帝说过的话语。这里所说的“中国”，意思就是国中，即指当时国家的中心地区，也即以“天室”即太室山为中心的地区。西周武王称此地为“中国”，已是当时人们的共识，也是这里先民与四方各地先民用自己的智慧长期劳动共同打造的结果。如上文所述，这里东临黄淮平原，西傍山丘林立，地形复杂，可为人们提供多种生活资源；而且气候温和，土地肥沃，河流纵横，物产丰富，极适宜于人们的生活起居。因此，自新石器时代早期李家沟文化以来，人们已经定居于这个地区，在这里开发原始农业，建筑聚落住室。以后经历裴李岗文化、仰韶文化、龙山文化和二里头文化各个时代的人们，利用着适中的地理位置和便利的交通条件，通过辛勤劳动，融合外来精华，创造发展，开拓前进，使这里不仅经济繁荣、文化先进，并且建立起我国历史上第一个中央王朝即夏王朝国家政权，从而成为当时全国人民众所仰慕的经济、文化和政治中心地区。“中国”一词的概念，应当就是在这个大的背景之下形成起来的。“中国”一词概念的形成，说明以太室山为中心的中原地区，在当时全国人民的心目中已经产生出强大的凝聚力和向心力，人们希望统一，心向中央，只承认一个统一的中央王权。西周武王正是顺应着这种民心所向，尊重历史，正视现实，于是会同各方诸侯来到这里登“天室”，祭天帝，行巡守，告封禅，在“惟依天室”之地营建新都成周洛邑。所有这些都进一步巩固了灭殷成果，推动了新的中央王权西周王朝的迅速建立，从而也促进着中原地区的古代文明，进入一个历史的新时期。

附　　表

插图一览表

图号	名　　称	出　　处
图0.1	郑州市地理位置示意图	《郑州商城》，文物出版社，2001年
图0.2	郑州市区出土的战国、秦汉时期“亳”“亳丘”“亳聚”陶文	《手铲释天书》，大象出版社，2001年
图1.1	南关外类型部分陶器图	
图1.2	南关外类型与盘龙城遗址出土部分陶器比较图	
图1.3	辉县孟庄先商城址平面图	《辉县孟庄》，中州古籍出版社，2003年
图1.4	刘庄先商文化墓地墓葬分布平面图	《鹤壁刘庄——下七垣文化墓地发掘报告》，科学出版社，2012年
图1.5	东下冯类型、辉卫型、洛达庙类型部分陶器比较图	
图2.1	郑州市区内遗址区域划分示意图	《郑州商城》，文物出版社，2001年
图2.2	郑州商城已发现的遗址示意图	《古都郑州》，杭州出版社，2001年
图2.3	二里冈文化陶器分期图	
图2.4	夯土墙部分遗迹平面图	《考古》2000年第2期
图2.5	郑州商城西城墙内CWT5夯土窝、南城墙CST3东壁夯土层	《郑州商城》，文物出版社，2001年
图2.6	C8F15基址平面图及复原示意图	
图2.7	T166M6平面图	《文物》2003年第4期
图2.8	孟庄陶鬲（D型3式）、洛达庙类型陶鬲（C20T23③：12）、T166M6铜鬲形制比较图	
图2.9	饕餮纹铜鼎（87M1：4）	《文物》2003年第4期
图3.1	《競卣》《鄂侯驭方鼎》铭文	《西周青铜器铭文分代史徵》，中华书局，1986年

续表

图号	名　　称	出　　处
图3.2	C8F16基址平面图	《郑州商城》，文物出版社，2001年
图3.3	C8M7平面图	
图3.4	南关外铸铜遗址南区铸铜场地探方和遗迹分布图	
图3.5	南关外铸铜遗址北区铸铜场地探方和遗迹分布图	
图3.6	钁范芯C5H50:31（复原图）	
图3.7	铭功路西侧制陶遗址平面图	
图3.8	陶窑（C11Y110）复原图	
图3.9	板瓦形制比较图	
图3.10	石板蓄水池部分遗迹平面图	
图3.11	水井（89ZDJ3）剖视图及井框木构件形制图	
图3.12	紫荆山北铸铜遗址探沟及遗迹分布图	
图3.13	南关外铸铜遗址出土的铜钁（C5T58①：93、C5T59①：3）	
图3.14	紫荆山北铸铜遗址出土的车轴头范	
图3.15	二里冈文化三期的原始瓷尊	
图3.16	杨庄墓地出土“[illegible]”纹铜爵（C2：豫1187）	《考古》1988年第3期
图3.17	BQM1平面图	《郑州商城》，文物出版社，2001年
图3.18	铭功路西制陶遗址C11F121基址发现的墓地平面图	
图3.19	C11M151平面图	
图3.20	祭石遗址殉狗坑、埋石、单人坑等祭祀遗迹平面图	
图3.21	殉狗坑（CWT2）平面图	
图3.22	牛祭坑C7H125、C7H127、C7H131位置关系图	
图3.23	二里冈遗址出土的牛肋骨卜辞拓本、摹本、扫描影像和骨臼刻辞拓本	《中原文物》2007年第4期
图3.24	中牟大庄遗址出土的“目”族铭文铜戈	《文物》1980年第12期
图3.25	望京楼城址和东一城门平面图	《文物》2012年第9期
图3.26	望京楼遗址出土的铜钺	《中原文物》1988年第4期
图3.27	大师姑城址平面图	《郑州大师姑（2002—2003）》，科学出版社，2004年
图3.28	柘城孟庄遗址平面图	《考古学报》1982年第1期
图3.29	孟庄遗址出土的鞋底残片	
图3.30	大路陈遗址出土的部分铜器	《华夏考古》1988年第1期

续表

图号	名称	出处
图3.31	盘龙城城址位置图	《盘龙城——1963年—1994年考古发掘报告》，文物出版社，2001年
图3.32	盘龙城李家嘴遗址M2平面图	《盘龙城——1963年—1994年考古发掘报告》，文物出版社，2001年
图3.33	偃师商城平面图、城内四号宫殿基址平面图	《偃师商城遗址研究》，科学出版社，2004年
图3.34	焦作府城古城遗址平面图	《考古学报》2000年第4期
图3.35	垣曲商城城址平面图	《垣曲商城（一）1985—1986年度勘查报告》，文物出版社，1996年
图3.36	夏县东下冯城址平面图	《夏县东下冯》，文物出版社，1988年
图4.1	小双桥遗址位置图	《郑州商城》，文物出版社，2001年
图4.2	小双桥遗址出土铜缸建筑饰件纹饰拓片	《郑州商城》，文物出版社，2001年
图4.3	小双桥遗址出土朱书文字	《郑州商城》，文物出版社，2001年
图4.4	C8M3平面图	《郑州商城》，文物出版社，2001年
图4.5	堆填人头骨壕沟	《郑州商城》，文物出版社，2001年
图4.6	张寨南街窖藏坑出土的铜鼎、铜鬲俯视图	《郑州商城》，文物出版社，2001年
图4.7	向阳回族食品厂窖藏坑H1及灰坑H2、H3、H4平面图	《郑州商城》，文物出版社，2001年
图4.8	南顺城街窖藏坑H1剖面图	《郑州商代铜器窖藏》，科学出版社，1999年
图4.9	人民公园青年湖和彭公祠门前发掘地点位置图	《郑州商城》，文物出版社，2001年
图4.10	彭公祠遗址出土带铭文铜戈（C7M6：2）	《郑州商城》，文物出版社，2001年
图4.11	小胡村出土“舌”族铭文	《中国文物报》2007年1月5日
图4.12	《利簋》铭文	《文物》1977年第8期
图4.13	西周甲骨（H31：2）摹本	《西周甲文注》，学林出版社，2003年
图4.14	《天亡簋》铭文	《两周金文辞大系图录》

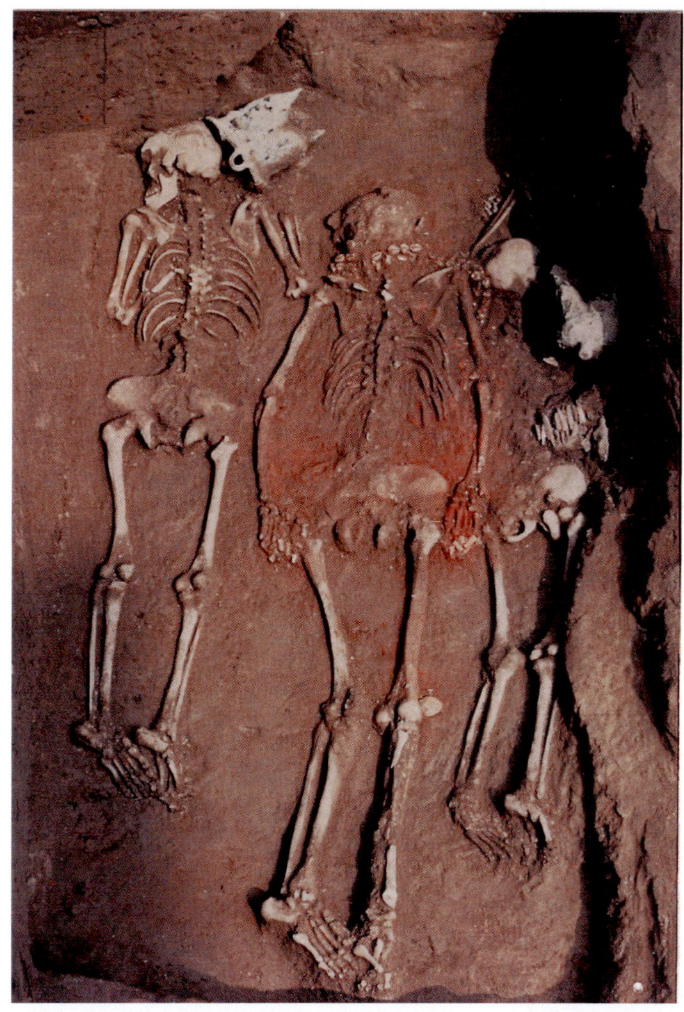

1. 郑州商城商墓（T166M6）
发掘情形（北—南）
（采自《文物》2003年第4期）

2. 铜鬲（T166M6：1）
（采自《文物》2003年第4期）

3. 张寨南街窖藏坑出土铜方鼎
（采自《郑州商代铜器窖藏》，科学出版社，1999年）

彩版二

1. 郑州商城宫殿区内商代二里冈上层一期输水管道
（东—西）
（采自《郑州商城》，文物出版社，2001年）

2. 饕餮纹铜鼎（87M1：4）
（采自《文物》2003年第4期）

3. 折肩浅腹原始瓷尊（C5T4①：18）
（采自《郑州商城》，文物出版社，2001年）

4. 折肩深腹原始瓷尊（C7M25：6）
（采自《郑州商城》，文物出版社，2001年）

1. 铜釭建筑构件（89ZX采：01）
（采自《郑州小双桥》，科学出版社，2012年）

2. 郑州向阳回族食品厂窖藏坑H1出土铜圆鼎
（H1：1）（采自《郑州商城》，文物出版社，2001年）

3. 郑州向阳回族食品厂窖藏坑H1出土铜扁足圆鼎
（H1：9）（采自《郑州商城》，文物出版社，2001年）

4. 郑州向阳回族食品厂窖藏坑H1出土铜尊（H1：3）
（采自《郑州商城》，文物出版社，2001年）

彩版四

1. 郑州向阳回族食品厂窖藏坑H1出土
铜羊首罍（H1：5）
（采自《郑州商城》，文物出版社，2001年）

2. 郑州向阳回族食品厂窖藏坑H1出土
铜提梁卣（H1：11）
（采自《郑州商城》，文物出版社，2001年）

3. 南顺城街窖藏坑H1出土铜斝（H1上：6）
（采自《郑州商城》，文物出版社，2001年）

4. 南顺城街窖藏坑H1出土铜爵（H1上：8）
（采自《郑州商城》，文物出版社，2001年）